DELIUS KLASING

CHRISTOPHER MANY

Hinter dem Horizont

**ACHT JAHRE MIT DEM
LAND ROVER UM DIE WELT**

Horizont links

DELIUS KLASING VERLAG

Hinter dem Horizont links
Webseite: www.gatestotheworld.com
Facebook-Seite: http://de-de.facebook.com/Hinter.dem.Horizont.links
Auch in Blindenkurzschrift und als DAISY-Hörbuch erhältlich.
Weitere Information und Bestellungen unter: www.blista.de
Deutsche Blindenstudienanstalt e. V.

Bibliografische Information der Deutschen Nationalbibliothek
Die Deutsche Nationalbibliothek verzeichnet diese Publikation
in der Deutschen Nationalbibliografie; detaillierte bibliografische
Daten sind im Internet über http://dnb.dnb.de abrufbar.

8. Auflage
ISBN 978-3-7688-3348-6
© Delius Klasing & Co. KG, Bielefeld

Übersetzer: Dr. Karl Darée
Fotos: Christopher Many
Lektorat: Birgit Radebold/Sigrun Künkele
Umschlaggestaltung: Buchholz.Graphiker, Hamburg
Karten: Inch3, Bielefeld
Satz: Fotosatz Habeck, Hiddenhausen
Druck: CPI – Clausen & Bosse, Leck
Printed in Germany 2015

Delius Klasing Verlag, Siekerwall 21, D-33602 Bielefeld
Tel.: 0521/559-0, Fax: 0521/559-115
E-Mail: info@delius-klasing.de
www.delius-klasing.de

Wie allgemein üblich, zeichnet nicht der Verlag, sondern allein der Autor für
die Inhalte dieses Buches verantwortlich.

Inhalt

Vorbemerkung des Verfassers

Lange dachte ich daran, dieses Buch *Der Laotische Rat-Burger* zu nennen. Um das zu erklären, muss ich ein Erlebnis in Laos kurz vor der Jahrtausendwende erwähnen.

Nachdem ich wochenlang von wenig anderem als Reis gelebt hatte, kam ich an einem kleinen Restaurant vorbei, das nahe dem Dorf Vang Vien über den Mekongfluss hinwegschaut. Draußen, auf einer Tafel mit den angebotenen Speisen, entzifferte ich »Hamburger«. Beim kulinarisch hart strapazierten Reisenden, der Jahre in den hinteren Winkeln Asiens verbringt, kann die bloße Erwähnung einfacher westlicher Gerichte beispiellose Gelüste wecken – ich bestellte also. Der Burger war delikat.

Als ich das Restaurant verließ, schaute ich zufällig nach oben auf das Blechdach des Lokals. Dort lagen, sauber in Reih und Glied ausgebreitet, Dutzende von großen Rattenfellen, die in der warmen Sonne trockneten. Neugierig geworden, ging ich wieder hinein, um den Kellner zu fragen, welche Bewandtnis es mit diesem seltsamen Dachschmuck habe. Er antwortete mit einem einzigen Wort: »Hamburgers.«

In der Woche darauf besuchte ich das Restaurant täglich, um mir mein Rattenhack im Brötchen zu bestellen.

Die daraus zu ziehende Lehre ist eine bedeutsame:

Hätte ich gewusst, dass im Burger Ratte war, hätte ich ihn bestellt? Hätten Sie ihn bestellt? Höchstwahrscheinlich nicht. Wir sind alle stark durch unsere Erziehung und durch die Medien geprägt. Kolumbien ist gefährlich. Amerika ist das »Land der Freiheit«, Muslime sind Terroristen. »Hilfe für Afrika« ist gut und Rat-Burger können unmöglich schmackhaft sein. Doch wie viel davon – wenn überhaupt – ist wahr? Reisen kann wahrlich oft grundlegendste ethische Werte und Überzeugungen auf den Prüfstand stellen.

Aber es lauern noch andere Gefahren: Reisen wird nicht nur den Blick auf die Welt da draußen verändern, der Reisende wird unterwegs auch einen beträchtlichen Teil seiner Zeit darauf verwenden, das Innere der Seele zu erforschen, seiner eigenen und der seiner irdischen Mitbrüder. Gefühle werden sich verstärken und von berauschter Glückseligkeit bis zur Grenze der Selbstzerstörung schwanken. Bei der Heimkehr wird NICHTS mehr so scheinen wie vorher.

Dieses Buch ist ein Bericht über acht Jahre, die ich unterwegs in fast 100 verschiedenen Ländern verbracht habe. Meine Absicht ist es, Fragen aufzuwerfen, nicht Antworten zu geben. Meine Hoffnung ist, dass Sie diese Antworten selbst suchen, indem Sie die Welt bereisen. Wir wohnen auf einem wunderbaren und merkwürdigen Planeten, und die Tage der Entdeckungen liegen nicht in der Vergangenheit. *Sie haben gerade erst begonnen.*

Genießen Sie Ihren Laotischen Rat-Burger. Bon appetit!

Hinweis

Sollte der Leser politische Korrektheit der beobachteten Realität vorziehen, so wird er vielleicht einige Kapitel verstörend finden. Ich nenne die Dinge beim Namen und lasse Dummheit und Ignoranz aufscheinen, wo sie Erwähnung verdienen. So kommen einige Länder und Kulturen, die eigene eingeschlossen, im Folgenden nicht immer gut weg, natürlich ohne damit etwas über einzelne Menschen auszusagen. Es kann sein, dass Ihre Meinung eine andere ist. Die Erfahrungen aus erster Hand, auf die sie sich stützt, stehen aber gleichberechtigt neben den meinen.

Es ist nicht wichtig, wer recht hat oder unrecht, wichtig ist, dass wir unsere persönlich erfahrenen Wahrheiten aussprechen. Sich hinter politischer Korrektheit, patriotischen Dogmen, religiösen Überzeugungen und gesellschaftlichen Konventionen zu verstecken, trübt den Blick des Reisenden und führt letztlich nirgendwohin.

Apropos Rat-Burger – da sich mein deutscher Verleger nicht sonderlich für den Titel *Der laotische Rat-Burger* erwärmen konnte, heißt mein Buch nun *Hinter dem Horizont links*. Die Idee dazu entstammt der Geschichte von Peter Pan, der ähnlich ungenaue Hinweise gab, wenn er nach dem Weg nach Nimmerland gefragt wurde. Er deutete mit melancholischem Lächeln gen Himmel und antwortete: »Beim zweiten Stern rechts und dann geradeaus bis zum Morgengrauen.«

Ihr GPS wird sich schwertun, mit solchen Informationen eine Reiseroute zu planen, und genau das ist meine Absicht. Ich möchte, dass Sie sich verirren. Rechts oder links ... es spielt keine Rolle. Sie betreten Neuland, und alles, dem Sie begegnen, wird neu und faszinierend sein, gleich, welche Richtung Sie einschlagen ... Nun aber wirklich guten Appetit!

Christopher Many
Sommer 2011

Europa und Asien

Die Erforschung der nullten Dimension

Zu Beginn sah alles so lächerlich einfach aus. Nie gab es den leisesten Zweifel, wo du dich in der Ordnung der Dinge befindest. »Genau hier«, sagtest du und deutetest mit dem Finger auf einen Punkt der Weltkarte, der nördlich von Inverness in Schottland lag.

...

Der Mathematiker könnte diesen Punkt als einen Hyperwürfel der nullten Dimension im euklidischen Raum bezeichnen. Ein Punkt ist unendlich klein, hat keine Länge, Breite, Höhe, keine Kanten, Flächen, kein Volumen, keine Oberfläche und keine Raumzellen.

Punkte können durch die Gleichung

$$P = (a_1, a_2, ..., a_n)$$

beschrieben werden, wobei n die Dimension des Raums ist, in dem sich der Punkt befindet.

Unten ist eine Darstellung eines die nullte Dimension repräsentierenden Punktes:

●

Neugier (Matilda, 1.5.2002)

»**D**as ist's ...«, rufe ich hinter dem von Spinnweben überzogenen Lenkrad. »Ich kauf ihn.«

Mitten in den schottischen Highlands, in der Nähe des malerischen Dorfes Fort William, steht ein vernachlässigter Land Rover. Das Morgenlicht an einem der seltenen regenlosen Tage kann nicht viel zur Verbesserung seines Aussehens beitragen. Seit drei Jahrzehnten von den Elementen zerbeult, scheint dieses Wunder der englischen Ingenieurskunst nicht gerade das ideale Fahrzeug für eine Weltumrundung zu sein. Und doch, als ich drinnen sitze und durch die staubige Windschutzscheibe starre, höre ich eine bittende Stimme: »Nimm mich mit!«

Eine nähere Prüfung macht klar, dass es sich weniger um Reparatur, sondern eher um eine Wiederauferstehung handelt. Matilda, wie ich sie nannte, nicht im Gedenken an eine frühere Freundin, sondern nach dem australischen Slangausdruck für einen Schlafsack, begann ihr Leben 1975 als Militärbenziner mit langem Radstand, Serie III, 2286 Kubikzentimeter, Vierzylinder. Als Mitglied des UK-Fallschirmregiments war sie in ihren Jugendjahren gelegentlich aus dem Flugzeug geschubst worden, obwohl es sicher eine effizientere Taktik gewesen wäre, feindliche Truppen mit fallschirmlosen Land Rovern zu bombardieren. Mitte der 1980er-Jahre als nicht mehr fit genug befunden, um die Britischen Inseln vor potenziellen Invasoren zu schützen, folgte Matildas zwangsweise Pensionierung. An einen schottischen Bauern versteigert, wurde sie zu einem kleinen Hof verfrachtet, und der Lohn für ihre Jahre von »Ruhm und Ehre« bestand nun darin, Schafe von einer Weide auf die andere zu bringen. Kein Wunder, dass ich da eine bittende Stimme vernommen hatte ... meine erste Aufgabe würde es sein, den ganzen Schafmist aus dem hinteren Teil zu beseitigen. Aber für 700 Pfund (1000 Euro), was kann man da schon erwarten?

Zwei Tage später kündigte ich meinen Job bei British Waterways. Es ist ein Märchen, dass eine Weltreise lange und sorgfältig geplant werden muss. Ich kann nicht verstehen, warum viele Reisende Jahre mit Recherchen verbringen, bis sie endlich losfahren. Wenn man einen Skiurlaub in Österreich oder ein Wochenende in Paris vorbereitet, braucht man doch nicht monatelang Informationen zu sammeln ... von Europa in die Mongolei zu fahren, ist nichts anderes. Gut, man hat ein paar Grenzen mehr zu überschreiten, aber das Prozedere ist letztlich das gleiche.

»Hab ich genug Geld? Hmm ... ja. Meine Ersparnisse sollten für ein paar Jahre reichen. Pass und Kreditkarten? Ja, gecheckt. Nun, ich glaub, das ist's dann ...« Ich stopfe meinen schon gepackten Trekkingrucksack hinten in den Landy, der, trotz meiner Reinigungsbemühungen, immer noch heftig nach Schaf stinkt, und drehe den Zündschlüssel.

Ich stehe in der Einfahrt meiner Eltern, eine Stunde südlich von München. Kaffee kocht auf meinem neu eingebauten Herd, die erste von zahllosen Tassen,

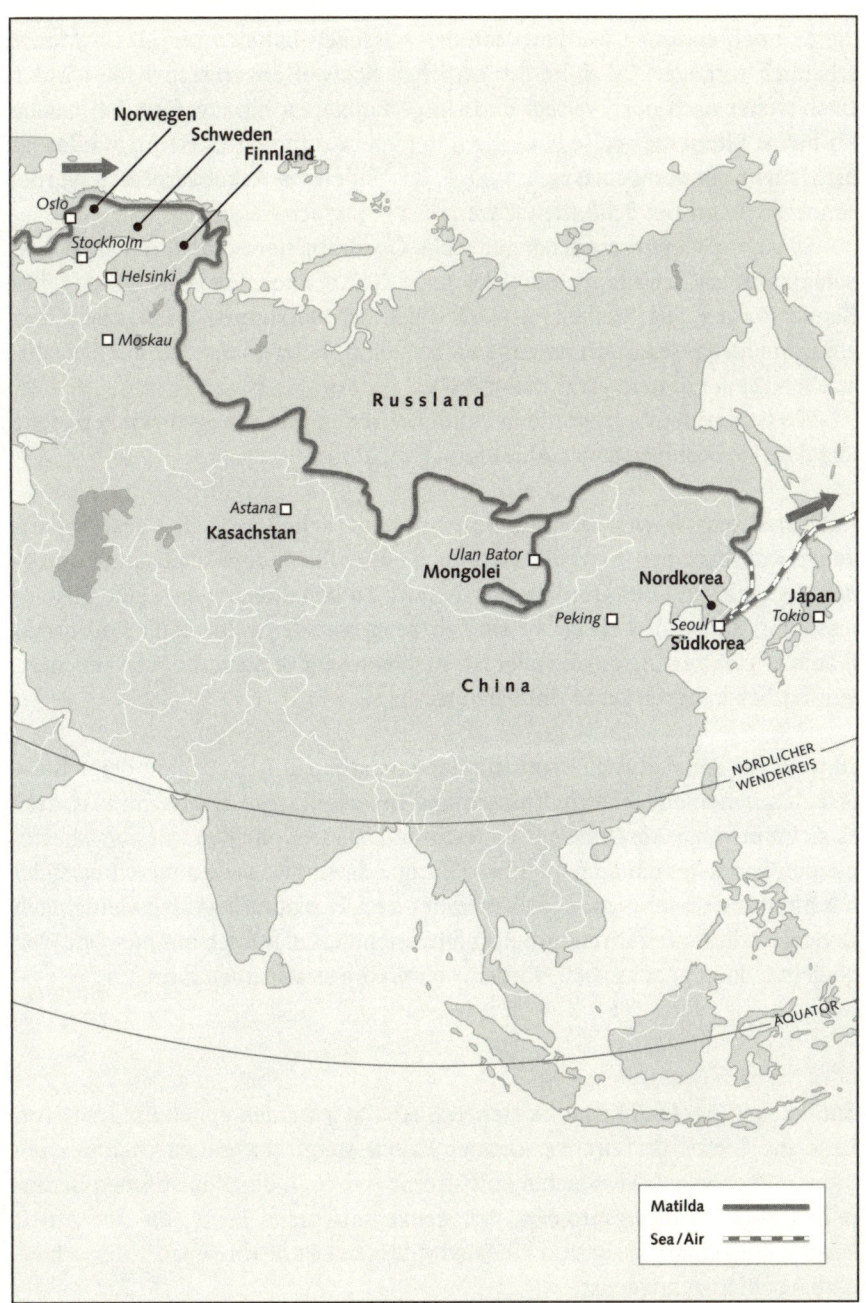

Norwegen
Schweden
Finnland
Oslo
Stockholm
Helsinki
Moskau
Russland
Astana
Kasachstan
Ulan Bator
Mongolei
Peking
Nordkorea
Japan
Tokio
Seoul
Südkorea
China
NÖRDLICHER WENDEKREIS
ÄQUATOR

| Matilda | ▬▬▬▬ |
| Sea / Air | ▬ ▬ ▬ ▬ |

die da noch kommen werden. Matildas Aussehen hat sich seit einem Monat erheblich verändert. Mithilfe der örtlichen Schweißerwerkstatt habe ich das Dach weiter nach oben verlegt und einige Einbauten hinzugefügt. Ich mache für meine Eltern die große Führung durch mein aufpoliertes Heim. Matilda ist nicht mehr das vernachlässigte Wrack, das auf einem Acker vergessen wurde, sondern von großer Schönheit. Zumindest in meinen Augen.

»Es ist ein Vierzimmerhaus auf sechs Quadratmetern«, erkläre ich. »Oben Schlafzimmer«, ich klappe die Luke auf, »Kitchenette«, ich zeige auf das fließende Wasser aus meinem 40-Liter-Tank, »Wohnzimmer«, ich drehe den zusammenlegbaren Tisch an seinen Platz, »und Keller«, ich deute auf die zahlreichen Fächer hinten. »Was meint ihr?«

»Wo ist das Bad?«, fragt meine Mutter. Aber an ihrem Augenzwinkern sehe ich, dass sie beeindruckt ist. Matilda ist genehmigt.

Auch mit dem Vorsatz, sich mit einem klaren Schnitt von den gesellschaftlichen Konventionen zu trennen, ist doch eine vollständige Loslösung unmöglich. Es ist klug, eine Krankenversicherung zu behalten, ebenso eine Postadresse. Ein Carnet de Passage ist ein Fahrzeugpass, der weltweit die Zollformalitäten erleichtert, ansonsten aber ist Matilda weder versteuert noch versichert. Hoffentlich habe ich keine Unfälle unterwegs.

Obwohl die Abreise aus Schottland den eigentlichen Reisebeginn darstellte – erst als ich meinen Lieben in Deutschland Lebewohl sagte, wurde mir klar, dass es sich um einen Abschied auf unbestimmte Dauer von allen mir so Nahestehenden handelte. Ich laufe nicht vor Europa davon wie viele andere Reisende. Ich bin nur neugierig auf das, was hinter dem Horizont liegt. Ich werde nach Österreich hinunterfahren, um Rob mitzunehmen, der mich auf meinem Weg begleitet, dann geht es nach Norden, so weit die Straße mich führt.

...

Auf einem Hügel bei Kirkenes stehend, erhalte ich einen ersten Eindruck von Russland hinter der Grenze. Grauer Rauch steigt von einem dystopischen Industriegebiet auf. Verseuchte Luft strömt zwischen den kubistischen Betonreihen eines Siedlungsprojekts. Ich denke mir graue Leute, die zur Arbeit keuchen, erschlafft aufgrund eines sowjetischen Fünfjahresplans, der schauderbar schiefgegangen ist.

Ich drehe mich um 180° und schaue auf Norwegen hinab. Der Himmel ist blau, und heimelige, rot gestrichene Häuschen tupfen die hübsche Gegend. »Warum gehe ich nach Russland?«, frage ich mich selbst. Im Hinterkopf höre ich den Anfang der alten Raumschiff-Enterprise-Episoden, komplett mit Musik und den leicht geänderten Worten: »Europa – die letzte Grenze. Dies sind die Reisen des Landschiffs Matilda. Seine Fünfjahresmission: fremde, neue Welten zu erforschen. Neue Lebensformen und neue Zivilisationen zu suchen. Kühn zu gehen, wohin ich noch nie ging.«

Darum gehe ich nach Russland. Der Eiserne Vorhang öffnet sich und ich trete ins Scheinwerferlicht einer neuen Bühne. Noch ahne ich nicht, dass meine Mission den Fünfjahresrahmen sprengen wird.

Einsicht (Russland, 1.8.2002)

Russland ist nicht bloß groß, es ist gewaltig. Elf Zeitzonen umfassend, ist es wahrlich ein Land, in dem die Sonne nie untergeht. Es schadet nicht, sich ab und an vor Augen zu führen, dass Deutschland locker ACHTMAL in die russische Provinz Jakutien passt. Wenn auch einige frühere Sowjetrepubliken die Unabhängigkeit erlangt haben, ist Mutter Russland noch immer das bei Weitem größte Land der Erde.

Der Zollbeamte grüßt nicht und sein Ausdruck ist genauso starr wie der des gerahmten Putin an der Wand hinter ihm. Ein paar Dutzend Formulare in kyrillischer Schrift werden unterschrieben, es gibt keine Fragen, und es ist nicht so, dass ich irgendetwas entziffern könnte. Es wäre durchaus möglich, dass ich mich gerade für zehn Jahre Strafarbeit in einem sibirischen Gulag verpflichtet habe. Das von Stacheldraht umrahmte Tor öffnet sich und wir werden durchgewunken.

Ein norwegischer Hügel hatte mir eine erste, trostlose Aussicht auf Murmansk gewährt. Mein zweiter Eindruck ist nicht besser. Alle Farbe ist verschwunden und Grau verschlingt die Stadt. Ein Dokumentarfilm über Murmansk in Schwarz-Weiß würde sich kaum von direkt erfahrener Wirklichkeit unterscheiden. Rob und ich checken im zentralsten Hotel ein, einem gelblich grauen

Megalithen. Die 500-und-noch-einige Zimmer sind so quadratisch wie das Gebäude selbst und bieten nicht viel mehr als eine mitgenommene Matratze, nackte Glühbirnen, einen dreckigen Ausguss und einen flimmernden Fernseher. Wir wischen auf einer kreisförmigen Fläche den Schmutz von der Fensterscheibe und schauen hinaus. Der Blick zeigt die gleiche Ansicht wie der vom Hügel. So, das wär's: willkommen in Russland.

Die ganze Idee einer Sibiriendurchquerung entstand, als ich Rob, einen gebürtigen Engländer, in Neuseeland auf einer Urlaubsreise traf. Wir hatten erfahren, dass Russland die scharfe Kontrolle über den Fremdenverkehr lockerte. Vor 2002 waren Individualreisen schwierig, die Besucher mussten sich auf wenige Wochen beschränken, die Reiserouten waren vorgeplant und die Übernachtungen in staatlich kontrollierten Hotels vorausgebucht. Ein Campingurlaub kam nicht infrage. Mit den Karten auf unseren Laptops hatten wir eine Route von Murmansk nach Wladiwostok entworfen, und wir hatten beschlossen, allgemein bekannte und leicht zu erreichende Städte wie Moskau und St. Petersburg zu meiden und stattdessen der nördlichsten möglichen Route auf der großen West-Ost-Durchquerung zu folgen. Die Wahl der Straße wurde durch die Tatsache erleichtert, dass es in Russland sehr wenige Straßen gibt, sobald der Ural überschritten ist. Die Hauptverkehrsstraße folgt im Allgemeinen der Transsibirischen Eisenbahn, der einzigen Lebensader, welche die abgelegenen Gebiete mit der übrigen Welt verbindet. Mit einem Entdeckergeist wie Afrikas Stanley wollten wir viele erste Begegnungen mit Russlands »Eingeborenen« erleben, die zuvor vom direkten Kontakt mit dem Westen abgeschnitten waren. Wir beantragten und erhielten ein Einjahresvisum für die ehemalige Sowjetunion.

Erst aber ... eine Tasse Tee. Ich drehe den Hahn über dem verfärbten Ausguss und sehe nichts als eine rostbraune Brühe, die herauströpfelt. Sicher haben die Russen in Murmansk eine Lösung für das Teeproblem gefunden. Ich bezweifle, dass eine Verdünnung des Leitungswassers mit Wodka dieses trinkbar gemacht hätte.

Die Antwort auf all unser Verlangen sitzt in einer Flurecke gegenüber dem Aufzug. Sie ist massig, alt und sehr hässlich ... aber sie hat ein Herz aus Gold, sie ist das Bild von Mutter Russland selbst, sie ist der Maître d'Hôtel, die Babuschka, die für den siebten Stock unseres Hotels zuständig ist. Allein in ihrer Macht steht es, dich mit Tee zu versorgen, mit Brot oder sauberen Handtüchern. Sie bringt das Essen oder erlaubt Prostituierten den Zutritt. Es hängt alles nur davon ab, wie sehr sie dich mag. Meine erste Lektion in Russland: Sei lieb zu deiner Babuschka! Babuschkas sind leicht zu erkennen. Sie haben alle das gleiche, schwergewichtige Aussehen mit Armen wie Baumstämmen. Manchmal ziert ein feiner Schnurrbart ihre Oberlippen. Aus einem großen Samowar, über den sie gebietet, bekommen wir unseren Tee in Tassen mit vielen Sprüngen.

Spät nachts klopft es ausdauernd an unserer Tür. Ich öffne und sehe draußen zwei recht hübsche, verräterisch gekleidete Mädchen. Ich danke, lehne aber ihr Angebot intimer Zweisamkeit ab. Schmunzelnd gehe ich wieder zu Bett. Unsere Babuschka vom siebten Stock mag uns.

Murmansk selbst ist rasch erkundet. Die untergehende russische Flotte verharrt im Hafen, nicht versenkt von kapitalistischen Kriegsschiffen, sondern aufgrund von Vernachlässigung durch einen inneren Feind ... eine pleitegegangene und korrupte Regierung. Der Realität spottend, verkündet eine 40 Meter hohe Stahlbetonstatue namens Alyosha Unsterblichkeit, oben auf einem Hügel still den Tag erwartend, an dem das Reich wiederkommt. Ein ständig geöffneter Freizeitpark amüsiert niemand. Die wenigen in Betrieb befindlichen Fahrgeschäfte knarren bedenklich. Für Kinder ist es wohl zu gefährlich, sich da zu vergnügen. Farbe blättert von den Karussellpferden. Ich fühle, wie Melancholie und Tristesse mich durchziehen.

Das ändert sich alles, als ich mein erstes Päckchen russischer Belamorkanal-Zigaretten erstehe. Es kostet bloß 7 Cent.

Wir starten den Landy und fahren nach Südwest, auf das Weiße Meer zu. Jede Stadt, gleich welcher Größe, hat einen Polizeikontrollpunkt an ihrer Grenze. Manchmal werden wir durchgewunken, aber meist werden wir angehalten und müssen Pass und Führerschein vorweisen.

»Wohin fahren Sie?«, wird jedes Mal gefragt. »Wladiwostok«, ist jedes Mal die Antwort. Ein anerkennendes Kopfnicken ist wiederum jedes Mal die Reaktion darauf. Sie kennen die Entfernungen, die wir zurücklegen müssen, und verstehen, welche Strapazen wir vielleicht zu erdulden haben werden. »Seid vorsichtig«, warnt man uns, »hier seid ihr sicher. Hinter dem Ural aber wird's gefährlich. Die Leute dort sind nicht wie wir ...«

Die Insel Solovetski im Weißen Meer wurde durch Alexander Solschenizyns

Buch *Archipel Gulag* berühmt. Er war acht Jahre lang in verschiedenen Arbeitslagern eingesperrt und konnte als Überlebender die Geschichte erzählen. Wir planen einen Besuch.

Im Hafen von Kjem vertäut liegt ein Nachbau des Segelschiffs Nikolai von Peter dem Großen mit einer Kanone an Bord. Ein älterer Norweger hat das Schiff gechartert und bietet uns freie Hinfahrt an. Wie wir wieder aufs Festland zurückkommen, ist unser Problem.

Allmählich kommt Solovetski in Sicht und zum ersten Mal erblicke ich das Russland meiner Träume. Die Zwiebelhauben der Türme orthodoxer Kirchen glitzern golden in der Sonne. Da ist ein Dorf aus rustikalen Blockhäusern, dort arbeiten Leute in ihren Gärten, graben Kartoffeln aus und ernten Kohl. Frische Landluft weht vom Ufer der Insel über die letzte Meile Wasser herüber. Bald darauf sitzen wir vor den Mauern des Klosters und beobachten Leute. Die starren Putinporträts von Murmansk sind verschwunden, stattdessen wird uns zugelächelt und zur Begrüßung gewunken. Es stimmt, dass die Leute der Umgebung gleichen, in der sie leben.

Ein junger Steinmetz ist zur Restaurierung des Klosters angestellt. Er lädt uns zu sich ein auf ein Abendessen und eine Flasche Wodka. Oder Wodka mit Essen? In Russland ist Wodka nämlich das Lebenselixier; billiger als Wasser ist er das Allheilmittel für alle Leiden, ohne ihn wäre das Leben nicht zu ertragen. Wir essen Pasta und trinken. Die Konversation in einem Russisch-Deutsch-Englisch-Gemisch wird proportional zum schwindenden Inhalt der Flasche leichter, auch wenn ich merke, wie meine Zunge von dem ungewohnten Getränk schwerer wird. Vor die Aussicht gestellt, ein Jahr in diesem Land zu verbringen, hätte ich besser meinen Stoffwechsel darauf vorbereitet, mit den örtlichen Gebräuchen klarzukommen. Es gibt da keine Alternative.

Einige wenige Reisende sind russischen Saufgelagen mit dem Hinweis darauf, sie seien Alkoholiker, entkommen. Das klappt, baut aber eine Schranke zwischen den Kulturen auf. Du wirst dann als Krüppel bedauert und niemals ganz ins innere Heiligtum der russischen Freundschaft eingelassen. Leide und gewöhne dich daran. Schon bald wird sich dein Körper anpassen. Mehr noch, deine Sinne werden die Realität Lügen strafen und die russischen Städte für kurze Zeit in einem farbenprächtigen Frühling erblühen lassen.

...

Ich werde in einem sowjetischen Keller von nackten, schweißgebadeten Mönchen mit Birkenreisern ausgepeitscht.

Aber nein, das ist kein perverser russischer Fetischismus. Auch ist es keine unorthodoxe orthodoxe Fegefeuermethode zur Strafe für exzessiven Wodkagenuss. Es ist alles, wie es sein soll. Ich bin in einer russischen Banya, dem Gegenstück einer Sauna. Die Tatsache, dass es nackte Mönche sind, die ihr Bestes für die Austreibung der Dämonen aus meinem Körper geben, indem sie meinen Rücken mit jungen Birkenzweigen peitschen, erklärt sich dadurch, dass wir unser Lager beim Syktyvkar-Kloster aufgeschlagen haben. Aber schon bald kommt meine süße Rache, dann darf ich den Mönch peitschen.

Eine Banya regelmäßig zu besuchen, ist russische Tradition. Rob und ich nehmen bei jeder Gelegenheit an der Zeremonie teil. Nach einigem anfänglichen Zögern finden wir diese Besuche nun sehr reinigend. Birkenblätter haben ein beruhigendes Aroma und das Peitschen regt den Blutkreislauf an. Heißt es wenigstens. Und zweifelsfrei hilft es, einen Wodkakater auszukurieren.

Bei der Fahrt über die Landstraßen hatten wir uns zunächst über die Frauen an den Waldrändern gewundert, die Zweigbündel in den Händen hielten. Die Zweige sind zu kaufen. Die richtige Art Zweige für die private Banya zu wählen, ist eine Kunst, die auf gleicher Höhe mit der Musterung eines Zuchthengstes steht. Sie sollten weder zu alt sein, noch sollten die Ruten zu dick sein ... sonst könnte das Peitschen in Sadismus ausarten.

Bald lerne ich auch eine weitere wichtige Rolle der Banya kennen. Sie ist der Versammlungsort der Nachbarschaft. Eines von einem Dutzend Häusern hat eine und alle benutzen sie. Auf hölzernen Bänken sitzend, werden Geschichten erzählt, politische Ereignisse diskutiert und Gedichte rezitiert. Ich nehme an, auch wenn mir der Beweis fehlt, dass eventuelle Aggressionen gegenüber lästigen Nachbarn hier abgebaut werden. Man schlägt sie nur ein bisschen heftiger, als man das bei anderen tun würde. Könnte diese Banya-Tradition in Deutschland funktionieren? Würden wir dann zuletzt gar unsere Feindseligkeiten begraben, die solchen Kleinkram betreffen wie »Wessen Zweige hängen über wessen Zaun?« oder »Zu welcher Zeit darf unser lieber Nachbar seinen Rasen mähen?«.

Seit einigen Monaten auf der Reise, folgen wir bis jetzt den Gleisen der Transsibirischen Eisenbahn. Jede Abweichung nach Norden endete entweder in einer Sackgasse oder im Desaster. Manchmal folgen wir einer unbefestigten Straße, nur um zu sehen, wie sie in einen Waldweg für die Arbeiter eines Sägewerks ausläuft. Doch wie ursprünglich beabsichtigt, treffen wir auf diese Weise Russen, die noch nie zuvor einen von außerhalb Kommenden gesehen haben.

Auf einer dieser Roads to nowhere überqueren wir einen Fluss auf einer Fähre. Stolz zeigt uns der Fährmann sein Schiff. Wir steigen hinunter in die Eingeweide des Maschinenraums, wo die Kolben laut stampfen, ohne das ungesund knirschende Geräusch ausgeleierter Kugellager überdecken zu können.

»An allem ist Gorbatschow schuld.« Er erklärt: »Er war das Schlimmste, was Russland passieren konnte. Wir haben ihn alle gehasst.«

Das ist mir neu. Im Westen denkt man an Gorbatschow als einen Botschafter des Friedens, einen Helden und Nobelpreisträger. Vermutlich, weil seine Handlungen für uns gut waren, nicht aber für Russland.

»Perestroika, ich weiß, ich weiß. Was haben wir denn von der Perestroika? Mafia, Kriminalität, Korruption und keine Kugellager für meine Fähre!« Am anderen Flussufer ziehe ich einige Rubel heraus, um für die Überfahrt zu bezahlen. »Nein, nein. Für euch kostet es nichts. Ihr seid Gäste in Russland, ihr braucht nicht zu zahlen.« Der Fährmann lächelt. »Wartet«, sagt er, verschwindet in seiner Kabine und kommt mit einem hart gekochten Ei wieder, seinem Mittagessen. »Für euch.«

Wo auch immer wir reisen, überschütten uns die Leute mit Geschenken, ohne irgendeine Gegengabe zu erwarten. An einer kaputten Ampel klopft ein Teenager an unsere Scheibe und gibt uns eine Kassette der neuesten russischen Rockband. »Damit ihr euch an uns erinnert«, sagt er lächelnd, bevor er weggeht; ein Fischer schenkt uns seinen kompletten Tagesfang; ein Geschäftsmann aus St. Petersburg reicht uns eine russische Straßenkarte auf CD-ROM. T-Shirts, Aufkleber und Anstecknadeln häufen sich in unseren Kisten. Wenn ich jemanden in seiner Wohnung besuche, muss ich aufpassen, dass ich nichts zu sehr bewundere ... es könnte mir sonst später als Geschenk überreicht werden.

Wir geben im Gegenzug, so gut wir können, aber wir wissen, dass es in keinem Verhältnis steht. Viele Russen haben nämlich so gut wie nichts. Das T-Shirt kostet vielleicht einen Wochenlohn und das Ei ist wertvoller als eine Einladung zum Dinner im Pariser Savoy.

Das ländliche Russland funktioniert heute nur, weil sich die Leute an eine Lebensweise gewöhnt haben, in der der Tauschhandel eine große Rolle spielt.

Es ist im Wesentlichen eine Gesellschaft ohne Geld. Lehrer werden mit landwirtschaftlichen Produkten von den Familien der Schüler bezahlt; dem Dorfmechaniker wird das undichte Dach durch einen früheren Kunden geflickt; der Arzt findet vielleicht einen Stapel Feuerholz vor seiner Banya.

Ausgestoßene sind die Polizisten, keiner mag sie. Gut möglich, dass sie seit Monaten kein Gehalt von der Regierung bekommen haben. Mit nichts zum Tauschen müssen sie sich auf Strafgelder und Korruption verlegen, um ein Einkommen für ihre Familien zu haben.

Eine fast unmerkliche Steigung führt durch die bewaldeten Berge des Ural. Ohne genaue Karte hätten wir sie vielleicht ganz übersehen. Nur die leichte Geschwindigkeitszunahme meines Landys deutet an, dass wir den höchsten Punkt des flachen Hanges erreicht haben. Oben ist eine Steinsäule, auf der »Asien« steht. Und auf der anderen Seite »Europa«. Wir stellen für einen Augenblick feierlicher Andacht den Motor ab. Es scheint, als seien wir schon weit gekommen, aber die Entfernungen täuschen ... wir sind immer noch neun Zeitzonen von Wladiwostok entfernt. Lieber wieder aufbrechen ... eine Drehung des Zündschlüssels, und wir rollen weiter, immer in Richtung der aufgehenden Sonne.

...

Die Landschaft ist nun zu einem endlosen Birkenwald geworden, und die Entfernungen zwischen den Ortschaften nehmen zu, während wir weiter nach Osten fahren. Zeitzonen werden überquert, ohne dass wir sie bemerken. Was ist Zeit? Das Leben wird bestimmt durch Licht, Dunkelheit und den Wechsel der Jahreszeiten. Würde ich unsinnigerweise diese Straße verlassen, könnte ich 3000 Kilometer durch unbewohnte Tundra wandern, bevor ich mich an den ebenso leeren Ufern der Nordostpassage wiederfände. Warum umweltbewusste Europäer so ein Geschrei wegen der Abholzung des amazonischen Regenwalds machen, geht über meinen Begriff. Verglichen mit dem, was wir hier haben, ist eine Amazonasexpedition nur ein kleiner Waldspaziergang, und doch wird der sibirische Birkenwald nie in Klimaschutzkonventionen erwähnt.

Seit Tagen haben wir nahe den Gleisen übernachtet, die hier vor mehr als einem Jahrhundert gelegt wurden. Es dauerte 25 Jahre, bis Sträflinge und Soldaten die 10 267 Kilometer lange Strecke fertiggestellt hatten, und ihre Tagebücher erzählen grausige Geschichten von den erduldeten Leiden:

»Ja, die Winter waren übel. Minus 50 °C, manchmal darunter, wir froren beständig. Selbstmord schien dem Warten auf das Ende des Winters vorzuziehen. So glaubten wir. Der Sommer kam und die Schneeschmelze weichte den Boden zu einem brodelnden Morast auf, der Millionen Moskitos anzog. Wir konnten ihnen nicht entfliehen. Tag und Nacht atmeten wir Insekten ein und unsere Körper waren wund und angeschwollen von Hunderten Stichen. Einige wurden in den Wahnsinn getrieben und setzten in die Tat um, was wir in den Winternächten beredet hatten. Ja, im Sommer war es, dass einige Selbstmord begingen ...«

Solche Geschichten verdeutlichen unser eigenes Elend, wenn wir in den Wäldern nach draußen müssen. Es ist Hochsommer und die Temperaturen in Sibirien können plus 40 °C erreichen. Die Mücken schaffen es sogar, uns in die Hauptstadt Sibiriens, Nowosibirsk, zu folgen. Als Rob wegen der Hitzewelle auf dem Landy-Dach vor dem Hotel Sibir schläft, kommt er morgens mit einer Menge juckender Stiche herunter. Wie die Erbauer der Transsib sehnen wir uns nach dem Winterbeginn.

Wir suchen nach ein wenig Unterhaltung und sind erstaunt, wie wenig diese riesige Stadt zu bieten hat. Den tourenden Russischen Staatszirkus zu besuchen, erscheint uns als die beste Option. Mit wieder erwachten Kindheitserinnerungen sitzen wir in stiller Erwartung, denn es ist ja bekannt, dass die russischen Artisten zu den besten der Welt gehören.

Und dann der große Moment. Der Zirkusdirektor erscheint, das Publikum klatscht Applaus, und was bringt er mit ... einen Papagei. Papagei? Keine Tiger, Löwen, Elefanten? Aber ist es nicht so, dass erste Eindrücke oft täuschen? Vielleicht spricht der Papagei Latein? Erst als der Vogel die Flügel ausbreitet, die Manege umrundet und gelegentlich auf Zuschauer scheißt, fühle ich eine Spur von Enttäuschung. Ein paar peinliche Minuten später entschwindet Polly in den hintersten Winkeln des Zelts, ohne das Rufen des Zirkusdirektors zu beachten und um vielleicht auf immer zu verschwinden. Der zweite Akt beginnt mit einem weißen Pudel, der an einer Leine in Kreisen um das innere Rund geführt wird. Widerstrebend springt er über Hindernisse, die gerade halb so groß sind wie er selbst. Das Kamel im Hintergrund tut glücklicherweise nicht viel, während die Ponys munter äpfeln und die rücklings aufgesessenen Reiter das Malheur teilnahmslos betrachten.

Dann betritt der »letzte« große russische Bär, seit ewigen Zeiten das Maskottchen der Sowjetunion, die Mitte der Manege. Er hat schon bessere Tage gesehen, ebenso wie sein Land. Mit einem Zug an der Kette schafft er es schließlich, sich auf die Hinterbeine zu stellen.

Ein Umweg führt uns nach Tobolsk, wo uns ein Anfall von Spontaneität in das örtliche Hauptquartier der Kommunistischen Partei führt. Statt einen verräucherten Raum voll Sowjets mit kantigen Bärten vorzufinden, werden wir von einem Dutzend pickeliger Teenager begrüßt. Jeder unserer Versuche, über Politik zu sprechen, wird durchkreuzt. Ja, Stalin war ein Genie, und Gorbatschow hat unser Land ruiniert, aber möchten wir nicht lieber Tee und Gebäck?

Zusammen besuchen wir den Friedhof von Tobolsk, wo anonyme Armengräber neben den grandiosen Katakomben der Mafia liegen, und wir posieren für ein Foto vor einer Leninbüste. Mit Pionierparteiabzeichen an unseren T-Shirts und einem roten Buch mit dem Kommunistischen Manifest in der Hand nehmen wir Abschied, nicht klüger als zuvor, was den Kommunismus betrifft, aber wenigstens haben wir die Bäuche voll. Ich bin froh, die Leute getroffen zu haben, die McCarthy so gefürchtet hat.

Man weiß nie genau, was einen erwartet, wenn man eine neue Oblast, eine neue Provinz, betritt. Russland ist keine homogene Gesellschaft, sondern eine bunte Mischung von Völkern mit verschiedenem kulturellem Hintergrund. Stalin entschied, jeder der 83 ethnischen Gruppen in Russland ein eigenes Gebiet zuzuweisen, wo sie ihre kulturellen Eigenarten beibehalten konnten. Gut. Fast. Natürlich mussten diese in einen sozialistischen Rahmen passen.

Einige Gruppen wurden eher willkommen geheißen als andere. Die Tuvan und Altai erhielten zum Beispiel jeweils autonome Republiken nahe der mongolisch-kasachischen Grenze, wo sich ihre angestammte Heimat befindet. Wir verbringen dort einige Wochen beim Trekken in der Bergregion des Bjelucha, eines über 4500 Meter hohen Postkartengipfels.

Die Tuvan von nebenan haben durch die Kunst des Kehlgesangs internationalen Ruhm erlangt, eine Technik, bei der die Kehle eingeschnürt ist, während die Mundhöhle so geformt wird, dass sie Obertöne hervorbringt. Das Ergebnis scheint menschenunmöglich: Ein einzelner Sänger kann gleichzeitig verschieden hohe Töne erzeugen. Tuva ist auch das einzige Land der Welt, in dem der Schamanismus offizielle Staatsreligion ist.

Die Juden waren nicht so glücklich. 1934 errichtete Stalin ihnen eine Enklave in einer der rauesten Gegenden Russlands, einer Region, die einerseits niemand haben mochte und die andererseits so weit wie möglich von Moskau entfernt war. Man darf wohl annehmen, dass Stalin hoffte, die Juden würden in Sibiriens ungastlichem Klima zugrunde gehen. Es wäre fast so gekommen. Heute sind weniger als 2 % der Bewohner der Jüdischen Autonomen Republik Juden.

Die Geschichte von Kjachta (15.11.2002)

Bei Kjachta gibt es einen neuen internationalen Grenzposten zur Mongolei. Bis vor Kurzem mussten Ausländer, die aus Russland ausreisen wollten, die Pekinger Abzweigung der Transsibirischen Eisenbahn benutzen, gleich, ob sie mit dem Auto über Land fuhren oder nicht. Die unselige Prozedur bedeutete, dass man sein Auto in Kjachta zurücklassen musste, damit es von einem mongolischen Fahrer – gegen Gebühr versteht sich – über die Grenze gebracht wurde. Man selbst fuhr ein paar Kilometer mit der Bahn ins Land Dschingis Khans, um das Fahrzeug auf der anderen Seite wieder zu übernehmen ... gesetzt den Fall, dass der Mongole nicht kurz entschlossen seine eigene Überlandexpedition gestartet hatte.

Rob und ich erreichen die Grenze am 2. Oktober. In den vergangenen Monaten haben wir uns an humorlose Regierungsbeamte gewöhnt, aber der Grenzbeamte von Kjachta hat die Kunst der Unfreundlichkeit perfektioniert. Mit versteinertem Gesicht prüft er unsere Fahrzeugpapiere ein wenig zu gründlich. »Wartet«, brummt er, seine Augen verengen sich zu Schlitzen und er verschwindet mit unseren Papieren im Hauptgebäude. Irgendetwas ist faul. Rob und ich üben uns in wechselseitigem, unschuldigem Achselzucken. Zehn Minuten später kommt Boris – unser Grenzbeamter sieht einfach aus wie ein Boris – mit Swjetlana zurück, einer Buryatifrau, die als Übersetzerin fungiert.
»Euer Fahrzeug ist illegal in Russland und wird beschlagnahmt.«

Weiteres Nachfragen enthüllt, dass Matilda unerklärlicherweise nur ein Visum für 30 Tage bekommen hatte, während unseres ein Jahr gültig ist. Eines unserer unterzeichneten Zollformulare aus Murmansk scheint das zu bestätigen, wenn auch in unleserlicher, kyrillischer Schrift. Appelle an den gesunden Menschenverstand nützen nichts, die schwere Maschinerie der russischen Bürokratie hat sich schon vor einer Weile in Bewegung gesetzt, mahlend, umwühlend und absolut nicht zu stoppen. Denn der Beamte Pavlov aus Murmansk hat eine Vollmacht ausgestellt, die die Konfiszierung von Matilda, die Zahlung einer Strafe von 9000 US-Dollar und unsere Ausweisung aus Mutter Russland vorsieht. Nicht hier, sondern zurück in Murmansk.

Unsere Gesichter werden lang. Sicher erwarten nicht einmal die Beamten in Kjachta, dass wir einer solch absurden Forderung nachkommen. Es stimmt, dass wir unwissentlich Zollvorschriften missachtet haben, aber sollen wir vielleicht sagen: »Tut uns leid, hier sind die Schlüssel, und zufällig haben wir gerade neun Tausender in der Tasche?«

»Swjetlana«, schlägt Rob in aller Ruhe vor, »versuchen Sie, Herrn Pavlov anzurufen. Ich glaube sicher, dass diese Verwirrung per Telefon geklärt werden kann.«

Wir haben vergessen, dass Murmansk in einer anderen Zeitzone liegt, nicht nur eine, sondern acht Stunden trennen die beiden Bezirke. Herr Pavlov schläft tief in dicke Daunendecken eingewickelt. Murmansk und sogar Moskau können nicht direkt mit Kjachta sprechen, weil die Beamten nie gleichzeitig arbeiten. Die Unfähigkeit großer Länder, intern zu kommunizieren, muss ein Grund dafür sein, dass kleine Imperien überleben und ganz allgemein besser geführt werden.

»Wir schicken ein Fax«, erklärt Swjetlana. »In der Zwischenzeit müsst ihr euren Wagen hierlassen und ins Hotel gehen.« Wir lassen uns leicht dazu überreden, tauchen doch weitere Borisse im Hintergrund auf. »Morgen werden wir eine Antwort haben«, verspricht sie.

...

Das Hotel zu finden, war einfach. Es gibt nur eines. Wir sind jetzt schon so lange hier, dass die Schaben in unserem Zimmer Namen bekommen haben. Es ist der 16. Oktober, und Herr Pavlov hat immer noch nicht auf das Fax geantwortet. Wir fühlen uns hilflos, hoffnungslos, als Geiseln der russischen Regierung. Es kann nur wenig getan werden, um unsere Langeweile zu vertreiben. Kjachta ist in zehn Minuten erkundet. Nach zwei Wochen haben unsere Schritte schon tiefe Furchen ins Pflaster gegraben.

Die Nachricht von unserem Dilemma hat sich in der Stadt verbreitet. »Zu Zeiten der Sowjetunion wäre so etwas nicht vorgekommen«, heißt es aus Mitleid mit unserer Lage. Wiederum aber, zu Zeiten der Sowjetunion hätten wir Kjachta niemals erreicht. Die Grenzgebiete waren für Ausländer gesperrt.

Rob beginnt, Englischkurse an der örtlichen Schule zu geben, im Gegenzug verspricht die Lehrerin, uns bei der Übersetzung des Fax aus Murmansk zu helfen, sollte es denn je ankommen. Wir trauen ihr eher als Swjetlana. Es hat zu schneien begonnen und die Temperaturen liegen unter dem Gefrierpunkt. Ein sibirischer Winter steht uns bevor.

Spät in der Nacht klopft es an unsere Tür. Der Hotelmanager sagt, dass Gäste angekommen seien, die mit uns zusammentreffen möchten, und fragt, ob wir nicht ins Restaurant kommen könnten.

Jeder Grund, unseren monotonen Alltag zu durchbrechen, kommt gelegen, und so machen wir uns auf den Weg, die Treppe hinunter. Die Gäste sind ein Englisch sprechendes Paar aus St. Petersburg. Angenehme Gesprächspartner, wir erzählen unsere Geschichte bei Abendessen und Wodka. Erst danach bemerken wir, dass wir den größten Teil des Gesprächs selbst geführt haben. Am Morgen ist das Pärchen bereits abgereist.

»Habt ihr mitbekommen, wer sie waren?«, flüstert der Hotelmanager hinter der Rezeption. »Hm, zwei Touristen aus St. Petersburg?« Das Flüstern ist nun kaum noch hörbar: »KGB. Undercover.«

Es scheint, dass wir die Aufmerksamkeit von Russlands gefürchtetem Geheimdienst auf uns gezogen haben. Höchstwahrscheinlich sind wir in Russlands Grenzgebiet nicht länger willkommen.

...

20. Oktober und das Fax ist da. Swjetlana erscheint im Hotel. Wir sollen unsere Habseligkeiten packen und dann zum Grenzposten kommen. Darf das wahr sein? Ist der Albtraum endlich vorüber? »Ja«, versichert uns Swjetlana. »Der oberste Zollinspektor des Bezirks ist da und ihr könnt in die Mongolei weiterreisen.«

Wir brauchen kaum fünf Minuten, um unsere Rucksäcke vollzustopfen und uns von Alfred, unserer Lieblingsschabe, zu verabschieden.

Unsere freudige Stimmung fällt in sich zusammen, als wir uns eingesperrt in einem Hinterzimmer des Zollhauses voll furchterregender Borisse wiederfinden. »Unterschreibt unten«, befiehlt Swjetlana und reicht uns ein umfangreiches Dokument über den Tisch.

»Aber was bedeutet das? Und wo ist der Oberinspektor?«, frage ich. Wir sind in die Falle gegangen.

»Ihr seid einverstanden, den Land Rover vollständig zu entladen, damit der gesamte Inhalt zur Bahnstation gebracht werden kann. Dann könnt ihr in die Mongolei weiterfahren.«

»Ohne unser Auto?«

»Ohne Auto. Das ist jetzt russisches Staatseigentum.« Ich fühle den Atem eines Boris an meinem Hals. Wir müssen so ruhig wie möglich bleiben. »Abgesehen davon, dass es unmöglich ist, 300 Kilo privater Dinge aus unserem Auto zu laden ... wir werden das nicht tun!« Rob versucht seinen drohendsten Blick. Ich würde lachen, wenn die Situation nicht so ernst wäre.

»Dann werdet ihr inhaftiert.« Mit einem Timing, besser als bei olympischen Synchronschwimmern, kreuzen wir die Handgelenke: »Dann inhaftiert uns.« Stille erfüllt den Raum.

Bis zu diesem Augenblick waren die Beamten in Kjachta passiv, beschränkten sich auf Lügen und grimmige Blicke als Mittel der Überredung. Uns aber tatsächlich zu verhaften, wäre eine ernste Angelegenheit mit nicht vorhersehbaren Folgen. Dürfen Zollbeamte zwei Ausländer wegen eines unbeabsichtigten Fehlverhaltens ins Gefängnis stecken? Sie müssen die schreiende Ungerechtigkeit spüren, liegt doch der Fehler so klar bei den Kollegen aus Murmansk. Wir möchten allerdings nicht so lange warten, bis wir das herausfinden.

»Chris«, flüstert Rob, während der Boris mit den meisten Sternen auf der Schulter abgelenkt ist und mit Swjetlana diskutiert, »sei krank.« Ich durchschaue seinen Plan. Irgendwie müssen wir diesem Zollgelände entfliehen und zum Hotel zurückkehren. Sind wir erst einmal aus diesem stacheldrahtumzäunten Quadratkilometer heraus, liegt der Rechtsvollzug bei der Polizei und nicht beim Zoll. Wir könnten einige Zeit gewinnen. Die Hauptschwierigkeit würde sein, das Niemandsland bis zum Haupttor zu durchqueren. »Kannst du beide Rucksäcke tragen?«, frage ich leise. Rob nickt. »Dann mach dich fertig.«

Was folgt, muss so ungefähr die schlechteste Schauspielerei sein, seit Ronald Reagan in *Höllenhunde des Pazifik* auftrat. Ich greife an meinen Magen und stöhne laut.

»Ist alles okay?«, fragt Rob und blickt bekümmert. Nur ich kann einen Funken von Humor in seinen Augen blitzen sehen. »Brauchst du einen Arzt?«

»Krämpfe«, keuche ich, »es wird schlimmer.«

Rob schultert unsere beiden Rucksäcke und hilft mir auf die Beine.

»Wir brauchen einen Arzt!«, ruft er und strebt der Tür zu. Ich stütze mich auf ihn, so stark ich mich traue, gekrümmt und ein Hinken spielend.

»Njet!«, schreit ein Boris. »Ihr bleibt hier!« Swjetlana hält ihn zurück, als er versucht, uns zu stoppen. Ob sie das tut, weil sie uns glaubt, oder ob sie einfach körperliche Gewalt vermeiden will, wissen wir nicht. Diesen Augenblick nützend, humpeln wir nach draußen. »Schneller«, fleht Rob, »und schau nicht zurück.«

Ein Milizionär bewacht das Tor. Boris und Swjetlana laufen jetzt und versuchen, uns einzuholen.

»Lassen Sie uns durch! Wir brauchen einen Arzt!«

Ich krieche unter der Schranke durch und breche im Schnee zusammen, wälze mich zur Schau vor Schmerz, während Rob den Wächter ablenkt. Ich höre, wie Swjetlana atemlos herbeikommt. »Okay, er kann ins Hotel gehen. Und Sie bleiben hier!«, sagt sie.

»Ja, Scheiße! Sie brauchen die Unterschrift von Chris, das Fahrzeug gehört ihm! Und seht doch! Er braucht Hilfe!«

Auf diesen Wink hin wälze ich mich noch ein wenig mehr. Aber verdammt, der Boden ist kalt! Rob schlüpft durch das Tor und ruft ein Taxi.

Wir sind zurück in unserem Hotelzimmer und erwarten jeden Moment, dass die Polizei kommt. »Deine Schauspielerei war entsetzlich«, lacht Rob, »aber wenn sie glaubwürdig sein soll, müssen wir einen Arzt rufen.«

Während ich einen Eimer neben das Bett stelle und mich frage, was ich mir in die Kehle stecken und wie ich die Toilettenspülung manipulieren könnte, dass sie dauernd spült, telefoniert Rob von der Rezeption aus.

Kaum 20 Minuten später steht eine Babuschka mit Gummistiefeln und einem riesigen schwarzen Arztkoffer vor unserer Tür. Ja, sie ist Kjachtas Ärztin. »Und wo ist das Problem?«, fragt sie und setzt sich schwer neben mich aufs Bett. »Aha, Magenkrämpfe und Benommenheit? Vielleicht eine Lebensmittelvergiftung?« Das wäre gar keine sehr weit hergeholte Annahme, wenn man die Küche in unserem Hotel bedenkt.

Dr. Babuschka öffnet ihren Koffer und holt ein Sortiment von Spritzennadeln heraus. Die, mit der üblicherweise Elefanten ruhiggestellt werden, ist für mich.

Ich kremple meinen Ärmel hinauf. »Njet«, sagt sie und deutet auf meinen Hintern. Bisher war ich nie krank, aber jetzt könnte sich das bald ändern. Rob ist im Bad und platzt fast vor Lachreiz. Dr. Babuschka nimmt keinen Rubel für die Behandlung an. Vielleicht war das sadistische Vergnügen, eine Nadel in den Hintern eines Deutschen zu rammen, Belohnung genug.

...

Es ist der 23. Oktober und ich habe Hunger. Normalerweise bestellt man keine Mahlzeiten aufs Zimmer, wenn man sich von einer Lebensmittelvergiftung erholt, und so bin ich auf halbe Ration gesetzt worden und teile mir mein Dinner mit Rob. Aber wir waren nicht untätig die letzten Tage. Sowohl die britische als auch die deutsche Botschaft wurden verständigt, etwas, was wir schon vor Wochen hätten tun sollen.

Der britische Konsul tobt, verwendet starke Worte wie Einschüchterung, Erpressung und Geiselnahme, um unsere Behandlung in Kjachta zu beschreiben. Er verspricht, das Komitee für internationale Zollzusammenarbeit zu kontaktieren, während wir einen Rechtsanwalt suchen.

In Kjachta gibt es eine Rechtsanwältin, jedenfalls so etwas Ähnliches. Als wir das schäbige Büro betreten, kommen uns Zweifel. Außer einer elektrischen Brennschere und einer Schreibmaschine ist der Schreibtisch leer. Aber erste Eindrücke täuschen, die junge Frau versteht ihr Metier:

»Nein, der Zoll darf weder in Ihr Fahrzeug einsteigen noch es ohne Ihre schriftliche Zustimmung irgendwohin fahren.«

»Nein, gehen Sie auf keinen Fall mehr zur Grenze, bevor die Sache geregelt ist.«

»Ja, ich werde ein ausführliches Rechtsgutachten verfassen und es an die britische Botschaft faxen. Das macht sechs Dollar, bitte.«

Für sechs US-Dollar würde man einen amerikanischen Anwalt nicht einmal dazu bringen, einem die Hand zu geben. Ich liebe Russland.

Im bürokratischen Getriebe ist der Overdrive eingelegt worden, die Zahnräder rotieren mit Höchstgeschwindigkeit. Jemand von hoch oben in der Hierarchie hat sich überaus verärgert an den Zoll von Kjachta und Murmansk gewandt und Matildas sofortige Herausgabe angeordnet. »Pavlov wird den Gang kehren«, sagt man uns. Endlich, nach fast einem Monat in diesem gottvergessenen Kaff, können wir unsere Reise ungehindert fortsetzen, ohne eine Strafe bezahlt zu haben.

Die Borisse sind fort, als wir Matilda aus dem Zollgelände herausfahren. Nur Swjetlana ist da, um uns Lebewohl zu sagen. »Entschuldigt bitte«, sagt sie, »aber ich habe nur die Befehle befolgt.« Wir glauben ihr wirklich. »Hier, ein Glücksbringer.« Ich bekomme einen Miniaturmongolenstiefel, der an einer Kette baumelt. »Zur Erinnerung an uns.«

Im Moment möchte ich Kjachta bloß noch vergessen, aber es wird auch eine Zeit kommen, mit einem Lächeln zurückzublicken, dann, wenn diese Erfahrung ein Teil der verwickelten Reisegeschichte geworden ist.

Ich trete ein wenig fester aufs Gaspedal, bis die Grenze nicht mehr im Rückspiegel zu sehen ist. Nur vorsichtshalber, falls jemand da capo ruft.

Verwandtschaft (Mongolei, 20.12.2002)

Wenn ich eine Dinnerparty veranstalten würde und fünf historische Persönlichkeiten einladen dürfte, wäre eine davon sicher Temudschin, also Dschingis Khan. Um ihn herum säßen Albert Einstein, Laotse, Walt Whitman und Richard Branson. Vielleicht könnte Mr. Bean den Kellner spielen.

Wenn ich daran denke, so werde ich wohl ein ganzes Bataillon russischer Borisse als Sicherheitsleute brauchen, falls die Argumente in unserer Tafelrunde schlagend werden sollten. Vom mongolischen Kriegsherrn Dschingis Khan heißt es, er habe feindliche Adlige unter seiner schweren steinernen Tischplatte zermalmen lassen, während er oben tafelte.

Trotz seiner seltsamen Art von Humor muss man anerkennen, was er erreicht hat. Dschingis Khan und seinen Nachfolgern gelang es, 22 % der Welt von einer abgelegenen, asiatischen Steppe aus zu erobern und so das größte Reich zu schaffen, das die Geschichte je gesehen hatte. Seine Horden, später von seinen Söhnen und Enkeln geführt, ritten bis Polen, Ungarn und Bulgarien und bahnten sich ihren Weg durch einige der mächtigsten Königreiche Europas wie ein Messer durch weiche Butter.

In diesem riesigen Land gibt es eine einzige Teerstraße, die von der russischen

28

Grenze im Norden zur chinesischen im Süden führt. Diese 1724 Kilometer sind nur wenig mehr als eine Routenempfehlung. Nichts hindert einen daran, nach links oder rechts abzuweichen, um zu einem fernen Berg am Horizont zu fahren. Sobald dieser erreicht ist, kann der nächste markante Punkt angesteuert werden und dann wieder der nächste. Die Mongolei kennt weder Zäune noch einen deutlichen Begriff von Landeigentum. 30 % der Bevölkerung sind Nomaden und leben davon, Kamele und Pferde für den Eigenbedarf zu halten. Frei können alle gehen, wohin sie wollen, und ein Glück suchen, das den meisten im Westen längst verloren gegangen ist.

So, wie die Mongolei nur eine Straße hat, hat dieses Land auch nur eine Stadt: Ulan-Bator. Der Rest sind nur zeitweise feste Siedlungen an Orten, an denen einst die Russen Verwaltungszentren aufgebaut hatten. Für die Bevölkerung in der Gegend sind sie Handelsplätze, wo ein paarmal im Jahr Waren getauscht werden. Banken, Supermärkte, Karstadt oder Kentucky Fried Chicken gibt es nicht. Alles, womit man rechnen kann, sind einige bröselige Ziegelsteingebäude, eine handbetriebene und meist leere Benzinpumpe sowie ein paar rasch zusammengezimmerte Marktstände. Es empfiehlt sich, die Vorräte gut aufzufüllen, denn der nächste Ort kann Hunderte von Kilometern entfernt sein. Die Mongolei ist das am dünnsten besiedelte Land der Welt; nur 2,9 Millionen Menschen leben hier, fast die Hälfte davon allein in Ulan-Bator.

...

Unsere Mägen knurren. Nach einer friedlichen Nacht in der Steppe kehren Rob und ich auf die geteerte Straße zurück, um nach etwas Essbarem zu suchen. In den vergangenen Tagen hatten wir bemerkt, dass manchmal Gers am Straßenrand stehen – »Truckstop-Zelte« für müde Reisende. Ein Ger bzw. eine Jurte ist die traditionelle Unterkunft der Nomaden. Sie besteht aus einer runden Konstruktion aus langen Holzstangen, die mit Häuten, Teppichen oder Leinwand abgedeckt wird. Sie kann rasch abgebaut und von einem Pferd transportiert werden, wenn Bedürfnis oder Wanderlust den Besitzer zum Umzug verlocken. Bald ist eine Jurte ausgemacht, und wir halten daneben an. Eine untersetzte Frau bittet uns, einzutreten.

Es gibt einige Regeln, denen in einer Jurte zu folgen ist, alte Bräuche, seit den Tagen von Temudschin überliefert: nicht auf die Türschwelle treten; nicht am Tischeck sitzen (man glaubt, das würde ein einsames Leben mit sich bringen);

niemand am Fuß berühren; nicht pfeifen; Hüte mit der offenen Seite nach unten abgelegen; Ärmel herunterrollen, bevor man etwas nimmt oder gibt; eine Tasse unten und nicht am oberen Rand fassen; beim Trinken nicht aufstehen und keinen Abfall ins Feuer werfen. Wenn Wodka oder Airag (vergorene Stutenmilch) angeboten werden, den Ringfinger in das Getränk tauchen, die Hand über den Kopf heben und den Finger in die vier Windrichtungen schnippen. Sollte etwas auf den Boden verschüttet werden, so muss ein Finger hineingetaucht und damit leicht die Stirn berührt werden. Ach so ... beim Anbieten einer Zigarette auch das Anzünden anbieten. Zwei Personen dürfen ihre Zigaretten an einem Streichholz anzünden, dreien ist das nicht gestattet.

Ich habe mir dieses Prozedere schon Tage vorher eingeprägt. Das Schwierigste ist, nicht auf andere zu treten, da der Truckstop ein Privathaushalt ist und kein Autobahnrestaurant. Die Familie ruht, manche noch schlafend, auf warmen Fellen im ganzen Zelt. Es ist gemütlich; die Glut des Feuers begrüßt uns und spendet die höchst erwünschte Wärme an diesem kalten Morgen. Wir reden über das Wetter auf Russisch, Englisch und überraschenderweise auch auf Deutsch! In den Tagen der Sowjetunion profitierten viele Mongolen von den billigen Eisenbahnverbindungen in Russland, und die etwas begüteteren erhielten eine solide Ausbildung in Ostdeutschland.

Auf dem Boden sitzend, bekommen wir unser Frühstück, ohne etwas bestellt zu haben. Eine Speisekarte gibt es nicht. Die mongolischen Verpflegungsstellen am Straßenrand servieren, was gerade zur Verfügung steht. Und das ist stets ein zerstückeltes Tier in Brühe. Danach trinken wir Buttertee, ein Getränk, das ich Jahre zuvor schätzen gelernt habe, als ich in Nordindien einige Wochen unter tibetischen Händlern gelebt habe. Er hat, zugegeben, einen gewöhnungsbedürftigen Geschmack, denn er besteht aus Schwarztee, der mit geschmolzener Butter sowie einer reichlichen Prise Salz statt Zucker vermischt wird. Nebenbei, wenn Sie hier Vegetarier sind, können Sie sich gleich die Kugel geben: Mongolen essen kein Grünzeug. Der obigen Liste des »Tut-man-nicht« hätte ich den Abscheu vor allem Grünen hinzufügen sollen. Ziehen Sie in einer Jurte einen lange gehüteten Apfel aus dem Rucksack, und Ihre Gastgeber schicken Sie nach draußen, damit Sie zusammen mit den Pferden futtern. Gemüse ist fürs Vieh und als menschliche Nahrung ungeeignet. So ähnlich heißt es. Macht nichts, ich esse Fleisch.

Hätte ich jemals auf westliche Ernährungsvorschriften geachtet, so wäre es jetzt an der Zeit, erste Zweifel zu hegen. Das älteste Familienmitglied in der Jurte ist ein kettenrauchender, vielfacher Urgroßvater. Er ist 85 und reitet noch wie ein Verrückter.

Manchmal frage ich mich, ob die meisten Leiden der Europäer nicht viel eher durch gesellschaftlichen Stress als durch die vergleichsweise unwichtigen Essgewohnheiten hervorgerufen werden. Ich bin jetzt in einem Land, wo die Lebenserwartung bei 69 Jahren liegt. Ich weiß, dass die Senioren in Europa durchschnittlich zehn Jahre länger leben, doch ist zu bedenken, dass die Mehrzahl der Mongolen keinen Zugang zu Krankenhäusern oder auch nur Apotheken hat! Ich bezweifle, dass wir auch nur halb so alt würden wie dieser Urgroßvater, wenn Deutschland sein Gesundheitssystem abschaffte und alle gezwungen wären, zu »Do-it-yourself-Ärzten« zu werden, die sich mit wenig mehr als Buttertee kurieren.

Erscheinen die Mongolen so gesund, weil sie das Reiten lernen, bevor sie gehen können? Oder sind es die reine Luft einer Hochebene und Jahrzehnte eines Lebens unter freiem Himmel? Ist es die völlige Abwesenheit von Stress? Vielleicht ein krummer Gedanke, aber könnte es sein, dass unsere Sorgen um die Pension, die soziale Absicherung, die Krankenkasse etc. in Wahrheit deren Wohltaten entgegenwirken? Meine mongolischen Nomadenfreunde sagen, das Geheimnis eines langen Lebens liege darin, jeden Tag ein Kilo totes Pferd zu essen, es mit reichlich Airag hinunterzuspülen und den Rest Buddha zu überlassen. Die nächsten Monate werde ich genau das tun.

...

Zuerst brauchen wir warme Kleidung. Die Temperatur ist bereits auf minus 12 °C gefallen und kündigt den nahen Winter an. Wir dürfen keine Zeit verschwenden. Wenn bei unserer Erkundung der Steppe starker Schneefall einsetzt, sitzen wir dort bis in den Frühling hinein fest. Der Ärger in Kjachta hat unsere Ankunft um drei Wochen verzögert.

Einheimische in Ulan-Bator zeigen uns den Schwarzen Markt, ein ausgedehntes Handelszentrum, wo alles von chinesischen Importwaren bis zu Reitsätteln angeboten wird. Rob und ich suchen nach mongolischen Dells, der traditionellen mit Schaffell gefütterten Kleidung, die etwa eine Tonne wiegt. Rob passt beim ersten Versuch hinein, aber mit meinen 1,94 Metern ist die Sache schwieriger. Die Mongolen, auch wenn sie fest wie ein Fels sind, sind recht klein von Statur. Die Marktfrauen lachen, als ich eine Dell nach der anderen probiere und die Ärmel immer am Ellbogen aufhören. Humor ist heute ebenso wichtig wie damals, als Temudschin die Welt eroberte, auch wenn sich die Scherze geändert haben. Bislang hat noch niemand versucht, mich unter einer Tischplatte zu zerquetschen. Endlich ist eine schöne Dell gefunden, die einst speziell für einen Ausländer angefertigt wurde, der sie nie abholte.

Als ich frage, ob sie Fellstiefel für mich hätten, senken sie die Köpfe, sehen meine Füße an ... und drehen dann vollständig durch. Ich habe Größe 46. Mongolische Schuhgrößen enden bei Mitte 30! Aber auch hier findet sich eine Lösung: Ein Stand verkauft russische Waren, die sich besser für Großgewachsene eignen. Wir werden herumgedreht und von allen Seiten von den Einheimischen inspiziert. Noch einen breiten Gürtel um die Hüfte, und sie nicken zustimmend.

»Jetzt bist du ein Mongole!«, lachen die Frauen. Ich komme mir in der Tracht blöd vor und bin mir sicher, dass sie in Wahrheit ähnlicher Meinung sind, aber verdammt, diese Dells sind warm!

Unsere zweite Aufgabe wird es sein, Paraffin für den tragbaren Heizofen unseres Landys zu besorgen. Ohne ihn wird uns auch unsere warme Kleidung nicht vor dem rauen Klima schützen. Ein Dutzend Eisenwarenläden wird besucht und die Inhaber schütteln alle bedauernd die Köpfe. »Nein, Paraffin gibt es nicht in Ulan-Bator«, sagen sie uns.

Im letzten Laden bekommt ein deutscher Kunde unsere Schwierigkeiten mit. »Nehmt Flugbenzin. Das tut's auch. Ich bin Techniker am Flughafen und kann euch etwas davon verkaufen.«

Wir folgen ihm zum Eingang des Wartungsbereichs am Flughafen. Er verschwindet mit unserem 20-Liter-Kanister und kommt einige Minuten später zurück. »Hey! Fantastisch! Vielen Dank!« »Ja, gut ... wenn ihr morgen hört, dass ein Airbus kurz vor dem Pekinger Flughafen aus Spritmangel abgestürzt ist, dann haltet bitte den Mund«, sagt er grinsend.

...

Wir fahren los, verlassen die geteerten Straßen, um nach Mandal Govi, der Hauptstadt des benachbarten Distrikts, zu gelangen, die ein paar Tagesreisen entfernt ist. Schnee liegt auf beiden Seiten der Piste, aber das macht uns keine

Sorge, hat man uns doch gesagt, dass der weniger wird, je weiter wir nach Süden reisen. Die Wüste Gobi rühmt sich damit, eine der trockensten Zonen unserer Erde zu sein. Als die Silhouette der Stadt hinter uns verschwunden ist, beschließe ich, eine feierliche Kaffeepause auszurufen, um den Anfang unseres mongolischen Abenteuers zu markieren. Die Schneefläche zur Rechten scheint bestens geeignet, um dort zu halten, und so verlasse ich die Fahrspur. Kaum ein paar Meter im Gelände, und Matilda beginnt, sich bedenklich zu neigen … unter dem Schnee versteckt ist ein tiefer Graben! Es gibt kein rechtzeitiges Zurück oder Bremsen mehr, Matilda kippt seitwärts wie ein leckgeschlagenes Schiff, das dabei ist, zu kentern. Einen Augenblick später hängen wir in einer auf den Kopf gestellten Welt in unseren Gurten. Aus dem Fenster auf Robs Seite sehe ich nur den Himmel. Rob selbst baumelt über mir. »Scheiße. Bist du okay?«, fragt er.

Ich habe zu viele Hollywoodfilme gesehen, in denen Autos bei solcher Gelegenheit in Flammen aufgingen und dann atombombenartig explodierten. Ich meine, wir sollten schleunigst rausklettern.

Der Landy liegt ohne sichtbaren Schaden auf einem weißen Kissen, aber kein Buschmanntrick, den ich kenne, kann ihn wieder aufrichten. Ich mache, was ich immer mache, wenn ich mit meinem Latein am Ende bin: Ich zünde mir eine Zigarette an.

»Vor ein paar Kilometern war ein Polizeiposten«, meint Rob. »Da gehe ich hin, um Hilfe zu holen.« Er beginnt, unseren Weg Richtung Ulan-Bator zurückzugehen.

Die Sonne geht unter und ich blase Rauchwolken ins Dämmerlicht. Die Minuten tröpfeln dahin und ich suhle mich in Selbstmitleid, hinreichend weit von unserem auf den Kopf gestellten Heim entfernt. Ich bemerke kaum, dass ein UAZ-Jeep anhält, der aus Richtung Mandal Govi kommt. Sieben Mongolen quetschen sich heraus und begutachten den Unfall. »Los«, rufen sie fröhlich, »den heben wir!«

Mongolen sind weit stärker, als ihre geringe Größe vermuten lässt, und es schadet nichts, wenn wir es versuchen. Nachdem wir uns nebeneinander an einer Seite aufgestellt haben, rufe ich: »Hebt an!« Lautes Stöhnen wird hörbar und ein erster Mongolenkraftfurz folgt. Übel, sag ich Ihnen. Stinkt wie totes Pferd. Zu meiner Überraschung schaffen wir es, den Landy einige Zentimeter anzuheben.

»Mehr Leute!«, sind wir uns einig.

Buddha ist heute mit mir; es liegt tiefe Weisheit darin, ihm alles zu überlassen: Ein Paar Scheinwerfer nähert sich. Ein russischer Offroad-Kombi mit 13 wie Sardinen in eine Dose gequetschten Passagieren kommt zu Hilfe. 20 Mongolen und ich stellen sich Schulter an Schulter auf und suchen nach Griffmöglichkeiten an Matildas Dach. »Hebt an!« Langsam hebt sich das Fahrzeug; aufmunternde Rufe erfüllen zusammen mit sehr menschlichen Gerüchen die mongolische Steppe. »Hurra!«, schreien wir alle, als der Landy wieder auf seine Räder kippt. Wie wäre das für »Wer wird Millionär« als die Millionenfrage: »Wie viele Mongolen braucht man, um einen Land Rover zu heben?«?

Ich verteile schachtelweise Zigaretten an alle, schüttle Hände und wechsle bärenhafte Umarmungen. Ich weiß nicht, wer sich mehr über unseren Erfolg freut, sie oder ich. Mit Winken und besten Wünschen fahren sie in ihren Autos ab. Ich grinse von einem Ohr zum anderen. Ein bisschen ankurbeln, und der Motor springt an. Bremsen und Kupplung müssen wohl entlüftet werden und an das wahrscheinliche Durcheinander in unserem Wohnbereich mag ich gar nicht denken, aber sonst ist alles in Ordnung. Ein höchst erstaunter Rob in einem Polizeiauto stoppt, kaum 30 Minuten nach unserer »Rolle«.

»Hab heute meinen starken Tag gehabt«, erkläre ich ihm.

Eine Woche später kommen wir nach Dalanzadgad, der Hauptstadt der Gobi-Region. Wir brauchen Benzin. Um hierher zu gelangen, waren wir keiner bestimmten Straße gefolgt und hatten auch nicht zu einem GPS gegriffen, um unsere Position zu bestimmen. Es reichte, die Sonne hinter uns zu haben und die Telegrafenstangen mit dem einzelnen Draht irgendwo, gerade noch in Sichtweite, auf der Linken.

Wir begeben uns zur Zapfsäule. Leer. Benzin kommt aus Ulan-Bator, heißt es. Nicht heute. Nicht morgen. Irgendwann. Mit viel verfügbarer Zeit fahren wir ein kurzes Stück nach Osten und campen in einem Flussbett, das vor Jahrhunderten das letzte Wasser gesehen hat. Ich streife umher und suche Steine; es heißt, dass es hier in den Hügeln Gold gäbe. Ein junger Mongole scheint das Gleiche zu machen. Wir winken uns zu und er klettert herüber, um mich zu begrüßen. Nach der üblichen, förmlichen Einleitung fragt er, was ich hier mache.

»Wir warten auf Benzin.«

»Ah. Ich auch!«, erklärt er. »Ich muss nach Ulan-Bator fahren.«

Seine Familie lebt gerade um die Ecke im nächsten Canyon. Er sagt das, wie unsereiner von Freunden spricht, die im Wohnblock nebenan leben. Wir sind zum Abendessen eingeladen.

Der junge Mann ist ein wenig mit der Welt des Kapitalismus in Berührung gekommen. Er arbeitet gelegentlich für eine Bergbaugesellschaft und fährt seinen eigenen Toyota. Seine Brüder, Eltern und Großeltern leben in einer Ansammlung von Jurten, die sich zwischen die steilen Wände ducken, welche das Flussbett bilden. Rob und ich werden drinnen begrüßt.

»Das ist mein Bruder«, sagt er uns, »er ist Meisterringer im Nadaam!«

Nadaam ist so etwas wie der Worldcup der Mongolei, aber viel unterhaltsamer, als einer Gruppe Männer zuzusehen, die Bälle herumkickt. In Ulan-Bator wird jedes Jahr ein Triathlon mit den Disziplinen Pferderennen, Bogenschießen und Ringen veranstaltet. Es heißt, die besten Reiter könnten in vollem Galopp Münzen vom Boden auflesen! Einst, vor langer Zeit, gab es eine landesweite Aufregung beim Nadaam-Fest. Der Meister im Ringen entpuppte sich, nachdem er den letzten Gegner besiegt hatte, als eine verkleidete Frau! Für das stolze Mannsvolk war das extrem unerhört und erniedrigend. Seit dieser Zeit müssen die Ringer oben ohne kämpfen, um ihr Geschlecht zu beweisen. Ich will nicht behaupten, mongolische Frauen seien unattraktiv, aber sie sind durchwegs nicht die lippenstiftbemalten Dämchen auf High Heels, die man in deutschen Nachtklubs antreffen kann. Gelegentlich können mongolische Frauen mit einem Leopard-II-Panzer verwechselt werden ... das muss wohl wieder etwas mit den toten Pferden zu tun haben.

Ich bin neugierig auf das Ringen und bitte den Bruder unseres Bekannten, es mir zu zeigen. Wenn er sich hinstellt, ist er ebenso breit wie groß, aber er hat ein gewinnendes Lächeln. Wir gehen nach draußen. Die Regeln sind einfach: Mach nichts Unfaires, keine Faustschläge, und wenn dein Knie oder der Ellbogen den Boden berührt, hast du verloren. Es gibt im mongolischen Ringen keine Gewichtsklassen, und ich bekomme schnell heraus, warum: Es hat nur am Rande mit reiner Kraft zu tun. Obwohl ich ihn um einen halben Kopf überrage, werde ich dreimal hintereinander besiegt. Zum allgemeinen Vergnügen mache ich einen »Adlertanz« um den Sieger herum, die traditionelle Weise, um in dieser Disziplin den Meister zu feiern.

»Nein, nein«, sagt er, »zu viel der Ehre!«

Der Großvater spricht keine der Sprachen, die ich verstehe, aber er ist ebenso Teil unseres Gesellschaftsabends. Er wischt den Staub von einem kunstvoll geschnitzten Kästchen hinter ihm und deutet darauf; es ist ein Schachbrett. Ich nicke lächelnd. Ja, ich spiele das Spiel der Könige. Am Ende kommen wir zu jedermanns Freude zu einem Patt. Keine Ehre ist verloren. Ich erfahre, dass viele Mongolen von jungen Jahren an Schach spielen und so dem gesunden Körper einen scharfen Verstand als Gegengewicht geben.

In vielerlei Hinsicht passt die Mongolei nicht in ein allgemeines Schema. Man kann die Leute nicht so in Kategorien teilen, wie es die Europäer mit vielen Nationen der Dritten Welt versuchen. Eines der Kriterien, um Armut zu definieren, ist das Einkommen. In dieser Beziehung müsste man meinen, mongolische Landbewohner seien schlechter dran als, sagen wir, die der Zentralafrikanischen Republik. Etliche Nomaden haben weit weniger als einen Euro am Tag. Aber kaum jemand scheint zu hungern. Außerhalb der Hauptstadt ist Geld wenig wert. Man tauscht, was man braucht, und züchtet Tiere als Nahrung.

Oft wird ein Mangel an Bildung als zweites Kriterium angeführt. Aber auch hier stellt die Mongolei eine Besonderheit dar. 98 % der Bevölkerung können lesen und schreiben, sie sprechen vielerlei Sprachen, spielen Schach wie Kasparov, philosophieren geläufig über die schwierigsten Themen und sind relativ gut über das informiert, was sich in der Welt gerade zuträgt. Ich kann nicht erkennen, wie dieses Wissen allein durch Schulbildung erreicht werden sollte, denn obwohl die Distrikte Grundschulen haben, erfordert jede weiterführende Bildung die lange Reise nach Ulan-Bator. Ohne Geld haben nur die wenigsten diese Möglichkeit. Ich glaube, der Grund liegt in einer angeborenen Neugier, die mit dem dringenden Bedürfnis, Fragen zu stellen, verbunden ist. Nie zuvor habe ich etwas Ähnliches in einer »eingeborenen Bevölkerung« erlebt. Selbst ein Megaland der Ersten Welt wie die USA könnte sich da beschämt fühlen. Ich zweifle daran, dass 98 % der Amerikaner lesen und schreiben können, und ich kenne nur wenige, die eine zweite Sprache beherrschen. Fragt man einen Amerikaner, wie die französische Hauptstadt heißt, so stehen die Chancen gut, dass er Rom sagt.

Nur 3 % der mongolischen Bevölkerung sind nach amtlichen Angaben arbeitslos. Auf dem Papier sieht das wie der Traum der europäischen Nationen aus, aber diese Zahl täuscht. Wie kann man die Beschäftigungsquote eines Landes messen, in dem vor allem Pferdezüchter leben, die ohne Einkommen in einem Familienbetrieb wirtschaften? Es geht nicht. Wenn einer jemals eine Dell auf dem Markt verkauft, nun ... für die mongolische Regierung ist das eine Vollzeitbeschäftigung! So entgeht die Mongolei jeder konventionellen UN-Definition eines Drittweltlandes. Und dennoch scheinen die Leute glücklich und zufrieden mit ihrem Leben zu sein. Wie viele Nationen, europäische der Ersten Welt oder afrikanische der Dritten, können das von sich behaupten?

Ein paar Tage später sitze ich mit dem Großvater auf einer kleinen Anhöhe. Mit einem Mal fixieren seine alten Augen etwas in der Ferne, das für mich unsichtbar ist. »Benzin«, sagt er, humpelt hinunter zu seiner Jurte und kommt mit einem alten Feldstecher wieder. Jetzt sehe ich es auch: Eine Staubwolke erhebt sich über dem Horizont. Für die nächste halbe Stunde wechseln wir uns am Fernglas ab und beobachten, wie der Tanklastzug näher kommt. Wir folgen unserem jungen Freund mit seinem Toyota zur Tankstelle. Ich zahle mit Toroeg, der örtlichen Währung, er zahlt zu meiner Überraschung mit Goldstaub! Wie berücksichtigt man das, wenn man das Bruttosozialprodukt eines Landes berechnet? Mit freundlichen Abschiedsgrüßen machen wir uns auf in die Wüste Gobi.

...

Die Landschaft der Mongolei ist abwechslungsreich. Man findet Hochplateaus, Felssteppe und im Nordosten fast 4400 m hohe Berge, die von Wäldern und kristallklaren Seen umgeben sind. Und man findet den Sand der Gobi. Rob und ich bummeln ein paar Tage in den Dünen umher. Als wir eines Morgens erwachen, finden wir uns inmitten von Weiß. Die Temperatur bei Sonnenaufgang beträgt minus 23 °C und das Wasser in unserem Tank ist gefroren. Wir entschließen uns, auf kürzestem Weg nach Ulan-Bator zu fahren, bevor es zu spät ist. 70 Kilometer von Mandal Govi entfernt hören wir ein klirrendes Geräusch aus dem Motor, gefolgt von ausströmendem Dampf aus dem Kühler. Das Kühlwasserthermometer steigt ins Infrarot. Eine Inspektion zeigt, dass die Spindel, die die Wasserpumpe antreibt, sauber in zwei Teile zersprungen ist, und natürlich habe ich kein Ersatzteil.

Wenn man durch die Welt fährt, sind einige Schäden bloß lästig. Wen kümmert es schon, wenn die Federung kaputtgeht, die Bremsen versagen (außer man ist gerade auf einem Bergpass), die Scheinwerfer nicht leuchten und sich der dritte Gang nicht einlegen lässt? Da kann man noch wochenlang weiterfahren, bis sich ein malerisches Dorf findet, wo man Muße zum Reparieren hat. Wenn aber der Motor und das Drumherum, das ihn am Laufen hält, kaputtgehen, dann wird man nervös.

Es gibt Analogien zwischen Fahrzeug und Mensch: Ein gebrochener Rahmen entspricht einem Knochenbruch und kann geschient werden. Ein leerer Benzintank ist ein leerer Magen, Kolben sind die Lungen, Luftfilter entsprechen den Nasenhaaren, Verteiler und Verkabelung den Nerven sowie dem Hirnstamm. Ein Mikrochip wäre das eigentliche Gehirn, aber Matilda hat keinen. Öl- und Wasserleitungen nehmen die Aufgaben der Adern wahr, und das bedeutet, dass die Pumpe das Herz ist. Mit anderen Worten hatte Matilda gerade einen Herzstillstand. Ich muss mich in Bypasschirurgie versuchen.

Die Operation ist ein Fehlschlag; das Leben meiner Patientin hängt an einem seidenen Faden. Ich habe es geschafft, die Herzkammer mit einer 19-Millimeter-Schraube so abzudichten, dass ihre Körperflüssigkeit nicht herausrinnt und so zum Tod durch Blutverlust führt, aber nun liegt sie letztlich im Koma. 70 Kilometer mit einem schwachen Herzen zu gehen, ist schwierig, aber man stelle sich vor, man müsste die Strecke ganz ohne Herz zurücklegen. Sie muss aber um jeden Preis ins nächste Krankenhaus bewegt werden. Fünf Kilometer sind alles, was sie auf einmal schafft, bis ihr Fieber auf 100 °C steigt. Nach einer halben Stunde Rast sinkt es auf erträgliche Werte und dann können wir wieder starten. In diesem Tempo werden wir Mandal Govi in 50 Stunden erreichen, und nach Ulan-Bator wird es eine Woche dauern. Glücklicherweise kommt ein Lastwagen vorbei, der in dieselbe Richtung fährt. Für zehn US-Dollar schleppt er uns den Rest der Strecke ab.

Mandal Govi ist nicht München. Aber ein älterer Mongole, der in einem ausrangierten Eisenbahnwagen wohnt, hat eine Drehbank. Es könnte sein, dass es eine von insgesamt einem Dutzend im ganzen Land ist. Innerhalb von 20 Minuten dreht er eine neue Spindel aus einem rostigen Rundeisen. Wir zerlegen die alte Wasserpumpe und setzen die Spindel in eine Buchse ein. Sie passt perfekt! Unbeachtet von der Welt der Medizin lebt der größte Herzspezialist aller Zeiten in einem winzigen Dorf am Rande der Wüste Gobi.

...

Wir warten nun in einer geheizten Garage in Ulan-Bator auf Ersatzteile, die aus Deutschland kommen sollen. Unser Lagerplatz ist nicht sonderlich romantisch, 50 und noch ein paar Autos bilden unsere Gesellschaft. Bei Geschäftsöffnung am Morgen fahren sie weg und kehren bei anbrechender Nacht zurück. Wir fühlen uns ein wenig geräuchert, aber wenigstens ist es warm ... volle 60 °C wärmer als vor der Tür der Garage.

Neben einem buddhistischen Tempel treffen wir den Ministerpräsidenten von Servey, der hier morgen an einer Parlamentssitzung teilnehmen wird. Anders als jeder europäische Minister, den ich kenne, ist er hierher auf dem Pferd geritten, eine Reise von einer Woche. Ich mustere ihn aus der Nähe, denn einen Mann in der Position von Edmund Stoiber trifft man nicht alle Tage. Koboldhafte Augen in einem wettergegerbten Gesicht lächeln mich schelmisch an. Er ist von undefinierbarem Alter, in eine modische Dell gekleidet und auch für mongolische Verhältnisse klein und drahtig. Vielleicht werden die Leute hier Politiker, wenn sie zu oft beim Ringen verlieren?

Er lädt uns zum Tee in seine Lieblingstaverne ein. Da unser Ministerpräsident nur wenige Worte Englisch kann, sind unserer Konversation Grenzen gesetzt. Zu dumm. Ich hätte ihn am liebsten mit Fragen bombardiert. In der Stille, immer noch lächelnd, sagt er mit einem Mal: »Wuff.«

»Wuff?«, frage ich.

»Wuff«, bestätigt er. Als er meine Verwirrung bemerkt, starrt er in tiefer Konzentration auf die Zimmerdecke, ein Wort suchend, das ich verstehe. »Wuff, wuff. Gut!«

Es dämmert mir, als er auf meine Fellstiefel deutet. Ich richte zwei Finger hinter dem Kopf auf und frage: »Ren?« Ich war mir sicher, Rentierschuhe auf dem Schwarzen Markt gekauft zu haben. Er schüttelt heftig den Kopf. »Wuff!«

O mein Gott! Warum musste ich von allen Tieren gerade Hund nehmen? Ich mag doch Hunde sehr gern! Dennoch, der Ministerpräsident glaubt, dass aus ihrem Fell die wärmsten Stiefel gemacht werden.

Wir nippen an unserem Tee, die Unterhaltung ist zum Erliegen gekommen. Ich lasse meinen Blick in der Taverne schweifen. Die Wand gegenüber ist von einem riesigen Poster bedeckt, das die Skyline von New York zeigt, zu einer Zeit, als das World Trade Center noch stand. Der Ministerpräsident von Servey folgt meinem starren Blick.

»Bumm«, sagt er.

»Bumm«, sage ich.

»Bumm bumm!«, fährt er fort und deutet auf beide Türme.

»Bumm bumm«, wiederhole ich nickend, denn freilich hat er recht. ... Und dann platzen wir mit einem Lachen heraus, dass uns die Tränen aus den Augen kullern, uns wechselseitig »anbummend«, sobald wir es wieder schaffen, Luft zu holen. Das Thema war sicher nicht geeignet, Lachen hervorzurufen, aber wir konnten nicht anders.

Die Wasserpumpe ist angekommen und wird binnen einer Stunde eingebaut. Wir lassen die Garage und Ulan-Bator hinter uns, um uns nach Kjachta, dem furchterregenden Grenzposten, aufzumachen. Wir hätten uns nicht sorgen müssen; die Borisse stempeln unsere Papiere und winken uns durch, ohne viel Ärger zu machen. Ich bin traurig, dass ich mich von der Mongolei verabschieden muss, aber ich gelobe mir, eines Tages wiederzukommen.

Die Geschichte vom Leben bei tiefen Temperaturen (25.12.2002)

Zwei Uhr morgens. Der Wecker klingelt. Gebt mir einen Vorschlaghammer. Ich vergrabe mich tiefer in meinen Schlafsack und hoffe, mir so den Ton vom Leib halten zu können, aber das verdammte Ding ist eine von diesen japanischen Erfindungen, die den einzigen Zweck haben, Leute zu foltern ... der Klingelton nimmt alle zehn Sekunden um zehn Dezibel zu. Ich hasse das Ding. Ich verachte es. Aber möglicherweise könnte es mein Leben retten.

Ich streife die Kapuze des Schlafsacks vom Kopf und werde zuerst von einem eisigen Luftzug und dann von einer Handvoll Reif begrüßt, die an meinem nackten Hals herabrieselt. Der Reißverschluss ist wie zugeschweißt, von Eis verkrustet, aber irgendwie kann ich meinen Arm aus der Öffnung winden und die Faust auf den Ausknopf des Weckers schmettern. Gerade so, dass er nicht in Stücke geht. Ich stelle den Wecker auf vier Uhr morgens, dann ist Rob an der Reihe, aufzustehen. Ich muss mich nicht anziehen, da ich mich momentan auch nie ausziehe. Alle verfügbaren Wollpullover werden permanent getragen. Mit den vielen Isolationsschichten sehe ich aus wie der Michelinmann. Lächerlich.

Sollten Sie je Ihre Gefriertruhe zwei Jahre lang nicht enteist haben, so können Sie sich ein Bild unserer Lebensbedingungen machen. Decke und Wände im Landy wachsen jeden Tag um ein paar Millimeter auf uns zu. Wenn es so weitergeht, sind wir noch vor Frühlingsbeginn in einem »Ötzi-Eisblock« eingefroren. Es ist die Feuchtigkeit unserer Atemluft, die diese Eisgebilde hervorbringt. Ich hätte nie gedacht, dass Menschen so viel Wasser enthalten.

Ich mache den Fehler, aufs Thermometer zu schauen. Minus 25 °C drinnen, minus 50 °C draußen. Warum lerne ich nicht, das zu ignorieren? Ignoranz ist Seligkeit, so ähnlich heißt es. Allerdings muss ich die Person erst treffen, die minus 50 °C ignorieren könnte. Der Kälterekord in Russland, nahe der Stadt Jakutsk gemessen, beträgt stolze minus 74 °C! Meine parapsychologischen Fähigkeiten prüfend, starre ich fest auf die Anzeige, in der Hoffnung, dass ich aufgrund reiner Willensleistung die Temperatur dazu bewegen könnte, um ein paar Grad zu steigen. Minus 51 °C. Verdammt.

Nun zum harten Teil. Schuhe. Sie sind mehr als steif. Sie sind gusseiserne Fußfallen. Man muss sie mit einem Holzhammer einige Minuten lang bearbeiten, bis das Leder so elastisch ist, dass man sie anziehen kann. Nicht dass ich noch irgendein Gefühl in meinen Füßen hätte. Aber Erfrierungen können schnell dazu führen, dass einem die Zehen abfallen, wenn man nicht aufpasst. Mit den Fingern ist es das Gleiche. Und mit anderen wichtigen Körperteilen wahrscheinlich auch. Ich habe nur 21 »Finger« und möchte sie nicht eines Tages im Landy herumliegen sehen. Die Stiefel anzuziehen, wäre aber sicher leichter, wenn meine Füße nur noch halb so groß wären.

Die Zeit verrinnt. Zehn nach zwei. Ich sollte mich beeilen. Wir haben ausgemacht, den Paraffinofen vor jeder Wache anzuzünden. Leider können wir ihn nicht lange brennen lassen, da wir sonst Gefahr laufen, zu ersticken. Diese Heizintervalle erwärmen den Innenraum um einige Grad. Wenn ich zurückkomme, werden mich milde minus 15 °C begrüßen.

Seit dem Winteranbruch in Sibirien haben Rob und ich uns mit den Wachen abgewechselt. Weshalb? Weil Fahrzeuge bei diesen Temperaturen nicht anspringen und Land Rover schon gar nicht. Hier ist nicht Norwegen, wo Häuser und Einkaufszentren an jedem Parkplatz Steckdosen für den Motorvorheizer haben. Wir fahren Hunderte von Kilometern von irgendwas oder irgendwem entfernt über zugefrorene Flüsse.

Zuerst, ungefähr vor einem Monat, haben wir bei Einheimischen Rat gesucht, den wir dann befolgten. »Macht jeden Morgen ein Feuer unter der Ölwanne!«, haben sie uns empfohlen. Folglich habe ich damit begonnen, Birkenzweige unter den Motor zu legen und die Flammen, die am Kraftstofffilter lecken, sorgfältig zu beobachten. Die Erfahrung zeigte aber bald, dass es schwierig ist, sieben Liter 5W-30-Öl zu erwärmen, wenn das Feuer nicht gewaltig ist. Ein Benzinflammenwerfer nahe am Motorblock könnte es schaffen, nicht aber meine Handvoll Zweige.

Meine endgültige Entscheidung, nach einer alternativen Methode zu suchen, fiel, als ich an drei ausgebrannten, rußgeschwärzten UAZ-Jeeps vorüberkam, die am Straßenrand verschmurgelt waren. Hoppla! Die Russen haben ein lässiges Verhältnis zum Tod, er schreckt sie nicht in dem Ausmaß wie uns im Westen. In einem weitgehend atheistischen Land sucht man vergebens nach Kreuzen, die Orte von Verkehrsunfällen kennzeichnen. Stattdessen stellen Russen einen einfachen roten Grabstein auf, an dem ein verbogenes Steuerrad befestigt ist. Manchmal wird auch unten eine Wodkaflasche einbetoniert, um die Unfallursache anzudeuten.

Ein Lastwagenfahrer schlug uns vor, den Motor nicht abzustellen. Immer laufen lassen, 24 Stunden am Tag, sieben Tage die Woche. Für ihn leicht gesagt. Sein Fünfzehntonner-Kamaz fasst 800 Liter Benzin. Genau. Benzin, nicht Diesel. Wenn es schon schwierig ist, einen Benziner bei minus 50 °C zu starten, braucht man gar nicht versuchen, einen Diesel anzuwerfen. Es ist unmöglich. Aus diesem Grund werden alle russischen Fahrzeuge mit Benzin betrieben.

Wenn wir Matilda die Nacht hindurch von Zeit zu Zeit anlassen, können wir vielleicht verhindern, dass sie einfriert. Ich schiebe die Wache um zehn Uhr abends, um zwei Uhr morgens und um sechs; Rob um acht Uhr abends, um Mitternacht und um vier Uhr morgens. Es scheint zu genügen, den Motor in diesen Abständen fünf Minuten im Leerlauf zu betreiben.

Ich öffne die Hecktür und trete hinaus. Die Temperatur ist mit einem Mal um 26 °C tiefer. Man muss durch einen Wollschal hindurch flach atmen; ohne ihn ist das Luftholen schmerzhaft. Jetzt ausspucken. Ich weiß, wenn die Spucke gefriert, bevor sie auf den Boden kommt, sind es minus 60 °C, und ich muss den Motor mit der Handkurbel anwerfen.

Wenn es so kalt ist, kann ich Zeuge eines anderen Phänomens werden, das in dieser Gegend als Sternflüstern bekannt ist. Es ist ein knisterndes, zischendes und klingelndes Geräusch, das durch die Eiskristalle, die beim Ausatmen entstehen, erzeugt wird. Wie die Spucke fällt mein Atem buchstäblich zu Boden.

Mit Mühe zwänge ich mich auf den Fahrersitz, eingequetscht durch meine dicke Kleidung. Die Vordertüren bleiben immer unverschlossen. Zuvor hatte ich beim Versuch, sie gewaltsam zu öffnen, schon mehr als einen Schlüssel abgebrochen. Nun kommt der spannende Moment ... wird der Motor anspringen? Autobatterien verlieren bei diesen Temperaturen rasch an Leistung. »Bitte«, flehe ich und klopfe aufs Lenkrad. »Jetzt. Zündung!«

Der schwächliche Laut einer von Magengeschwüren geplagten Katze erklingt von unten. Knirschende Kolbenstangen bewegen sich widerwillig, Benzin wird in die Zylinder gesaugt, zu kalt, um zu zünden. Doch da! Eine Zündkerze funkt ... und der Motor säuft ab.

Noch ein Versuch. Ich habe höchstens drei, dann ist die Batterie leer. Dieses Mal springen zwei Zylinder an. Langsam aufs Gas ... es klappt ... drei! Für einen Augenblick vergesse ich alle Strapazen, froh über meinen Erfolg. Zylinder Nummer vier, der immer ein wenig schwächelt, mag heute Nacht nicht laufen. Das Motorgeräusch mit der ungleichmäßigen Zündung hat kaum etwas zu bedeuten. Ein Jumbojet kann auch mit drei Triebwerken fliegen.

Jetzt muss ich fünf Minuten warten, gerade so lange, bis sich das Kühlwasserthermometer ein wenig bewegt. Natürlich ist im Kühler kein Wasser, sondern zu 100 % Frostschutzmittel guter Qualität. Ich verbringe diese Zeit, indem ich mir zur Feier eine Zigarette anzünde. Ein Rauchpäuschen liefert nicht nur eine halbgenaue Zeiteinteilung, die sanfte Glut der Zigarettenspitze schafft auch eine Illusion von Wärme. Unbeweglich bei minus 50 °C dazusitzen, ist eine Geduldsprobe.

Ich suche nach Streichhölzern. Feuerzeuge funktionieren im Winter nicht. Kugelschreiber und Kerzen auch nicht. Die Flamme am Docht ist zu weit vom Wachs entfernt, um es zu schmelzen. Ich ziehe einen Handschuh aus, fünf schrundige Finger zittern, von alten Blasen springt die Haut ab. Ich presse alle Fingerspitzen, um sie auf Nervenschädigungen zu überprüfen. Schwere Erfrierungen sind ähnlich wie Verbrennungen, doch ohne die Schmerzen. Aber nur so lange, bis man später versucht, seine Extremitäten in warmem Wasser aufzutauen.

Alle Finger geprüft, ich zünde mir die Zigarette an. Mit den Füßen ist es etwas anderes, ich mag gar nicht daran denken. Die Zehennägel werden bald abfallen. Ich inhaliere den schlechten Geschmack eines brennenden Filters. Anscheinend habe ich die Zigarette am falschen Ende angezündet. Seltsam ... bei all den übrigen Problemen, stört es mich nicht groß. Leben bei tiefen Temperaturen rückt alles in eine andere Perspektive.

Eine Weile später bewegt sich die Thermometernadel ein wenig. Meine Wache ist beendet. Ich drücke die Zigarette aus und schalte den Motor ab. Erleichtert stirbt er ab. Zeit, wieder ins Bett zu gehen. Wie ich so aufblicke zum Sternenhimmel, fühle ich eine gewisse Trauer, dass ich den vollen Glanz sibirischer Nächte nicht genießen kann. Manchmal ziehen Meteoritenschauer über den Himmel ... Schnee lastet schwer auf den Ästen der Bäume ... die Stille. Es heißt, allein in der Stille könnten wir das Flüstern unseres Herzens hören. Ich höre nur das Klappern meiner Zähne.

Zurück im Wohnbereich, schalte ich den Paraffinofen aus und schlüpfe in meinen Schlafsack. In einer Stunde und 40 Minuten läutet der Wecker wieder. Und wieder. Mindestens noch einen Monat lang.

Sollte ich zu erwähnen vergessen haben, wie man im sibirischen Winter aufs Klo geht, so genügt ein einziges Wort zur Erläuterung: SCHNELL!

...

In Tschita sind wir am Ende einer Sackgasse angelangt, denn in allen Führern steht, dass die Straße ein paar Kilometer weiter einfach verschwindet. Aber die neusten Berichte sagen etwas anderes: Offensichtlich hat Russland nach dem Ende des Kalten Krieges Interesse daran gezeigt, eine Straßenverbindung nach Wladiwostok zu bauen. Kein Einheimischer in Tschita kann uns sagen, wie weit der Bau fortgeschritten ist oder ob es sich bei der Geschichte nur um ein Märchen handelt.

Was wir aus Recherchen und vom Hörensagen wissen, ist wenig aufschlussreich. Der Kreml ließ aus Angst vor amerikanischen Panzern an Russlands Pazifikküste absichtlich eine 300 Kilometer breite Lücke in der Straße, die Wladiwostok mit Moskau verbindet. Der Sumpf zwischen Tschita und Skovorodino würde anrückende Kapitalisten auf ihrem Weg stoppen und sie umbringen, wenn das nicht vorher schon die Moskitos erledigt hätten. Nur die Transsibirische Eisenbahn verbindet Europa mit dem Osten, und deren Brücken wären bei Bedarf leicht zu sprengen.

In neuerer Zeit haben einige unerschrockene Reisende eine Querung versucht und sich dabei in der gleichen Situation befunden wie wir jetzt. Der vernünftigste Ansatz wäre, das Auto auf einen Tiefladereisenbahnwagen zu stellen und es huckepack nach Skovorodino bringen zu lassen. Wir wollen aber sehen, ob die Gerüchte von einer im Bau befindlichen rudimentären Straße stimmen.

Kaum mehr als eine undeutliche Schneise im Wald, ähnelt die geplante Straße einem von Steinblöcken und gefällten Bäumen übersäten Schlachtfeld. Der Boden ist aber noch gut gefroren und fehlende Brücken können durch Fahrten in den Flussbetten umgangen werden. Jeder Tag bringt uns Skovorodino um einige Kilometer näher, dem östlichen Ende der sibirischen Lücke.

Eine Woche später sitzen wir in einem geheizten Hotelzimmer in Blagoweschtschensk, sehen BBC im Fernseher und erholen uns von den überstandenen Strapazen. Wir haben wacker gefroren, Matilda aber musste die Hauptlast der Schinderei ertragen. Ich bin stolz auf sie. Mit ihrem kleinen 2,25-Liter-Motor ist sie das erste ausländische Fahrzeug, das diese Strecke durch Sibirien gefahren ist.

Einige Tage lang schwelgen wir in bescheidenem Luxus. Die Babuschka von unserem Stockwerk bringt abwechselnd Tee und Nutten in unser Zimmer. Ersteren nehmen wir stets an, Letztere weisen wir höflich ab. Ich hoffe, dass wir die armen Mädchen nicht beleidigen oder unseren Maître d'Hôtel in Zweifel stürzen. Sie testet unsere Vorlieben, indem sie für ein ganzes Sortiment an Prostituierten sorgt, das für jeden Geschmack etwas zu bieten hat.

Aus dem Fenster sehen wir über den zugefrorenen Amurfluss nach China hinüber. Am anderen Ufer liegt die Stadt Heihe. Während der Kulturrevolution schmetterte aus Lautsprechern 24 Stunden am Tag maoistische Propaganda über den Fluss, ein Krieg um idealistische Prinzipien. Heute geht der Krieg weiter, jedoch mit anderer Taktik. Beim Anblick von Heihes glitzernden Wolkenkratzern, der geschäftigen Straßen und der Einkaufspaläste, in denen man das Neueste an Luxus und Hochtechnologie findet, ist allzu klar, wo das Geld sitzt. Im Vergleich dazu ist Blagoweschtschensk eintönig und tot. Ununterbrochen strömen die Russen über das Eis des Amur, um als Tagelöhner eine Anstellung zu finden oder ihre Kartoffeln auf dem Markt zu verkaufen. Ich nehme an, dass auch viele Prostituierte darunter sind. Langsam verstehe ich, warum Gorbatschow so unbeliebt ist. Es ist noch nicht lange her, dass die Massen in die andere Richtung strömten und die Chinesen ihre Arbeitskraft und ihre Seele an Russland verkauften.

Matilda wird im Hafen von Wladiwostok auf eine Palette gehievt. Sie wird über Busan in Südkorea nach Seattle, Washington, verschifft. Wir sind etwas besorgt, was unseren Besuch in den Staaten angeht, sieht man doch auf jedem Fernsehkanal Nachrichten über den Irakkrieg. Aber da die nahen Grenzen zu China und Nordkorea geschlossen sind, gibt es keine andere Möglichkeit.

Am Tag unserer Abreise erreicht uns eine E-Mail von einem russischen Freund in Tobolsk. Wir benutzen die Babblefish-Website, um sie ins Englische zu übersetzen. Übersetzungsprogramme im Netz sind nicht gerade präzise, aber die Bedeutung ist klar, auch wenn ich nicht alles genau verstehe: »Freunde! Es freut mich sehr, dass wir Freund-Freund-Kommunikation pflegen! Ich wünsche euch, dass Beendigung der Reise klasse. Ich hoffe, wir werden ewige Freunde bleiben weiter. Klappriger Hund für mich, die klasse Maschine für euch! Bis dann! Wir freuen uns auf Hören! Juri.«

Ich schicke meine Gedanken über elf Zeitzonen zu all den wunderbaren Menschen, die wir während unseres Aufenthalts getroffen haben, dann steige ich ins Flugzeug nach Südkorea.

Nord- und Mittelamerika

Die Erforschung der ersten Dimension

Eines Tages aber hat dich die Neugier übermannt und du hast dich entschlossen, die Welt außerhalb deines umschlossenen Ortes zu erforschen. Mit einem Stift hast du Inverness und Wladiwostok mit einer dünnen, geraden Linie auf der Landkarte verbunden. Und mit einem Mal wurdest du dir der kommenden Schwierigkeiten bewusst ...

...

Zieht man ein nulldimensionales Objekt in eine Richtung, so entsteht ein eindimensionales Gebilde. Der Mathematiker kann diese Strecke als Hyperwürfel der Dimension Eins im euklidischen Raum bezeichnen. Eine Strecke besteht aus einer Ansammlung von unendlich vielen nulldimensionalen Punkten, die zwei Endpunkte verbinden. Sie hat infinitesimale Breite, Höhe und kein Volumen, wohl aber eine Länge, eine einzelne Kante. Ins Unendliche verlängert, würde sie die Gesamtheit des eindimensionalen Raums bedecken. Strecken können durch die Gleichung

$$L = \{(a_1, a_2, ..., a_n) \mid a_1c_1 + a_2c_2 + ...a_nc_n = d\}$$

wiedergegeben werden, wobei c_1 bis c_n und d Konstanten sind und n die Dimension des Raums, in dem sich die Linie befindet.

...

Unten die Darstellung einer Linie, die die erste Dimension repräsentiert:

Ignoranz (USA Teil I, 26.4.2003)

> know the human being and fish can coexist peacefully.«
> *George Bush, 29.9.2000*

Nun ... hmm, ja. Das hoffe ich, Mr. Bush. Aber wäre es nicht noch schöner, wenn Amerika friedlich mit dem Rest der Welt zusammenleben könnte?

Der zweite Irakkrieg beginnt wenige Tage, bevor wir das Flugzeug nach Seattle besteigen. Ich glaube aber nicht, dass Saddams Panzer durch die Straßen von San Francisco patrouillieren oder dass unser Airbus von einer verirrten irakischen Rakete abgeschossen wird. Auf diese Weise laufen amerikanische Konflikte nicht ab. Nicht wenige Amerikaner sitzen bequem im Lehnstuhl vor ihrem Breitbildfernseher und schauen zu, wie ihre »braven Jungs« in den soge-nannten Reichen des Bösen massiv zuschlagen. Sollte die Realität des Krieges jedoch direkt bei ihnen zu Hause ankommen, indem zum Beispiel zwei Wolken-kratzer zerstört werden, dann fühlen sie sich wie vor den Kopf geschlagen und verstehen die Welt nicht mehr. Der Kapitän kündigt an, dass wir den Sinkflug in Richtung sonniges Seattle beginnen und unsere Sitzgurte anlegen sollen. Kein Wort von einer zerbombten Landebahn, alles in Ordnung also.

>*When I was coming up, it was a dangerous world, and you knew exactly who they were. It was US vs. them, and it was clear who they was. Today we are not so sure who they are, but we know they're there.«*
George Bush, Iowa Western Community, 21.1.2000

Ich hoffe, dass sie nicht denken, ich wär's. Zum Glück bin ich kein Franzose. In einer landesweiten Kampagne wird alles boykottiert, was im Entferntesten mit Frankreich zu tun hat, weil die Franzosen den Krieg nicht mittragen. So ist aus allen Supermarktregalen roter Bordeauxwein verschwunden, ebenso fehlen Baguettes und Briekäse. Nur das zum Überleben absolut Notwendige wie French fries (Pommes frites) ist noch zu haben. Diese heißen jetzt jedoch in allen Fast-Food-Läden »Freedom Fries«. Der Staat Maryland hat dazu sogar einen Regierungsbeschluss gefasst.

Wir machen es uns auf der Insel Vashon gemütlich, die vom Zentrum Seattles aus mit der Fähre in 15 Minuten zu erreichen ist. Wir brauchen nicht lange, um unseren Campingplatz zu finden. Eine Ansammlung von Tipis, Planwagen und Blockhütten in einer Waldlichtung ist Judys wirklich gewordener Traum von einer perfekten Herberge.

Wenn man längere Zeit an einem Ort verbringt, braucht man eine Beschäfti-gung. Wir haben sogar mehrere. Mein vor Kurzem eingetroffener Land Rover wird eine vollständige Überholung brauchen, wenn er es bis nach Alaska hinauf schaffen soll. Dann beschließt Judy, mir eine Aufgabe zu stellen. In ihrem Geist

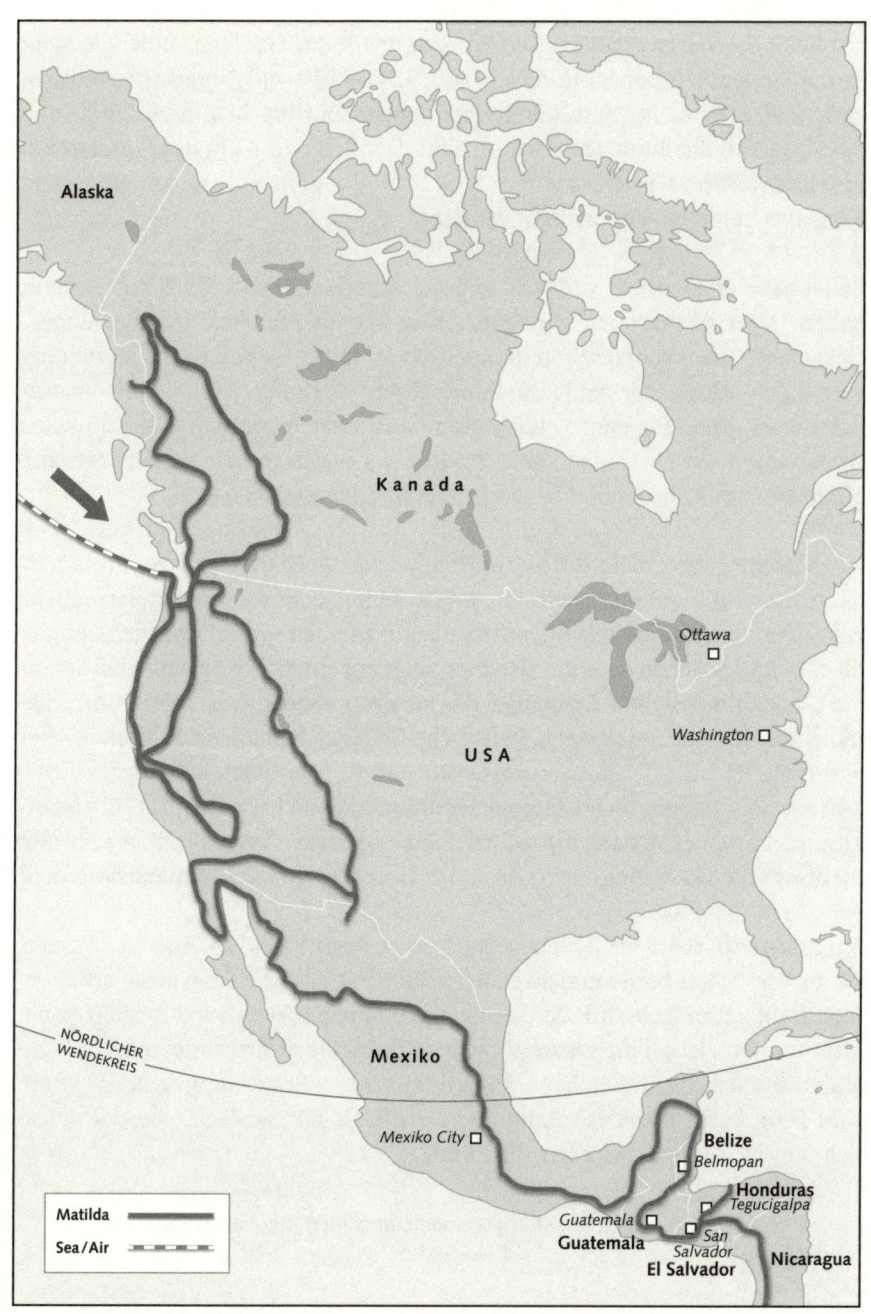

Alaska

Kanada

Ottawa □

Washington □

USA

NÖRDLICHER
WENDEKREIS

Mexiko

Mexiko City □

Belize
□ Belmopan

Honduras
Tegucigalpa

Guatemala □
Guatemala

San
Salvador
El Salvador

Nicaragua

Matilda
Sea/Air

erscheint die Vision einer großen Feuerstelle für das Hauptgebäude, die Licht in die langen Winternächte tragen soll. Ich willige voll Unternehmungslust ein, weiß aber nicht, dass die übliche Bauausführung in Amerika sehr von der abweicht, die Europäer gewohnt sind. Der Bau darf nicht aus Flusssteinen errichtet werden, wie ich es vorgezogen hätte, sondern soll aus vorgefertigtem Kunstfels bestehen, der fast echt aussieht.

Es ist ganz erstaunlich, wie weit sich die Amerikaner von der Natur entfernt haben. Man könnte sich vorstellen, dass da im Hinblick auf die jüngere Geschichte des Wilden Westens noch eine starke, symbiotische Beziehung vorhanden wäre. Aber nein. Die Supermärkte verkaufen Rühreier als »natürliche Eier«, und eine ganze Generation kann zwischen Milch und Kuh keine Beziehung mehr herstellen. Viele Stadtkinder wachsen in dem Glauben auf, Milch käme aus Shoprite- oder Seven-Eleven-Läden.

Noch mehr gegen mein Ethos als Handwerker geht die Tatsache, dass Judy darauf besteht, der Kamin solle einen Gasbrenner statt der knisternden Scheite enthalten. Ihr Argument ist, dass Holz beim Brennen schlecht riecht, Schmutz macht und schwer anzuzünden ist. Judy zeigt mir einen Prospekt mit den neuesten Gaskaminmodellen. Dasjenige, das sie kaufen möchte, hat eine Fernbedienung mit großer Reichweite, künstliche Scheite, künstliche Flammen, aber natürliche Hitze. Für ein paar US-Dollar gibt es dazu noch künstliches Holzknistern aus verborgenen Lautsprechern und künstliche, rauchlose Holzfeueraromen aus einer Art angeflanschter Räucherschale, deren Zweck ich absolut nicht einsehen kann. Ich dachte doch, der Holzgeruch sollte vermieden werden?

Ich gebe nach, etwas weniger begeistert als zu Beginn, und am Ende des Monats ist die drei Meter breite und zwei Meter hohe, künstliche Feuerstelle errichtet. Judy steht am Eingang mit der Fernbedienung in der Hand, wählt eine Temperatur und drückt auf die Einschalttaste. »Click.« Sie grinst von einem Ohr zum anderen, als die Flammen hervorlodern. Aus dieser Entfernung sieht das komische Ding wie echt aus. Ich lächle auch. Vielleicht nur, weil ich sehe, wie glücklich Judy ist. Sie ist eine derart süße Frau.

> *»One of the great things about books is sometimes there are some fantastic pictures.«*
> George Bush, 3.1.2000

Unter den Freunden, die wir auf der Insel gewinnen, ist eine junge Lehrerin, die an einer Elite-Highschool in Seattle arbeitet. Sie möchte unbedingt, dass wir in ihren Unterrichtsstunden ein paar Vorträge halten.

»Die Kinder haben nicht oft Gelegenheit, die Ansichten von nicht alltäglichen Menschen zu hören. Sie werden von eurer Reise fasziniert sein!«, sagt sie. Rob ist rasch bereit, die Einladung anzunehmen. So wie ich versuche, den höchsten Berg in jedem besuchten Land zu besteigen, so will er sich in jedem Land eine Meinung über die Jugend bilden. Manchmal, wie in Russland und in der Mongolei, werden wir angenehm überrascht von der Neugier und der immensen Aufmerksamkeit für alles in der Welt. Ich lehne ab, mitzukommen; ich bin drauf und dran, für Talitha zu schwärmen, ein hübsches Mädchen, das in der Herberge arbeitet.

Am späten Nachmittag kommt Rob mit der Lehrerin zurück. Sein Gesicht ist leicht gerötet, so wie ich ihn kenne, aus Frust. Die Lehrerin schlägt die Augen nieder, als Rob berichtet: »Mein Gott, Chris! Du wirst es nicht glauben ... diese Kinder!« Es folgt ein langer Auszug aus dem »Complete Oxford Dictionary of British Swear Words«, den ich aus Gründen einer künftigen Publikationserlaubnis lieber der Selbstzensur unterwerfe.

»Weißt du, ich halte meine kleine Rede über unsere Reise vor der Klasse und komme zum Ende, ohne dass eine einzige Frage gestellt wurde. Schweigen. Völliges, lautloses Schweigen!«

Unsere Freundin, die Lehrerin, fährt mit der Geschichte fort: »Sogar ich war erstaunt über ihre mangelnde Wissbegierde. Und deshalb habe ich die Schüler angefleht, zu fragen, irgendetwas ...«

Rob unterbricht sie schnaubend: »Und dann, zum Schluss, hebt ein Mädchen schüchtern den Finger ... ich bin ganz Ohr ... hier ist eine helle Schülerin ... vielleicht eine von Amerikas zukünftigen Führungskräften. Weißt du, was mich diese Vierzehnjährige gefragt hat? ›Was ist Ihre Lieblingsfarbe?‹!!!«

»Gut, dass du in eine Eliteschule gegangen bist«, gebe ich lachend zurück.

»Kannst du dir vorstellen, wie es in einer Hauptschule in Seattle gewesen wäre?«

»The point now is how do we work together to achieve important goals. And one such goal is a democracy in Germany.« George Bush, D. C., 5.5.2006

Der KRIEG ist in jedermanns Mund, und wir werden um unsere Ansichten gebeten. Doch nichts von dem, was wir sagen, gibt Anlass zur Selbstreflexion, nichts verursacht einen Augenblick von Stille und Bedauern, eine Suche nach besseren zukünftigen Lösungen oder eine Entschuldigung für die Millionen Zivilisten, die vom US-Militär, finanziert durch die Steuern aller amerikanischen Bürger, getötet wurden. Amerikaner haben die einzigartige Gabe, alle Verbalattacken an sich abprallen zu lassen, ohne beleidigt zu sein. Kritik wird hier mit Humor aufgenommen, und die Amerikaner können über ihre eigene, eingestandene Ignoranz lachen. Wenn wir behaupten, dass SIE mitverantwortlich sind für jedes Kind, das während der letzten 50 Jahre in US-geführten Kriegen zerfetzt wurde, sei es im Irak, Jemen, Sudan, Iran, Libanon, in Afghanistan, Kuwait, Somalia, Panama, Libyen, Vietnam, Laos, Kambodscha, Guatemala, Indonesien, Korea oder auf Grenada, dann ernten wir ein Achselzucken und ein Lächeln: »Los! Trinken wir ein Bier und schauen wir Baseball!«

Der Glaube an Amerika mit seinen Idealen, Taten und Dogmen ist ein Glaube, den die breite Masse der Amerikaner nicht infrage stellt. Amerika ist gut durch die Gnade Gottes und dem Rest der Welt moralisch überlegen. Bereits in der Grundschule werden amerikanische Kinder dazu angehalten, allmorgendlich in der Klasse den Fahneneid zu leisten und die Nationalhymne aufzusagen. Wer sich mitzumachen weigert, bekommt oft einen Verweis und muss zur Strafe nachsitzen. Diese tägliche patriotische Übung ist in 43 Bundesstaaten gesetzlich geregelt, und die Schüler dürfen ihren Eid nur dann verweigern, wenn ihre Eltern dies ausdrücklich gestatten. In Delaware und Illinois gibt es nicht einmal diese Option. Hier ist eine Nichtbeteiligung schlichtweg verboten. Immer wieder kommt es vor, dass Kinder wegen Patriotismusmissachtung von Schulen verwiesen werden.

Wie soll man darüber denken, wenn man hört, wie sechsjährige Knirpse mit der Hand auf dem Herz die neunte Zeile der amerikanischen Nationalhymne singen, die da lautet: »Und der Raketen grelles rotes Licht, die in der Luft explodierenden Bomben, bewiesen die Nacht hindurch, dass unsere Flagge noch da war.« Und was soll man davon halten, wenn sie anschließend ihr Gelöbnis ablegen: »Ich schwöre Treue auf die Fahne der Vereinigten Staaten von Amerika und die Republik, für die sie steht, eine Nation unter Gott ...«

Tief in Gedanken verloren gehen wir ein Bier trinken und gucken uns neun Innings eines Baseballspiels an, gesetzt den Fall, wir finden einen Kanal, auf dem nicht die militärischen Heldentaten des Tages gezeigt werden.

Ruhe (Kanada, 8.7.2003)

Einer der ersten Filme, die ich im Kino sah, war The life and times of Grizzly Adams (in Deutschland: Der Mann in den Bergen). Ich war damals fünf Jahre alt. Adams, unschuldig eines Mordes bezichtigt, flieht in die weite, unberührte Wildnis, um den Rest seiner Tage im Einssein mit der Natur zu verbringen. Wie angewachsen auf meinem Sitz reiste ich mit ihm, baute Blockhütten und freundete mich mit dem Grizzlybären Ben an. Solche Erinnerungen aus der frühen Kindheit sind Nahrung für die Träume, die man später auslebt. Als mir später, während meiner Lehrzeit als Schiffsbauer, ein Kollege den Spitznamen Grizzly gab, lächelte ich wissend. Ich war auf dem rechten Weg.

Die Grenze zwischen den USA und Kanada ist überschritten und der Weg frei in das zweitgrößte Land auf dem Planeten. Kanada erstreckt sich auf dem nordamerikanischen Kontinent in alle Richtungen, vom Pazifik zum Atlantik und nach Norden bis Ellesmere Island, nur noch einen kurzen, kalten Hüpfer vom Pol entfernt. Die Länge von Kanadas Küstenlinie beträgt atemberaubende 243 000 Kilometer, fast so viel wie die Entfernung zum Mond!

Ich werde Zeuge der einmaligen nachbarschaftlichen Beziehungen, als mich der Beamte der Einwanderungsbehörde mit dem üblichen »Willkommen in Kanada!« begrüßt. Auf der Stelle werden unsere Pässe für einen sechsmonatigen Aufenthalt gestempelt.

»Aha, Europäer«, schmunzelt er und nimmt sich, neugierig auf meinen Landy, die Zeit für ein Schwätzchen. »Das ist prima. Ihr glaubt nicht, was ich mit unseren Nachbarn im Süden oft für Scherereien habe. Die halten Kanada für ein Anhängsel ihres eigenen Landes!« Er schüttelt den Kopf in gespieltem Abscheu. »Wisst ihr, wie oft ich gefragt werde, ob es bei uns elektrischen Strom gibt und ob wir in Iglus wohnen?«

Ich erinnere mich an eine Sendung, in der ein britischer Reporter in die Staaten reiste, um die Einheimischen über ihre Sicht der Welt zu befragen. »In Europa gibt es nur Schwarz-Weiß-Fernsehen«, war eine allgemeine Überzeugung, wohl auf der Tatsache gründend, dass die meisten ausländischen Filme, die in Amerika gezeigt wurden, Klassiker aus den Jahren vor 1950 waren. »Der Präsident von Deutschland ist Hitler«, war eine gruselig falsche Vorstellung. Das Interview ging noch weiter, und ich schwankte zwischen Lachen und Weinen.

...

Nach ein paar Stunden Fahrt entlang der Küste von British Columbia erscheint der Felsdom des Stawamus Chief, dessen Wände steil in das von Steinblöcken übersäte Tal von Squamish abfallen. Die Gegend ist unter Felskletterern weltberühmt, ein wahres Mekka für die, die von der Senkrechten träumen. Wir parken in einem Flussbett und entrollen unsere Seile. Hunderte, wenn nicht Tausende von Routen schlängeln sich himmelwärts; sie gehen von eingenagelten Kraxeleien bis zu X+-Touren über mehrere Seillängen. Die wenigen Kletterer, die die letzteren bezwingen können, sind offensichtlich auf der Leiter der menschlichen Evolution eine Stufe höher gestiegen. Mir erscheint die Felswand glatt wie eine Glasscheibe; nirgendwo ist ein Griff zu sehen. Der erfahrene Kletterer wird jedoch manche Details bemerken: hier eine raue Fläche für Reibungskletterei, dort eine kleine Delle für eine Fingerspitze. Die Welt der Extremkletterei ist für einen Uneingeweihten jenseits des Vorstellungsvermögens, und die Fähigkeiten eines guten Kletterers grenzen an Zauberei. Bei dieser Route bekomme ich nicht einmal einen Fuß vom Boden!

Alex aber kann's. Wir finden ihn halb in der Luft schwebend einige Körperlängen über uns. Unrasiert, mit blutigen Fingern und breitem Lächeln ist er der ultimative Prototyp eines Kletterjunkies.

»Yeah, ich bin jetzt seit ein paar Monaten da«, erzählt er uns, nachdem er zur Erde zurückgekehrt ist. »Im Winter, wenn es kalt ist, fahre ich hinunter nach Joshua Tree zum Klettern.«

Alex arbeitet nur, wenn er entweder neue Express-Sets fürs Klettern kaufen muss oder wenn ihm der Starbuckskaffee ausgeht. Oft rechtfertigt ein Bergsteiger seine Leidenschaft mit der abgenutzten und zu sehr vereinfachenden Phrase »Ich besteige Berge, weil sie da sind!«, oder er gebraucht viele Worte, um sein Hobby mit irgendeinem spirituellen Weg in Verbindung zu bringen. Nicht so Alex.

»Ah, zum Teufel. Es macht Spaß. Sicher mehr, als von neun bis fünf in einem Büro zu sitzen.«

Richtig. Das kann ich nicht bestreiten. Letztlich ist es derselbe Grund, aus dem ich reise und alles darüber hinausgehende Philosophieren sein lasse. Das Leben kann enormen Spaß machen, wenn man einmal seine Leidenschaft entdeckt hat.

Jeden Tag gehen wir als Seilschaft klettern, und die Abende verbringen wir an einem Lagerfeuer im Flussbett. Der Pazifik liegt direkt vor der Tür, und das waldige Hinterland bietet makellose Seen, Juwelen, die völlig unberührt sind, wenn man von gelegentlichen Anglern absieht. Die meisten Bewohner von British Columbia sind markige Outdoortypen. Es kommt selten vor, dass ein Auto vorbeifährt, das nicht mit Sportgeräten, Kajaks, Jagdausrüstung oder Skiern beladen wäre. Rob und ich wollen uns dem anschließen und wir beginnen, nach einem gebrauchten Kanu zu suchen.

»Ja, habe ich. Aber es kann sein, dass es nicht schwimmt«, sagt uns ein Bauer aus der Gegend. »Ihr könnt es euch gern ansehen.« Wir folgen ihm zu seinem Haus. Hier, halb unter einem gefällten Baum, liegt ein verbeultes Stück Aluminium. Es gibt sogar ein von Schusslöchern perforiertes Paddel. Perfekt! Wir kaufen das Kanu für zehn Euro. Vertäut auf dem Dach, verstärkt es die verwegene Erscheinung Matildas beträchtlich. Das Kanu geht unter, aber nur langsam. Jetzt kann es mit dem Fischen losgehen!

Die Investition zahlt sich schnell aus. Für den Rest unserer Fahrt nach Alaska vergeht nicht ein Tag, ohne dass ein, zwei Forellen über unserem Lagerfeuer braten. Die zahllosen Seen und Flüsse sind übervoll mit Fisch. »Ich geh Frühstück holen« heißt, aus dem Bett zu steigen, fünf Minuten zum Ufer zu gehen, die Angel auszuwerfen und gleich wieder einzuholen. Haben wir schlau für die Nacht geparkt, können wir von Matildas Schlafzimmerfenster aus fischen.

...

Bären säumen die Straßen und beobachten Autos. An manchen Tagen zählen wir nicht weniger als zwei Dutzend.

»Yeah, sie schauen süß und knuddelig aus«, sagt uns ein Ranger im Tweedsmuir Provincial Park, »aber lasst euch nicht täuschen. Sie können eine verdammte Landplage werden. Jedes Jahr werden einige Touristen übel zugerichtet. Am schlimmsten sind die Abfallbären, die es gelernt haben, Menschen mit Futter in Verbindung zu bringen. Sie halten sich in der Nähe von Parkplätzen auf, bis wir sie erschießen.«

Er macht eine Pause. Ich weiß, dass nun eine Schauergeschichte folgen wird. Jeder Ranger hat so eine Story auf Lager.

»Gerade mal vor ein paar Jahren war da eine amerikanische Familie, die eine Aufnahme ihres fünfjährigen Kindes mit einem Grizzly fürs Fotoalbum haben wollte. Der Bär war seit ein paar Tagen um die Abfalleimer herumgestrichen und mit sich selbst beschäftigt. Um seine Aufmerksamkeit zu erregen, schmierte der Vater etwas Honig auf den Arm des Kindes, und die Mutter wartete mit der Kamera. Ich wette, das Bild ist nicht ins Album gekommen.« Der Ranger lächelt nicht. Er ist todernst. »Blöde Leute. Nicht nur, dass das Kind tot war, wir mussten auch den Bären erschießen.«

Was wir tun sollten, wenn wir einem Grizzly begegnen, frage ich.

»Nun ... ihr solltet diese Bärenglöckchen kaufen, die die Wanderer an ihre Knöchel binden. Das Klingeln warnt den Bären davor, dass ihr kommt. Am Kot, der herumliegt, könnt ihr sehen, dass ihr in ein Bärenrevier eingedrungen seid. Bärenkot ist leicht zu erkennen ... es sind kleine Glöckchen drin.«

Jetzt grinst er. »Aber ehrlich«, fährt er fort, »am besten bleibt ihr stehen und bewegt euch nicht, gleich, welches Verhalten er zeigt. Davonlaufen könnt ihr vergessen. Er ist schneller als ihr.«

Es dauert nicht lange, und wir stoßen auf unser erstes Bärenhindernis. Wir paddeln auf einem gemütlich ziehenden Fluss, der so schmal ist, dass man mit Anlauf von einem Ufer zum anderen springen könnte, als wir uns auf einmal mit einer Schwarzbärin und ihrem Jungen konfrontiert sehen. Wegen des Fehlens von Bärenglöckchen hatte sie uns nicht kommen gehört. Aufgescheucht schickt sie ihr Junges gerade auf die eine Zeder, die über den Fluss hängt. Sie selbst verschwindet im Unterholz.

Was tun? Unter dem Jungen über unseren Köpfen durchpaddeln und von der Mutter angesprungen werden, die es verteidigt? Ich bezweifle, dass wir sie mit dem zerschossenen, hölzernen Paddel abwehren könnten. Also paddeln wir rückwärts und warten. Eine halbe Stunde später warten wir immer noch; der Jungbär betrachtet uns von seinem Baum aus, als möchte er sagen: »Kommt ruhig näher, wenn ihr euch traut.«

Wir trauen uns nicht. Stattdessen entschließen wir uns dazu, das Kanu in einem sehr weiten Bogen um das Hindernis herumzutragen.

Außer mit Bären und Touristen hat Kanada als Nation wenig Probleme. Von Gewalt und Verbrechen im eigentlichen Sinne hört man praktisch nie. Es gibt keine Bürger, die in Schulen Amok laufen, und keine Bomben, die von Häusern das Dach wegsprengen. In vielen Teilen Kanadas werden Besucher, die zum ersten Mal hier sind, erstaunt sein, dass die Leute Haus- und Autotüren nicht abschließen, wenn sie übers Wochenende nicht da sind.

Wir sind zu einem Elchdinner bei einem kanadischen Eingeborenen vom Kispiox-Stamm eingeladen. Es ist meine erste nähere Begegnung mit einem Indianer und es ehrt mich, sein Gast sein zu dürfen.

Ich bin in einer von indianischen Bräuchen faszinierten Welt aufgewachsen. Traumfänger, spinnennetzartige Gebilde, die Albträume abwehren sollten, hingen in den Fenstern vieler Freunde; *Der mit dem Wolf tanzt* mit Kevin Costner in der Hauptrolle wurde oft als Lieblingsfilm genannt; Indianerbücher und Poster von Sitting Bull reihten sich in den Regalen und an den Wänden aneinander; den edlen Winnetou Karl Mays nicht zu vergessen, und einige Klassenkameraden kamen mit Mokassins in die Schule. »Grüne« Freunde klebten sich die weltbekannte Prophezeiung der Cree »Erst wenn der letzte Baum gefällt ist, erst wenn der letzte Fluss vergiftet ist, erst wenn der letzte Fisch gefangen ist, erst dann werdet ihr einsehen, dass man Geld nicht essen kann« an die hintere Stoßstange ihrer Autos ... und fuhren dann in ihren alten VW-Bullis umher, die Wolken von Kohlenmonoxid in die Luft bliesen, stolz darauf, keinen sparsamen und emissionsarmen Hightech-Mercedes zu besitzen. Ich meine, solche Aufkleber gehören auf einen Pferdearsch oder auf den eigenen, wenn man diese moralischen Werte ernst nimmt.

So denkend, war ich etwas vor den Kopf gestoßen, als ich im Dorf unseres neuen Bekannten ankam. Ich konnte nicht genau unterscheiden, wo der Abfallhaufen endete und der Wohnbezirk anfing. Bisher war Kanada makellos! Den Abfall im Vorübergehen prüfend, könnte man annehmen, dass die Dorfbewohner von einer reinen Bierdiät lebten.

John, leider habe ich seinen wahren indianischen Namen vergessen, wohnt in einem aus zwei Schlafzimmern bestehenden Haus am Waldrand. Er und seine Familie waren immer trocken, nie kam ihnen Alkohol ins Haus. Er ist ein großer Mann mit fein geschnittenen Gesichtszügen, der wenig Worte macht, und als solcher könnte er in jedem Wildwestfilm eine tragende Rolle spielen. Ich halte es für respektlos und unangebracht, ihn während des Abendessens mit Fragen über seine Kultur zu bedrängen. Stattdessen kauen wir unseren delikaten Elch vom Grill schweigend.

Danach, mit vollen Bäuchen und einem dampfenden Becher Kaffee in der Hand, geht er ein wenig aus sich heraus. »Ja, Alkohol ist ein großes Problem in der Gemeinde. Und nein, es gibt keine Achtung vor der Natur.«

»War das schon immer so?«, frage ich, obwohl ich durchaus weiß, dass dies so ähnlich klingt, als würde ich einen Briten fragen, wie sich seine mittelalterlichen Vorfahren an König Artus' Tafel aufgeführt haben. John glaubt nicht, dass die Natur als solche in früheren Tagen respektiert wurde. Natur war einfach da. Hätten die Indianer im 18. Jahrhundert Zugang zu Bierflaschen und Hamburgern von McDonald's gehabt, wären ihre Tipis im Abfall versunken, und nur die obersten Enden der Stangen hätten noch herausgeschaut.

»Wie in dieser Gemeinde?«

»Wie in dieser Gemeinde«, antwortet er.

Ich schaue im Zimmer herum. Eine alte Fotografie zeigt einige Indianer, die ein traditionelles hölzernes Kanu bauen. John erzählt, dass seine Vorfahren auf der Suche nach dem idealen Holz für ein einzelnes Kanu Hunderte von Bäumen zu fällen und zu verbrennen pflegten. Der Bau einer Flotte hätte einen Wald auf Generationen hinaus vernichten können. Da schlägt plötzlich der Hund an. John springt auf und packt sein Gewehr, das neben dem Kamin lehnt.

»Verdammte Bären. Bleibt ihr zwei drinnen«, warnt er uns. »Der da geht jedes Mal auf unser Grundstück, wenn wir grillen.« Ein Abfallbär. Er hat wahrscheinlich nicht mehr lange zu leben.

Die Geschichte der Longitude-Expedition (20.7.2003)

Die Winterdurchquerung Sibiriens hat Matilda in einen sehr erbärmlichen Zustand versetzt. Kein Fahrzeug wird die schrecklichen Straßenverhältnisse in Russland und die eisigen Temperaturen ohne Weiteres überstehen und mein Land Rover ist drei Jahrzehnte über seine Jugendblüte hinaus.

Ich blättere mich durch verschiedene Abenteuermagazine und stelle fest, dass die meisten Expeditionen zu Land von bekannten Firmen gesponsert werden. Da gibt es Toyotas, die mit so vielen aufgeklebten Logos gepflastert sind, dass die Fahrer kaum mehr durch die Windschutzscheibe gucken können, und Unimogs, die mit der Website des Eigentümers werben, die an allen Seiten in einer Größe steht, dass man sie von der Internationalen Raumstation aus lesen könnte ... meist etwas von der Art »www.look-at-how-amazing-I-am«. Ich schüttle verwundert den Kopf. Zahlen Unternehmen tatsächlich Tausenden von Reisenden den Urlaub? Wenn, zum Teufel, die dafür bezahlt werden können, Auto zu fahren, dann kann ich das auch. Mir kommt das alles zwar blöd vor, aber Matildas Wiederherstellung wird eine satte Summe kosten. Es kann nicht schaden, es zu probieren.

Aber wer soll mich sponsern? Die naheliegendste Wahl ist sicher Land Rover USA selbst. Auf Seite 48 sehe ich, dass sie einem amerikanischen Pärchen einen Trip in den Grand Canyon finanziert hatten. Würde nicht die einjährige Belagerung und der schließliche »Sieg« über den Erzfeind des Kalten Krieges in den Staaten mehr Interesse für eine Vermarktung wecken als ein Autoausflug in einen viel besuchten Nationalpark? Also schreibe ich einen Brief und bin wirklich erstaunt, als Pat, ein Landy-Vermarktungsmanager, antwortet. »Wir haben kein Interesse«, steht da ganz kühl.

Monate später, als die Bemühungen um einen Sponsor längst vergessen waren, erreicht uns nahe der Grenze von Alaska eine E-Mail. Das ist das erste Mal, dass ich von Nick Baggarly und seiner Longitude-Expedition erfahre. Für seine Rund-um-die-Welt-Tour stellt ihm Land Rover vier Discoverys zur Verfügung, von denen jeder 40 000 US-Dollar wert ist, zudem insgesamt 250 000 US-Dollar für einen Trip, der noch nicht einmal Kalifornien verlassen hat! Nick hatte die gleiche Firma angesprochen wie wir, es aber offenbar verstanden, seine Idee an Pat zu verkaufen. Erstaunlich. Was hat er gemacht? Was haben wir falsch gemacht? Wie gelangt man in die Welt der firmengesponserten Reisen?

Bei Mitteln dieses Umfangs, erklärt uns Nick, erwarten die Sponsoren schon mehr als ein paar Tagebucheinträge mit Fotos von Machu Picchu. Sein Konzept beinhaltet eine Spendenaktion für die Parkinsonforschung sowie ein internetgestütztes Bildungsprogramm. Auch wird eine professionelle Filmmannschaft das Team begleiten, mit dem Anspruch, eine Dokumentation in Discovery-Channel-Qualität zu schaffen.

Was Nick fehlt, sind ein Mechaniker und ein Reisejournalist. Pat, unser hilfsunwilliger Land-Rover-Werbefritze, hat ihm unsere Daten gegeben ... wohl in der Annahme, dass jemand, der Sibirien durchquert hatte, auch Autos reparieren könne.

»Seid ihr daran interessiert, mitzumachen?«, fragt Nick. »Wir veranstalten am 10.7. ein Kompatibilitätswochenende, um herauszufinden, wie wir als Team zusammenarbeiten!«

Der Morgen graut, und wir wenden um 180° in Richtung Kalifornien. Es ist eine ganze Ecke von Alaska nach San Francisco und wir stehen unter Zeitdruck, um das Treffen nächste Woche zu erreichen, aber Baggarlys Angebot rechtfertigt die radikale Änderung unserer Pläne. Longitude verspricht, eine interessante Erfahrung zu werden. Wir freuen uns auf die Teilnahme.

Wir klicken uns durch die Website und staunen ehrfurchtsvoll über die Dimension der Werbestrategie von »Rund-um-die-Welt«. Die Elite von Silicon Valley und Hollywood gibt moralische Unterstützung. Michael J. Fox, der selbst an Parkinson leidet, steht da neben Arnold Schwarzenegger, Kaliforniens kürzlich gewähltem Gouverneur, und beide tätscheln die Motorhauben von Nicks vier Landys.

Der eigentliche Trip ist etwas weniger begeisternd. »Ein Team von elf Leuten wird die Welt entlang von Längengraden in neun Monaten umrunden«, ist im Internet zu lesen, und das klingt nach einer Wiederauflage von Jules Vernes *Reise um die Erde in 80 Tagen*. Matilda werden wir in San Francisco zurücklassen müssen. Mit dem Tempo, in dem Nick reisen will, könnte sie niemals mithalten.

Der enge Zeitrahmen von Longitude erlaubt nur ein paar Nächte Aufenthalt in jedem der besuchten Länder, bevor zur nächsten Grenze weitergerast wird. Ich bezweifle, dass das Bildungsprogramm viel Beitrag zu irgendetwas leisten kann. Was kann man der Welt nach nur einem Tag in der Hauptstadt über die Kultur von Guatemala beibringen?

Nick, von Beruf Softwareingenieur, ist anderer Ansicht. Wir treffen ihn eine Woche später im Yuppievorort Los Gatos. Seine Begeisterung für das Projekt ist fast ansteckend, als er seine Hoffnungen skizziert: »Wir fahren, um die Welt zu verändern, um ein besseres Verständnis zwischen den Kulturen zu schaffen, und wir setzen uns das Ziel, 100 000 Dollar für die Parkinsonforschung zu sammeln!«

Rob und ich wechseln Blicke. Kaum hier, und schon haben wir unsere ersten Zweifel, ob Longitude das Richtige für uns ist. Nicks Rede erinnert mich an Captain Kirk, der aufbricht, um die Galaxie zu retten.

»Hm, Nick«, meine ich, »wenn die Parkinsonforschung dein Hauptanliegen ist, warum verzichten wir da nicht auf den Trip und arbeiten in unseren Berufen weiter? Spendet jeder ein Jahresgehalt, wird das Team zusammen zehnmal mehr zusammenbringen!«

Aber das würde nicht so viel Spaß machen, oder? Ich möchte wissen, ob Nick nicht den ganzen Scheiß drum herum weglassen könnte und einfach zugeben, dass Longitude am Ende ein Privatvergnügen ist wie jede Reise.

Das erste Geheimnis, wie man eine Förderung durch Land Rover erlangt, ist nun gelüftet: Vor der Bitte um eine Viertelmillion US-Dollar Unterstützung müssen Erlöserambitionen entwickelt werden. Die Welt durch Autofahren zu bessern, gelingt zwar keinem, doch ist es genau diese Idee, die vermarktet werden soll. Man denke an *Tomb Raider* mit Mutter Teresa in der Hauptrolle.

Das Kompatibilitätswochenende kommt heran und wir lernen das übrige Team kennen, unsere neun Gefährten für die nächsten neun Monate. Von den Anwesenden sind alle Vollblutamerikaner, darunter drei (Ex-)Marines. Ich fühle die feine Ironie, die darin liegt, dass die USA Soldaten zur Entwicklung von Verständnis unter den Kulturen entsenden, aber ich halte den Mund.

Die vier Discoverys leuchten weiß unter der hellen kalifornischen Sonne. Eine Weltkarte ziert die Motorhaube und, jawoll, die Internetadresse ist selbstverständlich noch aus dem tiefsten Weltall zu lesen. Land Rover hat die Autos als Werbung für das Programm »Geprüfte Fahrzeuge aus zweiter Hand« gespendet, um zu zeigen, dass ein gebrauchter Land Rover immer noch so gut wie neu und zuverlässig genug ist, um damit die Welt zu umrunden.

»Nick«, frage ich, »was sind das für Modelle?«

»Alles 2003er«, antwortet er.

»Aber wir haben doch 2003!« Mit Fahrzeugen wie diesen hier wird mein Job als Mechaniker nicht schwer sein.

Die Posse geht weiter. Zweite Lektion: Geschäfte mit Sponsoren schließen Halblügen um des maximalen Gewinns willen mit ein.

»Das wird jetzt wie eine richtige Expedition werden«, erklärt Nick. »Dann wisst ihr, was euch erwartet, wenn der Longitude-Trip beginnt. Anschließend kehren wir zur endgültigen Ausleseprozedur des Teams nach Los Gatos zurück.« Wohin wir die nächsten Tage fahren, ist topsecret, die ganze Übung bezweckt nur, die Störenfriede unter uns auszusortieren. Es ist wie eine Folge von *Survivor* und sollte eigentlich Inkompatibilitätswochenende genannt werden.

An keinem der Naturwunder der Gegend machen wir eine Pause, und die malerische Landschaft flitzt verwischt an meinem Fenster vorbei wie ein Film im Zeitraffer. Die einzigen Gelegenheiten, bei denen wir die Beine ausstrecken dürfen, haben wir während eines Fast-Food-Burgers. Und seltsam, außer Rob und Tom, dem Lehrer und potenziellen Störenfried, der der Einzige auf unserer Wellenlänge zu sein scheint, beklagt sich niemand. Lange nach Mitternacht, nach 1000 Kilometern auf Teerstraßen, beschließen wir, in der Mojavewüste das Lager aufzuschlagen. Schon bald sind unsere Marines besoffen. Mit jeder leeren Bierbüchse, die in den Wüstensand fliegt, werden unsere persönlichen Differenzen sichtbarer. Doug beschuldigt Rob, ein Kommunist zu sein, weil es ihm in Russland gefallen hat. Mit schwerer Zunge macht er zusammenhanglose Andeutungen, Rob sei antiamerikanisch und solle nach London heimgehen.

»Das stimmt nicht ganz. Mir gefällt nicht, was eure Regierung tut, und ich kann schwer verstehen, dass die Leute hier das akzeptieren«, meint Rob, die Ruhe selbst. Aber das Bier hat bei Doug seinen Tribut gefordert, sodass eine vernünftige Diskussion unmöglich wird. Wir gehen ins Bett, bevor es zu Handgreiflichkeiten kommt.

Nach nur vier Stunden Schlaf geht es wieder auf die Straße. Vor uns flattert eine amerikanische Flagge von der Größe eines Fußballplatzes, die in der Mitte der Wüste aufgepflanzt ist. Nick erläutert die Bedeutung der Stelle, die für so wichtig erachtet wird, um eine seltene Ausnahme zu machen: Wir stoppen den Konvoi.

»Diese Flagge markiert den Beginn des Mojave Trails, der von den ersten Siedlern in ›offensichtlicher Bestimmung‹ (›Manifest Destiny‹) benutzt wurde und später von der US-Armee sowie der Post. Stellen wir uns für ein Gruppenfoto darum auf!«

Ich bezweifle, dass irgendeiner, Nick eingeschlossen, die Bedeutung des Begriffs »Manifest Destiny« kennt. Dies ist ein Ausdruck, um die ethnische Säuberung zu rechtfertigen, die die eingeborenen Indianer betraf. Aus meiner Sicht nichts, was man feiern müsste, indem man in eine Kamera lächelt und »cheeeese« sagt.

Rob, der konsequenteste Mensch, den ich kenne, weigert sich schlichtweg, sich hier fotografieren zu lassen. Aus dem Gesichtsausdruck aller anderen kann ich ablesen, dass Rob, der allein bei den Fahrzeugen wartet, soeben einstimmig rausgewählt wurde.

Dritte Lektion: Willst du in den USA Fördermittel erhalten, streiche deinen Land Rover rot, weiß und blau, zitiere patriotische Sprüche auf den Ruhm der von Gott erwählten Nation und äußere viele Nettigkeiten über Marines.

Nun ist der letzte Tag gekommen. Tom, der Lehrer, schlägt vor, auf dem Weg in den Yosemite-Nationalpark bei Manzanar zu halten. 1905 wurde das Mischehengesetz Kaliforniens dahin geändert, dass Eheschließungen zwischen weißen Amerikanern und »Mongolen«, wie man alle Menschen asiatischer Herkunft damals nannte, gestattet wurden. Es dauerte jedoch noch 62 Jahre, bis auch Ehen mit Schwarzen voll legalisiert wurden. Die Entwicklung hin zur Gleichberechtigung wurde auf Eis gelegt, als Japan Pearl Harbor bombardierte. General DeWitt sagte vor dem Kongress: »Ein Japs ist ein Japs. Ich will keinen von denen hier haben. Jeder davon ist ein gefährliches Element, auch dann, wenn er amerikanischer Bürger ist. Er muss von der Landkarte gewischt werden!«
Undeutlich kann ich mich an jemand mit typischem Oberlippenbart erinnern, der eine halbe Welt entfernt, in Deutschland, ähnliche Sprüche gemacht hatte.

Auf Grundlage des US-Gerichtsbeschlusses Nr. 9066 wurden Konzentrationslager gebaut, und Manzanar war das erste von zehn auf amerikanischem Boden. Alle mit mehr als einem Sechzehntel japanischem Blut, gleich welcher Staatsangehörigkeit, konnten hier interniert werden.
110 000 Menschen wurden kurzerhand aus ihren Wohnungen geholt, ohne dass ihnen gesagt wurde, wohin es ging, und ohne dass sie mehr als das Hemd auf dem Leib mitnehmen konnten. Bei Temperaturen, die von 0 °C im Winter zu sengenden 40 °C im Sommer reichten, waren die Strapazen besonders für Ältere und für Kinder unerträglich. Alle waren unzweckmäßig gekleidet, ohne vernünftige medizinische Versorgung und wurden in Baracken aus Dachpappe ohne sanitäre Anlagen untergebracht. Allein in Manzanar starben 146 Menschen ... und die Überlebenden waren für den Rest ihrer Tage seelisch gezeichnet.

Wir betreten den verlassenen Komplex. Vielleicht passt schon die bloße Existenz nicht gut zu der selbstglorifizierenden Version der amerikanischen

Geschichte und zu der patriotischen Propaganda der Regierung. Das ist eine Episode, die man am besten vergisst, was dadurch sehr erleichtert wurde, dass die meisten Konzentrationslager zu Kriegsende niedergewalzt wurden. Ich bin in meiner Kindheit in den Staaten zur Schule gegangen und kann mich nicht erinnern, dass Manzanar je erwähnt worden wäre. Die Geschichtsstunden begannen mit glücklichen ersten Siedlern, die zusammen mit glücklichen Indianern Truthahn aßen, glückliche Erntedankfeste feierten und alles Kontroverse danach wurde weggelassen.

Tom macht seinen ersten schweren Fehler. Er wagt es, die Mitglieder des Teams zu fragen, was ihnen Manzanar bedeutet. Es herrscht Stille, scheinbar hat keiner je einen Gedanken an diesen Ort verschwendet oder auch nur seine Existenz zur Kenntnis genommen: »Das ist Amerika, das schöne. Wir begehen keine Gräueltaten.« Aber ich erkenne in der schamhaften Stille die Folge: Tom ist der Nächste, der rausfliegt. Er stellt unbequeme Fragen und sollte ebenfalls niedergewalzt werden ...

Fünfte Lektion: Beinhaltet die Tätigkeit, für die du Fördergelder erhältst, das Schreiben von Artikeln, die in den Staaten veröffentlicht werden sollen, so bezweifle NIEMALS Amerikas moralische Überlegenheit über andere Nationen. »Das Leben eines Amerikaners ist mehr wert als die Leben von 1000 Irakern!«, ist ein Zitat, das oft in den USA gehört und geglaubt wird. Wo bloß habe ich das schon vorher gehört? Ach ja, es hat etwas mit dem zuvor erwähnten Diktator mit dem Oberlippenbart zu tun, oder nicht?

Wir lassen Manzanar hinter uns, und der Wind weht Staub über unsere Reifenabdrücke, sodass keine Spur unseres Besuchs verbleibt. Ich schaue über die Schulter zurück und sehe das hölzerne Schild, das am Tor mit dem Stacheldraht hängt. »Möge das Unrecht, das hier erlitten wurde als Folge von Hysterie, Rassismus und wirtschaftlicher Ausbeutung, nie mehr wieder sein Haupt erheben«, steht darauf.

Ich seufze lautlos. 60 Jahre danach und CNN sendet jeden Tag, dass fremde Staatsangehörige in den USA nun festgenommen und auf unbestimmte Zeit inhaftiert werden können, ohne Anschuldigung, juristische Vertretung, Verfahren oder ein Recht auf Berufung, wenn sie als »Gefahr für die Demokratie« gelten. Ein Sprecher der US-Armee berichtet, dass in Guantanamo Bay gegenwärtig Einrichtungen für Exekutionen geschaffen werden. Es hat sich nichts geändert außer der Minderheit, die im Fadenkreuz steht. Die Japaner waren nur eine der Gruppen, die von einer langen Reihe von Verbrechen gegen die Menschlichkeit betroffen waren. Zuerst die eingeborenen Indianer, dann Asiaten, Kommunisten und jetzt Muslime ... wer sind die Nächsten? Braucht dieses Land einen ewigen Feind zur Rechtfertigung seiner Existenz? Und, was die wichtigste Frage ist: Wie müssen wir als Weltgemeinschaft auf die US-Politik einwirken, wenn es den Bürgern Amerikas nicht gelingt, selbst zu handeln?

Die Stunden hinter dem Lenkrad verrinnen. Wir sind durch den großartigen Yosemite-Park gefahren, ohne anzuhalten, haben irgendwo unterwegs schnell Kaffee getrunken und jetzt ist es drei Uhr morgens. Unser Konvoi schlingert mit Höchstgeschwindigkeit dahin. Im Scheinwerferlicht sehe ich, wie unsere gebraucht-neuen Discoverys mit den wunderbaren Longitude-Logos von der Straße abkommen und aufs geschotterte Bankett geraten, wenn die Fahrer in Sekundenschlaf fallen. Keiner hat in den vergangenen 72 Stunden mehr als acht Stunden geschlafen. Es ist gefährlich, aber Nick treibt an. »Nur noch acht Stunden bis Los Gatos!«, sagt er uns.

Draußen vor dem Longitude-Büro warten wir, bis wir an der Reihe sind, vor der großen Jury zu erscheinen. Nick wird jedem von uns einzeln das Abstimmungsergebnis bekannt geben. Tom verschwindet hinter der Tür, dann Rob. Wie zu erwarten, werden beide nicht genommen. »Du hast zu viel Politik ins Wochenende gebracht«, lautet der Grund für den Ausschluss. Ich werde gerufen.
  Nick sitzt hinter dem Richtertisch und ist durch seinen Job als Teamleiter stark gestresst. Es ist kein Vergnügen, Leuten schlechte Nachrichten mitzuteilen. Mich mit müden Augen anstarrend, gelingt es ihm nun, zu lächeln:
  »Chris, gratulation! Wir hätten dich sehr gern an Bord der ›Longitude World Expedition‹!«

...

Rob und ich fahren entlang der schönen Küste nach Norden, auf Oregon zu. Matilda tuckert fröhlich in ihrem üblichen, gemächlichen Tempo dahin, das nie die 80 Stundenkilometer übersteigt, außer auf starken Gefällen mit Rückenwind. Wir machen heute früh halt, die Strände laden zum Schwimmen ein. Vielleicht finden wir auch einen großen Mammutbaum, unter dem wir uns, den Rücken an die Rinde gelehnt, niederlassen und den Nachmittag mit dem Lesen eines guten Buches verbringen. Es gibt viele Möglichkeiten, und Zeit ist nicht von Belang.

Nick und sein Longitude-Team werden bald in die entgegengesetzte Richtung rasen, auf Mexiko zu, vom Morgengrauen bis zur Abenddämmerung fahren, mit einem tragbaren Chemieklo dabei und mit 2125 Dosen Red Bull (wie auf der Website erwähnt).

Die Entscheidung, Nicks Angebot abzulehnen, werde ich nie bereuen. Ich gestehe meine anfängliche Begeisterung für Nicks Konzept; die Aussicht, ins Fernsehen zu kommen und Arnold Schwarzenegger mit Handschlag zu grüßen, war verlockend. Vielleicht hätte der dadurch erworbene Ruhm als Teammechaniker die Marketingabteilung von Land Rover doch dazu bewogen, mir später das verzweifelt notwendige Getriebe für Matilda zu spendieren.

Nach der Hälfte des Kompatibilitätswochenendes hätte ich noch in Versuchung stehen können. Neun Monate gehen schnell vorbei. Ich hätte mich ganz auf meine Rolle im Team konzentrieren können und Frustrationen wegen betrunkener Marines, ignoranter Amerikaner und Fahnen schwenkender Patrioten bei den verwandten Seelen Rob und Tom abladen können.

Doch nein. Ich habe meine Lektion gelernt. »Mir gefällt nicht, was eure Regierung (oder Longitude) tut, und ich kann schwer verstehen, dass die Leute hier das einfach akzeptieren«, wie Rob so richtig sagte.

Möge das mein Beitrag zum Erlöserwahn sein: mich selbst zu erlösen. Zunächst kann man das Schweigen bewahren, wenn man von einer fremdartigen Kultur lernt, aber früher oder später kommt ein Punkt, an dem man sich aussprechen muss ...

Seichtigkeit (USA Teil II, 1.11.2003)

Es geschah in der Stadt Los Alamos, gerade eine Stunde von Albuquerque entfernt. Rob und ich sehen ein Schild, auf dem Atomic Museum steht, und wir beschließen, das Museum zu besichtigen, ohne zu wissen, was uns erwartet. Unser kleines Museum hat nicht die friedliche Nutzung von Fusion oder Kernspaltung zum Thema. In Wahrheit hätte auf dem Schild über der Tür »Atombombenmuseum« stehen müssen. Drinnen gibt es 1:1-Nachbildungen von Little Boy und Fat Man zu sehen, den Atombomben, die 1945 über Hiroshima und Nagasaki abgeworfen wurden. Während wir durch die Gänge wandern und die ausführlichen Beschreibungen unter jeder der Nachbildungen studieren, verstört uns die Tatsache, dass kein einziges Mal erwähnt wird, welches Leid diese Bomben verursacht haben. Little Boy und Fat Man werden als positive Errungenschaften dargestellt, auf die die Amerikaner stolz sein sollten. Ich höre, wie eine Lehrerin ihrer Klasse erklärt: »Die da haben wir über Japan abgeworfen!«, und unisono schallt es von den Kindern zurück: »Wow! Cool!«

Es gibt keine Nahaufnahmen von toten und sterbenden Japanern, die den Strahlenschäden zum Opfer fielen. Es gibt keine Filme von Müttern, die in den Trümmern der zerstörten Städte verbrannten, während sie noch ihre Kinder an sich drückten. Stattdessen lerne ich, dass die Zielauswahl nach folgenden Kriterien erfolgte:

Die Ziele mussten einen emotionalen Wert für die japanische Bevölkerung haben.

Die Ziele mussten eine gewisse militärische Bedeutung haben.

Die Ziele mussten weitgehend intakt sein, damit die furchtbare Zerstörungskraft einer Atombombe demonstriert werden konnte.

Ein Ziel musste einen Durchmesser von mehr als 4,8 Kilometern und eine weite, städtische Umgebung haben, um geeignet zu sein.

Das Museum beschreibt die Geschichte jeder Waffe und die Zerstörungskraft der Megatonnen objektiv, aber immer mit einer Spur von Stolz: »Die Explosion entwickelte eine auf 3900 °C geschätzte Hitze und Windgeschwindigkeiten über 1000 Stundenkilometer. Nagasaki sah aus wie ein Friedhof mit keinem noch stehenden Grabstein. Amerika und Russland haben immer noch genügend Wasserstoffbomben, um sich gegenseitig von der Landkarte zu wischen.«

Und die Schulklasse geht herum und ruft: »Yeah, Mann ... cooool!!!«

Interessant sind die heutigen Einstellungen zu den Bombenabwürfen. Japan hat seither stets eine weltweite Abschaffung der Kernwaffen angestrebt und betreibt eine rigide Anti-Atomwaffen-Politik. Die USA wurden zur nuklearen Supermacht. Ist es nicht Ironie, dass das einzige Land, das je eine Atombombe zu Kriegszwecken eingesetzt hat, jetzt anderen Nationen wie dem Iran diktiert, ob sie eine solche entwickeln dürfen? Man könnte denken, dass Präsident Truman, nachdem er gesehen hatte, wie viele unbeteiligte Menschen aufgrund seines Befehls starben (bis Ende 1945 140 000 in Hiroshima, 80 000 in Nagasaki), alles in seiner Macht Stehende getan hätte, um das Manhattan-Projekt fallen zu lassen.

Aber so denkt der durchschnittliche Amerikaner zumeist nicht. Er argumentiert: »Wären die Bomben nicht abgeworfen worden, hätte der Krieg länger gedauert und es wären sehr viel mehr amerikanische Soldaten gestorben.« 1996 erhoben die USA sogar Einspruch, als die UNESCO das Friedensdenkmal nahe dem Epizentrum der Bombenexplosion in Hiroshima zum Welterbe erklärte.

Wir beschließen, nach Socorro zu fahren, wo sich das Very Large Array befindet. Sie kennen den Ort, wenn Sie den Hollywoodfilm *Contact* mit Jodie Foster gesehen haben. In diesem Science-Fiction-Film nach einer Erzählung von Carl Sagan geht es um die Suche nach außerirdischem Leben. Natürlich ist die Geschichte reine Fiktion, das Observatorium für Radioastronomie aber nicht. Hier stehen sie, 27 gewaltige Antennen, auf einer Linie von 36 Kilometern, jede mit einem Schüsseldurchmesser von 25 Metern und einem Gewicht von 209 Tonnen. Sie sind auf den Himmel gerichtet und sammeln Informationen über Galaxien, Quasare, Pulsare, Überreste von Supernovä und schwarze Löcher. Und manchmal lauschen sie geduldig auf unbekannte Lebewesen, die uns vielleicht eine Botschaft senden. Ich möchte wissen, was sie uns zu sagen hätten? Wie wir ein Raumschiff bauen müssen, das einen Besuch bei ihnen ermöglicht? Wie eine vereinigte Gravitationstheorie aussieht? Oder einfach: »Wir beobachten euch. Seid nett zueinander. Das Leben ist wertvoll.«

Das Leben ist nicht viel wert in Amerika. Amerika ist eines der wenigen Länder, in denen Verbrecher noch hingerichtet werden können. Im Klub der Befürworter der Todesstrafe finden sich, außer den USA, Länder wie Afghanistan, China, der Irak, Nordkorea, Libyen, Somalia und ein Dutzend weitere. Kein Land von diesen ist eine Demokratie im »westlichen Sinne«.

Die Mitgliederzahl des Klubs schrumpft auf acht, wenn gefragt wird, in welchen Ländern offiziell Jugendliche exekutieren werden dürfen. Die UN-Kinderrechtskonvention verbietet die Hinrichtung von Kindern, gleich, welches Verbrechen sie begangen haben mögen. Die, die sich nicht an diese internationale Vereinbarung halten, sind China, die Demokratische Republik Kongo, der Iran, Pakistan, Jemen, Nigeria, Saudi-Arabien und die USA. In neun US-Staaten können Siebzehnjährige in die Todeszelle geschickt werden. In drei sogar Sechzehnjährige wie Sean Sellers, der 1999 seinen letzten Gang antrat. Ich hatte immer schon gewusst, dass Amerika den elektrischen Stuhl zur Hinrichtung benutzt. Was ich nicht wusste, war, dass bis heute tatsächlich fünf verschiedene Hinrichtungsarten praktiziert werden. Außer Old Sparky gibt es noch die Giftspritze, die Gaskammer, den Strick und das Erschießungskommando! Der Letzte, der den Kopf durch die Schlinge steckte, war Bill Baily am 25. Januar 1996. Der Letzte, der von Kugeln durchsiebt wurde, war nur zwei Tage später John Albert Taylor.

Wenn ich Gaskammer höre, läuft es mir kalt den Rücken hinunter. Man erinnere sich, ich bin Deutscher und kenne die furchtbare Vergangenheit unseres Landes gut. Ich mache mir wirklich die Mühe, dem DPIC, dem Death Penalty Information Center, zu schreiben:

»Sehr geehrte Herren. Bitte sagen Sie mir: Falls ein Jude ein Kapitalverbrechen beginge und in einem Staat, der die Gaskammer verwendet, zum Tode verurteilt würde, könnte diese Methode dann angewandt werden? Mit freundlichen Grüßen, Christopher Many.«

Das DPIC hat nie geantwortet.

Obwohl ich versuche, eine ausgewogene Ansicht zu all dem zu bekommen, dessen Zeuge ich auf meinem Trip um die Welt werde, kann ich manchmal die Gegenseite eines Arguments nicht akzeptieren. Vielleicht HAT die Bombardierung Hiroshimas und die damit verbundene Beendigung des Kriegs das Leben Tausender gerettet. Aber rechtfertigt eine solche Hypothese, so einleuchtend sie auch sein mag, das Verbrennen eines einzigen Kindes bei lebendigem Leib, um nicht von Zehntausenden zu sprechen? In meiner Welt nicht: Ich spiele nicht mit Menschenleben, als seien es bloße Nummern.

Und ich KENNE die Argumente der Befürworter der Todesstrafe, dass nämlich die Tötung eines Vergewaltigers oder Mörders die beste Versicherung dagegen ist, dass dieses Individuum je wieder eine ähnliche Tat begeht. Ich weiß, dass Vergeltung von manchen als die beste Art von Justiz betrachtet wird und dass ein paar vielleicht vom Abdrücken abgehalten werden, wenn das bedeutet, sie selbst würden vor einem Erschießungskommando enden. Aber all diese Gründe sind null und nichtig, wenn ein Gericht nur ein EINZIGES Mal irrt und ein unschuldiger Mann getötet wird. Es ist eine traurige Tatsache, dass dies wieder und wieder geschieht. Menschen machen Fehler, Gerichte verstehen falsch, und ein armer Kerl windet sich, an einen Stuhl geschnallt, mit Elektroden auf dem Kopf. Einige Fehlurteile können nicht revidiert werden. Der Tod ist immer endgültig.

Habe ich je erwähnt, dass ich in den Staaten geboren wurde? Ja? Nein? Gut, nun wissen Sie es. Bitte vergessen Sie, dass ich es Ihnen gesagt habe. Ich habe mich fast selbst vergessen.

Abhängigkeit (Mexiko, 17.3.2004)

Wenn man sich der Grenze zwischen den USA und Mexiko nähert, könnte man an eine Fortsetzung von *Flucht aus Alcatraz* erinnert werden. Ich hoffe, mein Ausbruch aus dem Knast gelingt, und ich befinde mich bald da, wo ich den dreifachen Sperrzaun von außen betrachten und meine wiedergewonnene Freiheit in die Arme schließen kann. Doch es ist zu spät. Die FLIR-Kameras (forward looking infrared) haben mein grünes Fluchtfahrzeug entdeckt; die Gefängniswärter sind alarmiert. Vielleicht kann ich doch noch das Tor durchbrechen? Bewaffnete Agenten, die an den starken Befestigungen patrouillieren, erwarten mich. Zu meiner Überraschung öffnet sich das Tor. Ich bin frei!

Der Erste, der mich begrüßt, ist ein Beamter der mexikanischen Einwanderungsbehörde. »Willkommen in Mexiko«, sagt er lächelnd.

Mit meiner Einstellung bin ich in der Minderheit. Jedes Jahr versuchen Zehntausende, IN das Gefängnis einzubrechen, und sie setzen bei diesem Versuch ihr Leben aufs Spiel. Es scheint verrückt, ein Land verlassen zu wollen, dem wir unter anderem die Schokolade und die Antibabypille verdanken. Mindestens 2000 sind ums Leben gekommen ... sei es, dass sie im Rio Grande ertranken, an Austrocknung in der Sonorawüste starben oder von Grenzpatrouillen der USA erschossen wurden.

Sogenannte »Kojoten« schleusen Mexikaner für Tausende von US-Dollars, das lebenslang Ersparte ganzer Familien, in die Staaten. Falls sie Erfolg haben, finden die meisten eine illegale Beschäftigung in der Landwirtschaft und verdienen einen Hungerlohn. Geschätzte 45 % aller Farmarbeiter in den USA sind Einwanderer ohne Papiere.

Der Sperrzaun an der Grenze zwischen Mexiko und den USA ist mit der Berliner Mauer verglichen worden; sein Bau hatte Präsident Bush massive internationale Kritik eingetragen, vor allem aus den lateinamerikanischen Staaten. Seit dem Ende des Ostblocks und dem Aufkommen der Globalisierung werden Friedensbemühungen unternommen, indem Grenzen geöffnet und nicht neue geschaffen werden. Dennoch hinkt der Vergleich: Die Berliner Mauer wurde gebaut, um die Leute im Land zu halten, die amerikanische Mauer, damit sie draußen bleiben. Vielleicht sollte ich hinzufügen, dass die Definition von drinnen und draußen eine Sache des Standpunkts ist. Außerdem ist da die wenig bekannte Tatsache, dass in den 28 Jahren des Bestands der Berliner Mauer 136 Menschen bei der Flucht in den Westen umkamen, aber mehr als dreimal so viele Mexikaner allein im Jahre 2004.

...

Baja California. In einer Strandbar sitzend, schwelgen wir in Tacos, Enchiladas und Burritos, Nationalgerichten, die weit über die mexikanische Grenze hinaus bekannt sind. Außerhalb des Campinggeländes streifen wir durch die müllbedeckten Straßen eines nahen Dorfes. Scheue Hunde stöbern mit eingezogenem Schwanz im Abfall. Gerade erst von Mexikos wohlhabendem Nachbarn im Norden gekommen, wird die Armut umso deutlicher. Und doch ... und doch ... es gibt mehr »Leben«, mehr »Authentisches« und mehr Kultur in einem Dorf der Region Baja California als in ganz Kalifornien.

Klapperschlangen, Taranteln, Hitze und Kakteen sind unsere täglichen Begleiter auf der Reise nach Osten. Die Sonorawüste ist unser nächtlicher Lagerort, als wir auf der mexikanischen Seite der Grenze entlangfahren. Von einem Hügel aus können wir die Zone sehen, die so viele illegale Einwanderer, von denen viele ein vorzeitiges Ende finden, zu durchqueren versuchen. Es ist ein Wildwestszenario, in dem man hinter jedem Felsen Schädel und Gebein erwartet. Sogar die Banditen sind da, auch wenn sie nicht mehr mit Sombreros und Ponchos rumlaufen. Heute heißen sie Militärpolizisten und tragen Uniform und AK-47-Gewehre. Sie durchstreifen diese abgelegene Gegend und finden uns innerhalb von Minuten, als wir zum Übernachten halten. Es ist uns ein Rätsel, wo sie sich versteckt hielten. Oder sprießt die Polizei einfach aus dem Wüstenboden?
»Eh, Gringos, was macht ihr hier?«, ist normalerweise die erste Frage. (Einem armen Kerl nach Amerika hinüberhelfen?)

»Habt ihr Marihuana?«, ist immer die zweite. (Ja, wir sind Drogenbosse. Wollt ihr ein bisschen Hasch?)

»Was ist mit Waffen?«, kommt dann. (Oh, das haben wir leider vergessen. Der Landy ist voller Flugabwehrraketen.)

Nach einem halbherzigen Herumstochern in Matilda, einem enttäuschten Schnüffeln an meiner Pfeife und einer Schmiergeldforderung, der wir nicht nachgeben, verschwinden sie wieder in der Dunkelheit, so schnell sie gekommen waren.

Rob und ich haben diese tägliche Wagendurchsuchung inklusive Auspacken und Ausstreuen unserer Habseligkeiten in den Sand um drei Uhr morgens allmählich satt. Wir halten nach einer langen Tagesfahrt auf einem Grasfleck neben der Piste an und schlafen nach dem Abendessen innerhalb von ein paar Minuten ein.

»Rob, wach auf. Da sind Leute draußen.«

Die Zeit stimmt, es geht auf drei Uhr zu, aber diesmal ist etwas anders. Ein Maschinengewehr zeigt durch mein Schlafzimmerfenster und zielt auf meinen Hintern.

»Runter! Runter!!!«, schreien sie. Ein zweiter Gewehrlauf erscheint und zerreißt das Moskitonetz. Der Landy wird von den starken Suchscheinwerfern eines auf der Straße abgestellten Pick-up-Geländewagens angestrahlt.

»Wer sind Sie?«, fragt Rob. Ich überlasse das ganze Reden ihm. Mit meinem miserablen Spanisch könnte ich ein Wort falsch betonen und jemand mit einem nervösen Finger am Abzug beleidigen.

»Raus!!!«, die Stimme wird fordernder.

Rob widersetzt sich. »Wer sind Sie?«, will er wissen.

»Stadtpolizei! Raus! Raus jetzt!!!«

Rob steigt aus dem Bett, öffnet die Hecktür und steht barfuß mit T-Shirt und Boxershorts vor einem Dutzend bewaffneter Männer. Ich folge ihm, aber ein wenig angemessener bekleidet.

»Was macht ihr hier?«, bellt der Chef der Gruppe.

»Wir campen«, antwortet Rob. Obwohl seine Stimme bemerkenswert ruhig bleibt, weiß ich, dass ihm der Schweiß wie ein Wasserfall herunterrinnt. Ich halte still, schließlich verstehe ich nicht die Hälfte dessen, was geredet wird.

»Wo wollt ihr hin?«

»Alamos. Wir sind Touristen!«

Sie entspannen sich sichtlich. »Touristas?!?! Vamos!«

Die Gewehre werden geschultert, und die Truppe springt in den wartenden Pick-up. Der Motor lief die ganze Zeit, und innerhalb von Sekunden ist der Wagen außer Sicht. Eine Staubwolke bedeckt uns.

»Was war das?«, frage ich Rob in der Hoffnung, er könne aus dem Vorkommnis schlau geworden sein. Er zuckt die Schultern. »Stadtpolizei war das nicht ...«

In Alamos werden wir vom freundlichen Inhaber eines Campingplatzes aufgeklärt. »Durch diese Hügel da hinten seid ihr letzte Nacht gekommen? Das ist Kartellland. Nicht einmal das Militär traut sich da hin. Irgendwer muss euren grünen Land Rover gesehen und Alarm geschlagen haben. Wahrscheinlich dachten sie, ihr wärt Drogenpolizei. Die verwenden auch manchmal grüne Fahrzeuge. Glück gehabt, ihr zwei. Gelegentlich eröffnen die das Feuer, ohne vorher zu fragen.«

...

Kein Ausflug nach Lateinamerika ist ohne die Pyramiden vollständig. Chichen Itza ist die berühmteste Pyramide Mexikos und wird als eines der sieben neuen Weltwunder betrachtet. Die Archäologen glauben, dass in der Gegend schon vor mindestens 21 000 Jahren Menschen gelebt haben, wobei sich vor 9000 Jahren höhere Zivilisationsstufen entwickelten, zu einer Zeit, als die Europäer noch an den Knochen erjagter Tiere nagten. Unter diesen Kulturen waren die Azteken und die Maya, welche monumentale Bauwerke errichteten und in den Künsten der Mathematik und Astronomie erfahren waren. All dies fand ein Ende, als die Spanier 1519 in Mittelamerika einfielen. Innerhalb von 26 Jahren war das ganze Land erobert, und nur die Pyramiden blieben als dauerhaftes Erbe.

Obwohl sie zu Recht als architektonisches Wunder angesehen werden, kann ich die spirituelle Bedeutung, die viele Reisende mit antiken Stätten verbinden, nicht erkennen. »Die Energie ... kannst du die Energie dieses Orts fühlen?«, werde ich oft von europäischen Rucksacktouristen in den Zwanzigern gefragt, die zahlreiche Piercings an den seltsamsten Stellen haben.

»Dieser Ort hat eine AURA!«, sagt das österreichische Mädchen neben mir, offensichtlich schon kurz vor der Ekstase. Ich wette, die junge Frau wird nun behaupten, dass die Pyramiden von Außerirdischen gebaut wurden. »Das wurde von Aliens gebaut!« O du meine Güte.

Ich frage mich oft, ob mir nicht essenzielle Wahrnehmungen auf meinen Reisen entgehen. In all den Jahren, die ich nun unterwegs bin, wurde ich nie Zeuge eines sogenannten Wunders. Viele andere Reisende offenbar schon. Schon wenige Tage nach ihrer Ankunft sehen sie schwebende Buddhas in Tibet, fliegende Sadhu-Mystiker in Indien, UFOs ... und überall ist diese allumfassende, schlecht definierbare »Energie«. Gelegentlich habe ich nach solchen Mysterien gesucht, in der Hoffnung, das Unerklärliche könne mein logisches Denken in tausend Splitter zersprengen. Aber jedes Mal, wenn ich komme, sitzt der Buddha bequem auf dem Teppich und isst Tsampa. Könnte dies daher rühren, dass ich keine Piercings habe?

Ich behaupte nicht, dass die Wissenschaft alles aufgeklärt hat; es gibt immer noch genug Dinge, die der Schleier des Rätselhaften tief verhüllt. Auf einige Fragen mögen wir morgen die Antwort finden, auf andere erst nach Jahrtausenden des Forschens, und einige Erscheinungen werden wir vielleicht nie verstehen. Die an Religion und Esoterik Glaubenden machen den Fehler, zu sagen, sie wüssten »jetzt« die endgültige Antwort ... ja, ja, ja, Gott oder die Götter haben das Universum in soundso vielen Tagen, Wochen oder Jahren erschaffen; die Außerirdischen sind in fliegenden Untertassen gekommen und haben zum Spaß Steingebilde errichtet usw., usw. Ich habe nie einen Christen sagen hören, die Jungfrauengeburt, der Heilige Geist oder das ewige Leben seien Theorien. Meiner Meinung nach sollte man alle Möglichkeiten gegeneinander abwägen, die der Religion mit eingeschlossen, um die wahrscheinlichste Erklärung zu finden.

Man nehme die Pyramiden: Mir wurde gesagt, dass die Pyramiden nach einem genauen Plan gebaut wurden, alle Seitenlängen seien Vielfache von p, und zwar bis auf die n-te Dezimalstelle genau. Mein Hippiemädchen glaubt, dass es Außerirdische gewesen sein MÜSSEN, gesetzt den Fall, dass die Azteken keine Computer hatten, um solche Zahlen zu berechnen.

Dabei braucht man keine Cray-2 für diese Aufgabe. Ein Rad mit einem bestimmten Umfang, einer seitlichen Markierung und einem Stock durch die Mitte tun es genauso. Man rolle es an der Grundlinie der geplanten Pyramide ab, und jedes Mal, wenn die Markierung eine Umdrehung vollendet hat, voilà ... hat man ein Vielfaches von p. Welche Theorie klingt glaubwürdiger?

Die letzten Wochen sind für die Halbinsel Yucatan mit ihren weißen Sandstränden, Palmen und Abermillionen Touristen reserviert. Ich sollte mich nicht zu sehr beklagen. Bin auch einer davon. Viel zu früh, aber tief gebräunt und mit Blasen an den Füßen vom Kokosnusspflücken eilen wir zur Grenze nach Belize.

Eifersucht (Belize, 13.4.2004)

B elize ist etwas Ungewöhnliches in Mittelamerika: das einzige Land, in dem Englisch die offizielle Landessprache ist. Wie konnte das britische Empire an einer Küste Fuß fassen, die von der spanischen Krone beherrscht wurde? Nur 280 Kilometer lang und 100 Kilometer breit ist Belize kein Tritt für einen großen Fuß, eher nur für einen Zeh, und es ist so unbedeutend im Weltgetriebe, dass die meisten Leute nie von dieser Nation gehört haben.

Die Antwort ist einfach: Die gierigen, goldhungrigen Konquistadoren fanden dort kaum mehr als sumpfiges Land, Schiffe verschlingende Korallenriffe und einen undurchdringlichen Dschungel, der niedrige Hügel bedeckte – nichts, was sie leicht ausbeuten konnten. Die geschäftstüchtigen Briten hingegen, die sich von ersten Eindrücken nie täuschen lassen, besetzten diese »herrenlose« Nische und begannen, Holz zu fällen, und zwar ein Holz, aus dem ein Fixiermittel für Textilfarben gewonnen werden konnte. Nicht annähernd so wertvoll wie Gold, rechtfertigte es doch, an einer Kolonie festzuhalten, die Spanien als Gegenleistung für die britische Hilfe bei der Beseitigung der regionalen Seeräuberei zu respektieren schwor. Belize, früher als Britisch-Honduras bekannt, wurde erst 1981 selbstständig.

Ein Vierteljahrhundert später könnte der Besucher an der Selbstständigkeit Belizes zweifeln. Britisches Militär verkehrt auf den wenigen Straßen und zeigt Präsenz. Dies jedoch geschieht auf Bitten der Regierung. Das Nachbarland Guatemala weigerte sich lange Zeit, Belize anzuerkennen, und veröffentlichte Landkarten, auf denen Belize als das 23. Department Guatemalas dargestellt wird. Die Geschichte wiederholt sich. Grenzstreitigkeiten lösten die Zusammenstöße mit Piraten ab, eine schützende Seeflotte wurde gegen grüne Land Rover eingetauscht.

Glücklicherweise hinterlassen die Briten, wohin sie auch gehen, drei Dinge: Fish and Chips, Filialen der Barclays Bank und Ersatzteile für Landys. Wir suchen Yoda auf, den Jedimeister der Land Rover, der im Distrikt Orange Walk lebt. Freilich ist Yoda nicht sein richtiger Name, er sollte es aber sein! Man kann die zwei nicht voneinander unterscheiden. Spaßig ist, dass ihn die Ortsansässigen als pensionierten Lehrer immer noch Master nennen. Master Yoda hilft uns, die benötigten Ersatzteile zu finden. Seine Werkstatt sieht wie eine Schrotthalde auf dem Todesstern aus. Ausgeschlachtete Motoren wurden hochgefährlich auf Differenziale geworfen, Schachteln und Kisten in totaler Unordnung enthalten Temperaturfühler, Dichtungen und Universalverbindungen. Beim Sichten dieser Stapel erwarte ich jeden Moment, dass mich Darth Vader, das Lichtschwert schwingend, anspringt.

»Hmmm«, zieht eine knarrende Stimme meine Aufmerksamkeit auf sich. »Interessant das. Weiß nicht Zweck davon.« Verdammt! Der Kerl spricht sogar wie Yoda! Er deutet auf eine ausgebaute Hecktür mit einer heizbaren Scheibe. Die dünnen Drähte, die durch das Glas laufen, haben ihn verwirrt. Klar! Yoda hat als eingeborener Indio sein ganzes Leben in Belize verbracht. In diesem tropischen Paradies hat er nie Eis von einer Scheibe kratzen müssen. Ich erkläre ihm die Funktion. Er ist höchst erstaunt.

Orange Walk ist die Heimat einer großen Mennonitengemeinde. Mennoniten glauben, die Taufe solle erst im Erwachsenenalter erteilt werden, wenn eine Person reif genug ist, zu entscheiden, ob er bzw. sie einer Religionsgemeinschaft beitreten will.

Klingt gut für mich, nicht aber für die europäischen Katholiken und Protestanten vor ein paar Hundert Jahren. Permanente Verfolgung zwang die Mennoniten zur Flucht in die entlegensten Winkel der Erde. Auf ihrem Weg von Deutschland über Russland und Kanada nach Mexiko sind manche nach einer jahrhundertelangen Wanderschaft schließlich nach Belize gekommen; im Wesentlichen also auf der Route, der Rob und ich gefolgt sind. Des Weiteren lehnen sie das Zahlen von Steuern (klingt für mich auch sehr gut!) und bewaffnete Konflikte ab. Und, o ja ... Frauen müssen ein Kopftuch tragen und IMMER ihren Männern gehorchen. Seltsamerweise gibt es weibliche Mennoniten.

Die konservativen Mennoniten, denn sie sind sich untereinander nicht einig, haben eine lange Liste sündhaften Benehmens zusammengestellt. Danach ist es unter anderem eine Sünde, Reißverschlüsse an der Kleidung zu haben, Motorfahrzeuge zu fahren, Gummireifen zu verwenden (an Pferdefuhrwerken etc.), fernzusehen oder Radio zu hören, Alkohol zu trinken oder zu rauchen, das Internet zu benutzen und E-Mails zu schreiben.

Orange Walk hat eine ganze Menge solcher Gemeinschaften, die einige oder alle der obigen Regeln befolgen. Ich ziehe das Dorf vor, in dem Rauchen erlaubt ist, Rob das mit Pub und Bier, aber wir sind uns einig, Matilda nicht gegen ein Pferd zu tauschen. Wenn nötig, könnten wir ja einen Hengst vor die vordere

Stoßstange spannen. Diese befristete Maßnahme würde wahrscheinlich die Höchstgeschwindigkeit des Landys verdoppeln.

Die Schulen lehren Deutsch als erste Fremdsprache, und es gibt einen eigenen mennonitischen Radiosender. Aber das Deutsch, das wir hören, als wir bei einem Bauern ins Haus eingeladen sind, ist kein Dialekt, an den ich gewohnt bin. Sie sprechen eine Art Plattdeutsch.

»Warum zieht ihr immer weiter und lasst eine Heimat zurück, um die nächste zu gründen?«, frage ich bei einer Tasse frischer Limonade.

»Nun, wir würden lieber ansässig sein und unserer Lebensart folgen«, erklärt der Bauer, »aber unsere Gastländer erlauben uns nie, lange zu bleiben. Seht ... wenn wir in ein neues Land kommen, werden wir zuerst von der Regierung willkommen geheißen. Wir arbeiten hart, und unsere Landwirtschaft hat einen guten Ruf! Man gibt uns ein unwirtliches Stück Land, das niemand sonst für bebaubar hält, und Gott hilft uns, es in ein Paradies zu verwandeln. Erst nach Jahrzehnten der Mühsal und der Leiden erreichen wir, was ihr heute in Belize seht: Hier ist Brotkorb des Landes!«

»Und dann? Die jeweiligen Regierungen sollten froh sein, dass ihr da seid!«

»Leider nicht. Wir werden reicher als die durchschnittliche eingeborene Bevölkerung und haben bessere Böden. Trotz all unserer Arbeit wird unser Land konfisziert oder die Regierung erlässt Gesetze, die unseren Glaubensgrundsätzen und den ursprünglichen Abmachungen widersprechen. Wir gehen und fangen neu an.«

Auf dem Weg nach Süden kommen wir an einem riesigen Flugzeug vorbei, das mit gebrochenem Fahrwerk neben der Teerstraße liegt. Das Militär, das von Belize, nicht die Briten, benutzt es als Kontrollpunkt für die vorbeikommenden Fahrzeuge. Wir haben nichts zu verbergen, und alle unsere Papiere sind in Ordnung, also halten wir freiwillig, um die Geschichte dieses Flugzeugs zu erfahren. Anders als in Mexiko, sind Straßensperren sehr selten, und trifft man doch auf eine, so wird man normalerweise durchgewunken.

»Drogenhändler aus Kolumbien sind hier, kurz vor der mexikanischen Grenze, damit gelandet«, antwortet uns der Offizier. Er deutet auf einen Hügel in der Ferne. In einem Land, das so klein wie Belize ist, ist jeder Ort nahe der einen oder anderen Grenze.

»Wahrscheinlich kam es ihnen sicherer vor, auf dem Boden von Belize zu landen, statt zu riskieren, in den mexikanischen Luftraum einzudringen. Wir sind zu spät gekommen, um sie zu stellen; als wir ankamen, waren sie schon zu Fuß geflohen. Wahrscheinlich sind sie mit ihrem Stoff jetzt in den Staaten. Sie müssen eine Menge Drogen dabeigehabt haben ...«

»Warum glauben Sie das?«, frage ich.

»Nun ... sie haben einen Zettel im Cockpit gelassen. Drauf stand: ›Danke für die Landebahn. Ihr könnt das Flugzeug behalten.‹«

Intensität (Guatemala, 9.5.2004)

Eine Reise durch die mittelamerikanische Landschaft ist ein Sturmangriff auf die Sinne. Guatemala sprüht vor Leben, mit Farben und Gerüchen, Klängen und Aromen. Auf der Fahrt über die einzige Teerstraße, die sich zwischen den Hauptorten des Landes dahinschlängelt, erscheinen in regelmäßigen Abständen wundersame Dinge. Wir überholen alte Männer, die tief gebeugt Brennholzbündel steile Hügel hinaufschleppen; ein Bauernmädchen, das einen Maiskolben isst, den es von der Ladung eines vorbeifahrenden Lastwagens stibitzt hat; zahllose lärmende, lachende Kinder allenthalben, denen der Rotz unaufhörlich aus den Nasen rinnt; und schließlich sind da noch die warmen, regenbogenfarbenen Wollsachen des Hochlands, wie sie von der eingeborenen Bevölkerung getragen werden. Und wenn es einen Platz gibt, an dem alle Wege dieses Lebens in einer Intensität zusammenfinden, die die Besucher erfreut und überwältigt, so ist es der zentrale Markt eines Dorfes.

Jede Ortschaft, selbst die kleinste, die aus kaum mehr als einer Ansammlung kleiner Gehöfte besteht, hat einen Markt. Die meisten Passanten, an denen wir vorbeikommen, gehen entweder zu diesem zentralen Ort oder sie kommen von dort, wo die verschiedensten Waren erworben und verkauft werden. In den ärmeren Regionen findet man vielleicht nur eine Handvoll Stände, an denen überreife Tomaten feilgeboten werden. In stärker frequentierten Städten wächst die Fläche des Markts, bis sie Hunderten von Tischen Platz bietet, an denen die Marktschreier heftig miteinander wetteifern. Schwergewichtige Bauersfrauen preisen die Vorzüge ihrer Produkte in einer Lautstärke, die einer Opernsängerin würdig sein könnte, wenn nur die Stimmen schöner wären. Besucher, die sich unvorbereitet hereinwagen, werden schnell die Orientierung verlieren, sich hierhin und dorthin wenden und versuchen, die ausgestreckten, erdverkrusteten Hände der dicken Frauen abzuwehren, die ihnen ihre Früchte einen Zentimeter unter die Nase halten wollen. Flucht ist vergeblich; das Netz zieht sich um die Zappelnden zu. Es ist besser, sich frei fallen zu lassen, mitzumachen im Gewirr, zu schwatzen und zu flirten, Waren zu loben und zu tadeln, um dann Stunden später in den relativ ruhigen, gepflasterten Straßen wieder aufzutauchen, ohne mehr als eine Zwiebel gekauft zu haben.

Wie es scheint, habe ich zum zweiten Mal auf meiner Reise von den Einheimischen einen Spitznamen bekommen. Zuvor in Russland hatte ich oft den Ruf »Rasputin!« gehört, wenn Leute meine Aufmerksamkeit auf sich ziehen wollten oder Schwierigkeiten hatten, sich an meinen Namen zu erinnern. Ich habe mit meinem wallenden Bart und dem besessen starrenden Blick eine gewisse Ähnlichkeit mit dem Medium des Zaren. Diesen Blick zeige ich besonders dann, wenn ich gerade mit ein paar Schraubenschlüsseln zwischen den Zähnen das Getriebe eines Landys repariere. Mir kam der Name durchaus gelegen, weiß ich doch um die Anziehung, die Rasputin auf das andere Geschlecht ausübte. Es half aber nichts, muss ich mit einem Seufzer gestehen; fast sieben Jahre lang habe ich keine feste Freundin mehr gehabt. Sei es, wie es sei ... das ist eine andere Geschichte.

Hier auf dem Sonntagsmarkt folgen mir »Osama! Osama bin Laden«-Rufe! Ein Händler kommt grinsend auf mich zu, um mir die Hand zu geben. »Bin Laden, du bist ein Großer! Willkommen in Guatemala!«
Ich spiele mit und werde zur Attraktion des Morgens. Ausgestreckte Hände begrüßen mich, und der Händler verlangt im Spaß nach meinem Autogramm.
»Aber verrate mein Versteck nicht den Amerikanern«, sage ich.
»Nie«, verspricht der Händler lächelnd. »Hier bist du sicher!« Er macht mir einen guten Preis für einige Tomaten.
Rob schaut mich eigenartig an. Ich frage, was er denkt.
»Ich könnte etliche Millionen Dollar Belohnung kassieren, wenn ich dich der Polizei übergebe, das ist's, was ich denke.«

Osama wird hier nicht als der Terrorist angesehen, für den ihn der Westen hält. Zwar verurteilt man die Taten von al-Kaida, doch viele sehen bin Laden als besessenen Freiheitskämpfer, der eine Guerillataktik anwendet, um die amerikanische Unterwerfung des Nahen und Mittleren Ostens zu beenden. Guatemala hat ein Recht, über die USA aufgebracht zu sein. 1954 wurde der frei und fair gewählte Nachfolger von Präsident Arevalo, Jacobo Arbenz, durch einen von der CIA inszenierten Putsch gestürzt. Stattdessen wurde der proamerikanische Oberst Carlos Castillo Armas als Präsident eingesetzt, und die US-Regierung unterstützte seine brutale Armee durch Waffenlieferungen, Ausbildung und Geld. Dies führte zu einem Bürgerkrieg, der bis 1996 dauerte. Während dieses Krieges starben Tausende, und das Land verarmte.

...

Der Tourismus spielt im Vergleich zu den Nachbarländern keine große Rolle; wir treffen nur selten andere Reisende. Die vielen Maya-Ruinen sind überwuchert und von Restaurierungen meist unberührt. Es gibt keine Spektakel mit abendlich beleuchteten Pyramiden, die die antiken Stätten in blinkende rote, weiße und blaue Lichter tauchen und dazu eine Aufführung der Maya-Azteken-Geschichte mit fürchterlichen Schauspielern bieten, wie wir das so oft in Mexiko erlebt haben. Die Pyramiden Guatemalas sind bröcklige Angelegenheiten; Efeu rankt sich über die Terrassen und durch die Lücken, die entstanden sind, als Baumwurzeln ganze Steinblöcke aus dem Bauwerk gesprengt haben. Wir können Matilda fast am Fuß der Pyramiden abstellen und nachts die Lichtershow der Natur beobachten. Rob und ich stolpern die steile Treppe zum höchsten Punkt hinauf und warten, bis die Sonne untergeht und sich ein dunkler Vorhang über den Dschungel legt. Die Sterne und der Mond über unserem Aussichtspunkt tauchen alles in ein gespenstisches, glimmendes Licht. Zweifellos bietet die Natur immer noch die beste Show auf Erden.

Einige Orte rund um den Atitlansee haben sich scheinbar zu Rückzugsgebieten für Hippies entwickelt, wo der junge Drogenkonsument mit allem versorgt wird, was er begehrt. Eine Droge, um die ein größeres Ritual veranstaltet wird als um das Anzünden eines Joints, ist Peyote. Sie wird aus einem kleinen, kugelförmigen Kaktus gewonnen, der in ganz Mittelamerika beheimatet ist. Ein indianischer Medizinmann stattet den Gruppen am Seeufer regelmäßig seinen Besuch ab, um seine Dienste anzubieten. Gegen eine kleine Gebühr, versteht sich. Er sieht überzeugend echt aus, aber es geht hier nicht um Echtheit oder Schwindel: Seine Peyotesitzungen sind immer völlig ausgebucht. Ich will nicht teilnehmen, aber das Geschehen von nebenan beobachten.

Kurz vor Sonnenuntergang versammelt sich eine Gruppe von Touristen um ein großes Feuer. Der Medizinmann hat seinen Peyotetee zubereitet. Der wirksame Inhaltsstoff ist Meskalin, ein bitter schmeckendes, psychoaktives Alkaloid, das Übelkeit verursacht. Es heißt, dass fünf Gramm genügen, um höhere Zustände der Innenschau auszulösen. Begleitet werden diese üblicherweise von visuellen Effekten spiritueller Art.

Die Gruppe trinkt; die Tasse wird im Kreis herumgereicht. Ich warte auf meinem Beobachtungsposten. Und warte. Stundenlang geschieht nichts, und ich frage mich schon, ob Peyote ein Betrug ist. Vielleicht hat der Medizinmann auch auf die Uhr geschaut, denn plötzlich steht er auf und geht um die Versammelten herum, bleibt bei jedem Einzelnen stehen und spuckt ihm auf den Kopf! Chaos bricht aus; ein paar junge Briten, die ich von der Unterkunft her kenne, beginnen wie in Todesangst zu schreien, zwei Frauen mittleren Alters, die schon zuvor bei Peyotesitzungen dabei waren, erleben einen lang andauernden Orgasmus, andere schaukeln schweigend vor und zurück und irgendjemand lacht hysterisch. Das Schauspiel geht durch mehrere Stadien, bis die Sterne in der Morgendämmerung fahl werden. Der Medizinmann wiederholt sein Herumgehen und Auf-den-Kopf-Spucken. Die Teilnehmer würgen und kotzen nass und trocken in die verlöschenden Flammen des Feuers – alle, mit Ausnahme der beiden erschöpften Frauen, die nur dasitzen und breit grinsen. Die Sonne kommt herauf, hell und willkommen. Und alle gehen heim ...

»Ich hab Blut zwischen den Pflastersteinen hervorquellen sehen«, erzählt mir der Brite später. »Es war faszinierend! Obergeil!«
    »Warum hast du dann wie am Spieß geschrien?«, möchte ich fragen, lasse es aber bleiben.
    »Ich hab Insekten gesehen, RIESIGE Spinnen, die überall herumgekrabbelt sind ... alle über mich weg! Mann, war das stark!«, ergänzt der andere. Leider kann ich die beiden Frauen nicht finden und sie nach einer detaillierten Schilderung ihres Abends fragen.

Ich weiß nicht. In lateinamerikanischen Dschungeln krabbeln so viele Insekten, dass man davon sein Lebtag genug hat, brauche ich da noch virtuelle, die von unten heraufkommen? Blut zu sehen, nahm ich immer für ein schlechtes Zeichen, aber vielleicht habe ich da etwas falsch verstanden. Das mit dem Orgasmus hat mich, wie ich gestehen muss, interessiert. Wenn auch lieber mit einer echten Frau, falls möglich.

Die Geschichte von Paddy (27.7.2004)

Manche Geschichten passen zu der ersten Zeile eines Märchens: »Es war einmal ...« Dies ist so eine Geschichte ...

Es war einmal auf einer fernen tropischen Insel namens Roatan, dass zwei Reisende mit einem Land Rover dort voll Absicht strandeten. Die Gestrandeten fanden auf dieser Insel ihr Paradies und verbrachten sorglose Tage, indem sie im Meer schwammen und über den Sandstrand wanderten, wobei sie nichts als zweierlei Fußspuren hinterließen. Die kleineren gehörten Rob, die größeren konnte man leicht mit denen eines flossenbewehrten Tauchers verwechseln, und das waren natürlich meine.

Wenn irgendetwas die Illusion einer vollkommenen Welt hätte stören können, so war das die Hitze. Eine gnadenlose Sonne, die von dieser Insel ebenso angezogen zu sein schien wie wir, vermochte ihre Strahlen so um die Palmen zu biegen, dass jede Spur eines kühlenden Schattens ausgelöscht wurde. Die Nacht brachte wenig Erleichterung, da sich die Luftfeuchtigkeit mit dem Aufgang des zunehmenden Mondes nicht verringerte. Nur oben auf dem höchsten Hügel der Insel war eine seltene, kühlende Brise vom Meer her zu finden. Dort wollten wir unser Lager aufschlagen und Matilda abstellen.

Es war an einem solchen Abend, während wir gerade unser üppiges Abendessen im Landy beendeten, als Rob plötzlich den Kopf hob und sich an die geschlossene Tür lehnte.

»Psst. Chris, horch. Da draußen ist was.«

Ich beuge mich vor. Ja, Rob hat recht. Ich höre leise Schritte auf dem Kies und dazu ein Kaugeräusch.

»Ein Hund, der unsere Reste frisst?«, meine ich. Wir öffnen die Hecktür. Da, nur ein paar Meter entfernt, zeichnet das Mondlicht die Umrisse eines jungen Hundes, der die Fischabfälle, die wir hinausgeworfen hatten, durchsucht.

Rob und ich sind Hundenarren. Wir sprechen Wuff in verschiedenen Idiomen und können die Hundesprache perfekt imitieren. Nach unserer Meinung muss es einen Himmel für Haustiere geben, denn warum sonst sollte God rückwärts gelesen dog ergeben? Der Land Rover ist ausgerüstet mit einem Fünfkilosack voll Hundefutter, einer großen, grünen Trinkschale und einer Flasche Hundeshampoo, falls ein vierbeiniger Freund wünschen sollte, drinnen zu schlafen. Dieser Haustierbedarf beansprucht in unserem Wohnbereich viel Platz, aber es gibt Prioritäten. Für Hunde bringen wir gern Opfer.

Ich steige aus und bücke mich, um unseren Besucher zu begrüßen. Vorsichtig im Zickzack kommt das Hündchen näher, seine Neugier ist stärker als seine Angst. Als ich seinen Kopf und den Rücken streichle, merke ich, dass da etwas fehlt. Statt weichem Fell fühle ich ledrige Haut und verkrustete Striemen mit feuchten Flecken dazwischen.

»Scheiße. Das ist kein glückliches Hündchen.« Unser neuer Freund stimmt dem offensichtlich nicht zu und wedelt mit dem Schwanz.

»Wenn er am Morgen noch da ist, sehen wir ihn uns genauer an«, meint Rob, »jetzt ist es zu dunkel, um irgendwas zu tun.«

Wir schlafen unruhig und erwachen beim ersten Lichtstrahl. Ich muss unseren Gast nicht rufen, denn er liegt zu einem Ball eingerollt unter dem Fahrgestell. Rob, der in der Tiermedizin erfahrener ist als ich, wirft nur einen kurzen Blick auf ihn.

»Räude. Aber so etwas Schlimmes hab ich noch nie gesehen.«

Demodex-Räude wird von einer Milbe verursacht, die bei Haustieren nicht selten ist. Wenn sie gesund sind, können Hunde leicht damit fertigwerden. Die Milbe selbst, die an den Haarwurzeln sitzt, verursacht keine bleibenden Schäden. Nur bei Immunschwäche, aufgrund einer angeborenen Anfälligkeit oder bei Krankheit, kann die Milbe kräftigen Haarausfall und durch Sekundärinfektionen bedingten heftigen Juckreiz hervorrufen. Das arme betroffene Tier kratzt sich buchstäblich zu Tode. Wie um Robs Diagnose zu bestätigen, beginnt sich unser Hündchen am blutenden Ohr zu kratzen. Eigentlich ist der ganze Hund nur eine blutige Masse.

»Was sollen wir tun? Er stirbt an einer Infektion, wenn nicht geholfen wird.«

»Sollen wir ihn zum Tierarzt bringen?«, frage ich.

Das Hündchen wehrt sich nicht, als ich es auf den Beifahrersitz setze. Auf der kurzen Fahrt habe ich Gelegenheit, es mir genauer anzusehen ... da ist wirklich kaum mehr eine Spur Fell übrig. Ohne dieses ist schwer festzustellen, welcher Rasse es angehört. Vielleicht zur Hälfte Beagle. Aber auf jeden Fall süß. Das zumindest, was noch von ihm übrig ist.

Der Tierarzt lässt uns gleich vor. »Das ist schlimm, sehr, sehr schlimm«, sagt er, indem er feststellt, was offensichtlich ist. »Sicher gehört er euch nicht. Wo habt ihr ihn gefunden?«

Wir erklären ihm unsere Tierliebe und die Begegnung in der vergangenen Nacht. »Jetzt gehört er uns«, bekräftigen wir.

»In dem Fall hab ich schlechte Nachrichten. Erstens hat er keine großen Überlebenschancen, selbst wenn ich ihm Medikamente verschreibe. Eins zu zehn, würde ich sagen. Er ist höchstens zwei Monate alt. Zweitens wird die Behandlung mit Antibiotika 280 US-Dollar kosten, auch dann, wenn ihr die Spritzen selbst gebt. Drittens habt ihr die nächsten Monate alle Hände voll zu tun, ihn täglich zu baden und so weiter, wenn er denn so lange durchhält. Viertens, ihr seid Reisende, oder? Werdet ihr ihn versorgen, wenn ihr Roatan verlasst? Was soll ich tun? Ich schläfere ihn gratis ein, wenn ihr wollt. Ihr braucht euch nicht schuldig zu fühlen, ich mach es selbst nicht gern ... aber ... um ehrlich zu sein ...«

Da stehe ich nun vor einer Entscheidung über Leben und Tod eines fühlsamen Wesens, das mich aus tiefbraunen Augen ansieht. Das Hündchen zittert, versteht es, was ich gefragt wurde? Ich sehe Rob Hilfe suchend an, nur um festzustellen, dass er traurig auf das kleine Häufchen Leben blickt, das auf dem Tisch des Tierarztes sitzt. »Rob, haben wir 280 Dollar?« Er lächelt und ich weiß, dass auch er nie ans Einschläfern gedacht hat.

Wir haben nicht einmal 100 US-Dollar. Das ist alles, was vom letzten Abheben am Geldautomaten auf dem Festland übrig ist. Aber der Tierarzt könnte uns die Antibiotika auf Raten verkaufen. Irgendwie werden wir es schon schaffen, den Rest aufzubringen.

Auf dem Rückweg zu unserem Lagerplatz stellt sich die Frage, wie unser neuer Hund heißen soll. Gerade da kommen wir an einem Straßenschild vorbei, auf dem in großen Buchstaben »Rettet das Riff!« steht. Es wurde von PADI, dem internationalen Tauchsportverband, gestiftet. Rob wird davon angeregt:

»Ich glaube, Paddy wär gut, ja, was sagst du zu ›Rettet Paddy‹?«

Paddy findet bald seine Ecke im Landy. Wenn Rob die Antibiotika spritzt, wird er schläfrig und verbringt die meiste Zeit des Tages damit, zwischen alten Decken zu ruhen und Hundeträumen nachzuhängen. In den wachen Momenten ist er so lebhaft wie alle jungen Hunde, nagt an allem, was er findet, und wedelt mit dem Schwanz wie ein Hubschrauber vor dem Abheben. Wir binden ihm ein orangegelbes Batiktuch um den Hals, damit er nicht gar so kahl aussieht.

Mittlerweile schmieden wir Pläne, wie wir Geld für die Behandlung auftreiben können. Im Süden von Roatan gibt es die meisten Touristen und Unterkünfte am Strand, die vom simplen Haus für Rucksacktouristen bis zum Fünfsterne-Club-Med-Hotel gehen. Der Mittelpunkt aller Aktivitäten ist die einzige Schotterstraße, die die zahlreichen Tauchschulen miteinander verbindet. Wenn wir Aufmerksamkeit erregen wollen, müssen wir uns dort aufstellen.

Unser Aktionsplan umfasst Anschläge an Matildas Seiten. »Rettet Paddy« steht auf dem einen, »Werde Paddys Freund« auf dem anderen. Alle, die etwas spenden, und sei es noch so wenig, bekommen eine täglich aktualisierte, von Paddy persönlich herausgegebene »Zeitung«, in der er seine traurige Geschichte erzählt und erklärt, was er braucht, um wieder gesund zu werden. Auf einer Liste erscheinen alle Spendernamen und daneben ein Countdown über 280 US-Dollar, mit dem wir Rechenschaft über das erhaltene Geld ablegen.

So gerüstet, machen wir uns auf den Weg zum Strand. Paddy ist beim Fahren ganz aufgeregt, vielleicht weiß er, dass der erste große Tag seines Auftritts anbricht.

Er benimmt sich bemerkenswert gut. Auch ohne Leine weicht er uns nie weit von der Seite. Er scheint seinen Namen zu verstehen, wenn er will, und einfache Befehle wie »sitz« oder »lieg« lernt er schnell dank der Belohnung mit Leckerlis. Wir möchten, dass er einen guten Eindruck auf der Touristenpromenade macht.

Unsere diesbezüglichen Bedenken sind unbegründet. Als wir parken, unsere Liegestühle aufstellen und Paddys Decken vor dem Auto ausbreiten, bricht er erschöpft zusammen. Für den Rest des Tages rührt er sich nicht mehr und verschläft seinen ersten Auftritt, ohne mitzubekommen, was passiert.

Wir warten. Wir lesen. Wir beobachten die Passanten. Die Sonne kriecht langsam über den Himmel. Unsere Plakate sind von beiden Enden der Straße aus zu sehen, aus 30 Metern Entfernung.

Bald kommen wir dahinter, wer die Wohlhabenden und Reichen vom Club Med sind. Das sind die mit den teuren Handtaschen und den 200-Euro-Bikinis. In ihrer Vorstellung von einem perfekten Inselparadies kommt kein kranker Hund vor. Nur für einen winzigen Augenblick schauen sie auf Paddy, um sich dann sofort abzuwenden. Die vom Club Med tun so, als seien wir unsichtbar. Eine andere Gruppe sind die einheimischen Honduraner. Die meisten starren uns mit giftigem Blick an, als ginge es um einen Wettbewerb, wer länger aushält. Was haben wir ihnen nur getan?

Schließlich kommt die Frau vom Handyshop gegenüber zu uns. »Euer Hund sieht übel aus«, meint sie. Warum müssen die Leute immer sagen, was man ohnehin sieht? »Ich hab auch einmal so einen Hund gehabt«, fährt sie fort, »ihr müsst ihn in Maschinenöl tauchen. Das tötet die Milben.«

Ich möchte antworten, dass es den Hund ebenso tötet, welch ideale Lösung des Problems. Badet sie ihre Kinder auch in 20W-50, wenn sie Hautausschlag haben? Ich halte meine Zunge im Zaum. Sie ist unsere erste Kundin und meint es in ihrer naiven Art gut.

»Habt nur ein Auge auf ihn«, warnt sie uns, »die Einheimischen können nicht verstehen, warum ihr Geld für einen Hund sammelt. Sie meinen, ihr solltet ihnen stattdessen das Geld geben. Wenn ihr nicht aufpasst, sind einige in der Lage, ihn zu töten.«

Sie zieht zwei Münzen heraus und wir danken für ihren Rat. Paddy hat eine erste Freundin gefunden. Nur noch 279,80 US-Dollar ...

Amerikaner erkennt man von Weitem. Diese hier ganz besonders. Eine dicke Frau in mittleren Jahren, die mehr Haut sehen lässt, als bei ihrer Figur gut ist, schlappt heran. Ich hoffe, wir parken so weit vom Randstein entfernt, dass sie durchkommt. Sie richtet ihre Augen auf Paddy und schreit uns dann an: »Was habt ihr bloß mit dem Hund gemacht?!?! Wie könnt ihr nur! Ich sollte der Polizei melden, dass ihr ein Tier derart misshandelt! Ihr ...«

Wir unterbrechen den Schwall, bevor sie ihre Bemerkungen bereut und deuten auf die Plakate über uns. Aus Erfahrung wissen wir, dass die meisten Amerikaner erst reden, bevor sie denken. So sind sie nun einmal.

»Oh, oh. Tut mir leid. Das hab ich nicht gesehen. Oh. Hier«, und sie gibt uns zwei US-Dollar.

Die PADI-Tauchschulen hinter uns haben unsere Existenz zur Kenntnis genommen; neugierig werden wir durch Bürofenster beäugt. Aber niemand will etwas für den guten Namen der Firma tun und eine Spende geben.

»Rob, ich hab es gerade ausgerechnet. Bei diesem Tempo sind wir noch 128 Tage auf Roatan.«

Dann schlendert ein junges Paar vorbei und hält, um unsere Plakate zu lesen. Sie sind Anfang 20, ein bisschen gammelig, mit Rastazöpfchen und farbigen Hippie-T-Shirts. Wir hören, dass sie sich auf Holländisch unterhalten.

»So ein armes Hündchen. Und doch sooo süß! Schau doch«, sagt sie.

»Dürfen wir ihn streicheln?«, fragt er und wechselt ins Englische.

»Freilich. Aber mit all den Antibiotika bezweifle ich, dass Paddy es schafft, mit dem Schwanz zu wedeln.«

Beide bücken sich, um unseren Hund vorsichtig zu streicheln. Die infizierte Haut stört sie nicht.

»Hier«, sagt sie und gibt uns einen 20-US-Dollar-Schein.

»Aber das ist doch zu viel!«

»Nein, ist es nicht«, sagt sie lächelnd. »Was macht es schon, ob wir zehn Tauchgänge machen oder bloß neun? Nehmt es und macht einen glücklichen Hund aus ihm!«

Sie gehen Arm in Arm mit einem kleinen Federn in ihrem Schritt weiter. Unsere Herzen sind für ein, zwei Schläge stehen geblieben. Haut unser Plan schließlich doch hin?

Eine Woche vergeht und wir befinden uns von Sonnenaufgang bis Sonnenuntergang an derselben Stelle. Paddy ist im Ort mittlerweile allbekannt und wird von vielen jungen Rucksacktouristen begrüßt. Er ist nicht mehr so schlapp und sein Bäuchlein wird von Tag zu Tag rundlicher. Da ist auch ein Hauch von nachwachsenden Haaren und die Wunden sind vernarbt. Am Ende des Tages nehmen wir Paddy mit uns ins Meer zum Schwimmen. Furchtlos jagt er hinter den hereinrollenden Wellen her und versucht, Einsiedlerkrebse, die in ihren Gehäusen verschwinden, zu fangen. Das Salzwasser unterstützt die Heilung. Sogar der Tierarzt ist überrascht, als wir zum zweiten Mal bei ihm vorbeikommen, um den Medikamentenvorrat aufzustocken.

»Toll. Ich hab nicht geglaubt, dass er durchkommt. Viel besser siehst du aus, was sagst du, Paddy?«

Eine zweite Woche und eine dritte und Paddy könnte für einen Hund durchgehen, der sich von einer unliebsamen Begegnung mit einem Rasenmäher erholt. Schließlich erreicht das Schild am Landy die Null-Dollar-Marke, und zu der Liste der Freunde ist noch eine vierte Seite hinzugekommen. Die europäischen Rucksacktouristen geben uns dennoch mehr Geld.

»Kauft ihm ein Quietschespielzeug!«, schlagen sie vor. »Ein Flohhalsband! Noch mehr Futter!!!«

Doch genug ist genug. Es war nicht unsere Absicht, mit unserem Maskottchen ein Vermögen zu verdienen, nur unsere Rechnungen wollen wir bezahlen. Wir packen unsere Schilder ein und ziehen uns auf unseren Hügel zurück. Paddy ist gerettet.

...

»Wir können ihn nicht mitnehmen«, sage ich in der auf dem Landy lastenden Stille. Wir haben unsere Abreise von Roatan so lange wie möglich aufgeschoben, eher halbherzig vorgegeben, dass Zeit keine Rolle spielt. Aber bald schon werden uns die Beamten der Einwanderungsbehörde auf den Fersen sein; unser 90-Tage-Visum läuft ab.

»Das Leben unterwegs ist nichts für einen Hund. Wir sollten hier eine Familie für ihn finden.«

»Eine europäische Familie«, antwortet Rob.

Die Auswanderergemeinde betreibt alle Tauchschulen und es scheint uns die beste Wahl, dort zu fragen. Wir werden herzlich empfangen, sei es aufgrund von Paddys erworbenem Ruhm oder einfach, weil er so nett ist.

»Grace. Fragt Grace«, schlägt uns ein stämmiger Kalifornier vor. »Letzter Tauchshop, rechte Seite. Sie hat zwei Hunde, zwei Kinder und eine Katze. Wohnt ein paar Kilometer die Straße hinauf.«

Klingt gut. Und sie ist Britin.

Bei Kaffee und Keksen auf Graces Veranda sehen wir zu, wie Paddy mit den älteren Hunden, seinen ersten vierpfotigen Freunden, spielt. Eine Katze ist ihm neu und wir lachen, als Wedelschwanz auf ausfahrbare Kralle trifft. Nichts passiert, Paddy kehrt klugerweise zu seinen Hundebrüdern zurück.

»Ja. Ich würde Paddy gern adoptieren«, sagt Grace lächelnd. »Aber als Pflegemutter. In Wahrheit, meine ich, sollte er immer euer Hund sein. Ihr habt ihn gerettet.«

Die Tränen kommen uns, als wir Paddys Lieblingsspielsachen neben seinen neuen Korb stellen, der mit den alten Tüchern aus dem Landy ausgelegt ist. Der Moment des Abschieds ist gekommen. Vernunft hat es schwer, wenn die Gefühle übersprudeln ... aber wir sehen ein, dass ihn hier ein besseres Leben erwartet. Ich verspreche, Grace so oft wie möglich zu schreiben.

Wir geben Paddy einen letzten Stups auf die Nase, knuddeln ihn ein letztes Mal und flüchten dann die Straße hinunter. Beim Wegfahren kann ich es nicht übers Herz bringen, zurückzuschauen.

Und wenn er nicht gestorben ist, so lebt auf einer tropischen Insel weit, weit weg ein kleiner Hund mit einem orangefarbenen Tuch, glücklich und zufrieden. Das Ende.

Anmerkung: Zwei Jahre später erreicht mich eine E-Mail aus Roatan. Paddy ist gerade stolzer Vater von vier neugeborenen Hündchen geworden.

Leichtgläubigkeit (Costa Rica, 2.9.2004)

Ein Tier, das ich besonders bewundere, ist das Dreizehenfaultier; ein Säugetier mittlerer Größe und in Costa Rica heimisch. Bewunderung und Respekt für andere entstehen, wenn man an ihnen gewisse eigene Charakterzüge wiedererkennt oder wenn ein Wesen Eigenschaften besitzt, die man selbst gern hätte. Was das Faultier angeht, so gebe ich zu, dass beides zutrifft.

Oh, wie sehne ich mich doch danach, mich nur das Notwendigste bewegen zu müssen, den ganzen Tag kopfunter an Ästen zu baumeln, zu essen und unbekümmert um alle Welt zu schlafen. Die speziell geformten Hände mit ihren gebogenen Krallen erlauben es den Weibchen, hängend zu gebären, und manche Faultiere bleiben selbst nach dem Tod noch hängen. Der einzige Anlass, zu dem ein Faultier vom Baum steigt, ist das Urinieren, was es etwa einmal wöchentlich macht. Die Reise kann etwas dauern ... die Höchstgeschwindigkeit liegt unter zwei Stundenkilometern. Das ganze Leben spielt sich in Zeitlupe ab.

In den Essgewohnheiten der Faultiere erkenne ich mich selbst wieder. Sie sind Allesfresser und zwei Drittel ihres Körpergewichts entfallen auf den Magen. Ihr stinkendes Fell, vielleicht ähnlich wie mein Bart, beherbergt zwei Arten von Cyanobakterien, die während der Körperpflege abgeleckt werden und Nährstoffe liefern. Am stärksten aber kann ich ihre Einsamkeit nachfühlen. Faultiere bewegen sich so lächerlich langsam, dass es oft Jahre dauert, bis sie eine Partnerin finden. Ein bisschen wie bei mir.

Die Faultiere, viele verschiedene Affen und Reptilien, viele Hundert Arten von Säugetieren und Vögeln ... sie alle sind in einem ausgedehnten System von Nationalparks geschützt. Ohne Zweifel hat Costa Rica einen größeren

Teil seines Territoriums für die Tierwelt reserviert als jedes andere Land auf der Erde, nämlich ein ganzes Viertel! Es scheint sich auszuzahlen, nicht nur für die Tiere. Schätzungsweise zwei Millionen Touristen werden Costa Rica dieses Jahr besuchen und zwei Milliarden US-Dollar zum Ausgeben mitbringen.

Die Hauptattraktionen sind verschiedene Ökotourismusprojekte. Fast jede Unterkunft, jede Dschungelsafari, jede Freiwilligenorganisation und jeder Tourenveranstalter wirbt mit der Umweltfreundlichkeit seines Produkts. Sie zielen auf den Umweltbewussten, dem der Erhalt der Artenvielfalt sowie die ökologische Nachhaltigkeit wichtig sind, der Verantwortung gegenüber der einheimischen Bevölkerung zeigen möchte und dem die Erhaltung der Umwelt ein Anliegen ist. Er wird sich für die Labilität der Natur sensibilisieren lassen, wird fotografieren und nur Fußspuren hinterlassen, um schließlich mit einer positiven Erfahrung unseres Lebensraums heimzukehren. All das in einer unverdorbenen, herrlichen Gegend, weit weg an einem exotischen Ort.

Welch eine Ladung Mist. Wohin machen zwei Millionen Menschen?! Wie sind die Leute an diesen einst so exotischen Ort gekommen? Um ein Ziel in 10 000 Kilometern Entfernung zu erreichen, wird der Ökotourist um die 700 Liter Kraftstoff verbrauchen, nicht nur Flugbenzin, sondern auch Diesel für Busse und Taxen. Der vormals undurchdringliche Dschungel muss mit einem komplexen System von Straßen und Pfaden erschlossen werden, das auch die Wilderer gern in Anspruch nehmen dürften. Flächen werden abgeholzt, um Gäste und einheimisches Personal zu beherbergen, Kläranlagen und Sanitäreinrichtungen nicht zu vergessen. Wenn zwei Millionen Menschen die Wälder »erstürmen«, hinterlassen sie mit jedem Schritt ebenso viele Spuren. Wer auf dem Annapurna-Rundweg in Nepal gewandert ist, wird festgestellt haben, dass sich die bestehenden Pfade in tiefe Furchen verwandeln und dass zahlreiche »Abkürzer« zur massiven Erosion und Zerstörung der Pflanzenwelt beitragen. Kein Wunder, dass der Yeti nicht zu finden ist, er ist zusammen mit allen anderen Tieren verscheucht worden. Man kann eine Lodge so umweltfreundlich wie nur möglich errichten, ihre Gäste werden jedoch essen, Abfall produzieren und die Ressourcen verwenden ... und schließlich ist alles so eingerichtet, dass man sich an Stahlseilen wie Tarzan von Baum zu Baum schwingen kann.

Man nennt das grünwaschen. Einem neuen Urlaubsort das Siegel umweltfreundlich zu verleihen, verkennt die Tatsache, dass jede Art von Tourismus ihren Schwerpunkt im Konsum und im Profit hat und nicht in Pflege und Erhalt der Tier- und Pflanzenwelt. Ein erfolgreiches Geschäft wird jedoch Nachahmer finden, wodurch sich der Konkurrenzdruck erhöht und für jeden einzelnen Anbieter nur noch weniger Gäste übrig bleiben. Wenn ein Anbieter keine Möglichkeiten findet, wieder mehr Gäste anzuziehen, wird er schließlich pleitegehen. Also werden neue Wege in den Wald geschlagen, es wird mehr Luxus geboten, und es werden mehr Stahlseile gespannt. Die Natur kann sich selbst aufs Vollkommenste schützen, ohne Hilfe zu benötigen ... man muss sie nur IN RUHE lassen!

»Ich arbeite als Freiwillige im Tortuguero-Nationalpark, um die Grünrückenschildkröte zu retten!«, erklärt uns die junge Österreicherin, die wir in einem Restaurant treffen. Sie bestellt das billigste Gericht auf der Karte, Bohnen mit Reis, und wirft verlangende Blicke auf mein 500-Gramm-Sirloinsteak mit Brokkoli und Kartoffeln, dem eine leckere Nachspeise folgt.

»Sie werden für Ihre Arbeit in Costa Rica nicht bezahlt, oder?«, frage ich, teile mein Stück Schokoladenkuchen und biete ihr die eine Hälfte an. Ihre Augen beginnen zu leuchten.

»Bezahlt? Sie meinen, ich bekäme Geld oder etwas Ähnliches? Zum Teufel, nein! Ich muss zahlen, um das Privileg zu haben, acht Stunden am Tag arbeiten zu dürfen! 450 Dollar im Monat!«, murmelt sie zwischen zwei Bissen. »Ich bin ein Idiot!«

In meiner Fantasie spielt sich daraufhin folgende Szene ab: An einen regnerischen Wintertag treffen sich die Geschäftsführer der Costa-Rica-Tourismusmarketingabteilungen zu einer Konferenz über die Zukunft der Freiwilligenhilfe. »Gentlemen«, sagt der Präsident, »die Schildkröten erholen sich, Wildern und Plündern liegen darnieder, unsere Kinder werden besser ausgebildet, wir können weiterhin Bierdosen auf die Straße werfen und Glasflaschen am Strand zerschmettern, wenn unsere Fiestas aus dem Ruder laufen ... irgendein junger Gringo wird danach schon für Ordnung sorgen, aber können wir etwas tun, um noch mehr Geld zu machen? Vorschläge bitte! Die Löhne der Freiwilligen können wir nicht reduzieren, weil sie ohnehin nichts mehr bekommen.«

Da kommt ein Hüsteln aus einer der hinteren Reihen, ein bebrillter Hilfsmanager niederen Ranges erhebt schüchtern die Hand und schlägt mit leiser Stimme vor: »Wir ... nun, hm ... wir könnten wieder Löhne einführen, hm, um höher qualifizierte, freiwillige Arbeiter zu werben und nicht nur, hm, Studenten?«

»Sie sind gefeuert! Hat jemand eine richtige Idee?«

Da beugt sich ein anderer vor: »Ja, Herr Präsident. Wie wäre es, wenn wir die Gringos teuer zahlen ließen, für ihren Willen, zu helfen?«

»Ha, großartig! Genial! Sie werden es in dieser Welt weit bringen!«, sagt der Präsident und reibt sich freudestrahlend die Hände.

...

Es ist ja gut, die wenig befahrene Straße zu suchen, die ausgetretenen Pfade zu meiden oder »in Galaxien vorzudringen, die nie ein Mensch zuvor gesehen hat«..., aber selbst ein Stanley braucht einmal ein Bier, Edmund Hillary hat eine Dusche dringend nötig und Captain Kirk kehrt zurück, um sich in der Starbase zu vergnügen. Rob und ich fahren in die Hauptstadt.

Die einheimische Bevölkerung hat sich so an bleichhäutige Fremde gewöhnt, die mit mehreren am sonnengegerbten Nacken baumelnden Kameras um entlegene Dörfer streichen, dass sie sich nicht mehr dazu verpflichtet fühlt, einem bei jeder Begegnung »Gringoismen« ins Gesicht zu schleudern. Die Dollars fließen ungehindert auch ohne permanente Belästigung. Und der Typ, der einem mit Trekkingschuhen der Größe 46 in die Blumenbeete trampelt, um die spielenden Kinder zu fotografieren, ist ein relativ kleiner Preis, den man für den Luxus zahlt, Kentucky-Fried-Chicken- und Seven-Eleven-Läden in der Stadt zu haben. Das alles ist es wert, die Kultur des eigenen Landes zu opfern, oder? Oder nicht? Am Ende des Jahres kann die Regierung jedenfalls genug Geld für soziale Zwecke zur Verfügung stellen: Die Ausgaben für Sozialleistungen sind in Costa Rica so hoch wie in Schweden.

Die Einheimischen sind sich der andauernden Notlage ihrer nördlichen Nachbarn sehr bewusst und halten sich selbst für vom Glück verwöhnt. Noch erstaunlicher ist, wie dies zur Stabilität beiträgt und letztlich der Grund ist, warum wir unser Picknick am Wasserfall genießen können, ohne dass uns gewehrfuchtelnde Soldaten den Tag verderben. Es gibt kein Militär. Ich meine, nicht nur hier am Wasserfall, sondern generell. Costa Rica ... höre es, Welt ... hat seine Armee der Verfassung gemäß abgeschafft! Aha ... So geht das, dass sich ein Land von der »ärmsten und erbärmlichsten Kolonie Spaniens«, wie es einst ein Gouverneur im 17. Jahrhundert ausdrückte, zu dem Juwel wandelt, das wir heute sehen: den Staatshaushalt für Bildung, Soziales, Gesundheitswesen und Infrastruktur ausgeben und nicht für teure Waffen.

1 Ein Wunderwerk britischer Ingenieurskunst: Land Rover Serie III. Das unzuverlässigste Fahrzeug des Universums und mein Zuhause für acht Jahre.

2 Leben bei winterlichen Temperaturen in Sibirien verändert die Perspektive: Im Landy zeigt mein Thermometer auch mal minus 50 °C. Zum Vergleich: Tiefkühltruhen werden meist auf »mollig warme« minus 18 °C eingestellt.

3 Oft hilft nur Humor und ein Kartuschenkocher: Vier Stunden lang versuche ich, die Ölwanne so weit zu erwärmen, dass der Motor anspringt.

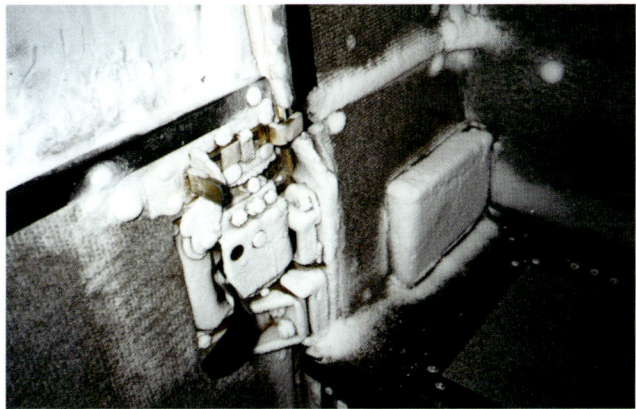

4

5

4 Im Wandel der Zeit: Einst berühmt-berüchtigtes Häftlingslager, glänzen die Zwiebeltürme der orthodoxen Kirchen auf Solovetski heute verlockend in der Sonne.

5 Ein Gletschersee im hohen Norden Kanadas lädt zum Baden ein.

6 Goldene Weizenfelder und nahende Gewitterwolken in Kolumbien. Die Gefahr, vom Blitz getroffen zu werden, ist größer, als von der FARC gekidnappt zu werden.

7 Hier ist Optimismus gefragt: eine Brückenüberquerung in Ecuador.

8

8 Jeder Mensch hat einige Geschichten zu erzählen; ein langes
Leben beschert dieser alten Dame
in Ecuador zahlreiche. Ich hätte
sie am liebsten eingepackt und
mitgenommen.

9 Formel-1-Wettrennen in Peru: Esel
gegen Land Rover. Esel gewinnt.

10 »Liebe ist ...« Ich werde von Paddy
vorübergehend adoptiert. Und wenn
er nicht gestorben ist, so lebt auf
einer tropischen Insel weit, weit
weg ein kleiner Hund mit einem
orangefarbenen Tuch, glücklich
und zufrieden.

9

10

11 Costa Rica hat seine Armee der
Verfassung gemäß im Jahre 1949
abgeschafft. Die Neutralität dieses
Landes erlaubt es dem Besucher,
Naturjuwelen zu genießen, ohne
sich um seine persönliche Sicherheit sorgen zu müssen.

12 Eine Grillparty auf Argentinisch:
das Asado. Hier werden bis zum
Morgengrauen fünf Tonnen Fleisch
verzehrt sein.

13

14

13 Prost! Das archimedische Prinzip funktioniert auch in der Atacamawüste: Die Auftriebskraft einiger Salzseen tragen mich, ein Buch und eine Flasche Rotwein.

14 Als Reserveräder ungeeignet.

15 In den endlosen Weiten des Altiplano kümmert es niemandem, wenn man die Mittellinie über-fährt.

16 Feuer und Eis: Ob Schichtvulkan oder pyro-klastischer Kegel, Hunderte Vulkane prägen die chilenische Landschaft. Einige erheben sich 6000 Meter, und viele sind hochaktiv.

17 Gesichter Afrikas: Auf dem »Schwarzen Kontinent« leben zahlreiche Bevölkerungsgruppen. Allein in der Demokratischen Republik Kongo kann man etwa 300 Ethnien unterscheiden.

18 Ob Bakiga (in Uganda) ...

19 ... Massai (in Kenia) ...

20 ... oder Basotho (in Lesotho), diese Völker sind kulturell so unterschiedlich wie die Samen in Schweden und die Katalanen in Spanien. Einerseits bringt diese bunte Vielfalt eine Fülle an interessanten Erfahrungen mit sich, andererseits leider oft auch blutige Stammesfehden.

Der bei Weitem einfachste Weg, um Krieg zu vermeiden, ist der, den Kampf nicht anzufangen. Warum habe ich es in meinem ganzen Leben nie notwendig gefunden, zuzuschlagen? Warum bin ich nie angegriffen oder überfallen worden? Da ist kein großer Unterschied zwischen dem, was auf der Weltbühne vor sich geht, und dem auf einem Schulhof oder der Straße einer Stadt; die Regeln bleiben die gleichen. Bleibe besonnen, schikaniere keinen, meide gewisse Teile der Nachbarschaft, die in schlechtem Ruf stehen, helfe anderen bei der Arbeit, falls darum gebeten wird, rede nicht zu viel, respektiere die Meinung aller, gehe heim, bevor es dunkel wird, und zeige ein Lächeln statt Waffen, wenn du ausgehst. Das sind in meinen Augen die besten militärischen Strategien für ein Land und für Reisende.

Erwartung (Panama, 1.10.2004)

Panama ist der einzige Ort der Welt, wo man im Osten den Sonnenaufgang über dem Pazifik und im Westen den Sonnenuntergang über dem Atlantik beobachten kann. Sehen Sie sich die Landkarte an ... Panama bildet eine s-förmige Kurve, windet sich weg von seinen Nachbarländern, als ob es gänzlich umkehren möchte. Es ist das letzte mittelamerikanische Land vor Kolumbien.

Während Costa Rica infolge des Tourismus gedeiht, hat Panama etwas noch erheblich Profitableres: den Panamakanal. Wie eine Fata Morgana sehen Rob und ich in der Ferne ein großes Containerschiff zwischen den waldigen Hügeln vorbeiziehen. Es sieht aus, als würde das Schiff auf dem Trockenen fahren, der Kanal selbst wird erst sichtbar, wenn man direkt an seinem Rand anlangt. Wir halten zum Übernachten an einer der Schleusen, um dieses Wunder menschlicher Ingenieurskunst in Ruhe zu betrachten und eine Flasche Rotwein in unseren bequemen Liegestühlen zu genießen.

Der Bau des Kanals war eine der schwierigsten Ingenieuraufgaben, die je angegangen wurden. Vor seiner Vollendung mussten Schiffe, die zwischen den zwei Ozeanen verkehren wollten, der Route um Kap Hoorn durch die Drakestraße folgen; das war ein Umweg von fast 13 000 Kilometern. Die Arbeit am Panamakanal wurde von den Franzosen begonnen und von den Amerikanern fertiggestellt. Das Ausheben des rund 77 Kilometer langen Grabens kostete Unsummen Geld und forderte 27 500 Menschenleben.

Es gab auch eine große politische Hürde zu überwinden, denn zu dieser Zeit war Panama noch ein Teil Kolumbiens, und als die USA die Baukonzession von Frankreich kauften, verlangten sie von Kolumbien die Abtretung des Panamakanalgebiets auf unbestimmte Zeit. Außerdem forderten sie über dieses die unbeschränkte Kontrolle. Kolumbien weigerte sich, zuzustimmen. Im Gegenzug begann Washington, eine Rebellengruppe zu unterstützen, die sich gegen die kolumbianische Regierung erheben sollte. Als Kolumbien versuchte, die Rebellion niederzuschlagen, intervenierte Amerika im Jahre 1903 offen, besetzte das Gebiet und rief den unabhängigen Staat Panama aus!

Wir fahren weiter nach Yaviza, mit der Information, dass eine Straßenverbindung nach Kolumbien wohl schon seit Jahrzehnten geplant ist, wahrscheinlich aber nie verwirklicht werden wird. Panama hat zu viel Angst, dass internationale Drogenschmuggler die Grenze passieren. Wir wollen nur sehen, wie weit wir fahren können, bis wir festsitzen.

Was nicht weit ist. Die schmale Landbrücke zwischen Mittel- und Südamerika heißt Isthmus von Panama. Zwischen unserem Umkehrpunkt und dem Straßenbeginn in Lomas Aisladas in Kolumbien liegen, in der Luftlinie, 100 Kilometer undurchdringlicher Dschungel, der sich allmählich von einem gebirgigen Regenwald zu Marschland und Sumpf im Flussdelta des Atrato wandelt.

Worte wie undurchdringlich, unersteigbar und unpassierbar wiesen schon immer eine magische Aura für Abenteuerlustige auf, die beweisen wollten, dass diese Bezeichnungen falsch waren. So hatten einige besonders Hartnäckige tatsächlich versucht, den Isthmus von Panama mit einem Fahrzeug zu durchqueren. Zur Ehre Matildas sei gesagt, dass die beiden ersten erfolgreichen Passagen mit einem Amphibien-Land-Rover, gefolgt von einem frühen Range-Rover-Modell durchgeführt wurden. Dabei umgingen die Expeditionen das Sumpfgebiet, indem sie den Atarofluss hinauffuhren. Immerhin dauerten die Fahrten 136 und 100 Tage. Die erste WIRKLICHE Landexpedition zwischen den beiden Amerikas gelang erst 1987. Bei ihr wurden innerhalb von 741 Tagen 201 Kilometer in einem CJ-5-Jeep zurückgelegt. Die Durchschnittsgeschwindigkeit von 22 Metern pro Stunde vermittelt einen Eindruck davon, wie mühsam die zweijährige Reise gewesen sein muss.

Rob und ich sehen uns an und wir denken beide das Gleiche.

»Containerschiff?«, fragt er. Ich nicke zustimmend. Wir haben nicht nur keinen Ehrgeiz, Jahre im Regenwald zu verbringen, der Isthmus von Panama ist auch als Rebellenversteck bekannt, das nicht einmal das Militär zu betreten wagt. Hin und wieder wandern ausländische Touristen hindurch, von denen während des ungefähr zehntägigen Marsches 50 % von den FARC gekidnappt werden.

Matilda wird auf einer Palette vertäut, an Bord gehievt und auf die Seereise geschickt. Die Überfahrt dauert nicht lang; wir werden Matilda morgen in Cartagena in Empfang nehmen. Wir selbst fliegen die kurze Strecke hoch über den Baumwipfeln des Isthmus von Panama, um den Rebellen unten zuzuwinken.

Südamerika

Die Erforschung der zweiten Dimension

Ohne Flügel und Düsenantrieb kann dein Fahrzeug niemals einer vollkommen geraden Linie folgen. Die Route wird von der Topografie und der von Menschen gefertigten Infrastruktur abhängen. Manchmal wird die Überwindung der kurzen Strecke zwischen zwei Städten einen mit vielen Hindernissen gepflasterten Umweg von vielen Hundert Kilometern erfordern. Brücken brechen zusammen, Ländergrenzen werden geschlossen, politische Umwälzungen ereignen sich und Fahrzeugpannen sorgen für Verzögerungen und Rückschläge. Am Ende hast du eine weite Fläche mit deinen Reifenspuren markiert. Und als ob das nicht genug wäre ...

...

Zieht man eine eindimensionale Strecke in eine andere Richtung als die von ihr gewiesene, so erhält man ein zweidimensionales Rechteck. Mathematiker bezeichnen solche Flächen als Hyperwürfel der Dimension Zwei im euklidischen Raum. Quadrate haben Länge und Breite, vier Eckpunkte, vier Kanten und eine Fläche, aber keine Höhe. Weitet man das Quadrat ins Unendliche, würde es die Gesamtheit des zweidimensionalen Raums bedecken. Quadrate $\square$ ABCD mit dem Schwerpunkt am Koordinatenursprung und der Seitenlänge 2 haben die Ecken (± 1, ± 1), während das Innere durch die Punkte (x_0, x_1) mit $-1 < x_i < 1$ definiert ist.

$P = 4t$, wenn P der Umfang und t die Seitenlänge ist;

$A = t^2$, wobei A die Fläche ist.

...

Unten die Darstellung eines Quadrats,
das die Dimension Zwei repräsentiert:

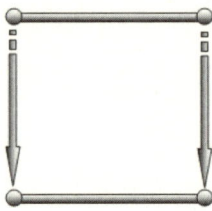

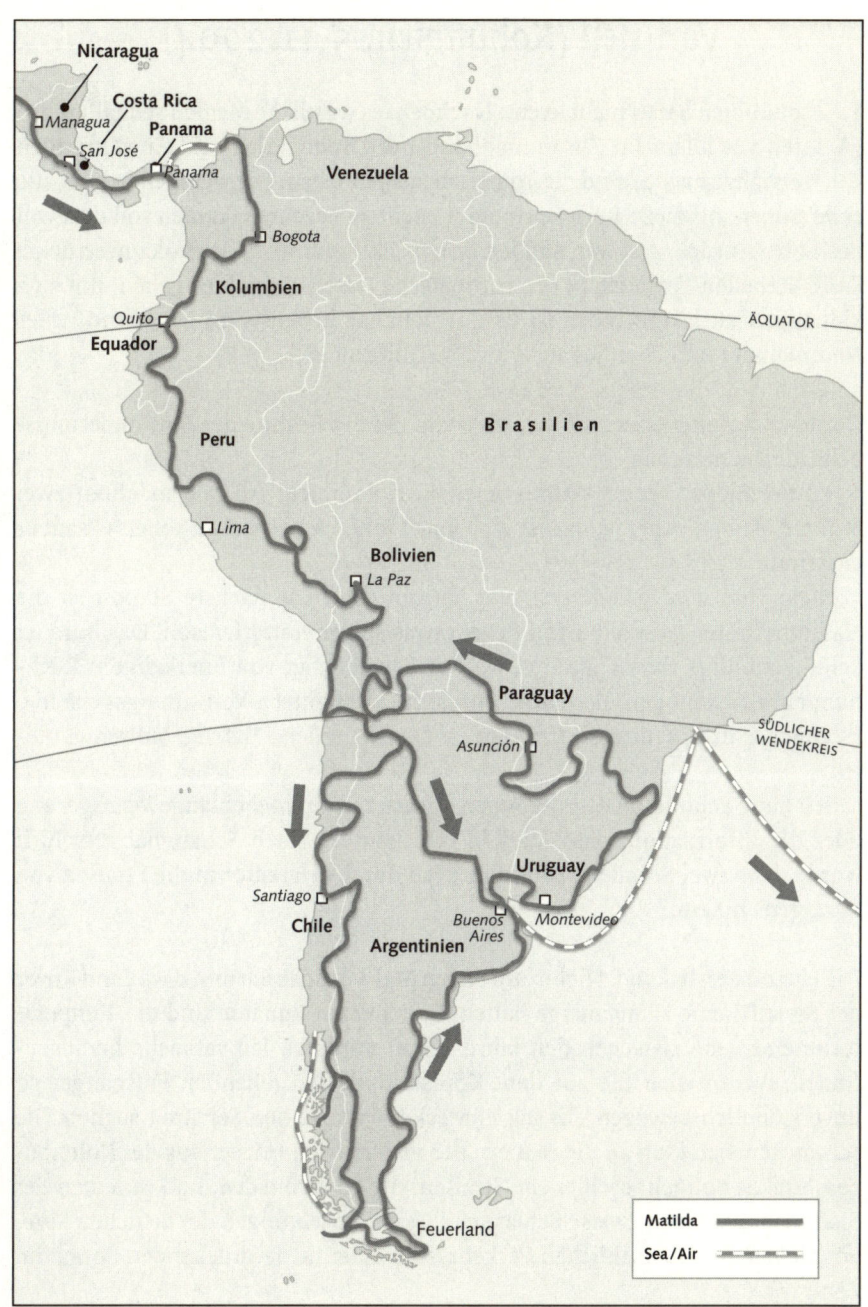

Nicaragua

Costa Rica
□Managua   Panama
  San José   □Panama
         Venezuela

         □ Bogota

         Kolumbien

Quito □   ÄQUATOR
Equador

         Peru   B r a s i l i e n

    □ Lima

         Bolivien
         □ La Paz

                    Paraguay
                                        SÜDLICHER
                    Asunción □   WENDEKREIS

                         Uruguay
Santiago □   Buenos □ Montevideo
 Chile   Aires
         Argentinien

              Feuerland   Matilda
                                Sea / Air

97

Vorurteil (Kolumbien, 5.11.2004)

Kolumbien hat es nicht leicht. Nachdem es westliche Medien seit Jahrzehnten vor allem im Zusammenhang mit Drogenkrieg und Entführungen erwähnt haben, sind die Touristen ausgeblieben. Die wenigen jedoch, die es vorzogen, offizielle Reisewarnungen nicht zu beachten, kamen von dort voll des Lobes zurück. Auf wen soll ich hören? Ist Kolumbien das kokainverrückte FARC-Rebellen-Versteck, in das europäische Adrenalinjunkies gehen, um sich kidnappen zu lassen, oder ist es das denkbar liebenswürdigste Land voller Naturwunder und überdies sicherer als Kalifornien?

Der erste Kolumbianer, auf den ich treffe, ist der Beamte der Einwanderungsbehörde in Cartagena.

»Bienvenidos, senor! Willkommen in Kolumbien! Ah, Sie möchten zwei Monate bleiben? Aber ja, das ist eine gute Wahl, es gibt viel zu sehen!«, sagt er lächelnd.

Mein Pass wird gestempelt und ich bin drin. Die nächste Station ist die Hafenmeisterei, wo mein Land Rover etwas später eintreffen soll. Das Büro ist keine baufällige Einmannhütte, wo der Posteingang von unerledigten Rechnungen für Ladungen überquillt, sondern ein Hightech-Verwaltungsgebäude.

»Buenas dias, senor! Si, Ihr Auto ist da. Zusätzliche Hafengebühren entfallen.«

Ich hatte Schmiergeldforderungen erwartet, eine wochenlange Verzögerung oder die Information, dass Matilda versehentlich nach Schanghai verschifft wurde. Nur zwei Stunden später fahre ich durchs Hafentor in die Straßen von Cartagena hinein.

Die Hitze ist erstickend. Nicht zum ersten Mal wünsche ich mir, dass Land Rover der Serie III eine Klimaanlage hätten. So nahe am Äquator sind die Temperaturunterschiede zwischen den Jahreszeiten minimal. Ich versuche herauszufinden, warum sich die auf dem Kopfsteinpflaster gehenden Fußgänger so unverständlich bewegen, bis ich entdecke, dass sie den Schatten suchen. Sie schmiegen sich klug an die Mauern der malerischen Häuser aus der Kolonialzeit, um die sonnenbeschienene Straßenseite zu vermeiden, und verleihen der Stadt dadurch eine gewisse Schlagseite. Rob und ich folgen der örtlichen Sitte, wir ziehen den menschlichen Verkehrsstau einer niederdrückenden Sonne im Zenit vor.

Unter dem Deckmantel einer politischen Partei versuchen die FARC heutzutage, ihr Geschäft zu machen: vor allem den Bedarf der USA an Kokain zu decken. Einst behaupteten sie, eine marxistische Guerillabewegung zu sein, mit dem Ziel, die bäuerliche Bevölkerung gegen gewalttätige Akte der Großgrundbesitzer zu verteidigen sowie eine Landreform durchzuführen. In den 1980er-Jahren gewannen sie die Unterstützung der Kokabauern (Kolumbien war schon damals einer der weltgrößten Produzenten von Kokain) und konnten sich dadurch bald bessere Waffen und Ausbildung leisten als das kolumbianische Militär. Präsident Pastrano sowie sein Nachfolger Uribe fürchteten um ihre Position, baten um amerikanische Hilfe und fanden Gehör. Ob Washington vorrangig die Drogenproduktion bekämpfen oder verhindern wollte, dass die linksgerichteten FARC in Kolumbien die Macht ergreifen, ist ungewiss. Vielleicht spielte auch die Sorge um die kolumbianischen Öllieferungen eine Rolle. Gesichert ist, dass die USA begannen, die kolumbianische Regierung militärisch zu unterstützen und eine proamerikanische, rechtsgerichtete Miliz auszubilden. 8 % des Agrarlandes wurden mit Herbiziden besprüht, fast eine Million Bauern verloren Haus und Hof, Zehntausende Zivilisten erkrankten, Tausende von Linkssympathisanten wurden von der Rechtsmiliz umgebracht und die Stützpunkte der FARC wurden zerstört.

Geht man davon aus, dass es Amerika vor allem um die Drogenproblematik ging, könnten Kritiker versucht sein, zu sagen, die USA hätten zunächst innerhalb ihrer eigenen Grenzen für eine Lösung sorgen und Kalifornien bombardieren sollen. Denn den Nachschub aus Kolumbien zu stören, wird eher den Marktwert des Kokains steigern und die Drogenbarone noch reicher machen als zuvor.

Für den Reisenden aber erweist sich die Aktion Washingtons als positiv. Da das Paramilitär der FARC geschwächt wurde, gelang es Alvaro Uribe, die Rebellen aus den Städten in die gebirgige Grenzregion zu Venezuela zu verdrängen. Heutzutage ist es relativ sicher, durch die Straßen kolumbianischer Städte zu gehen. Schätzungen zufolge sind 9000 FARC-Rebellen in ihren Verstecken übrig geblieben, und die gefürchteten Entführungen sind nicht mehr die Hauptsorge der Touristen. Von den 791 000 Menschen, die Kolumbien 2004 besucht haben, wurden zwei entführt. Die Wahrscheinlichkeit, hier als Ausländer gekidnappt zu werden, entspricht demnach etwa 1:395 500. Mit einer Wahrscheinlichkeit von 1:18 578 wäre es im selben Jahr wesentlich eher möglich gewesen, in den USA ermordet zu werden. Anders ausgedrückt, kommt man statistisch gesehen wahrscheinlicher durch einen Blitzschlag (1:10 456) oder einen Asteroiden (1:200 000) um, als gefesselt in einem FARC-Keller zu landen.

Trotz aller statistischen Evidenz bleibe ich auf der Fahrt ins Landesinnere, in Richtung Bogota, vorsichtig; ähnlich wie ein Fallschirmspringer, der ein mulmiges Gefühl hat, bevor er aus dem Flugzeug springt, kann ich die Geschichten über die FARC und den Drogenkrieg nicht ganz aus meinem Bewusstsein löschen: Rob und ich schlafen an Tankstellen und nicht im Busch. Das klingt schlechter, als es in Wirklichkeit ist ... kolumbianische Tankstellen sind improvisierte Campingplätze, die von müden Lkw-Fahrern sowie von Reisenden frequentiert werden. Sie sind komplett ausgestattet mit Billardtischen, Bars, Restaurants und Duschen, und dazu gibt es bei einer Tasse des allgegenwärtigen kolumbianischen Kaffees eine gute Unterhaltung mit kundigen Ortsansässigen.

»Ihr seid Touristen?«, fragt ein Tankwart. »Muy bien! Danke, dass ihr nach Kolumbien gekommen seid!«

Ich glaube, ich bin nur knapp einer Umarmung entkommen. Er scheint wirklich für das Zusammentreffen mit uns dankbar zu sein.

»Ihr seid sehr mutig, hier als Touristen zu sein«, warnt er uns eindringlich. »Diese Ortschaft ist sicher, aber seid vorsichtig in der nächsten!«

Moment mal, denke ich. Das habe ich schon früher einmal gehört. In Russland, oder? Dass Leute ihr eigenes Dorf als den sicheren Hafen inmitten blutdürstiger Barbaren betrachten. Wenn man sie fragt, ob sie je schon über die eigene Ortsgrenze hinausgekommen sind, ist die Antwort üblicherweise »Nein«.

Wir danken für die Information und fahren weiter in die »verbotene Zone«, wo wir von ebenso freundlichen Einheimischen die gleichen Warnungen erhalten.

»Da habt ihr im letzten Ort aber Glück gehabt«, hören wir. »Dort leben viele Diebe. Aber hier braucht ihr euch keine Sorgen zu machen ...«

Rob und ich verbringen eine heimelige Woche in Suesca, bevor wir in Richtung Ecuador weiterfahren. Eine Frau mittleren Alters war gestern auf der Straße nach Bogota an uns vorbeigefahren und hatte uns aus dem Fenster zugewunken, wir sollten ihr folgen. Wir sind zum Abendessen eingeladen. Langsam kurven wir auf unserem Weg um die Äcker, bis wir ein großes Landhaus inmitten niedriger Hügel erreichen. Drinnen sind gemütliche Zimmer mit antiken Sammlerstücken und genügend Reitsätteln, um Custers siebentes Kavallerieregiment damit auszurüsten. Unsere Gastgeberin Sylvia arbeitet für eine Fluglinie und hat schon ein bisschen von der Welt gesehen.

Warum sie uns, zwei Fremde mit einem Land Rover, eingeladen hat, fragen wir. Eifrig in einem Topf voll Nudeln rührend, blickt sie kurz auf und antwortet dann:

»Nun, ich habe euer ausländisches Nummernschild gesehen und mir gedacht, dass ihr vielleicht Hunger habt«, als ob dies das Allernatürlichste wäre.

Ich strenge mein Hirn an, ob eine ähnliche Szene in Europa vorstellbar wäre. Dass ein Deutscher hinter dem Lenkrad eines Mercedes auf einer Autobahn an einem Tata mit polnischem Kennzeichen vorbeifährt, winkt, lächelt und die Insassen zu sich nach Hause zum Essen einlädt? Hmm. Nein, ich glaube nicht.

Mit vollen Bäuchen machen wir es uns inmitten von Pferdeutensilien bequem, um unseren Nachtischkaffee zu schlürfen.

»Ab morgen bin ich wieder für einige Tage in der Luft«, sagt sie. »Ich gebe euch die Hausschlüssel, fühlt euch hier wie daheim. Essen ist im Kühlschrank.«

Ich muss mein Gehirn neu justieren, um das zu verstehen. Nach einer europäischen Entsprechung zu suchen, ist nutzlos. Eher findet man Bayern, die auf dem Oktoberfest Milch trinken.

...

Es stimmt, dass die größte Gefahr auf diesem Planeten von unseren Mitmenschen ausgeht, dicht gefolgt von Landy verschlingenden Schlaglöchern auf südamerikanischen Straßen. Gelegentlich trägt die Natur ihren Teil dazu bei, dass die Bewohner der Erde nicht allzu selbstgefällig und bequem werden ... 1985 brach der schneebedeckte Vulkan Nevado del Ruiz aus und schickte eine Wand aus Wasser und Schlamm mit 400 Stundenkilometern in Richtung der Ortschaft Armero. Von den 29 000 Einwohnern kamen zwei Drittel sofort um. An den Europäern wäre das Ereignis vielleicht unbemerkt vorübergegangen oder hätte nur für eine kleine Ablenkung vor der nächsten Fußballübertragung gesorgt, wäre die dreizehnjährige Omayra Sanchez nicht unter den Trümmern ihres zerstörten Hauses begraben worden. Die Bilder gingen um die Welt. Drei Tage und Nächte kämpfte sie ums Überleben, und Filmteams verfolgten die fruchtlosen Versuche der Retter, ihren Unterkörper zu befreien, während es die größte Sorge der armen Omayra war, zu spät zur Schule zu kommen. Zuletzt gab ihr kleiner Körper den Kampf auf und sie starb an Unterkühlung und Wundbrand.

Als Ort existiert Armero nicht mehr. Schweigend wandern wir durch dichte Vegetation, um noch einige stehen gebliebene Häuser zu finden, doch befinden sich unsere Augen auf Höhe der einstigen Dächer. Und unter unseren Füßen liegen die Gräber von Tausenden. Ist es nicht Ironie, dass eine Katastrophe für einige durch eine verlierende Fußballmannschaft definiert ist? Ist es moralisch zu rechtfertigen, wenn Nachrichtensender über ein Erdbeben in China in drei Sätzen berichten, um dann 30 Minuten Sport folgen zu lassen?

In Popayan buchen wir eine Backpackerunterkunft. Wir sind die einzigen Gäste. Hunderte verblichener Fotos schmücken die Wände, Zeugen einer vergangenen Ära, als Touristen noch das Land durchstreiften.

»Ja, die sind alle vor zehn Jahren aufgenommen worden.« Der Inhaber versucht ein halbes Lächeln. Ich kann seine Traurigkeit angesichts der Erinnerung fühlen.

»Wir waren immer ausgebucht.« Er deutet auf seine Freunde: japanische Radtouristen, ein Schweizer Mädchen auf einer Yamaha, Australier, die auf den Tischen der Unterkunft tanzen. Einige Fotos sind so vergilbt, dass nur noch er die Gesichter erkennen kann.

»Heutzutage bin ich froh, wenn ich einen Besucher im Monat habe. Vielen Dank, dass ihr gekommen seid!«

Wir möchten ihm versichern, dass sich die Zeiten ändern. Europa betrachtet Kolumbien nicht mehr als das gefährliche Land, das es einst vielleicht war. »Die Gäste kommen bald wieder«, sage ich. Aber ich weiß, ich schwindle.

Wir fahren weiter in die Sierra Nevada und in ein paar Nationalparks östlich von Pasto, aber nirgends lässt sich ein Angehöriger der FARC blicken. Sie mögen, wie es scheint, keine Besucher, und darum lassen auch wir sie in Frieden.

...

Es heißt, dass das Reisen mit einem Freund oder Partner eine Beziehung entweder herstellt oder zerstört. Die einer Weltreise eigenen Herausforderungen enthüllen das Beste und Schlechteste in uns. Auf dem beschränkten Raum des Land Rovers gibt es kein Ausweichen, wenn Charaktere in Konflikt geraten. Wie auf einem Segelboot auf hoher See kann man, wenn alle Kompromisse unannehmbar erscheinen, nur alle anderen von Bord werfen oder selbst springen.

Andererseits hat ein Joint Venture viele Vorteile. Ein Gefährte ist in langen Regennächten eine hoch geschätzte Begleitung, er gibt Sicherheit auf rebellenverseuchten Straßen, vernünftigen Beistand bei Verhandlungen mit korrupten Beamten und hilft nicht zuletzt beim Tellerabtrocknen. Vor allem aber wird ein Freund da sein, mit dem man bei der Heimkehr Erinnerungen und Erfahrungen austauschen kann. Nachdem wir fast zwei Jahre gemeinsam unterwegs waren, haben sich die Wege von Rob und mir getrennt. In der nächsten Zeit werde ich allein weiterreisen.

Verdruss (Peru, 15.4.2005)

Die kühlenden Regenfälle der nassen Jahreszeit erzeugen Millionen von kleinen, parallel verlaufenden Bächlein auf der Waschbrettpiste. Ich lege eine Kassette von Kate Bush in den Rekorder, und zum Klang von Wuthering Heights wühle ich mich durch tiefe, schlammige Pfützen. Die Scheibenwischer schlagen den Takt.

Die Leute von der Einwanderungsbehörde an der Grenze zwischen Ecuador und Peru waren überrascht, an einem so entlegenen Ort ein im Ausland zugelassenes Fahrzeug zu sehen. »Nur zwei europäische Autos sind letztes Jahr durchgefahren«, behauptet der Beamte, eine Feststellung, die ich bestätigt finde, als ich durch die über den Hügeln verstreuten Dörfer fahre: Die einheimischen Männer starren, als wäre ein UFO gelandet. Indiofrauen, die ihre Kinder in farbenprächtigen Tüchern auf dem Rücken tragen, zeigen das entgegengesetzte Verhalten: Sie springen Hals über Kopf in die Büsche, wenn ich mich ihnen nähere. Unter den Indios kursiert hier das Gerücht, weißhäutige Menschen seien alle Kindesentführer, außerirdische Kidnapper von einem fernen Planeten namens Amerika, die kindliche Spender für Organtransplantationen jagen. Ich habe keine Ahnung, wie dieses Märchen entstanden ist, aber in vielen indianischen Gemeinden wird es fest geglaubt. Ich könnte mir vorstellen, dass so etwas in der Vergangenheit vorgekommen ist. In der Welt der Analphabeten, wo die Tradition der mündlichen Überlieferung so mächtig ist, verbreitet sich der Klatsch viel schneller als im Westen. Haben aber vielleicht einige Gringos, die insgeheim für eine medizinische Organisation arbeiteten, wirklich von diesen Leuten ein oder zwei Kinder verlangt? Wäre ich erstaunt, wenn sich hinter dieser abscheulichen Geschichte doch ein Jota Wahrheit verbärge?

In den Vororten einer Stadt hängen Kinder wie Affen in den Bäumen. Einige werfen Steine auf Matilda; Außerirdische sind hier nicht willkommen. Als einer meine Windschutzscheibe trifft, bremse ich mit blockierenden Reifen und springe heraus. Schneller als eine turbogetriebene Katze mit brennendem Schwanz sind sie herunter vom Baum und rennen querfeldein.

Ich fahre hinunter an die Küste bei Trujillo, dann wieder landeinwärts auf die hohen Andengipfel von Zentralperu zu, aber die mit Steinen werfenden Kinder werden nicht weniger. Ich glaube nun, dass dieses »Spiel« einen anderen Grund hat als zunächst vermutet. Es ist wohl weder Angst vor Organdieben noch Aggression gegenüber Gringos. Auch ist es unwahrscheinlich, dass die Nichtverfügbarkeit von Schneebällen gesprungene Windschutzscheiben verursacht ... eher liegt es daran, dass keine Hunde zum Töten verfügbar sind.

Da haben die Tierschützer verdammt viel Arbeit in Peru. Es ist hier kein unverletztes Tier zu sehen, sei es Ziege, Pferd oder Maulesel; alle zeigen Spuren schwerer Misshandlung. An den Hälsen oder Beinen der Esel sind die Leinen nicht nur sehr fest gebunden, sie wurden dort befestigt, als die Tiere noch jung waren, und seither nicht verändert. Wie ein rostiger Draht während des Baumwachstums vom Kambium eingeschlossen wird, sind die Seile ins Fleisch eingewachsen, inklusive deutlicher Schwellung an der schwärenden Narbe voller Maden und Fliegen.

So bin ich erstaunt, dass mich in einem verlassenen Canyon, den ich mir zum Lagerplatz erwählt habe, ein vierfüßiges, hundeartiges Wesen besucht. Hunde sind vielleicht die am stärksten gefährdete Tierart in Peru. Zuerst glaube ich, einen zweiten Paddy gefunden zu haben: ein krankes Hündchen mit Räude im Endstadium. Die mittelgroße Promenadenmischung hat kein einziges Büschel Haar am ganzen Körper. Aber beim Streicheln des Rückens ist das Gefühl bemerkenswert angenehm. Es gibt keinen infektionsbedingten Schorf, und obwohl der Hund unterernährt ist, sieht er ansonsten gesund aus. Doch warte, ich erinnere mich, daheim einmal von einer besonderen Rasse gelesen zu haben, die es hier geben soll, dem sogenannten Peruanischen Nackthund! Wäre das möglich? Es heißt, der haarlose Hund habe eine höhere Körpertemperatur als seine Brüder und würde daher von den Einheimischen gern als »Bettwärmer« in kalten Nächten verwendet. Das muss ich ausprobieren! Heute Nacht, in dieser Höhe, verspricht es, kühl zu werden.

Freigebig spendiere ich ihm einen Futternapf voll mit Überresten meines eigenen Abendessens, Steak und Bohnen. Zum Nachtisch gibt es eine Menge Streicheleinheiten und dann hieve ich ihn in mein Schlafzimmer oben im Landy. Zusammen unter der Decke spüre ich gleich seine Körperwärme. Fantastisch! Der Hund funktioniert. Ich wünschte nur, ich hätte ihm zum Abendessen keine Bohnen gegeben.

...

La Florida ist eine Hacienda nahe der Stadt Tarma, wo Übernachtung mit Frühstück angeboten wird. Der Eigentümer, der ein wenig wie Salvador Dali aussieht, kommt aus dem Hauptgebäude, um mich zu begrüßen.

»Hola! Willkommen in La Florida! Möchten Sie eine Tasse Kaffee?«

Das wirkt, er hat mich schon für sich gewonnen. Werde ich mit einer Tasse Kaffee begrüßt, fühle ich mich verpflichtet, ein paar Tage zu bleiben.

Die Hacienda ist ein Bauernhof mit zahlreichen Lamas, Schafen und Pferden. Ich werde bald als Familienmitglied akzeptiert, eine Ehre, deren Verleihung ich nicht als selbstverständlich annehme. Im Gegenzug für die Gastfreundschaft übernehme ich einen Teil der Arbeit, die mit dem peruanischen Bauernleben verbunden ist. Der Eigentümer ist ein halber Italiener, der mit einer Deutschen verheiratet ist, eine ideale Kombination, die sowohl einen vollen als auch kulinarisch verwöhnten Magen garantiert. Mit Marcos, dem Sohn des Paares, schließe ich eine besondere Freundschaft.

»Das Leben hier ist nicht so idyllisch, wie du vielleicht glaubst, Chris«, erläutert mir Marcos, als wir oben auf einem Felskamm sitzen, den wir gerade frei erklettert haben. »Siehst du diese Straßen kreuz und quer durch unsere Maisfelder? Und siehst du die Hütten da drüben, nahe beim Fluss?«

Ich nahm an, dass die Hütten die Behausungen von Arbeitern sind.

»Nach Landesrecht dürfen alle, die keinen eigenen Acker haben, pro Person und Saison eine Eselsladung deiner Ernte mitnehmen. Das heißt, du musst der Öffentlichkeit Zutritt zu deinen Besitzungen erlauben. Und in Peru gibt es große Esel.«

»Was? Das ist doch Diebstahl!«

»Ja, die Indios sehen das aber nicht so. Sie trampeln durch dein Feld, unbekümmert um den Schaden, den sie anrichten, laden ihren Esel hoch auf und gehen wieder heim. Und das Feld, auf dem du die Hütten siehst, ist auf Dauer von Siedlern besetzt. Die örtliche Gesetzgebung erlaubt, dass auf jedem unbestellten Land in Privatbesitz gesiedelt werden darf und dass es Dritte ohne

Zustimmung des Besitzers für Ackerbau und Wohnung benutzen können. Ein Feld ein Jahr brach liegen zu lassen, damit sich der Boden erholt, ist in Peru einfach nicht möglich. Bevor du dich umsiehst, ist das Land von Siedlern besetzt, die davon profitieren. Wir können nichts gegen sie unternehmen. Über Nacht ist unser Farmgelände um ein Dutzend Hektar kleiner geworden.«

»Scheuch sie weg«, schlage ich ihm vor, wütend über das meinen Freunden angetane Unrecht. »Gib mir eine Heugabel, und ich lasse die Indios so schnell in die Wälder flüchten, dass sie nicht einmal mehr Gringo sagen können!«

Marcos lächelt. »Danke, Chris. Ich glaube wirklich, du wärst dazu imstande. Und dann könnten wir nie mehr zusammen klettern gehen. Ein Angriff auf landlose Personen wird von jedem Richter zu deren Gunsten abgeurteilt. Du siehst, das peruanische »Ministerium für Unrecht« hat mehr zu gewinnen, wenn die Reichen ein Verfahren verlieren, denn der Schuldige muss die Kosten dafür zahlen. Ich schätze, man könnte den Richter bestechen ... aber in jedem Fall ist unsereiner am Ende der Depp.«

Die Art, in der eine Regierung die Gesetze umsetzt, drückt dem sozialen Verhalten in einer Region den Stempel auf. Leute ohne hohe Moral handeln im Grunde nach der Devise »Mitnehmen, was geht«. Steuerhinterziehung ist das verbreitetste Beispiel in Europa: So weithin üblich, wie sie ist, wird sie von vielen als bloßes Kavaliersdelikt betrachtet. Theoretisch müssten auch alle Peruaner Steuern zahlen, doch in Wirklichkeit sind es nur 20 %. Diese 20 % müssen die gesamte Wirtschaft des Landes in Schwung halten, Leute wie Marcos' Familie. Die eingeborene Bevölkerung ist von Steuerzahlungen im Wesentlichen ausgenommen.

Einige Tage später verlasse ich La Florida mit einer Träne im Auge und nach vielen Abschiedsumarmungen. Der Wegweiser zeigt nach Cuzco, meinem nächsten Ziel, einige Hundert Kilometer südlich.

...

Das schöne Cuzco wirkt anfangs wie ein Schock. Seit zwei Monaten habe ich keine anderen Reisenden mehr gesehen und jetzt finde ich mich wieder unter irischen Pubs, Internetcafés und 50 und mehr Restaurants, die Hamburger an Abertausende von Touristen verkaufen. Die Ortsansässigen spielen das Gringo-spiel gut: Man kann nicht über einen Platz gehen, ohne dass einem Horden von Peruanern folgen, die einem die Schuhe putzen, einen peruanischen Hut mit Ohrenklappen oder eine Eintrittskarte fürs Kino verkaufen wollen oder die sich für teures Geld fotografieren lassen möchten. Ich brauche zwei Wochen, um die Straßenhändler davon zu überzeugen, dass ich nicht nach Souvenirs suche, sondern nur meine Ruhe und meinen Frieden haben möchte, um mir ihre wunderbare Stadt anzusehen. Ich war hier schon einmal ... im Jahre 1986 ... und kann sagen, dass Cuzco kaum wiederzuerkennen ist. Vor 19 Jahren konnte ich mittags noch gemütlich über altes Kopfsteinpflaster wandern oder im Schatten der Kathedrale sitzen und ein gutes Buch lesen. Heute sind die einzigen Stunden, die ich allein für mich habe, die vor sechs Uhr morgens, wenn sich die Stadt noch von der Raveparty der letzten Nacht ausschläft.

Es wird gesagt, man solle einen Ort, an den man gute Erinnerungen hat, nicht wieder besuchen, die Enttäuschung sei garantiert. Ich kann dem nicht beipflichten. Das Cuzco von 1986 wird nicht wiederkehren. Das Problem ist, eine sich ändernde Welt hinzunehmen und sich an neuen, zuvor nicht existierenden Möglichkeiten zu erfreuen. Fände ich nur am Unveränderlichen Gefallen, dürfte ich dann all meine Freunde wieder aufsuchen, die ich mit Beginn meiner Reise zurückgelassen habe? Sie werden sich auch verändert haben ... wie ich mich selbst.

Im Ergebnis wird mein »neues Cuzco« eines voller Menschen verschiedenster Art. Ich trinke Bier mit den Iren, spiele Poolbillard mit Deutschen, flirte mit schwedischen Mädchen. Und all das vor der Kulisse von Inkamauern, die älter als die Zeit selbst sind. Ich gehe allerdings auf keine Raveparty mit Israelis. Das wäre zu viel des Guten.

In der Nähe liegt Machu Picchu, die »Verlorene Stadt der Inkas«. Es wird mein zweiter Besuch dort; ich hoffe, die peruanische Tourismusbehörde hat die Ruinen intakt gelassen und keine Kinos oder Nachtklubs eingerichtet. Ich möchte zu Fuß wandern, erfahre aber, dass die klassische Dreitagestour auf dem Inkatrail nicht mehr unentgeltlich gemacht werden kann.

»300 Dollar, und Sie müssen einen Führer nehmen. Gepäckträger auf Wunsch«, belehrt mich die Dame, die ein Reisebüro betreibt.

»Aber ich kenne den Weg ... ich bin ihn schon früher gegangen. Und überhaupt, wie kann man fürs Gehen Geld verlangen?«

»Die Regierung rechtfertigt den Preis mit dem Abfall auf dem Weg. Jemand muss hinter den Trekkern sauber machen. Und durch die Anstellung von Führern und Trägern helfen wir bei der Bekämpfung der Arbeitslosigkeit vor Ort.«

Sich zu streiten, hat keinen Sinn. Ich könnte erwähnen, dass die Reinigungsaktionen durch freiwillige Helfer aus dem Westen organisiert werden, auch dass die Union für die Rechte der Träger eine europäische Initiative ist. Oder dass der durchschnittliche Trekker aus dem Westen vielleicht eine Zigarettenkippe auf dem Trail verliert, wogegen die Peruaner, die alle umsonst wandern dürfen, ihn wie eine Müllkippe behandeln. Auch möchte ich betonen, welche Idiotie es ist, von Touristen aus dem Westen Geld zu verlangen, damit westliche Studenten Bierbüchsen aufsammeln, die von Peruanern hinterlassen wurden.

»Sie können den Zug nehmen. 80 Dollar für Sie, zwei für Ortsansässige.«

Ich habe genug gehört. 1986 gab es noch keine Diskriminierung, die Preise waren für alle gleich. Aber habe ich mir nicht versprochen, Vergleiche zu meiden?

...

Bei der Beobachtung des Menschengeschlechts, im Ausland und zu Hause, drängt sich mir oft die Frage auf: »Welches Verhalten kann durch die Kultur einer Gegend erklärt werden und welches nicht?« Um Gepflogenheiten durch blumige Ausreden zu entschuldigen, wäre es irreführend, allein die Geschichte der betreffenden Region zu berücksichtigen. Nicht jedes Verhalten der Einheimischen, das man in fremden Ländern antrifft, sollte schweigend und mit einem Achselzucken hingenommen werden. Ebenso wie die Welt nicht immer ein glückseliger, lächelnder und friedvoller Ort ist, auch wenn sich der Tourist das zumindest während der drei Wochen Jahresurlaub so wünscht, so sind auch die Leute, denen man begegnet, nicht immer herausragende Beispiele an Menschlichkeit. Manche sind schlicht und einfach Mistkerle. Die traurige Wahrheit ist: Die meisten sind weder besonders freundlich noch übermäßig interessant.

Junge Hunde mit Ziegeln zu Tode zu steinigen, wie ich es in ganz Lateinamerika erlebt habe, oder Tiere vor fahrende Lastwagen zu werfen, nur um sie leiden und sterben zu sehen, kann NIEMALS entschuldigt werden, indem man »Nun gut, man muss das verstehen, es ist Teil ihrer Kultur« sagt. Jagdspiele und religiöse Feiern am Opferaltar, ja. Aber Grausamkeit, um Schmerzen zu verursachen, nein.

In Indien erlebte ich 1997, dass eine Mutter ihr Kind vor die Räder meines Fahrzeugs warf, nur reines Glück und ein Schlenker retteten dem Kind das Leben!

Hätte ich ihr Kind überfahren, würde das Gericht vor Ort von mir verlangt haben, den Eltern eine Entschädigung von 100 000 Rupien (knapp 1600 Euro) zu zahlen, falls ich nicht für längere Zeit ins Gefängnis möchte. Könnte ich zu dieser Familie gehen und sagen: »Oh, ich habe Verständnis für Ihre Armut und für die Notwendigkeit, Ihre Kinder zu töten ... das ist Teil Ihrer Kultur, oder nicht? Mehr Glück beim nächsten Mal!«? Indien ist eines meiner liebsten Reiseziele, und Vorkommnisse wie dieses sind selten; aber man darf sich nicht täuschen und glauben, Derartiges komme nur ein einziges Mal vor.

Es fängt schon bei der Begrüßung an. Die häufigste Art in Peru ist ein scharfes Pfeifen, das vom Ruf »Gringo!!!« gefolgt wird. Nach einem Pfiff haben Peruaner oft gar keine Absicht, mit einem zu sprechen. Das beste europäische Gegenstück, das mir einfällt, ist die automatische Reaktion eines kleinen Kindes, wenn es eine Boeing 737 sieht: »Schau, Mama, Flugzeug!« Dann beginnt das Starren. Man darf das nicht mit Interesse verwechseln, es ist bloße Unterhaltung. Starrende zu einem Gespräch einzuladen, führt oft nur dazu, dass man aus größerer Nähe angestarrt wird. Sie werden noch weniger mit dem Gringo reden als mit einem Plasmabreitbildschirm. Unter sich zeigen Peruaner ein solches Verhalten nicht. Auch ein Fremder sollte solche Rücksicht erwarten können.

Unter einem repressiven Regime zu leben, inmitten eines Bürgerkriegs, nach einer Invasion aus dem Ausland oder im Leiden, welches die Kolonisation nach sich zog, könnte zur Folge haben, dass die Bevölkerung zurückhaltend ist. Das ist berechtigt, eine notwendige Vorsichtsmaßnahme, um zu überleben. Meist aber, zu Hause oder im Ausland, sind Menschen, die einem ein Mindestmaß an Respekt versagen, einfach unhöflich. Der Tourist muss nicht nach Entschuldigungen für die Ruppigkeit eines Einheimischen suchen, genauso wenig, wie er es daheim in Europa müsste.

Integrität (Bolivien, 24.5.2005)

Ich lasse im Amazonasfluss ein Schiff zu Wasser. Es ist ein Floß mit Segel und volle 15 Zentimeter lang. An Bord lege ich eine Kaurimuschel, die mir Talitha, die ich in Vashon Island bei Seattle traf, zu diesem Zweck gegeben hatte.

Nahe an der Quelle ähnelt der Amazonas in nichts dem schlammigen Strom, zu dem er sich weiter flussabwärts wandelt. Mit Anlauf und einem Sprung könnte ich leicht das gegenüberliegende Ufer erreichen. Der längste Nebenfluss des Amazonas entspringt in den Bergen nahe Arequipa in Peru und fließt dann ostwärts auf einer fast 10 000 Kilometer langen Reise dem Atlantik zu, statt einfach in den Pazifik, nur einige 100 Kilometer von seinem Ursprung entfernt, zu münden. Vielleicht hat der Amazonas die gleiche Reiselust wie ich und sich einmal dafür entschieden, ein wenig von der Welt sehen zu wollen.

Mein Boot treibt um eine Kurve und entschwindet meinem Blick. Ich male mir aus, wie die Muschel über die gesamte Breite Brasiliens getragen wird, um eines Tages die offene See zu erreichen. Natürlich ist das reiner Unsinn; obwohl ich mir als Schiffsbauer große Mühe gegeben habe, ein Floß im Modellmaßstab zu bauen, wird es an der ersten Stromschnelle sinken oder sich im Schilf verheddern. Aber wer sagt schon, dass alles, was ein Mensch tut, einen Sinn haben muss? Manchmal liegt in der Fantasie mehr Schönheit als in der Realität.

Ich wünsche mir zum Beispiel eine Sternschnuppe, weiß aber, dass dieses Ding, von dem ich die Erfüllung meiner Wünsche erwarte, in Wirklichkeit entweder ein Stein von einigen Zentimetern Durchmesser ist, der in der oberen Erdatmosphäre verglüht, oder irgendein künstliches Stück Weltraumschrott. Sich bei der Internationalen Raumstation oder bei einem Meteoriten etwas zu wünschen, ist, nüchtern betrachtet, reine Zeitverschwendung. Aber ich sage mir: »Wen geht das etwas an?!« Ich erfreue mich an diesem kurzen, gedankenleeren Augenblick mehr als an objektiver Wahrheit. Wissenschaft und Logik sind immer präzise und interessant, selten aber schön. Träume sind schön, aber nie wirklich interessant. Ich kann die Entfernung zur Sonne in Lichtsekunden angeben, über ihre Größe, ihren Durchmesser und ihre Luminosität schwadronieren, über das Alter der Sonne und ihre Zusammensetzung reden, von ihrem Energiefluss sprechen und erklären, warum sie abends rötlich erscheint. Aber gelegentlich, besonders zusammen mit einer Frau, würde ich lieber ruhig dasitzen, Händchen halten und zusammen mit ihr voller Träume den Sonnenuntergang betrachten. Um mich eines erfüllten Lebens zu erfreuen, brauche ich beides, Fakten und Fiktionen ... so wie heute, gerade in diesem Augenblick, als ich die Gedanken ausschalte und lieber glaube, ich habe Talithas Wunsch erfüllt, ihre Muschel auf eine Amazonasreise zu schicken. Sie wird ankommen.

...

Der Titicacasee liegt auf 3850 Meter Höhe und ist der höchste schiffbare See der Welt. Fischen im See erweist sich leider als vergeblich. Ich versuche es an drei Tagen in Folge, ohne dass irgendetwas anbeißt. Als ich mich danach mit einem Einheimischen unterhalte, erfahre ich, dass es früher jede Menge Fische gab ... jetzt weiß er nur von einer Forelle, von der ein Freund behauptet, er habe sie vor zwei Monaten beinahe gefangen.

Ob man es glaubt oder nicht, einige Einwohner von Copacabana haben sich für den Beruf des Fischers entschieden. Wie wäre es mit einem Karrierewechsel? Bolivien besitzt die zweitgrößten Erdgasreserven auf dem südamerikanischen Kontinent, reiche Bodenschätze, die darauf warten, ausgebeutet zu werden, und ein Touristenaufkommen, von dem die meisten Länder nur träumen können. Nachbarländer betrachten Bolivien als einen Esel, der auf einer Goldmine liegt. Ein Zyniker wird sagen, die einheimische Bevölkerung tut, so viel sie nur kann, um arm zu bleiben. Bolivien ist das am wenigsten entwickelte und ärmste Land Südamerikas.

Ein Viertel des Landes ist ein einziges aus Wüste bestehendes Spielgelände für Offroad-Enthusiasten. Hier ist Teer ein Fremdwort, und die Entfernungen zwischen den Weilern bemessen sich nach Tagen, die Richtung wird durch die Berge am Horizont gewiesen, und Zäune versperren nicht länger den Weg. Ich genieße eine Freiheit, die nur wenige Länder dem Reisenden bieten können. Meine nächtlichen Gefährten sind Myriaden von Sternen, zu denen ich von den Höhen der Sanddünen aufblicke, die sich wie ein stürmisches Meer in die Ferne erstrecken. Verstreut über die Landschaft sind Zeichen einstiger menschlicher Anwesenheit, Indianergräber mit den sandgestrahlten Gebeinen vergessener Vorfahren. Sie sind mir am Lagerfeuer willkommen, denn sie stören die friedliche Stille nie mit unnötigem Geschwätz.

Meine erste Begegnung mit Menschen findet zwischen Salar Coipasa und Salar Uyuni nahe der chilenischen Grenze statt. Gerade als ich schon glaube, mich verfahren zu haben, taucht aus dem Nichts, mitten in einer kahlen Öde, eine

Gruppe von Lehmhütten auf. Die Bewohner kauern draußen an einem Dung-feuer und kochen Tee. Drei Generationen von Quechua sprechenden Indianern sehen mich an, nachdem sich meine Staubwolke gesetzt hat. Sie bitten mich, näher zu kommen, eine Reservetasse ist bald gefunden und das dünne Gebräu eingegossen. Es schmeckt bitter, wärmt aber meine Hände und meinen Magen. Auf 4000 Meter Höhe können die Tage äußerst kalt sein. Nur der Älteste der Familie spricht gebrochen Spanisch.

»Germany?«, spricht er sorgfältig, jeden Buchstaben einzeln, nach. »Nein. Wo ist dieses Germany? Weit weg?«

Ich frage ihn, ob er schon etwas von Europa gehört hat, und treffe auf die reine Verständnislosigkeit. Ich versuche es mit einem Land, das näher an seiner Heimat liegt.

»Wie ist es mit Chile? Hast du schon von Chile gehört?«, frage ich. Er scheint erst zu überlegen und lächelt dann mit seinem zahnlosen Mund.

»Ja! Von Chile habe ich schon gehört! Und von La Paz! Mein Vater war einmal in La Paz!«

Er glaubt, verstanden zu haben, von wo ich herkomme. »Von einem Ort hinter La Paz.« Seit damals hat niemand den Weiler verlassen. Damals, vor 50 Jahren. Ich konnte nie ganz herausfinden, warum diese Indios sich hier niederließen und wie sie mitten im Nichts überleben. Waren sie schon seit jeher hier? Ich frage sie lieber nicht nach dem Weg zum Uyuni-Salzsee.

Schließlich gelingt es mir, Salar Uyuni zu finden. Verdammt ärgerlich wäre es, dieses Ding von der halben Größe der Schweiz zu verpassen. Ein Pier aus Fels-brocken führt in die Weite aus Weiß, die sich, so weit das Auge blicken kann, in alle Richtungen erstreckt. Die Mole verhindert, dass Fahrzeuge im Salzschlamm versinken. Nur am Küstenstreifen ist der Boden weich, auf der übrigen Ebene ist die Salzkruste etliche zehn Meter dick und trägt auch den schwersten Last-wagen noch sicher. Vor rund 40 000 Jahren war die Fläche ein Teil des riesi-gen, prähistorischen Minchinsees. Als der See eintrocknete, hinterließ er zwei große Wüsten, Salar de Coipasa und die größere Uyuni, die zusammen um die zehn Milliarden Tonnen Salz enthalten.

Bald schon rausche ich raketengleich über die weite Ebene. Randlos ver-schwimmt sie mit dem blassblauen Himmel. Die Helligkeit des reflektierten Lichts blendet mich so, dass ich meine Gletscherbrille aufsetze. Nach der Re-genzeit liegt eine dünne, spiegelnde Schicht Wasser über dem Salz, sodass oben und unten Himmel zu sein scheint. Jetzt ist alles trocken. Eine halbe Stunde Fahrt wie in Trance bringt mich an einen Punkt, an dem der Blick in alle Richtungen der gleiche ist: Die Mole und die Hügel sind verschwunden. Ich halte an. Hier will ich die Nacht verbringen.

Und ich werde hinübergetragen in ein Reich der Fantasie, das kein gewöhnlicher Sterblicher sich vorstellen könnte. Es ist mehr, ein Bild, das Märchenwesen erschaffen, wenn sie sich selbst erträumen. Das Weiß wandelt sich im Mondlicht zu blitzendem Silber, und ich fühle mich wie in Licht schwebend.

In der Morgendämmerung setze ich die Fahrt fort, nachdem meine Glieder wieder aufgetaut sind. Nach einer Stunde in Richtung Horizont, denn einen Orientierungspunkt gibt es nicht, erscheint ein ferner, purpurner Punkt. Er wächst zu einer Burg an, dann zu einer Insel, einer von 20, von denen ich weiß, dass sie die Ebene tupfen. Meine Träume zerstieben, als ich die Isla de los Pescadores erreiche. Ein halbes Dutzend israelische Rucksacktouristen und eine sehr stark eingeschüchterte, winzige Japanerin kommen zugleich mit mir von der anderen Seite als Reisegruppe an. Die Führerin auf der Insel, eine Eingeborenenfrau, die für den Unterhalt ihres kleinen Inselreservats verantwortlich ist, geht ihnen zur Begrüßung mit ihren Kindern entgegen. Das japanische Mädchen entfernt sich rasch von seinen Mitreisenden und schließt sich der Führerin an, die Israelis aber haben anderes im Sinn. Schreiend rennen sie aufs Salz, um sich splitternackt auszuziehen. Dann beginnen sie, sich gegenseitig in verschiedenen, halb obszönen Stellungen zu fotografieren. Die Japanerin wendet sich ab, die Kinder laufen zu ihrer Mutter, und die geht auf die Israelis zu und bittet sie, sich wieder zu bedecken. Alles vergebens. Sie umringen sie und beschimpfen sie, während ihre besten Stücke hin und her baumeln ... und dann machen sie mit dem Fotografieren weiter.

Wer um die Welt reist, gewöhnt sich daran, nackte, junge Israelis zu sehen. Es ist scheinbar für sie ein unabdingbares Ritual, Bilder zu sammeln, auf denen sie mit nichts bekleidet vor den Wundern dieser Welt posieren. Die Tatsache, dass dieses Verhalten gegen fast jede örtliche Sitte verstößt, scheint sie nicht zu kümmern. Viele Städte in Lateinamerika haben »Absteigen für Israelis«, Restaurants und Unterkünfte, die fast ausschließlich israelischen Kunden offenstehen, damit Konflikte mit Reisenden anderer Nationalität erst gar nicht entstehen.

Schließlich kehren sie zu dem wartenden Jeep zurück, werfen der vor Wut kochenden Führerin noch ein letztes, hässliches Wort zu und ziehen sich an.

»He, Fahrer! Bring uns jetzt zur Stadt!«, befiehlt einer.

»Die Japanerin besichtigt aber noch die Insel. Wollt ihr die Insel nicht sehen?«, fragt der Fahrer.

»Hier gibt's nichts zu sehen! Fahr uns jetzt zurück!«, rufen sie.

»Wir müssen aber auf das Mädchen warten ...«

Der Streit geht weiter, während ich mich zu der Japanerin und der indianischen Führerin geselle, um deren Heimat anzusehen.

»Ich verabscheue Israelis. Ihr könnt euch nicht vorstellen, wie sehr ich die Israelis verabscheue. Es ist immer das Gleiche, jedes Mal ...«, zischt die Führerin zwischen zusammengebissenen Zähnen. Ich nicke. Nur selten in den letzten zehn Jahren habe ich nette kennengelernt. Allein oder mit einer Freundin sind sie angenehme Begleiter. In Gruppen, wie die meisten reisen, treten sie zumeist ruppig, laut, rauflustig, arrogant und unbeherrscht auf, zeigen sich unsensibel gegenüber den Grunderfordernissen des Zusammenlebens und lassen jede Beachtung der Regeln, Konventionen, sozialen Normen sowie gute Manieren vermissen.

...

Ich tuckere langsam nach Uyuni hinein, der wichtigsten Stadt am See. Das ist ein geschäftiger, staubiger Ort, dessen wichtigste Erwerbsquellen die Salzgewinnung aus der Salar und der Touristenmarkt sind. Die besten Pizzen der Welt werden hier bei Minuteman serviert, einem Lokal, das von einem amerikanischen Auswanderer betrieben wird, der zwei ausgefallene Talente besitzt. Nicht nur, dass er göttliche Pizzen backen kann, er hat auch ein fotografisches Pizzagedächtnis!

»Yeah, ich weiß nicht, wie das kam. Ich kann keine Zahlen behalten und mit Namen ist es ganz hoffnungslos. Aber irgendwie bringe ich die Gesichter der Gäste mit Pizzen in Verbindung. Wenn ein Gast wiederkehrt, auch Jahre später, erinnere ich mich stets an seine letzte Bestellung.«

Erstaunlich, welche Begabungen manche Leute in sich bergen. Ich frage mich, wie viel in uns wir nie entdecken. Der Meistersegler und potenzielle Sieger des America's Cup könnte ein Tuareg aus der Sahara sein, der die Gabe hat, nahende Stürme oder einen Wechsel der Windrichtung zu riechen. Die Reinkarnation von Mozart wäre vielleicht ein Pygmäe aus dem Kongo, der aber eine Million Kilometer vom nächsten Klavier entfernt lebt. Es hängt nur von den

Umständen ab, wie viel ans Tageslicht kommt; mein Pizzabäcker hatte Glück. Hätte das Leben aus ihm einen Rechtsanwalt gemacht oder wäre er im käselosen Borneo zur Welt gekommen, hätte er wahrscheinlich eine durchschnittliche Existenz geführt und nicht aus der Menge herausragen können. Nur der reine Zufall, dass er auf Ofen und Teig gestoßen war, ließ ihn sein Talent erkennen.

An der Straße, die aus Uyuni hinausführt, befindet sich der Eisenbahnfriedhof, der die Überreste von Dampfloks aus dem 19. und frühen 20. Jahrhundert beherbergt. Ich als Typ, der nie eine Gelegenheit verstreichen lässt, über eine Deponie für Metallabfälle oder einen Schrottplatz zu streifen, gehe zwischen den in der Sonne rostenden Maschinen spazieren. Nichts von praktischem Nutzen ist hier noch zu bergen, aber ich finde einige interessante Aufschriften:
Jemand schrieb an einen Zug »Se necesita un mechanico con experiencia urgente« (wir suchen dringend einen erfahrenen Mechaniker), was ich witzig finde ... aber weiter hinten erklärt eine Lokomotive in riesigen Buchstaben: »R(ru) − ½g(ru)R = ((8p G)/c4) T(ru) A. Einstein!« Was bedeutet diese Formel? Ist es die vergessene Antwort auf die Frage nach dem Leben, dem Universum und allem sonst, die Albert bei einem nie bekannt gewordenen Bolivienurlaub entdeckte? Oder ist es die Formel, nach der die beste Pizza der Welt gemacht wird? Oder vielleicht ist es die Antwort auf beides, eine gute Pizza, die alle physikalischen Theorien in sich vereinigen kann? Am ehesten glaube ich Letzteres.

...

Ich durchquere nun das unbewohnte Hochland zwischen Uyuni und der Grenze mitten in einem Schneesturm. Was ich fühle, ist ein Crescendo ... eine Steigerung der Eindrücke zu einem Höhepunkt. Da ist Laguna Colorada; die prächtige rote Färbung verdankt der See Algen und Plankton, die sich von seinen Mineralstoffen ernähren. Die rosa Flecken überall sind Flamingos, die im flachen Salzwasser eifrig nach Futter suchen. Oder die Rocas de Dali: isolierte, orangefarbene und bräunliche Felsen, willkürlich in einem Bett von Sand und Kies verstreut. Die Gegend erinnert stark an die Hintergründe vieler Dalí-Bilder mit ihren traumentsprungenen, fadenbeinigen Elefanten.

Was für ein Luxus kann doch das Landy-Leben sein! Hausbesitzende Freunde daheim im alten Europa haben mich mehrfach gefragt, wie ich denn in einer so engen Behausung leben könne. Ich muss zugeben, Matildas Inneneinrichtung bietet weder Badewanne noch Fernsehecke. Aber hingegen ... seht meinen

GARTEN an! Nicht der Duke of York, nicht die Königin von England, kein Bill Gates oder der Sultan von Brunei können ihre Balkontüren zu DEM hier öffnen. Und das Beste an meinem Garten ist, wie er sich durch Zauberhand jeden Tag neu gestaltet!

Viele Touristen klagen über Kopfschmerzen und Übelkeit, wenn sie in Bolivien aus dem Flugzeug steigen, und wer mit dem Auto übers Land fährt, muss feststellen, dass er auch die einfachsten Wartungsarbeiten an seinem Fahrzeug nicht mehr ausführen kann: In 5000 Meter Höhe einen Reifen zu flicken, ist anstrengender als ein Marathonlauf auf Seehöhe. Es ist schlicht zu wenig Sauerstoff in der Luft, als dass der Körper ohne Akklimatisation normal funktionieren könnte. Viele, mich selbst eingeschlossen, zeigen Anzeichen von Höhenkrankheit. Jeder Himalayabergsteiger warnt: »Die Leute sterben, wenn sie zu schnell aufsteigen.« Man sehe nur in das Cockpit eines Linienflugzeugs, das zur Landung in La Paz ansetzt; die Piloten tragen Sauerstoffmasken als Vorsichtsmaßnahme! Für die Überwindung der höheren Altiplanopässe wünsche ich mir, mein Land Rover hätte auch eine Maske. Ich überlege ... könnte es sein, dass die Gegend so dünn besiedelt ist, weil Sex auf dieser Höhe einfach zu anstrengend ist? Oder ist alle Romantik sofort dahin, wenn Romeo, nachdem er Julia ins Bett manövriert hat, die Plastikmaske seines Atemgeräts umschnallt?

Menschen und Autos verhalten sich ähnlich: Ein konventioneller Verbrennungsmotor läuft nur bis zu einer gewissen Höhe. Mit einem Turbolader kann man eventuell die Auswirkungen des Sauerstoffmangels etwas hinausschieben, aber am Ende wird jeder Motor stottern, spucken, stehen bleiben. Ich möchte sehen, wie hoch Matilda kommen kann, und befahre die Uturuncu Mine Road. Die aufgegebene Schwefelmine liegt zwischen den zwei Gipfeln des Vulkans Uturuncu, der sich nahe dem kleinen bolivianischen Ort Quetena Chico erhebt. Die Fahrspur hätte mich bis zum Eingang der Mine auf 5900 Meter gebracht, wenn nicht ein Erdrutsch den Weg unpassierbar gemacht hätte. Nichtsdestoweniger bin ich auf meinen alten Landy stolz, als ich vor der Blockade wende. Mein Höhenmesser zeigt 5550 Meter.

Ich erreiche die Einreisebehörde. Auf der anderen Seite ist die Straße geteert und daneben stehen Notrufsäulen mit Satellitentelefon. Es scheint, Chile wird anders sein.

Verlangen (Chile, 8.8.2005)

B ei einem Blick auf die Landkarte erscheint Chile wie ein Unikum. Eingequetscht zwischen die Anden und den Pazifik, besitzt das Land einen
4300 Kilometer langen Küstenstreifen und ist oft weniger als 100 Kilometer breit. 39 Breitengrade trennen den Norden mit der Atacamawüste von
der Drakestraße an der Südspitze und bescheren dem Land ein vielfältiges
Klima, das von dem der italienischen Mittelmeerküste bis zu dem der norwe-
gischen Tundra reicht. San Pedro de Atacama ist eine kleine städtische Oase in
der gleichnamigen, baumlosen Wüste, die vor allem von Touristen bevölkert
wird. Zwei Millionen Urlauber strömen jährlich ins Land und viele kommen
hier vorbei.

Nach meinem langen Alleinsein bin ich an so viele Leute nicht gewöhnt und
suche mir einen ruhigen Campingplatz, um mich zu akklimatisieren. Nicht nur
die Höhe kann lebensbedrohlich sein, auch der Wiedereinstieg in die Gesellschaft. Meine Ohren sind lärmempfindlich geworden, meine Augen nicht an
die hastigen Bewegungen der Menschen gewohnt. Es ist zum Verrücktwerden,
in den ersten Tagen fühle ich mich wie auf einem Karussell gefangen, das mit
50 Umdrehungen pro Sekunde rotiert. Glücklicherweise habe ich den richtigen
Platz zum Entspannen gewählt. Fran und Sole sind die Eigentümer der Takha-
Takha-Lodge, ein nettes Paar, das Verständnis für meine Bedürfnisse hat. Ich
kann ihnen am abendlichen Lagerfeuer Gesellschaft leisten und wieder »sprechen« lernen, oder ich gehe mit ihrem Hund Mimi, der mir nicht von der Seite
weicht, im malerischen San Pedro spazieren.

Jedes Wochenende verschwinde ich, um in einem nahen See zu schwimmen,
der so salzig ist, dass das Tote Meer im Vergleich dazu Trinkwasser enthält. Das
Wasser trägt dich, ein Buch, ein Päckchen Zigaretten und eine Flasche Roten.
Ich muss auf meinen Reisen aufpassen, nicht zum Alkoholiker zu werden, denn
immer neue Wunder verlangen, sie und das Leben zu feiern. Aber es gibt sicher
üblere Süchte, als sich an Wein und Gesang zu berauschen.

Die Mercurio-Calama-Zeitung möchte einen einseitigen Artikel über meine Reisen veröffentlichen. Die Reporterin ist jedoch schockiert, als sie erfährt, dass
ich allein bin. Für die meisten Lateinamerikaner, Frauen ebenso wie Männer, ist
es undenkbar, ohne Freunde oder Partner ins Ausland zu gehen. Ihr Interview

konzentriert sich nunmehr auf mein Privatleben und wird zu einer Befragung über meine ideale Reisebegleiterin. Vielleicht wäre es besser gewesen, der Stadt den Rücken zu kehren, bevor eine Million chilenischer Mädchen trotz meiner langen, harten Bedingungsliste auf den Zeitungsartikel antwortet. Außerdem könnte es sein, dass ich bald eine Begleiterin habe, mit der ich das Leben genießen kann: Lucia, ein Schweizer Mädchen, dem ich in Ecuador begegnet bin, hat mir eben eine E-Mail geschickt. Sie kommt in einem Monat nach Iquique! Zwei Soloreisende auf demselben Kontinent, die ähnliche Interessen haben, ziehen sich gegenseitig an wie das Neonlicht die Motten.

Im virtuellen Raum zu flirten, wie wir es seit Monaten machen, ist ein neuartiges Phänomen; ich muss mich erst daran gewöhnen. Das ist für mich umso schwieriger, als ich mich immer noch den klassischen, romantischen Vorstellungen verbunden fühle. Sich im Internet zu verabreden, ist, als ob beim ersten Kuss ein Handy mit dem Ton eines Zahnarztbohrers klingelte. Technisches Spielzeug mag praktisch sein, E-Mails und SMS aber sind prosaisch, die kühlste vorstellbare Art von Intimität. Bevor es das Internet gab, wurden Liebesbriefe mit der Hand geschrieben. Ein Mann, der es gewagt hätte, seiner Liebsten mit der Maschine zu schreiben, wäre sofort fallen gelassen worden. Heutzutage kennt kaum noch ein Mädchen die Schönheit handgeschriebener Poesie, hat sie doch nie auch nur eine simple Postkarte bekommen. Wie ist es möglich, dass schlichte Dinge, die die Lebensqualität nicht verbessern – man denke an die Gewohnheit der Holländer, Mayonnaise statt Ketchup auf die Pommes zu schütten –, unmöglich auszurotten sind, während der althergebrachte Brauch des Briefeschreibens innerhalb eines einzigen Jahrzehnts fast ausgestorben ist? Es gibt Tage, an denen ich Bill Gates am liebsten bis zum Hals in einen Termitenbau stecken möchte. Es ist aber nicht seine Schuld, dass die Romantik stirbt. Es ist unsere. Auch ich habe 1998 vor der Notwendigkeit, eine E-Mail-Adresse zu haben, kapituliert. Andererseits ist mir bewusst, dass Lucia und ich heute nicht in Kontakt stünden, wäre Bill nicht gewesen.

Der Aufbau einer Beziehung ist vielleicht eine der anspruchsvollsten und doch lohnendsten Aufgaben im Leben. Es gibt keine einfache Antwort auf die Frage, wie man den perfekten Partner findet oder ob eine solche Perfektion überhaupt existiert. Doch die Wahrheit hinter den Gefühlen von Liebe und Freundschaft ist nüchtern: Sie basieren auf einer Illusion. Jeder Einzelne unter uns ist von seiner persönlichen »Blase« umgeben; keine Beobachtung ist ohne das Ich möglich.

Ein pedantisch-logischer Mann sollte zu seiner Frau nie »Ich liebe dich« sagen, da dies ein falscher Satz wäre. Man liebt nie die wirkliche Person, sondern nur das Bild, das in der eigenen Vorstellung entstanden ist. Dazu kommt die Schwierigkeit, dass Menschen keine kosmologischen Konstanten enthalten; jeder ändert sich mit der Zeit. Wenn man korrekt wäre, müsste man sagen: »Ich liebe die momentane, verschwommene Wahrnehmung, die ich von dir habe.« Bei unserem ersten Rendezvous sollte ich das aber lieber für mich behalten. Um der Romantik willen ist es oft klüger, sich weniger präzise auszudrücken.

Ich habe da eine Theorie, dass Frauen und Männer, bewusst oder unbewusst, Checklisten abarbeiten, wenn sich zwei mögliche Partner langsam kennenlernen. Ganz oben steht »Ich liebe sie/ihn«, an zweiter Stelle kommt »Sie/er liebt mich«. Dann folgt eine lange Liste von Dingen wie Aussehen inklusive Nase und Haare, Alter, Hobbys, bestimmte Fähigkeiten, zum Beispiel Autos reparieren, kochen usw., Raucher/Nichtraucher oder »Kann er einen Handstand machen?«. Wenn die beiden ersten Punkte abgehakt sind, ist der Rest nicht mehr so wichtig, falls nicht, sollten fast alle anderen stimmen. Es ist selten Liebe auf den ersten Blick, meistens vertiefen sich Gefühle im Lauf der Zeit. Ich frage mich auch, was in einer Beziehung wichtiger ist, zu lieben oder geliebt zu werden? Zu lieben, ohne Gegenliebe zu erfahren, schmerzt; geliebt zu werden, ohne selbst zu lieben, belädt mit großer Verantwortung. Im Idealfall brauche ich beides.

Eine andere Theorie besagt, dass drei Bedingungen erfüllt sein müssen, damit eine Beziehung glücklich ist, und zwar müssen eine intellektuelle, eine emotionale und eine körperliche Anziehung vorhanden sein. Fühlt man sich nur intellektuell und emotional angezogen, hat man einen Freund, bleibt es bei der körperlichen Anziehung, einen Liebhaber. Was den dritten Punkt betrifft, so heißt es, dass Frauen mit Männern, die sie lieben, erfüllten Sex haben und dass Männer Frauen lieben, mit denen sie erfüllten Sex haben. Frauen und Männer sind verschieden und sollten, falls der gesunde Menschenverstand recht hat, als inhärent inkompatibel angesehen werden. Männer werden immer andere Männer besser verstehen, und Frauen werden mit anderen Frauen besser auskommen. Wäre die Fortpflanzung keine Notwendigkeit für das Überleben der Art, würde es mich überraschen, wenn sich unsere Spezies nicht von Natur aus in Lesben und Schwule auseinanderentwickelt hätte. Freilich sind das grobe Verallgemeinerungen. Die Grenze zwischen männlich und weiblich ist nicht eindeutig, sondern besteht aus graduellen Übergängen innerhalb gewisser Tendenzen. Jeder Mann hat auch weibliche Züge und umgekehrt.

Was habe ich nun der Reporterin des *Mercurio Calama* erzählt? Meine Idealfrau sollte eine Menge Narben haben; ein Stelzfuß, eine Piraten-Enterhaken-Hand oder eine schwarze Augenklappe wären von Vorteil. Das könnten Zeichen dafür sein, dass sie kein gewöhnliches Leben führt, vielleicht gegen Krokodile ringt und sich nicht wie ein Großstadt-Partygirl treiben lässt. Ich meine, dass Oberflächlichkeit der Menge des aufgetragenen Make-ups direkt proportional ist. Sie sollte Pfeife rauchen. Ich kann fast dafür garantieren, dass ein Mädchen, das in einem belebten Café an einer gebogenen Stanwell-Pfeife zieht, ohne ihre Umgebung und die auf sie gerichteten, starrenden Blicke zu beachten, einen starken Charakter hat. Sie weiß, wie sie das Leben genießen kann, was sie will, und sie schert sich nicht darum, was andere von ihr denken. Sie sollte eine Amazone sein, die mich beim Armdrücken herausfordert. Es geht nicht so sehr darum, mich zu schlagen, viel eher um ihre Freude, das Unmögliche zu versuchen. Ich habe genug Probleme, um heil durch manche Länder zu kommen, da kann ich mir nicht noch die Pflichten eines Babysitters aufbürden. Ein zusätzlicher Bonus wäre es, wenn sie zwischen 25 und 35 wäre und außerdem umwerfend schön. Ich frage mich, warum ich noch solo bin ...?

...

Iquique hat die beste Paragliding-Schule in Südamerika. Ich schreibe mich für einen dreiwöchigen Kurs ein, während ich auf Lucias Ankunft warte. Wer mit der Vorstellung zurechtkommt, es sei ein lohnendes Unternehmen, an einem Stück flattrigen Kunststoffs mit Schnüren 1000 Meter hoch in der Luft zu hängen, für den ist Paragliding ein Riesenspaß. An manchen Tagen mache ich zehn Flüge, an anderen nur zwei, von denen jeder Stunden dauert, bis ich endlich weich am Strand lande. Paragliding heißt, sich in drei Dimensionen zu bewegen, ähnlich wie beim Tauchen, nur dass man Vögeln statt Fischen folgt. Ich kreise höher hinauf in den warmen Thermikströmungen, die vom Meer her landwärts wehen, bis die Wolken auf Tuchfühlung näher kommen. Von allen Mitteln gegen Depressionen, Angst oder – in meinem Fall – Sehnsucht ist Paragliding sicher das geeignetste. Bevor es mir bewusst wird, ist der Tag von Lucias Ankunft gekommen. Ich fahre mit schweißigen, ums Lenkrad geklammerten Händen zum Flughafen, um sie abzuholen.

Lucia hat beide Arme, Beine, Augen, und das wenige, das ich von ihr weiß, deutet nicht darauf hin, dass sie der Typ eines Krokodile niederringenden Mädchens ist. Auch raucht sie nicht Pfeife und hat mich nie danach gefragt, ob wir uns im Armdrücken messen sollten. Was erweist, welch eine Menge Schrott meine Kriterien waren. Ich habe mich in Ecuador in sie verliebt, und das ist alles, was zählt. Freilich sind da viele Unsicherheiten: Ist das eine Reisebekanntschaft oder vielleicht mehr? Nur die Zeit wird erweisen, wie wir zusammenpassen. Lucias Rückreiseticket in die Schweiz ist noch Monate gültig, genug Zeit, um alle Partnerschaftsrätsel zu lösen und inzwischen auf dem Weg einfach viel Spaß miteinander zu haben. Ich fahre mit ihr zum Gipfel des Berges, wo mein Fluginstruktor mit einem Tandemschirm wartet, und werfe Lucia von der Klippe. Gibt es eine bessere Weise, um eine Beziehung einzugehen? Ich folge solo mit meinem eigenen Schirm und erlebe ihre Freude beim ersten Flug mit, während wir getrennt hoch über Iquique kreisen.

Erholung (Argentinien, 6.10.2005)

In Argentinien ist das ganze Leben eine Siesta. Eine Siesta ist mehr als nur ein fauler Mittag im Schatten, sie ist eine Lebenseinstellung. Irgendwann um zwölf Uhr, es kann auch eine Stunde oder zwei früher sein, werden die Wasserkessel aufgesetzt, und es wird Mate gekocht, die lokale Teespezialität. Sobald sich ein Argentinier zu diesem Genuss niedergelassen hat, beginnt die Siesta offiziell ... und es spielt keine Rolle mehr, ob ein Kunde im Laden ist, der Aktienmarkt zusammenbricht oder Außerirdische aus dem fernen Weltall eine Invasion starten. Der Argentinier senkt seine Augenlider, lehnt sich zurück, stößt einen langen Seufzer der Glückseligkeit aus und saugt von Zeit zu Zeit Mate durch das Metallröhrchen in seinem kürbisförmigen Teegefäß. Die Siesta dauert ungefähr bis vier oder fünf Uhr am Nachmittag.

Für einen Besucher, der diese Lebensart nicht gewohnt ist, kann sie nervenaufreibend sein. Am Nächsten kommt ihr meiner Kenntnis nach außerhalb Lateinamerikas die australische Haltung des »No worries, mate!« (wobei mate Aussie-Slang ist und Freund bedeutet, nicht Mate), ein Zwischenzustand, der keinen Stress erlaubt. Während der Aussie zwar nichts allzu ernst nimmt, aber doch betriebsam bleibt, schaltet der Argentinier in den Stand-by-Modus. Mit der Zeit gewöhne ich mich an dieses langsame, mediterrane Tempo.

Man darf aus den obigen Feststellungen nicht schließen, dass Argentinien eine zurückgebliebene Nation von Teetrinkern ist. Argentinier KÖNNEN hart arbeiten, wenn man sie zum rechten Zeitpunkt erwischt. Sagen wir zwischen acht und neun am Morgen und sechs und sieben am Abend. Sie verstehen es nur, stressige Situationen zu meiden und das Leben zu genießen. Des Öfteren legt ein Argentinier sein Mategefäß auch zur Seite und zeigt eine Eruption reiner Genialität, inspiriert vielleicht durch die Tagträume während der langen Nachmittagsruhe. Domingo Liotta entwickelte das erste künstliche Herz, das 1969 einem Menschen erfolgreich eingepflanzt wurde. Argentinien erfand die erste sichere Methode der Bluttransfusion, leistete in der Augenchirurgie mit Lasern Pionierarbeit, trug zur Entschlüsselung der DNA im Humangenomprojekt bei und demonstrierte den ersten Hubschrauberflug der Welt. László Biró, ein nach Argentinien ausgewanderter Ungar, stellte den ersten modernen Kugelschreiber her, weshalb Biro in einigen Ländern noch heute als Synonym gebraucht wird.

Ich muss mir ein Mategefäß kaufen. Verhält man sich im Ausland wie ein Einheimischer, so kann man manchmal ein Körnchen Weisheit finden. Wir gehen auf die Suche. Wie eine Pfeife, so ist auch ein Mateservice ein sehr persönlicher Gegenstand, der die Charaktereigenschaften seines Benutzers widerspiegelt. Ein vierschrötiger, kanadischer Holzfäller würde mit dem langen, dünnen Rohr einer Damenpfeife schlichtweg idiotisch aussehen. Ich brauche etwas Kräftiges, Unzerstörbares, nicht unbedingt weil ich glaube, diese Eigenschaften selbst zu besitzen, auch wenn ich es manchmal gern vorgebe, sondern aus dem einfachen Grund, dass ein schwaches, dünnwandiges Teegefäß mit einem billigen Strohhalm auf meiner Reise nicht lange überleben würde. Schließlich finden Lucia und ich den richtigen Laden. An den Wänden finden sich in vielen Regalen aufgereiht unzählige verschiedene Modelle in allen Stilrichtungen und Preisklassen. Einige sind bloße ausgehöhlte Holzstücke für einen US-Dollar, andere, kunstvoll geschnitzt und mit Silbernägeln verziert, können Hunderte kosten. Die beliebtesten sind, wie mir die Verkäuferin versichert, die traditionellen Kürbisse, die mit dem Leder von Stierhoden überzogen sind, was viel über die lateinamerikanische Mentalität sagt, nicht aber über meine. Einen halte ich doch hoch, um Lucia nach ihrer Meinung zu fragen. Sie lächelt.

Als wir die Landkarte studieren, wird uns bewusst, wie groß dieses Land ist. Im Westen bildet die Bergkette der Anden die Grenze zu Chile. Im Norden, in der

Provinz Jujuy, erstreckt sich der Altiplano bis nach Bolivien hinüber. San Juan und Mendoza liegen in der Landesmitte, wo das Schmelzwasser der Gletscher fruchtbares Land bewässert. Im Osten grenzt die Hauptstadt Buenos Aires an den Atlantik und im Süden ist das eisige Patagonien.

Das eröffnet dem naturliebenden Reisenden einen weiten Raum, der Hunderte von Kilometern auf menschenleeren Straßen dahinfahren kann. Von Salta bis Paso San Francisco tröpfelt der Verkehr zwischen den wenigen, aus Lehmbauten bestehenden Dörfern nur schwach. Man sieht Gauchos, die im Schatten ihrer Veranden Mate trinken und nur hin und wieder durch die Staubwolke eines vorbeifahrenden Autos aus dem Halbschlaf geweckt werden. Eselskarren klappern zwischen den Maisfeldern hin und her, während die Felder mithilfe von Pferden gepflügt werden, die vor ungeschlachte Ackergeräte gespannt sind. Die Leute hier sind stolz auf ihre traditionelle Autarkie; das Bild, das sich bietet, zeugt nicht von Armut, sondern von einer einfachen Lebensart, die nach nichts außer dem Notwendigsten – Essen und Wohnraum – verlangt. Wo wir auch halten, ist niemand, der unseren Schlaf stören würde. Im Schatten der Andenberge ist Nordargentinien eine einzige, weite Leere ... vorzüglich geeignet für ungestörte Romantik.

...

Es regnet nach 50 trockenen Tagen. Ich stehe einfach da und lasse die kühle Nässe mein Hemd und meine Haare durchtränken. Wasser tropft von den Blättern der Bäume, die sich ähnlich erlöst fühlen werden wie ich mich auch. Endlich sind wir der Trockenheit der Wüste entkommen. Am gleichen Abend höre ich auf Kurzwelle von den schlimmen Überflutungen in Mitteleuropa, die in Bayern ganze Dörfer weggespült haben. Was für mich eine Freude war, bedeutete anderswo Leid.

Einmal wurde mir während einer zweiwöchigen Meditationsklausur in Nordindien von einem buddhistischen Lama gesagt, dass Siddhartha die Erleuchtung fand: »Alles Leben leidet von der Geburt bis zum Tod. Augenblicke des Glücks sind vergänglich, sie sind nicht festzuhalten. Nichts ist von Dauer, es ist nicht weise, sich an etwas zu klammern, und sei es die Freude. Befreie dich von Erwartungen und von der Hingabe ans Vergängliche, so wirst du vom Leid befreit.«
Ich dachte über diese Worte nach und stellte fest, dass sie die eines Pessimisten seien. Ich kehrte am nächsten Morgen zum Lama zurück und sagte ihm,

dass ich nicht einverstanden wäre: »Alles im Leben ist Freude von der Geburt bis zum Tod. Die Augenblicke des Leids sind vergänglich, man soll sie nicht festhalten. Nichts ist von Dauer, es ist nicht weise, lange in negativen Gedanken zu brüten. Du darfst Erwartungen haben nach deinem Belieben und dich dem Vergänglichen hingeben, wenn es dich glücklich macht, solange du dich daran erinnerst, dass auch dann, wenn dir alles genommen wird, sich das Glück bald wieder findet.«

Lächelnd nannte er mich einen Anti-Buddhisten.

Während der Klausur war ich unfähig, zu meditieren, obwohl ich mein Bestes gab, vielleicht gerade aus diesem Grund. Wir, eine Gruppe von 21 Novizen, saßen zusammen im Tempel, und der Lama erklärte uns, wir sollten bequem sitzen und uns auf die Atmung konzentrieren. »Macht die Gedanken leer. Verschließt die Sinne. Lasst euch nicht von eurer Umgebung ablenken. Schließt die Augen halb und senkt den Blick. Atmet langsam, atmet Mitgefühl ein und Dunkelheit aus.«

Einige Minuten lang versuchte ich es, obwohl ich den Müll, der sich über die Jahre in meinem Gehirn angesammelt hat, von Natur aus nur widerstrebend entsorge. Ich mag ihn. Es war ein hartes Stück Arbeit, das alles in einen so beschränkten Raum zu packen. Dann aber hörte ich draußen vor dem Meditationszimmer einen Hund winseln und war sofort abgelenkt. Ich hob den Kopf und sah 20 Schüler und einen Lama, die ihre Bauchnabel betrachteten, während draußen ein Hündchen litt. Ich fand es lächerlich. Wozu ist Mitgefühl gut, wenn man es nicht in die Tat umsetzt? Statt zu meditieren, sollte man den Hund füttern. Ich stand auf und ging hinaus. Ein Stück belegtes Brot und ein wenig Knuddeln brachten Erfolg. Stunden später, als alle mit dem Meditieren fertig waren, befragte ich den Lama.

»Ja, Chris. Du hast den Hund für ein paar Augenblicke glücklich gemacht. Aber wenn du gegangen bist, wird der Hund wieder Hunger bekommen und leiden.« »Das wird er nicht, wenn ihr eure Nabelschau unterbrecht und ihn füttert«, gab ich zurück.

Wahrscheinlich war ich ein schlechter Schüler, und doch fühlte ich, dass der Lama traurig war, mich einige Wochen später fortgehen zu sehen. Die Gesetze des Karmas sind nicht leicht verständlich. Gute Taten werden oft durch Lieblosigkeit vergolten und schlechte können positive Wirkungen haben ... ebenso wie der Regen in Chile und in Europa oft nicht die gleiche Wirkung hat.

...

Nach einer Woche Fahrt erscheint bei Junin de los Andes südlich von Mendoza die erste üppige Vegetation. Hier ist der nördlichste Teil des sogenannten argentinischen Seendistrikts. Der Winter weicht allmählich dem Frühling und wir sehen, wie Fichten aus den schmelzenden Schneemassen herausragen. In ein paar Tagen wollen wir nach Chile zurückkehren, um die Naturwunder des chilenischen Seendistrikts zu bestaunen, das Spiegelbild auf der anderen Seite der Anden. Hin und her über die Grenze hüpfend, arbeiten wir uns langsam zum sagenumwobenen Patagonien vor.

Als ich den Karren mit Fahrradrädern überhole, den die Frau mithilfe eines um die Hüften gelegten Geschirrs zieht, denke ich zuerst, sie sei etwas wunderlich. In Südamerika wandern viele Leute zu Fuß dahin, sodass ich sie fälschlich für eine Einheimische halten könnte, die Freunde in einem Nachbardorf besucht. Aber ihr Schritt ist zu schnell, die Ladung auf dem Karren zu groß, ihr Gesicht zu hell und ihre Waden sind zu muskulös. Und vor allem schleppt sie Steine, die zwischen Campingausrüstung auf dem Karren liegen. Wir halten neben ihr an. Sie kommt aus Belgien, ist 52 Jahre alt und seit 14 Monaten auf dem Marsch von Patagonien nach Alaska. Gerade heute hat sie mit ihrem 60 Kilogramm schweren Anhänger die 6000-Kilometer-Marke überschritten. Ich entschuldige mich, bevor ich die Frage stelle, die sie wohl täglich hört, eine Frage, die der ähnelt, die ich bei jeder Begegnung beantworten muss: »Warum wandern Sie durch Amerika?«

»Ich will Kontakt zur Erde haben«, ist ihre Begründung. Was kann man schon erwarten, wenn man dumme Fragen stellt? Sie lächelt aber freundlich und ist gesprächig. So wage ich eine zweite, auf der Hand liegende Frage: »Und die Steine? Sie müssen schwer zu ziehen sein.«

»Ja, das stimmt. Aber ich mag schöne Steine und komme beim Gehen an so vielen vorbei. Die besonderen nehme ich mit und manchmal werfe ich andere, die ich vor Monaten gesammelt habe, dafür weg.«

Unsere Wege trennen sich bald wieder; sie hat Peru zum Ziel, und wir wollen nach Süden. Ich bin auf meinen Reisen vielen begegnet, aber diese topfitte Belgierin schlägt sie alle. Dennoch, ich weiß, dass es da noch andere, ähnlich bizarre Gestalten gibt. Vor etwa 70 Jahren stellte Plennie L. Wingo aus Texas den Rekord im umgekehrten Zufußgehen auf. Er ging rückwärts die unfassbare Strecke von 12 875 Kilometern. Ich weiß nicht, warum.

Viele andere Reisende folgen der gleichen Route. Fast täglich werden wir von Radfahrern überholt, welche die Panamericana von Fairbanks, Alaska, nach Ushuaia »machen«. Die meisten sind extrem fitte Deutsche, Franzosen und Schweizer. Ich sagte »Wir werden überholt«, weil ich keinen Radfahrer entdecken kann, der 25 000 Kilometer mit gemächlichem Tritt herunterkurbelt. Im Schnitt brauchen sie ein Jahr, obwohl manche behaupten, sie seien nur fünf Monate unterwegs, wie jener erschöpfte Kamerad, der ausnahmsweise ein Gesprächspäuschen einlegte. Er hat von Anbeginn an 200 Kilometer am Tag heruntergerissen! Solche Typen sollten für DHL arbeiten.

Als er wieder davonsaust und in der Ferne verschwindet, schütteln Lucia und ich nur noch verdutzt die Köpfe. Ich wende meinen Blick wieder auf den See, an dem wir campen, hole mir dann ein Buch und schlürfe meinen Kaffee. Ich bin sehr zufrieden mit unserem Tempo. Während der letzten vier Jahre sind Matilda und ich im Schnitt 36 Kilometer am Tag gefahren.

...

Vom Straßenstaub bedeckt, suchen wir auf der Landkarte nach der nächsten heißen Quelle. Aufgrund seines vulkanischen Charakters ist der chilenische Seendistrikt von Thermalquellen durchlöchert.

»Lucia, welche Temperatur des Badewassers würdest du heute vorziehen? Sollen wir den Hahn mit 48 °C in Conaripe aufdrehen, den mit 57 °C in Termas Panqui oder uns die kochend heißen 87 °C in Liquine antun?« Man könnte in Chile geradezu ein snobistischer, eingebildeter feiner Pinkel der High Society werden, da es doch so leicht ist, ein gutes Leben zu führen.

Wir einigen uns auf Termas Panqui, und tatsächlich gibt es da draußen vor einer Blockhütte im kanadischen Stil nicht nur drei dampfende Becken, sondern auch eine richtige, altmodische Badewanne, die vom heißen, über den Berghang herabströmenden Fluss gespeist wird.

Lago Hermoso, Lago Espeiro, Lago Mascardi, Lago Rivadiva, all das sind unberührte Andenseen, an denen man auf der berühmten Ruta 7 Lagos oder Sieben-Seen-Route zwischen San Martin und Bariloche vorbeikommt. Unsere Absicht, die Tagesstrecken zu verlängern bzw. einen Zeitplan einzuhalten, wird durchkreuzt. Im Gegenteil, je weiter wir in Chile und Argentinien vordringen, desto gemächlicher wird unser Tempo. Jeden Morgen das Gleiche: »He, Lucia. Was meinst du? Sollen wir noch einen Tag bleiben oder nach Süden weiterfahren?«

»Ach, wie wär's denn, wenn wir noch einen Tag blieben?« »Okay, aber wirklich nur einen«, sage ich und lächle, da ich schon weiß, dass es eher mehrere Tage werden.

Seit mehr als 100 Jahren gehen über diese Gegend Wellen von deutschen, österreichischen und italienischen Einwanderern hinweg, die dem Stress der europäischen Gesellschaft entgehen wollen, den hohen Lebenshaltungskosten, den irren Steuersätzen und den Kriegen. Nicht wenige von ihnen flohen auch vor der Strafverfolgung wegen begangener Kriegsverbrechen. Ob es da in den Wäldern noch versteckte SS-Brigaden gibt oder auch nicht, sie sind für die Gesellschaft keine Bedrohung mehr und verbringen ihre letzten Tage möglicherweise damit, angelaufene Hakenkreuzorden und falsche Zähne zu polieren. Alle paar Jahre wird ein alter Nazi entdeckt, ausgeliefert und dann angeklagt, wenn er, wie 1995 SS-Hauptsturmführer Erich Priebke, in seinem Rollstuhl über die Promenaden von Bariloche fährt.

Für den Besucher ist es offensichtlich, dass die frühen Migranten ihre ehemalige Heimat geliebt hatten und sich hier aus finanziellen, sozialen oder rechtlichen Gründen niederließen und nicht, weil sie Europa als solches verachteten. Sie bauten ihre Häuser im typisch alpinen Stil und bereicherten die einheimische Küche mit typischen Speisen aus ihrer Heimat. Restaurants und Hotels können Gasthof Frau Holle oder Hotel Alpenblick heißen, und mehr als einmal essen wir unter gerahmten Porträts von Bismarck und Kaiser Wilhelm. In Argentinien lebt eine halbe Million Deutschsprachiger, die in Biergärten Augustiner bestellen und das *Argentinische Tageblatt* lesen. Du merkst kaum, dass du auf einem anderen Kontinent bist.

...

Vor Beginn unserer Reise habe ich Lucia darum gebeten, mir das Datum ihres Rückflugs nicht zu verraten. Ich fand, die Unsicherheit sei einem Tagezählen vorzuziehen. So konnte ich mir einbilden, unser gemeinsamer Weg würde ein Leben lang dauern. Nun muss ich der Realität ins Auge sehen. In einem ruhigen Moment im Landy flüstert Lucia: »Chris, ich muss dir etwas sagen ...«
Ihr Flug geht nächste Woche.
Ich bitte nicht, ich bettle nicht, vom Flughafen in Iquique an bis nach Patagonien waren wir zueinander ehrlich, was die ferneren Aussichten unserer Beziehung betraf. Wir kamen überein, nichts zu erwarten, nur zu sehen, was

geschieht. Die sechs Monate sind ohne einen einzigen Streit vergangen, etwas Außerordentliches, wenn man mit einem Kerl reist, der wie ich ist. Die Möglichkeiten, die wir jetzt haben, sind begrenzt: Ich könnte meine Fahrt abbrechen und mit Lucia nach Europa zurückkehren, sie könnte ihren Flug stornieren und mit mir weiterreisen oder wir trennen uns. Wir einigen uns auf Letzteres. Ehrlichkeit ist wichtig, auch wenn sie schmerzt; obwohl wir uns beide verliebt haben, geht unsere Liebe nicht bis zur Selbstaufgabe. Lucia ist eine wunderbare Reisende. Jeder außenstehende Beobachter würde meinen, wir passten perfekt zusammen. Aber ich bin beteiligt, und meine Geschichte ist eine andere.

Ich habe oft übers Heiraten nachgedacht, schließlich sind die meisten meiner Freunde verheiratet, manche schon zum zweiten oder dritten Mal. Eine kirchliche Trauung kommt für mich nicht infrage; ich könnte mich nicht vor einem Pfarrer zum Lügen zwingen und meine Überzeugung, dass Gott ein Märchen ist, verheimlichen. Die feierliche Zeremonie würde zur Farce, sobald ich den Gang hinunterschritte, und das ist das Letzte, mit dem ich die »schönste aller Vereinbarungen« zwischen Mann und Frau beginnen möchte.

Die Alternative ist eine standesamtliche Hochzeit, bei der beide Seiten gebeten werden, einen staatlich anerkannten Vertrag zu unterzeichnen. Ich kann mir nicht helfen, aber das klingt für mich zu sehr nach einem Kaufvertrag für ein Auto. Ich kann mir nichts weniger Romantisches vorstellen, als mit der Liebe meines Lebens im Büro eines Staatsbeamten zu erscheinen, damit wir unsere Namen auf ein offizielles Dokument kritzeln. Bei einer Heirat geht es darum, dass zwei Menschen sich so sehr lieben, dass sie für den Rest ihres Lebens zusammenbleiben wollen. Und offen gesagt sind meine tiefsten Gefühle für eine zukünftige Partnerin nichts, was den Staat etwas angehen würde. Die Tatsache, dass ein staatlich anerkanntes Dokument beide Parteien im Fall einer Scheidung schützt, zählt wenig gegenüber dem, was nach meinem Gefühl ein Verbrechen gegen mich und meine Partnerin ist. Was für ein Beziehungsbeginn wäre das? Das Kleingedruckte auf einem Stück Papier zu lesen, für den Fall, dass einer von uns das fehlerhafte Produkt zurückgeben will? Wir sind doch dabei, zusammen ein wunderbares Leben zu beginnen; müssen wir uns da zuerst darauf einigen, wie wir es beenden wollen? Die konventionelle, im Westen übliche Form der Ehe schmälert die Schönheit einer Hochzeit.

Meine Hochzeit sollte anders sein. Ich möchte mit dem bezauberndsten Mädchen des Universums auf den Gipfel eines hohen Berges steigen, nur wir zwei, als gäbe es die übrige Welt nicht. Dann, wenn die Sonne langsam unter den fernen Horizont sinkt und die alpine Landschaft in helles Rot taucht, würde ich meine Liebste an mich ziehen und ihr tief in die Augen schauen.

»Für immer?«, würde ich fragen.

»Für immer!«, hoffe ich, dass sie mit einem Seufzer antwortet.

Dann kriechen wir in unseren Doppelschlafsack und starten in den ersten Tag unserer Ehe. DAS ist eine Heirat für mich; ein feierliches Versprechen zweier Menschen, die sich mehr lieben als das eigene Leben. Kein Staat, keine Götter, keine Zeugen außer den stillen Sternen am Himmel.

Das Problem ist nur ... ich kann mir nicht vorstellen, Lucia dieses Versprechen zu geben. Dennoch werde ich mich für den Rest meines Lebens fragen, was gewesen wäre, wenn ich es vielleicht nur noch einen Tag länger versucht hätte ...

Unser letzter gemeinsamer Aufenthalt wird zur Neujahrsfeier in El Calafate sein, wo der Perito-Moreno-Gletscher vom südpatagonischen Eisfeld abzweigt. Die Möglichkeit, zu beobachten, wie das vorrückende Eis in den Lago Argentino kalbt, macht diesen Ort zu einem der ersten Touristenziele des Landes. Der Gletscherrand ist fünf Kilometer breit und 60 Meter hoch, und das Gewicht presst die Eismasse zwei Meter am Tag talwärts. Von einem der Aussichtspunkte aus können wir diese kaum wahrnehmbare Bewegung mitverfolgen. Alle paar Stunden stürzt ein Eisblock von der Größe eines New Yorker Wolkenkratzers in den darunter liegenden Bergsee. Wir übernachten auf dem Parkplatz, um dieses Naturwunder ohne Tausende laute, herumwuselnde Touristen beobachten zu können. Die Wächter sind so freundlich, uns nicht zu stören, als ob sie wüssten, dass dies unsere letzten gemeinsamen Abende sind.

Einige Tage später steigt Lucia in den Bus nach Punta Arenas, wo das Flugzeug auf sie wartet.

Melancholie (Patagonien, 15.4.2006)

Es schneit aus einem trübgrauen Himmel, ein Wetter, das perfekt zu meiner Lucia-losen Stimmung passt. Lautlos verschlingt die Einsamkeit meinen Landy. Ich gehe hinaus in die weiße Kälte und versuche, meine Gedanken von Selbstmitleid zu reinigen. Mit meiner Wolldecke eng um die Schultern geschlungen, fühle ich die körperliche Nähe der Antarktis. Der eisbedeckte Kontinent liegt nur 1000 Kilometer weiter südlich. Vielleicht sollte ich mir eine Arbeit auf einer der Forschungsstationen suchen oder mit dem Schiff zu den Falklandinseln fahren? Das ist es, was man nach dem Ende einer Partnerschaft erwartungsgemäß zu tun hat: sich mit Bier oder Arbeit abzulenken oder auch mit beidem. Ich fahre in die Paine, eine Berggegend mit böigem Wind, der an den meisten Tagen mehr als 100 Stundenkilometer erreicht. Wenn das die negativen Gedanken nicht aus meinem Hirn bläst, wird es auch sonst nichts schaffen. Der Wind wirkt. Ich lehne mich im 60°-Winkel gegen den Sturm, als läge ich auf einer Matratze aus Luft. Ich lasse ein barbarisches Gebrüll erschallen, wie es der Dichter Walt Whitman für vergleichbare Situationen vorgeschlagen hat, und ich merke zu meinem Erstaunen, dass der Alte mit seinem irren Blick recht hatte.

Als die ersten Europäer im frühen 16. Jahrhundert hier ankamen, waren sie erstaunt, dass die Indianer auf Feuerland gegen das raue Wetter völlig unempfindlich waren. Ferdinand Magellan, Charles Darwin, Francis Drake, James Cook und James Weddell berichteten, dass die Indianer splitternackt herumliefen und sogar im Meer bei Kap Hoorn schwammen. Während Darwin, wie auch ich, unter mehreren Deckenlagen bibberte, schliefen die Yaghan, wie sich diese Feuerlandindianer selbst nannten, ungeschützt und unbekleidet den Elementen ausgeliefert.

1831 wurden vier Yaghan an Bord der berühmten HMS Beagle genommen, damit man sie in London bei Hofe vorführen konnte. Man lehrte sie die englische Sprache, den Gebrauch von Werkzeugen, gewöhnte sie daran, Kleider zu tragen, und brachte sie dazu, das Christentum anzunehmen. Als die Yaghan nach Hause zurückgebracht wurden, streiften sie die Kleidung jedoch schnell wieder ab und nahmen das alte Stammesleben erneut auf. Europäische Beobachter erstaunten sie mit der Feststellung, sie hätten kein Verlangen, nach England zurückzukehren, sondern wären zufrieden, auf »primitive« Art und Weise zu leben. Ich kann mir nur ungefähr vorstellen, wie sprachlos die Mannschaft der

BEAGLE gewesen sein muss, als ihr die sogenannte westliche Überlegenheit mit einem »Danke sehr, aber nein danke« vor die Füße geworfen wurde.

Das Gleiche passiert noch heute, wenn Länder versuchen, ihre Ideologie von Freiheit, Demokratie und Kapitalismus über die Welt zu verbreiten, und erfahren müssen, dass diese Ideen mehr als einmal zurückgewiesen werden. Manchmal gelingt es nur mit militärischer Gewalt, diese Werte anderen Nationen aufzuzwingen. Aber auch dann wird kein voller Sieg errungen, denn statt Freiheit zu geben, wird diese genommen.

Heute ist noch eine Yaghan übrig. Cristina Calderón aus Ukika auf der chilenischen Insel Navarino ist die letzte vollblütige Vertreterin ihres Volkes. Vor einigen Monaten konnte sich diese alte Dame noch bei einer Tasse Tee mit Emelinda Acuna in ihrer Muttersprache unterhalten. Nun ist sie allein mit den Erinnerungen an ihren Stamm. Niemand sonst auf dem ganzen Planeten spricht noch Yaghan. Und ich dachte schon, ich wäre einsam.

Ich schreibe täglich E-Mails an meine Mutter; ihre handfesten Ratschläge bei Partnerschaftsproblemen habe ich in der letzten Zeit vermisst. Es gelingt bis zu einem gewissen Grad, aber Mailen kann niemals ein persönliches Gespräch ersetzen. Unsere Beziehung ist eine liebende, doch bei Buddha, so war es nicht immer! Verglichen mit dem, was meine Eltern 18 Jahre lang durchgemacht haben, ist meine Reise eine Kleinigkeit. Ich brauche nur zu wissen, wo im Landy Gas und Bremse sind. Das Übrige, wo Essen, Schlaf und Käsekuchen zu finden sind, kommt von allein, denn überall haben die Einheimischen ihre kleine Welt so eingerichtet, dass das Notwendigste vorhanden ist.

Kinder aber sind unberechenbar. Es gibt kein Mechanikerhandbuch für sie. Habe ich ein Problem mit dem Zündverteiler, schlage ich in Kapitel 14 nach und folge den Anweisungen. Eine Stunde später ist mein Motor eingestellt. Wenn es für Eltern nur ebenso einfach wäre: Drehe die Nase des Sohns um 5°, spritze etwas WD-40-Öl in seine Kehle, und er läuft wieder rund. Nicht in den wildesten Träumen! Sicher, es wurden wahrscheinlich mehr Elternratgeber geschrieben als sonst was; wenn ihr mich fragt, sind sie aber alle so unbrauchbar wie ein 18er-Schlüssel. Jeder Land Rover, wie letztlich jedes Auto, funktioniert nach denselben Prinzipien, aber keine zwei Kinder sind gleich. Man müsste für jedes Kind der Welt eine eigene Gebrauchsanweisung schreiben.

Wie oft habe ich frisch verheiratete Freunde sagen hören: »Wir werden unsere

Kinder anders erziehen, als wir von unseren Eltern erzogen wurden«, im Glauben, ihre eigenen Kindheitserfahrungen würden sie zu Eltern prädestinieren. Diese abgedroschene Phrase wird von Generation zu Generation weitergegeben, und jede glaubt, alles besser zu wissen als die vorhergegangenen. In Wirklichkeit wissen meine Freunde wenig mehr als Adam und Eva. Sie sind dabei, ein Experiment mit unvorhersagbarem Ausgang durchzuführen, und sind dann SEHR erstaunt über das Resultat. In den vergangenen Jahren habe ich unterwegs viele Eltern mit kleinen Kindern auf Weltreise getroffen. Ihre Absichten waren immer im besten Interesse des Kindes. Sie hofften, dass frühe Jahre in einer »natürlichen« Umgebung und die Begegnung mit den Kulturen vieler Länder aus ihnen unvoreingenommene und für globale Zusammenhänge sensible Erwachsene machen würden. Jahre später bekomme ich dann von denselben Eltern E-Mails, in denen sie sich darüber beklagen, wie ihre Pläne gescheitert sind. Die Tochter ist süchtig nach teuren Modelabels, der Sohn erschießt fleißig Menschen im neuesten Killerspiel, und beide nehmen Designerdrogen, wenn sie Party feiern. Kinder von Veganern können Stammkunden bei McDonald's werden, und Pazifisten haben Söhne, die sich beim Militär verpflichten. Was machen sie falsch? Nichts, überhaupt nichts. Die üblichen Gesetze von Ursache und Wirkung greifen hier nicht immer. Die ausgleichende Gerechtigkeit für die Eltern liegt darin, dass ihre Sprösslinge später, wenn sie selber Eltern sind, die gleichen Schwierigkeiten durchmachen müssen.

Ich musste von zu Hause weg, noch bevor ich begriff, was ich meiner Familie verdankte. Viele Kinder meinen, sie seien der Mittelpunkt des Weltalls, ich vielleicht noch mehr als andere. Aber jetzt ist meine Mutter meine beste Freundin und die einzige Person, der ich bis ans Ende der Welt vertraue.

...

Ushuaias Anspruch auf Ruhm zeigt sich im Slogan »Südlichste Stadt der Welt«. Dieser wird zu Werbezwecken von fast jedem Restaurant, jeder Bäckerei und sogar von Friseuren verwendet. Er scheint sich gut zu verkaufen; wenn es einen Ort gibt, an dem jeder Patagonienreisende früher oder später einmal absteigt, dann hier. Im Fin-del-Mundo-Pub leere ich einige Biere. Mit jedem Glas halte ich es für wahrscheinlicher, dass die Schiffe, die ich draußen auf See entdecke, drauf und dran sind, über den Rand der Erdscheibe zu fallen. Nach dem vierten sehe ich tatsächlich einen Frachter hinunterkippen.

Zum Abschied von Feuerland fahre ich die paar Kilometer zum Parque Nacional Tierra del Fuego. Ohne Vorwarnung endet die Fahrspur. Auf einem großen, hölzernen Schild steht eingraviert: »Buenos Aires 3063 km, Alaska 17 848 km, Parque Nacional Tierra del Fuego, Ruta Nac. No. 3«. Einige andere Overlander halten in der Nähe und machen Fotos von ihren vor dem Schild abgestellten Fahrrädern, Motorrädern und Offroadern. Hinter mir macht eine Champagnerflasche »plopp«. Von hier ab führen alle Straßen nach Norden.

In einem Anfall von Nostalgie hole ich mein Logbuch heraus und blättere mich durch die Statistik:
»Verbrauchtes Benzin: 18 804 Liter; Reisekosten der letzten fünf Jahre, alles inklusive: ca. 24 000 Euro; Kilometer: ca. 120 000; Reparaturen: 660«
Gut gemacht, Matilda. Für einen Oldtimer hat sie sich nicht schlecht geschlagen, auch wenn die Reparaturliste etwas lang ist. Ich wende und lasse mich vom konstanten Rückenwind in die Hauptstadt Buenos Aires blasen.

Alles geht einmal zu Ende. Ich blicke zurück auf meine zweieinhalb Jahre in Südamerika und bin traurig, dass ich so viele gute Menschen zurücklasse, von denen ich die wenigsten wohl wiedersehen werde, wie ich weiß. Das Leben ist, verdammt noch mal, zu kurz. Ich hätte leicht 80 Jahre NUR in Patagonien verbringen können, ohne alles zu sehen, dann noch 80 in San Pedro, in Bolivien, in Kolumbien usw. Bedauern ist nicht gut; ich will stattdessen lieber Dank für die Zeit empfinden, die ich auf einem Kontinent voll von Erstaunlichem und kleinen Wundern verbringen durfte.

Matilda wird in einen Container nach Kapstadt gesteckt, und in meiner Tasche habe ich ein Ticket von Air Malaysia. Ich muss mich zum Hafen aufmachen.

Die Geschichte der Götter (20.1.2007)

Jack Kerouac schrieb einst:
»Ich bin mein Leben lang hinter Leuten her gewesen, die mich interessierten; und die einzigen, die mich interessieren, sind die verrückten. Die, welche verrückt sind nach Leben und Reden, verrückt danach, erlöst zu werden, und die, welche alles gleichzeitig begehren. Die, welche nie gähnen

oder Gemeinplätze von sich geben, sondern brennen, brennen, brennen wie die berühmten römischen Kerzen, die wie Spinnennetze am Himmel explodieren, und im Zentrum sieht man ein blaues Licht aufleuchten und alle rufen Aaah!«

Wenn man um die Welt fährt, trifft man einige wahrlich verrückte Individuen. Sie leuchten hie und da auf, reden fiebrig von ihren Leidenschaften und erregen die volle Aufmerksamkeit ihrer Zuhörer. Unterwegs erweist es sich als besonders lohnend, Leuten zu begegnen, von denen jeder Einzelne eine eigene Geschichte und eigene Ideen hat. Keine zwei Individuen sind sich gleich, und obwohl ich manche Ähnlichkeiten entdecken konnte, habe ich niemals »Klone« angetroffen, deren Glaubensüberzeugungen, Gedanken und Träume sich wie Kopien glichen. Jeder Mensch ist einzigartig.

Dies anzuerkennen, hat Konsequenzen: Reisenden geht der Glauben an universelle anthropologische Konstanten verloren. Nichts wird weltweit geglaubt, es gibt keine einstimmigen Entscheidungen zwischen Richtig oder Falsch, keine allgemein verbindlichen moralischen und ethischen Standards und keine allen gemeinsame Religion. Der Besucher irgendeiner Ecke der Welt muss sich vom absoluten Anspruch auf Wahrheit frei machen und es hinnehmen, dass alle Gedanken persönlich und gleichwertig sind, wo man sie auch antrifft. Man muss nicht die Überzeugungen anderer im eigenen Leben übernehmen, aber das Mindeste ist, zuzuhören und anderen das Recht auf eine eigene Meinung einzuräumen.

Ein weltweit besonders umstrittenes Thema ist die Religion. Man kann es einfach nicht vermeiden. Jeder hat seinen persönlichen Hintergrund, hat seine eigene Erziehung durchgemacht und eigene Moralvorstellungen entwickelt. Gott wird zur Projektion unserer Ängste und unseres Begehrens, wir erschaffen uns den geneigtesten und gestatten der persönlichen Interpretation der Religion weiten Spielraum. Ein Kamingespräch über das Recht der Homosexuellen auf Heirat oder über einen Vergleich zwischen Land Rover und Toyota kann so oder so enden, je nachdem, wie überzeugend die Argumente sind ... wenn es aber um Gott geht, dann widerstrebt es den meisten, einen universellen Anspruch aufzugeben.

Wenn man von Europa aus auf eine Weltreise aufbricht, so verlässt man schon bald die »Welt der Christenheit« ... und wenn die reine Anhängeranzahl einer

Religionsgemeinschaft etwas aussagt, dann ist es sicher interessant, zu wissen, dass die Christen im weltweiten Maßstab in nicht zu ferner Zukunft in der Minderheit sein werden. Als Beispiel gibt es schon heute auf der Erde schätzungsweise eine Milliarde Katholiken, aber mindestens ebenso viele sunnitische Moslems. Darüber hinaus gibt es noch zweieinhalb Milliarden Menschen, die von sich sagen, sie seien Atheisten oder würden einer Religion ohne Gottheit anhängen, die man vielleicht eher als Philosophie bezeichnen sollte. Wenn über die Existenz Gottes durch Mehrheitswahlrecht demokratisch abgestimmt werden könnte, würde er des Amtes enthoben.

Reisende treffen auf ebenso viele Götter wie Menschen. Und diese stellen beileibe nicht verschiedene Aspekte oder verschiedene Namen eines Gottes dar. Für alle Fälle folgt nun eine Liste in fremden Ländern zu besuchender Unsterblicher; einige davon sind Schöpfer, andere beanspruchen die alleinige Existenz und wieder andere fühlen sich in einer die Verantwortung teilenden Gesellschaft von göttlichen Begleitern wohl:

Allah, Bacabs, Coyolxauhqui, Djanggawul, Eos, Fukurokuju, Ganesh, Heilige Dreifaltigkeit, Itztlacoliuhqui-Ixquimilli, Jahwe, Kunapipi, Lugh, Maat, Nanook, O-Wata-Tsu-Mi, Pundjel, Quetzalcoatl, Ravi, Shamash, Torngasoak, Ushas, Vali, Wepwawet, Xevioso, Yurlungur und Zinsu.

Für jeden Buchstaben des Alphabets gibt es mindestens zwei Dutzend. Ich bitte die vielen Tausend zusätzlichen Götter sehr um Verzeihung, dass ich sie nicht erwähnt habe, und ich hoffe, dass Allah, Jahwe und die Heilige Dreifaltigkeit sich auf der obigen Liste nicht vom Gedränge gestört fühlen. Ich weiß um ihren Souveränitätsanspruch, aber andere erheben den auch.

Und ich? Ich denke, wenn die Gottesvorstellung nicht durch Anschauung, Überlegung oder Logik verifiziert werden kann, dann ist sie für meine Welt auch irrelevant. Die Abwesenheit Gottes ist für mich eine große Erleichterung: Befreiung von der Drohung mit ewiger Verdammnis und von seiner Rache, wenn ich mich nicht an die Regeln des von mir erwählten Gottes halte. Das gibt mir die Freiheit, mein Schicksal selbst zu bestimmen. Ich kann selbst entscheiden, was für mich persönlich der Sinn des Lebens ist, während ich gleichzeitig entdecke, was für mich das Beste ist. Ich suche in der Welt nach Werten, die ich persönlich als anregend empfinde, und ich lehne die ab, bei denen ich mich unwohlfühle. Ich borge hier und dort und konstruiere mir gelegentlich eigene

Gesetze. Wäre Gott die Antwort auf alles und jedes, würde das meinen Sinn für Wunder, für selbst Erreichtes und Kreativität ersticken. Ich bräuchte nie zu reisen, um die Wahrheiten meines kurzen Lebens zu erkunden, denn fände ich ein neues Geheimnis, könnte ich es immer dabei belassen, zu sagen: »Gott hat es so gemacht.« Ich würde bald meine Neugier und mein Verlangen, Fragen zu stellen, verlieren.

Mit dieser Einstellung gerate ich im Ausland selten mit Einheimischen in Streit. Ich predige nicht und verdamme nicht, sondern erlaube jedem sein Recht auf Selbstbestimmung. Das Schöne, das ich im Leben antreffe, macht dieses lebenswert.

Afrika

Die Erforschung der dritten Dimension

Nicht nur dein Fahrzeug muss hohe Bergpässe überwinden und die Querung tiefer Schluchten überstehen, auch deine Gefühlswelt wird durch alle Höhen und Tiefen auf der Lebensreise beeinflusst. Einmal schwingt sich dein Geist fast bis ins Nirwana auf, doch einen Augenblick später klammerst du dich an die unersteigbare Wand eines bodenlosen Abgrunds.

Du bist dir deines Ortes in der Welt nicht mehr sicher, das sauber definierte kleine Daheim war eine Illusion. Und es kommt noch mehr ...

...

Indem man ein zweidimensionales Quadrat in der Senkrechten bewegt, entsteht ein dreidimensionaler Würfel. In der Mathematik ist er ein Hyperwürfel der Dimension Drei im euklidischen Raum. Als dreidimensionales Objekt hat er Breite, Länge, Höhe, insgesamt acht Eckpunkte, zwölf Seiten, sechs Flächen und eine Zelle. Wenn man einen Würfel unendlich vergrößert, nimmt er den gesamten dreidimensionalen Raum ein. Legt man den Schwerpunkt eines Würfels so auf den Koordinatenursprung eines kartesischen Koordinatensystems, dass die Kanten den Achsen parallel sind, so haben bei einer Kantenlänge von 2 die Eckpunkte die Koordinaten $(\pm1, \pm1, \pm1)$ und das Innere besteht aus allen Punkten (x_0, x_1, x_2) mit $-1 < x_i < 1$. Ein Würfel mit der Kantenlänge a hat die Oberfläche $6a^2$ und das Volumen a^3.

...

Auf der nächsten Seite die Darstellung eines Würfels der Dimension Drei:

Als dreidimensionale Wesen sind wir nur den dreidimensionalen euklidischen Raum gewohnt, der uns die Grundrichtungen hinauf/hinunter, links/rechts und vorwärts/rückwärts vorgibt. Es wäre aber falsch, zu glauben, die für Menschen geltenden Beschränkungen würden auf das gesamte Universum zutreffen ... wie wir bald sehen werden ...

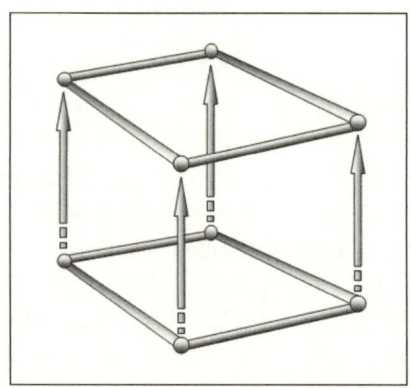

Rassismus (Südafrika, 11.4.2007)

Ich bin in Afrika! Das ist ein wunderbares, prickelndes Gefühl: afrikanische Sonnenaufgänge, afrikanische Gewitter und afrikanische Tierwelt. Hier beginnt auch mein Heimweg. Im Zickzack durch den »Schwarzen Kontinent« fahrend, habe ich aber noch 23 Länder und etwa 60 000 Kilometer vor mir.

Kapstadt ist vom Meer aus betrachtet eine Stadt wie auf einer Ansichtskarte, die ein wenig einem verkleinerten Sydney ähnelt. Viele Häuser sind pastellfarben gestrichen und haben ziegelgedeckte Schrägdächer, die ans alte Europa erinnern. Im Hintergrund erhebt sich der prächtige Tafelberg. Für den müden Seemann, der das Kap der Guten Hoffnung umschiffte, war dies sicher ein erfreulicher Anblick. Die Gegend ist wegen ihrer starken, das ganze Jahr über wehenden Winde bekannt, und so manches Schiffswrack liegt unter den trügerischen Wassern begraben.

Bei genauerer Betrachtung, wenn man von der touristischen Long Street und dem Green Point in Richtung Busbahnhof geht, ändert sich das Bild. Ich entdecke ein aufschlussreiches Schild am Eingang des Bahnhofs: Große, rote Kreise, die diagonal durchgestrichen sind, sagen den Pendlern, dass es verboten ist, Maschinenpistolen, Kriegsbeile, Macheten und Kampfspeere an öffentlichen Orten zu tragen. Auf einem weiteren Schild am Beginn der Einkaufsstraße steht: KEINE Drogen, KEIN Alkohol, KEINE Waffen, KEIN Abfall (nur in

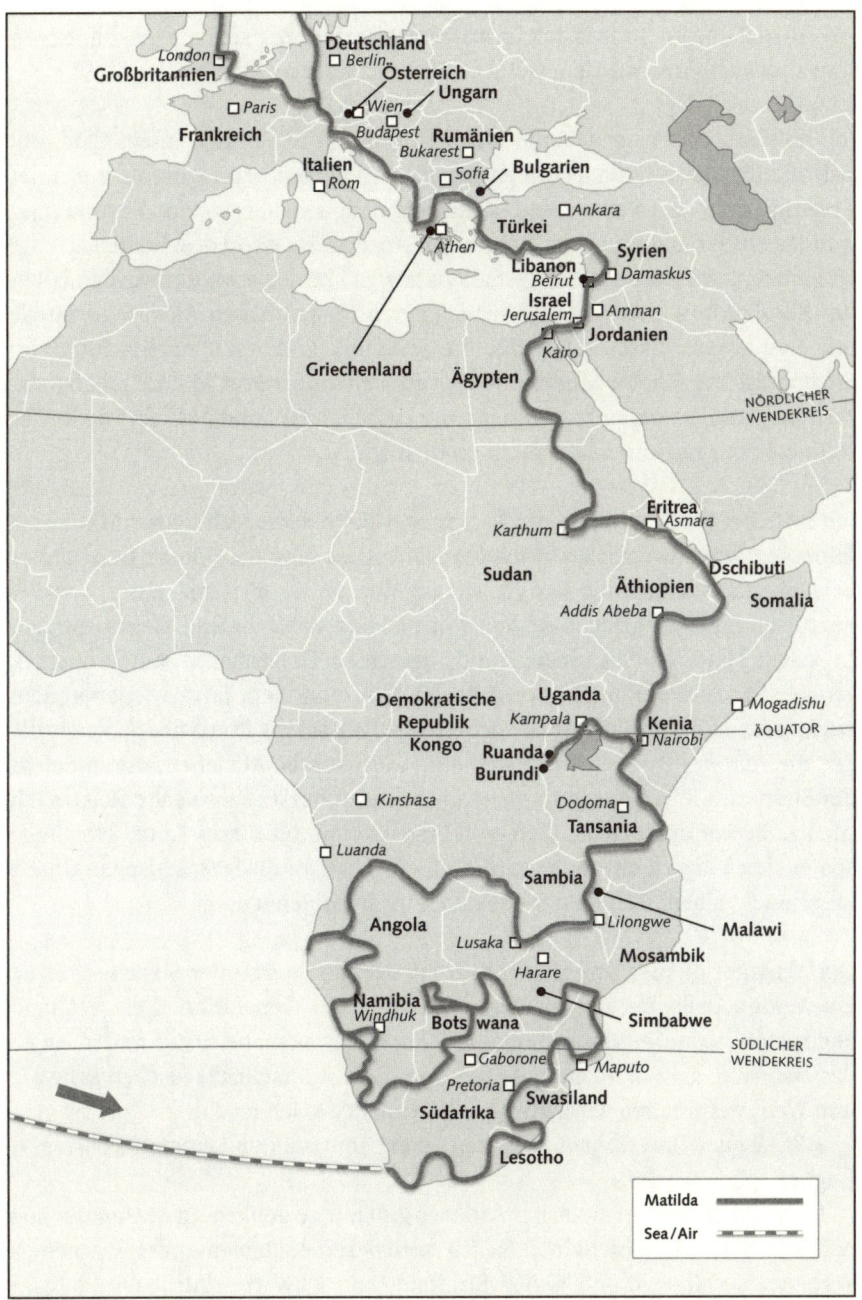

London
Großbritannien
Deutschland
☐ Berlin
Österreich
☐ Wien
Ungarn
☐ Paris
Frankreich
☐ Budapest
Italien
☐ Rom
Rumänien
Bukarest ☐
☐ Sofia
Bulgarien
☐ Ankara
Türkei
Athen
Libanon
Beirut ☐
Syrien
☐ Damaskus
Israel
Jerusalem ☐
☐ Amman
Jordanien
☐ Kairo
Griechenland
Ägypten

NÖRDLICHER
WENDEKREIS

Karthum ☐
Eritrea
☐ Asmara
Sudan
Äthiopien
Addis Abeba ☐
Dschibuti
Somalia

Demokratische
Republik
Kongo
Uganda
Kampala ☐
Ruanda
Burundi
Kenia
☐ Nairobi
☐ Mogadishu
ÄQUATOR
☐ Kinshasa
Dodoma ☐
Tansania
☐ Luanda
Sambia
Angola
☐ Lilongwe
Lusaka ☐
Malawi
Mosambik
Harare ☐
Namibia
Windhuk ☐
Bots wana
Simbabwe
☐ Gaborone
☐ Maputo
Pretoria ☐
Swasiland
Südafrika
Lesotho
SÜDLICHER
WENDEKREIS

Matilda ▬▬▬▬
Sea / Air ▬ ▬ ▬

gekennzeichneten Zonen). Ich möchte gern wissen, wie sich die Bewohner von Kapstadt aufführen würden, wenn es diese Schilder nicht gäbe.

Ich hole mir für ein paar Rand eine Zeitung und setze mich in ein Café, um stilvoll eine Tasse Cappuccino zu genießen. Was ich beim Durchblättern der Zeitung finde, ist alarmierend. Offensichtlich sind 80 % der Bevölkerung mindestens einmal im Leben ausgeraubt worden. Eine von drei Frauen aus der Umgebung von Johannesburg ist allein letztes Jahr vergewaltigt worden. 18 % der Bevölkerung und 31 % der schwangeren Frauen haben Aids. Ich bestelle mir eine zweite Tasse und wende die Seite um. Es kommt noch schlimmer. Staatspräsident Thabo Mbeki und Gesundheitsministerin Manto Tshabalala-Msimang streiten einen Zusammenhang zwischen HIV und Aids ab. Der Kaffee schmeckt mir mit einem Mal nicht mehr so gut.

Ich bemerke Eigenheiten in der Backpackerlodge, in der ich hause. Minibusse fahren nicht mehr nach Einbruch der Dunkelheit, und die Häuser sind stärker befestigt als Guantanamo Bay. Als ich am Morgen aus meinem Fenster schaue, begrüßen mich mehrfache Reihen von Bandstacheldraht und Elektrozäunen. In jedem Haus gibt es einen Hund, der einen Dobermann zum Frühstück verspeisen könnte. Kein Tag vergeht, an dem man nicht hört, wie jemandem ein Messer an die Kehle gesetzt oder ein Pistolenlauf ins Kreuz gedrückt wurde. Die meisten der Rucksacktouristen sind idealistische Mädchen, die in einem der Slums am Kap freiwillig arbeiten möchten. Oft ist es ihre erste Reise nach Afrika. Sie kommen lachend an, voll Begeisterung für dieses Land. Zwei Tage später sitzen dieselben Mädchen im Gemeinschaftsraum der städtischen Unterkunft und weinen, weil man ihnen den iPod gestohlen hat.

Der Manager meiner Unterkunft hilft bei der Aufklärung der Mädchen. Er ist ein weißer Afrikaner, dessen Vorfahren vor sechs Generationen aus Holland zugewandert sind, und macht einen Scherz, den niemand lustig findet. Es ist das erste Mal, dass in meinem Beisein über den Unterschied zwischen Schwarz und Weiß gesprochen wird, aber es bleibt nicht das letzte Mal.

»Was ist der Unterschied zwischen einem Touristen und einem Rassisten?«, fragt er. »Eine Woche.«

Ich kann darüber nicht lachen. Aber es gibt mir zu denken. In der kurzen Zeit nämlich, die ich nun hier bin, habe ich mich bei einer kleinen Änderung meines Verhaltens ertappt. Da 99 % aller Straftaten von schwarzen Afrikanern begangen werden, bin ich an Geldautomaten vorsichtig geworden, sind die doch ein beliebter Ort für blitzartige Raubüberfälle. Ich gebe meine Geheimzahl ohne Bedenken ein, falls in der Schlange hinter mir Weiße stehen, falls nicht, bin ich etwas nervös. So wollte ich meine Tour durch Afrika NICHT beginnen!

Das Zweite, was man in Südafrika bemerkt, ist die Tatsache, dass es im Land elf Sprachen und einige Dutzend Dialekte gibt. Und so nennt sich Südafrika auch selber Regenbogennation. Außer der eingeborenen Bevölkerungsgruppe der Khoisan, die wir als Buschmänner bzw. Hottentotten bezeichnen, ist aber jedermann Einwanderer. Die Khoisan leben seit mindestens 100 000 Jahren hier. Um das Jahr 400 nach Christus drangen von Norden die Xhosa und andere Bantu sprechende Stämme ein, und die San wurden allmählich an den Rand gedrängt. Schließlich trafen die Holländer auf diese Stämme, als sie in den 1600er-Jahren am Ort des heutigen Kapstadt zum ersten Mal anlegten. Zur gleichen Zeit zog es viele andere Siedler nach Süden, vor allem die Zulus, die von Norden in das Land kamen, das später als Südafrika bekannt wurde. Die erste Einrichtung einer wirklichen Zulukolonie im nördlichen KwaZulu-Natal datiert auf das Jahr 1709. Man kann also sagen, dass die Holländer länger als die Zulus Kolonisten in Südafrika waren.

Zulus, Briten, Xhosa, Holländer, Khoisan, Deutsche, Chinesen, Franzosen, Simbabwer, Indonesier, Malawier, Inder, Kongolesen ... alle Genannten sind hier, und jede Gruppe bildet eine Farbe des Regenbogens; eines recht traurigen Regenbogens, wie ich hinzufügen möchte, denn keine einzige Gruppe kann die anderen besonders gut leiden. Nichts in Südafrika ist eindeutig schwarz oder weiß. Zugleich aber dreht sich alles GENAU um die Frage, ob schwarz, farbig, Asiat oder weiß. Aber was hat die Hautfarbe mit der Gleichstellung in einem Südafrika nach dem Ende der Apartheid zu tun? Die betrübliche Wahrheit ist, dass die Apartheid nie zu Ende gegangen ist, sie ist auch heute noch weitverbreitet, nur unter anderem Namen. Man kann sie jetzt als umgekehrte Apartheid bezeichnen, die im Mantel von Affirmative Action und Black Economic Empowerment, kurz BEE[1], daherkommt.

---

[1] Für beide englischen Ausdrücke gibt es keine offizielle deutsche Übersetzung. Affirmative Action kann mit »affirmative Maßnahmen« wiedergegeben werden, Black Economic Empowerment mit »Förderung schwarzer Geschäftsgründungen«.

Die Politik des BEE sollte die von Armut betroffene Bevölkerung in eine Mittelschicht verwandeln. Während der Apartheid war Grundbesitz durch Schwarze sehr eingeschränkt; 93 % des Landes gehörten den Weißen. Die Schwarzen hatten aufgrund der Rassentrennungsgesetze wenig Rechte; sie durften nicht wählen oder sich politisch betätigen, sie waren von weiterführender Bildung und von Führungspositionen ausgeschlossen, wurden oft zwangsweise in Townships und Homelands umgesiedelt, und – um es grob zu sagen – wie Dreck behandelt. So ist es nicht verwunderlich, dass Millionen schwarzer Südafrikaner auch weiterhin in Armut lebten, als 1994 die ersten allgemeinen Wahlen stattfanden.

Es hätte womöglich eine ganze Generation gedauert, bis die schwarze Bevölkerung den Bildungsrückstand aufgeholt und sich am Arbeitsmarkt fest etabliert hätte. Jeder vernünftige Ökonom kann voraussagen, was geschieht, wenn einem Volk von Analphabeten mit einem Mal die Führung eines Landes der Ersten Welt übertragen wird: Das Land geht vor die Hunde. Nun führten aber Nelson Mandela und seine Partei, der ANC (African National Congress), durch das BEE und das Gesetz zur Gleichberechtigung am Arbeitsmarkt ein System ein, in dem rassische Gesichtspunkte mehr zählten als Qualifikation und Können. Die neue Rechtsprechung verlangt, dass 80 % der Angestellten schwarz sein MÜSSEN, gleich welche Ausbildung, welches Geschick und welche Fähigkeit sie haben. Unternehmen im Besitz von Schwarzen werden bevorzugt behandelt und bekommen Staatsaufträge, während solche im Besitz von Weißen absichtlich benachteiligt werden. Die 80 %-Quote gilt hinauf bis ins Management und die Direktion.

Das offenkundigste Beispiel, das den Reisenden betrifft, gibt der Energieriese Escom. Der staatliche Elektrizitätsversorger ist unfähig, den Bedürfnissen der Industrie und der Verbraucher nachzukommen, wie sich in landesweiten Stromausfällen zeigt. Warum? Ich muss nur aus meinem Fenster über die Mauer mit dem Stacheldraht schauen, um zu sehen, wie Escom eine Stromleitung »repariert«. Die schwarzen Arbeiter benutzen einen Felsbrocken, um ein Kabel ans Netz anzuschließen. Sie haben richtig gelesen ... einen Felsbrocken! Irgendwie haben die »Elektriker« herausgefunden, dass sie das über die Straße führende Kabel mit einem schweren Gewicht in der Mitte herunterziehen müssen, damit ein Funke zum Pol am Strommast überspringt. In seiner Art ist der Gedanke genial, ich wäre nicht in einer Million von Jahren auf diese Idee gekommen.

Natürlich löst sich die Verbindung beim nächsten Regen ... die Hochspannungskabel werden nur durch Klebeband zusammengehalten ... und der Stein fällt dann, in einer Woche vielleicht, während des Stoßverkehrs herunter.

Das sind nur die kleinen Unannehmlichkeiten im heutigen Südafrika. Viel gravierender sind die Folgen für das Gesundheitssystem, die Landwirtschaft, die Wasserversorgung und die Schulen. In den vergangenen zwölf Jahren sind über eine Million hoch qualifizierte weiße Südafrikaner für immer nach Europa, Australien und Neuseeland ausgewandert, weil sie unter der gegenwärtigen Regierung nicht länger leiden wollten. Sie wurden durch dieselbe Zahl Arbeit suchender Analphabeten aus den Nachbarländern ersetzt. JEDER, schwarz oder weiß, ist von dem betroffen, was man als Braindrain bezeichnet.

Es stimmt, dass das BEE vielen schwer arbeitenden Schwarzen half, in die Mittelschicht aufzusteigen, aber ganz unten ist die Armut schlimmer als je zuvor, die Tage der Apartheid mit eingeschlossen. Dieses Land war einmal das zwölftreichste der Welt, heute beginnt es, wie ein Drittweltland auszusehen.

Zugleich vernehme ich die schweigende Bitte der weißen Bevölkerung um Gehör. Sie muss mitteilen, was mit ihrem Land geschieht. Sobald ich meine Bereitschaft zuzuhören bekunde, öffnen sich die Türen weit, und ich werde ins Haus und an den Herd geladen. Ohne Ausnahme wird das Tischgespräch jedoch bald das Thema Rasse berühren. Wie dürfte gerade ich diese Ansichten infrage stellen? Ich bin ein Ausländer von einem sicheren Kontinent. Ich schlafe nicht mit einem Gewehr neben dem Bett, weil ich um das Leben meiner Lieben fürchte. Die Leute reden von der Vergangenheit, als ihre Kinder noch auf die Straße gehen konnten und die Städte sauber und schön waren. Und sie sprechen von der Gegenwart und wie alles schlechter wird. Sie sprechen auch von der Zukunft und fragen sich, ob es zu einer Enteignung der Weißen kommt wie in Simbabwe. Die meisten, die ich in Kapstadt treffe, haben Notfallpläne, die städtischen Regionen zu verlassen und aufs Land zu fliehen, wo die Kriminalität weniger schlimm ist, oder nach Australien, falls sie das Geld dafür haben. Ich weiß nicht, was ich sagen soll. Sobald ich den Mund aufmache, bin ich schon in der Zwickmühle der Political Correctness.

Ich gebe offen zu, dass ich Schwierigkeiten habe, den einen Schwarzen vom anderen zu unterscheiden. Es wird monatelange Erfahrung brauchen, bis ich die verschiedenen Stämme auseinanderhalten kann. Ein Zulu weiß andererseits GENAU, wer was ist. Er unterscheidet Xhosa, Ndola oder Twana so leicht wie ich Norweger und Italiener, was wiederum er nicht kann. Für die meisten Zulus sind Weiße wie eineiige Zwillinge. Einmal gelingt es mir, einen Mercedes fahrenden Zulu, der näher kommt, weil ihm die Zigaretten ausgegangen sind, in ein Gespräch zu verwickeln.

»Nein. Xhosa und Zulu sind sehr verschieden. Normalerweise heiraten wir nie untereinander«, versichert er. »Möge Gott verhüten, dass mir je eine so obszöne Idee käme!«

Der Rassismus, den man unter den Schwarzen entdeckt, hat folglich seine Wurzeln in einer langen Geschichte, die sich bis heute fortsetzt. Wenn die Khoisan und die Xhosa vor Jahrhunderten um lebensnotwendige Weidegründe kämpften, die Besiegten versklavten und ihr Vieh raubten, so wetteifern die Stämme heutzutage um die politische Dominanz. Zurzeit scheinen die Zulu dort am stärksten vertreten zu sein, die Khoisan hingegen gar nicht. Die Invasionen der Europäer und der Zulu sind sich ähnlicher als man gemeinhin glaubt. Beide kamen aus weit entfernten Ländern, die Holländer und Briten aus Europa, die Zulu aus Nigeria und Kamerun. Beide Gruppen versuchten aus wirtschaftlichen Gründen und fast gleichzeitig, ihren Einflussbereich auszudehnen. Beide vertrieben die vorherigen Landbesitzer, diskriminierten sie und erlaubten ihnen keine Vertretung in der Regierung.

Ich frage mich, ob es die Aussichten auf einen künftigen Frieden möglicherweise gefährdet, wenn die ganze Wahrheit über die Vergangenheit mit all ihren Facetten ausgesprochen wird. Soll die südafrikanische Regierung den Leuten jeden Tag einhämmern, welche Grausamkeiten die Zeit der Apartheid mit sich brachte? Soll die deutsche Regierung über Jahrhunderte beim Holocaust verharren und eine Hitlerdokumentation nach der nächsten im Fernsehen zeigen? Oder wäre es stattdessen vorzuziehen, dem Weg Amerikas zu folgen und alle Verbrechen gegen die Menschlichkeit aus der Geschichte zu tilgen? Die Vergangenheit kann nie völlig gelöscht werden. Sie endlos wieder aufzukochen, wird jedoch ebenso Groll und Hass erzeugen wie ein umfassendes Abstreiten. Wäre es dann vielleicht das Beste, die WAHRHEIT einmal laut und deutlich auszusprechen und anschließend einen Schlussstrich zu ziehen? Unbestritten ist es aber klug, die Vergangenheit dann wieder anzusprechen, wenn sich die Gewaltakte zu wiederholen drohen.

In Südafrika wurde mit der Wahrheits- und Versöhnungskommission der Versuch unternommen, einen Schlussstrich zu ziehen. Nach dem Ende der Apartheid waren alle, sowohl Täter wie auch Opfer der politisch motivierten Gewalt, dazu eingeladen, vor diese Kommission zu treten und gehört zu werden. Damit eine Versöhnung überhaupt möglich wurde, wurde den Tätern Straffreiheit zugesichert. Es sah vielversprechend aus, aber seither hat sich die Linie verwischt. Die schwarze Bevölkerung kommt täglich wieder auf die Vergangenheit zurück und lastet den derzeitigen, verzweifelten Zustand Südafrikas den Europäern an. Aids, Kriminalität und anhaltende Armut gelten als alleinige Schuld der Weißen. Sie, die Schwarzen, halten sich für unschuldig, zu Missetaten unfähig und NIE für rassistisch. So sage ich das einmal gerade heraus und versuche, die Dinge zurechtzurücken.

Meine Beziehung zu Südafrika wird hohe Ansprüche an dieses Land stellen, aber in einigen, besonders lohnenden Partnerschaften ist dies nicht ungewöhnlich.

...

Wer in einem fremden Land mit dem Stinkefinger herumläuft, macht sich nicht leicht Freunde, aber was soll ich tun? In diesen Finger hat mich eine Schlange gebissen, sodass ich ihn nicht mehr biegen kann. Die Schwellung geht allmählich zurück, nachdem die letzte Woche so unangenehm war, dass ich fürchten musste, den ganzen Arm oder mehr zu verlieren. Noch ein paar Tage, und die Südafrikaner sind nicht mehr jedes Mal gekränkt, wenn ich ihnen zuwinke.

Es passierte an einem schönen Morgen vor zwei Wochen, während ich in einem Backpackercamp in Jeffrey's Bay am Strand wohnte. Ich schlürfte hinten im Landy Kaffee, als das beruhigende Geräusch der sich brechenden Wellen auf einmal durch einen Tumult in der Wäscherei abgelöst wurde. Reinemachefrauen in Panik und besorgte Touristen rannten übers Gelände und schrien: »Schlange, Schlange!« Ich dachte, es sei an der Zeit für die gute Tat des Tages, und beschloss, das Tier zu fangen. Niemand sonst wollte, und bevor es sich wieder versteckte, um den ersten Touristen zu beißen, der seine Hand in den Wäscheeimer steckt, sollte ich dem Schlängelchen einen Besuch abstatten. Nebenbei, nichts verleitet ein Mädchen so zum Dahinschmelzen wie ein furchtloser Mann, der Fräuleins in Not vor herankriechenden Drachen rettet. Mit einem Eispickel bewaffnet, ging ich auf meine erste afrikanische Safari. Da, auf weißem Bettzeug, lag die schönste Puffotter, die ich je gesehen hatte: einen Meter lang, gelb-schwarze Haut und herrliche, starr geöffnete Augen.

Bitis arietans oder Puffy, wie die Einheimischen sie nennen, ist eine giftige Viper. Sie kann sich mit erstaunlicher Geschwindigkeit bewegen und ich musste aufpassen. Ihr Biss ist so stark und die Giftzähne dringen so tief ein, dass kleinere Beutetiere manchmal schon durch das mechanische Trauma getötet werden. Eine Schlange fängt man, indem man sie direkt hinter dem Kopf packt, eine Methode, die ich in Australien gelernt und geübt hatte. Was ich nicht wusste, war, dass Puffottern ihre Halswirbel wie eine Eule verdrehen können. So war ich recht überrascht, dass sie den Kopf um 180° nach hinten drehte, als ich sie schon mit meinem Pickel fixiert und mit der rechten Hand gepackt hatte. Australische Schlangen machen so etwas nicht. Wahrscheinlich dachte die Otter: »HA! Reingefallen!«, und bohrte ihre Giftzähne in meine Hand. Für einige Sekunden sahen wir uns nur in die Augen, ich und die Schlange, die an ihren Zähnen hing und friedlich vor meinem Körper baumelte. Ich nahm sie mit der Linken ab und steckte sie in einen bereitgelegten Kopfkissenbezug. Aus zwei kreisrunden, wie Nadelstiche aussehenden Malen auf meinem Finger tröpfelte Blut. Die Schwellung setzte Minuten später ein und ich dachte: »Scheiße!«

Von einer Puffotter gebissen zu werden, ist gar nicht gut. Meist muss dem Opfer »nur« ein Arm oder ein Bein amputiert werden. Unbehandelt führen 50 % der Bisse zum Tod, manchmal schon nach 12 bis 24 Stunden. Die Gabe von Gegengift reduziert die Wahrscheinlichkeit eines tödlichen Endes stark; ich musste also schnell ins Krankenhaus. Ungefähr drei Stunden später, in der Green Acres Clinic von Port Elizabeth, schwoll mein Bizeps auf 60 Zentimeter Umfang an, mehr als Arnold Schwarzenegger je hatte, und das Gift löste langsam die Gewebezellen meines Arms auf. Aber das Serum, das ich bekommen hatte, wirkte Wunder. Zwei Tage später wurde ich mit nicht viel mehr als einem geschwollenen Mittelfinger entlassen.

Interessant waren die nächtlichen Gespräche mit den Krankenschwestern. Gegen Mitternacht spazierte ich hinunter zu einem Raum hinter der Küche. Hier standen ein Cola-Automat, eine Kaffeemaschine und mehr als zehn überquellende Aschenbecher. Durch den Rauch konnte ich ein halbes Dutzend weiß gekleidete Mitarbeiterinnen der Nachtschicht erkennen, die ohne Pause schwatzten. Erst brauchte ich einige Zeit, um mich auf den Krankenhausjargon einzustimmen. Schwestern bei der Kaffeepause benehmen sich ähnlich wie Automechaniker im Pub: Sie reden übers Geschäft. Die hinuntergekippten Getränke sind verschieden, obwohl ich behaupten möchte, dass Schwestern mehr konsumieren als der hartgesottenste Schmierfritze; der eine ist mit Öl vollgespritzt, die andere mit menschlichen Ausscheidungen, und beide paffen Zigaretten, bis die Luft so dick ist, dass man sie mit der Kettensäge schneiden muss. Ich möchte gern einen Monteur, Lastwagenfahrer oder Mechaniker sehen, der nach drei Litern Kaffee noch mit ruhiger Hand Darts spielt.

Ich ziehe meine Camels heraus, setze mich und zünde mir eine an. Sie unterhalten sich über Aidspatienten. Als die gegenwärtige Regierung Südafrikas 750 Rand (75 Euro) monatliche Rente für Aidsopfer bereitstellte, injizierten sich Tausende ansonsten gesunde Südafrikaner HIV-haltiges Blut von Verwandten, um das Zusatzeinkommen beanspruchen zu können. Viele davon starben kurz darauf, nicht wegen des Virus, sondern weil die Blutgruppen nicht übereinstimmten. Das sind interessante Neuigkeiten für mich. Ich frage, ob ich an ihren Tisch kommen dürfe, um noch mehr Wahrheiten über diesen Kontinent zu erfahren.

»Hey, das ist Afrika. Konventionelles Wissen und westliche Logik zählen hier nicht; gute, menschenfreundliche Absichten können oft nach hinten losgehen. Als die Regierung beschloss, den Eltern pro Kind und Monat 190 Rand (19 Euro) zu zahlen, um die Armut zu bekämpfen, stieg die Geburtenrate explosionsartig an. Viele Eltern dachten nicht daran, dass ein Kind mehr als 19 Euro im Monat kostet. Wegen dieser Maßnahme weitete sich die Armut aus, statt zurückzugehen. Später wurde eine neue Regelung eingeführt, um die grenzenlose Kinderproduktion zu bremsen. Jetzt wird Kindergeld nur noch für die ersten sechs Kinder gezahlt.«

Nachdem meine Glieder wieder aufs Normalmaß geschrumpft sind, fahre ich gemächlich von einem Nationalpark zum anderen und zähle Zebras und Elefanten. Die Schilder an den Straßen erinnern daran, dass man nicht in Europa ist. Dabei meine ich nicht »Vorsicht, Zebrastreifen«, sondern eher solche:
»Der HERR sagt: Vergib Eindringlingen und Wilderern. Ich nicht. Ich erschieße die Mistkerle.« (Schild an einem Farmzaun); »Kindern auf dem Parkplatz nichts zum Essen oder Geld geben, sie sollten in der Schule sein.« (bei

Buffalo Bay); »Den Kindern nichts geben, sie werden sonst zu Bettlern und Kriminellen.« (Jeffrey's Bay).

Im Westen werden wir mit Reklame bombardiert, damit wir noch mehr Konsumgüter kaufen. In China und Nordkorea sollen die Parolen ein Bewusstsein für die ideologischen Leitlinien schaffen. In Südafrika liegt der Schwerpunkt hingegen auf der Kriminalität. Die Schwierigkeit aber, der sich Südafrika gegenübersieht, liegt darin, dass beim ernsthaften Versuch, eine Krise zu meistern, eine realistische Äußerung sehr leicht von der Mehrheit der schwarzen Bevölkerung als rassistisch interpretiert und vom Tisch gewischt wird.

Aids ist vor allem unter der schwarzen Bevölkerung in Südafrika ein Problem, und dies NICHT aus Mangel an Kondomen oder aufgrund fehlender Aufklärung, sondern als Folge der Promiskuität der schwarzen Männer, die unabhängig von Ehe und Einkommen in mehr als einem Schlafzimmer anzutreffen sind. Das »Männerrecht«, mit so vielen Frauen wie möglich Sex zu haben, ist in einer Welt ohne eine starke, feministische Bewegung eine Art altes Kulturerbe. Vergewaltigungen werden von den meisten Männern nicht als solche angesehen, und die Justiz tut herzlich wenig, um den Millionen vergewaltigter Frauen im Land zu helfen, indem sie bestehende Gesetze konsequent anwenden würde. Aids-Hilfsorganisationen kennen das und werben für Frauenrechte. ABER es gilt als Angriff auf das Wertesystem der schwarzen Afrikaner, wenn man meint, dass diese lernen müssten, manche kulturellen Gewohnheiten zu ändern. So ist es letztendlich tabu, über Aids zu sprechen; einige Schwarze interpretieren die wohlmeinenden Absichten von Aids-Helfern als weißen Rassismus mit dem Ziel, die Schwarzen als unmoralisch, zurückgeblieben und barbarisch an den Pranger zu stellen. Wie ich in vielen lokalen Zeitungen lesen kann, ist es für viele wie den heutigen Präsidenten Jacob Zuma und seinen Gesundheitsminister einfacher, zu behaupten:

»Ein Zusammenhang zwischen dem sexuellen Verhalten und Aids besteht nicht« oder »Aids ist Ergebnis der Armut, die durch die weißen, nach Vorherrschaft strebenden Sklavenhalter während der Apartheid verursacht wurde« oder sogar »Aids ist ein Virus, das von Wissenschaftlern aus dem Westen entwickelt wurde, um die Schwarzen auszurotten!«

Wie so oft, ist auch die Darstellung der Geschichte Afrikas vielfach eine einseitige. Mir fällt das besonders bei einem Thema auf, das immer wiederkehrt, nämlich dass frühere Terroristen wie durch Zauberei zu Nationalhelden werden.

Das beste Beispiel hierfür ist Expräsident Nelson Mandela. Die meisten haben vergessen, dass Mandela vor seiner Präsidentschaft seit 1961 Anführer des Umkhonto we Sizwe, des bewaffneten Arms des ANC, war.

Eine Sekunde. Dieser alte Mann soll ein Terrorist sein? Derselbe Mandela, den wir in Liedern feiern, dessen Bild wir auf T-Shirts tragen und von dem wir glauben, er sei zu Unrecht 27 Jahre im Gefängnis gewesen? Wie kann ich es wagen, ihn in eine Reihe mit Osama bin Laden zu stellen? Der Unterschied liegt nur in der Zahl derer, die sie töteten, der Art der Unterdrücker, von denen sie sich befreien wollten und in den Mitteln, die sie benutzten. Die meisten Menschen verwenden das Wort Terrorismus nicht in eindeutiger Weise. Identifiziert man sich mit dem Opfer von Gewalt, so ist es Terrorismus, identifiziert man sich mit dem Täter, wird die Gewalttat in mildes Licht getaucht und fällt nicht in die Rubrik Terrorismus. Osama und Mandela sind Terroristen, Separatisten, Freiheitskämpfer, Befreier, Revolutionäre, Wachsame, Militante, Paramilitärs, Guerillas, Rebellen, Dschihadkämpfer oder Mudschaheddin, je nachdem, wen man fragt.

Obwohl Mandela anfangs gegen den Einsatz von Gewalt war, musste er später erkennen, dass der gewaltlose Widerstand gegen die Apartheid nur langsam zum Ziel führte. In der Hoffnung, die Unterdrückung in Südafrika rasch zu beenden, begann er, Sabotageakte gegen militärische und staatliche Ziele zu koordinieren. Er sammelte Spenden, organisierte die paramilitärische Ausbildung, führte eine Bombenkampagne und wagte einen Guerillakrieg gegen das Apartheidregime, dem viele Zivilisten zum Opfer fielen. Er gestand später selbst, dass er Menschenrechte verletzt habe und dass seine Partei versucht hatte, Aussagen aus den Berichten der Wahrheits- und Versöhnungskommission zu löschen.

Damals wurden einige Dinge anders bewertet als heute, und die westlichen Staaten unterstützten Führer, die sie später verteufelten, während der CIA den Sicherheitskräften Südafrikas Hinweise auf die Verstecke Mandelas gab, sodass 1962 seine Festnahme möglich wurde. Mit dem Ende der Apartheid wurden die Aktivisten der Antiapartheidbewegung dann jedoch in einem anderen Licht betrachtet, und Mandela erhielt 1993 den Friedensnobelpreis ... obwohl er in den USA offiziell noch als Terrorist galt. So durften Mandela und Mitglieder des ANC bis Juli 2008 nicht ohne spezielle Genehmigung des Außenministers in die USA einreisen, da sie immer noch als Terroristen eingestuft waren.

Was also sind Mandela und Osama? Seit dem 11. September 2001 führen Politiker weltweit Begriffe wie Terroristen und Krieg gegen den Terrorismus im Mund. Aber niemand von ihnen hat sich die Mühe gemacht, zu erklären, was genau Terrorismus bedeutet. Ohne Definition sind Wörter nur eine sinnlose Buchstabenfolge. Wenn ich mir bei einem Wort unschlüssig bin, sehe ich in der Regel in einem Wörterbuch nach. In den meisten steht in etwa Folgendes: »Substantiv: Terrorismus, terroristischer Akt: Ein Akt, um Furcht einzuflößen, begangen um eines ideologischen Zieles willen, der auf Nichtkombattanten abzielt oder deren Sicherheitsinteressen missachtet. Terrorismus ist eine politische Taktik, die von Aktivisten und Regierungen angewandt wird, wenn diese glauben, dass keine anderen Mittel die Veränderungen herbeiführen, die sie anstreben. Das Verlangen ist so stark, dass das Scheitern des Versuchs, Veränderungen zu erreichen, als größeres Übel gesehen wird als der Tod von Zivilisten.«

Der ehemalige Generalsekretär der UN, Kofi Annan, sagte, dass »unabhängig von den Unterschieden der Definition von Terrorismus durch die infrage kommenden Regierungen klar und allgemein anerkannt ist, dass jeder gezielte Angriff auf unschuldige Zivilisten, gleich zu welchem Zweck, inakzeptabel ist und unter die Definition von Terrorismus fällt.«

Ich fühle mich aufgeklärt. Es gibt da kein Wort, das die Tötung oder Verletzung von Kindern, Müttern oder Greisen aus irgendeinem denkbaren Grund rechtfertigt. Auch kann ich nichts finden, was die von kleinen Zellen verübten Gewalttaten von denen der Regierungen unterscheidet. Niemand kann das Töten von Zivilisten genehmigen, fördern oder rechtfertigen, ohne sich des Terrorismus schuldig zu machen. Kollateralschäden in Kriegen genügen nicht als Entschuldigung, auch nicht das Verbreiten von Furcht, um die Botschaft zu verkünden, dass die Apartheid beendet werden müsse. Seien es Harry S. Truman, der Hiroshima bombardieren ließ, Nelson Mandela, der das Töten Unschuldiger billigte, Osama, der für den 11. September verantwortlich gemacht wird, Präsident Bush, der die Flächenbombardements irakischer Städte genehmigte, bei denen Zehntausende ums Leben kamen, oder viele andere. Man kann es nicht leugnen. Alle diese Menschen stellen ihre Ideen und Überzeugungen über das Leben anderer. Wäre ich gefordert, einen Krieg gegen den Terror zu führen, so wüsste ich nun, wem ich ihn erklären müsste.

...

Der Tag hat seinen eigenen Zauber. Das Licht ist in Afrika einfach anders. Während es sich in Europa härter, kälter und mit klaren hellen oder dunklen Formen zeigt, die sich während des Tages nicht ändern, ist hier genau das Gegenteil der Fall: Es ist weich und liegt wie ein schöner, aquarellierter Dunst über der Ebene. Es verändert sich und kann in einem Augenblick die Farbe wechseln. Die Landschaft, durch die ich auf meiner Fahrt nach Underberg und zum Sani-Pass komme, ist spektakulär. Man durchfährt Weizenfelder und malerische Dörfer mit runden, strohgedeckten Hütten in Pastellfarben, die Rondavels genannt werden. Südafrika ist ein Paradies für Künstler.

Nähert man sich aber einer Stadt, platzt der Traum. Zuerst stößt man auf Papierfetzen und Plastiktüten, die sich an Stacheldraht verfangen haben. Dann beginnt die Luft, anders zu riechen, und stinkt immer mehr, bis man die offene Müllgrube erreicht, hinter der man das sogenannte Wohnraumentwicklungsprojekt vorfindet. Das sind Slums, die oft eine größere Fläche bedecken als die Stadt selbst. Weiter in Richtung Zentrum fährt man an Schnapsladen, Tankstelle, Schnapsladen, Begräbnisinstitut, Schnapsladen, Kentucky Fried Chicken, Schnapsladen und noch mal Schnapsladen vorbei. Die ganze Zeit muss man Bierflaschen, Betrunkenen, Flaschen werfenden Betrunkenen, Leuten, die mitten auf der Straße gehen, und Leuten, die mitten auf der Straße schlafen, ausweichen. Im eigentlichen Zentrum gibt es eine Kirche, ein Postamt, eine Touristeninformation, ein paar Luxusgeschäfte und Bettler.

Südafrika ist ein Land der Gegensätze mit ungelösten und vielleicht unlösbaren sozialen Problemen, das den Reisenden alles, was er bisher glaubte, überdenken lässt. Südafrika ist ein Landstreicher mit einem Handy für 500 US-Dollar, der auf einem Feld des Überflusses verhungert.

Die Geschichte vom Boss (30.8.2007)

Vor vier Monaten bog ich zufällig links ab, und damit änderte sich alles. Denn auf einem Schild, das hinauf in die Drakensberge wies, die die Grenze zwischen Südafrika und Lesotho bilden, stand »Horse Trails and Backpackers« ...

Nachdem ich mein Auto am Hauptgebäude abgestellt habe, begrüßt mich an dessen Eingang ein Mann. Ein ungesatteltes Pferd reibt die Nüstern an seiner Schulter. »Hi. Ich bin Logan«. Er ist groß und dünn, um nicht zu sagen dürr. Ich schätze ihn auf Mitte 50. »Komm herein. Willst du einen Sherry?« Das Pferd versucht, uns ins Haus hinein zu folgen. »Lass dich nicht stören. Das ist der alte Simon. Wenn ich die Tür offen lasse, kommt er in die Küche.«

Nachmittags mache ich einen Ritt auf El Presidente, dem einzigen Pferd, das groß genug ist, um mein Gewicht zu tragen. Der Hof hat 150 Pferde, 40 Schafe und empfängt täglich ein Dutzend Gäste. Die Hauptattraktion ist eine mehrtägige Tour nach Lesotho. Das Anwesen gehört Logans Familie, Briten in soundsovielter Generation, die schon vor Jahrhunderten alle Verbindungen zu Europa abgebrochen haben. Als wir zum Hauptgebäude zurückkommen, steht für mich schon fest: Hier bleibe ich nicht nur über Nacht.

Wenn ich mich je einmal irgendwo niederlasse, brauche ich eine Beschäftigung. Mein aufmerksamer Blick erspäht einige kleine Arbeiten auf der Farm, mit deren Erledigung ich mich nützlich machen kann. Ich stelle eine Liste zusammen, die ich Logan vorlegen will, wenn die Zeit dafür gekommen ist. Als ich das tue, ist er mit allem einverstanden.

»Hey, sicher. Du kannst über alles frei verfügen! Je mehr Hilfe ich bekomme, desto besser. Meine Angestellten taugen nichts!«

Er fragt, was ich für meine Arbeit haben möchte. »Nichts«, antworte ich. Nichts außer einem gelegentlichen Ausritt auf El Presidente und einem abendlichen Sherry, den ich mit ihm zusammen trinken könnte.

Ein paar Tage später kommt Logan mit einem Vorschlag. Ich bin gerade fleißig dabei, am Unimog herumzubasteln. »Chris, ich brauche Urlaub. Ich hab seit fünf Jahren keinen mehr gehabt. Würdest du in meiner Abwesenheit die Farm managen?«

Ich bin von den Socken. Was habe ich getan, um mir in so kurzer Zeit einen guten Ruf zu erwerben? Ich bin für ihn doch ein völlig Fremder! Gut, es ist nicht das erste Mal auf meinen Reisen, dass mir spontan Vertrauen entgegengebracht wird. Ich glaube nicht, dass das viel mit mir als Person zu tun hat, eher mit der Schwierigkeit, in Afrika zuverlässige Arbeiter zu finden. Zu Recht oder nicht, aber Europäer und insbesondere Deutsche gelten als Inbegriff für Präzision bis ins Detail, man traut ihnen eine übermenschliche Arbeitsmoral zu. Ich möchte die Letztere nicht unbedingt zu meinen Stärken rechnen, aber eine Pferdefarm in Afrika zu betreiben, reizt mich ungemein!

»Wie lange wirst du weg sein?«

»Ein Monat, vielleicht ein bisschen mehr oder weniger, würde mir guttun. Ich bin total ausgebrannt«, sagt Logan.

»Ich mach es. Führ mich herum und zeig mir das Personal.«

Zum Lohn darf ich die Pferde benutzen und alles, was Kühlschrank und Bar zu bieten haben. Nicht schlecht. Mir wird auch ein Zimmer angeboten, aber Matilda ist mein Zuhause, in dem ich stets am besten schlafe. Logan fährt in der folgenden Woche ab.

...

Ich gähne, strecke mich und stolpere aus dem Bett ins Zwielicht des neuen Tages, meines ersten Tages als Manager der Farm. Man könnte glauben, ich sei nach sechs Jahren ohne Anstellung nicht mehr ans Arbeiten gewöhnt oder ich hätte eine starke Abneigung dagegen. Gestattet mir aber, diejenigen zu verbessern, die meinen, mit dem Land Rover zu fahren, bringe keine Arbeit mit sich. Das ist kein ewig währender Urlaub, keine Vergnügungsreise von Palme zu Palme. Der Reisende ist als Manager geboren, er überwacht nur nicht andere in einem Betrieb, sondern er ist für die Organisation seines eigenen Lebens verantwortlich.

Das Personal hat andere Vorstellungen von Arbeitsmoral. Ich sitze in der Küche, trinke meine dritte Tasse Kaffee und noch ist niemand zur Morgenbesprechung erschienen. Eigentlich habe ich zusammen mit den zwei Putzfrauen 13 Angestellte, die um 7:30 Uhr ihre Arbeit aufnehmen sollten. Jetzt ist es 8:30 Uhr am Montagmorgen und alles ist totenstill. Wo, zum Teufel, sind die alle? Geht meine Uhr falsch? Ich habe eine endlos lange Liste von Vorhaben: Pferde füttern, Sättel polieren, Gäste empfangen, fürs Essen sorgen, Vorräte ergänzen, Buchungen von Gästen annehmen, putzen, gärtnern, Zäune reparieren, Holz machen usw.

Ich raffe die Papiere zusammen und gehe auf die Suche nach meinem Personal. Logan hat den Pick-up dagelassen; ich springe hinein und fahre zum Blockhaus, wo die 20 heute erwarteten Gäste übernachten sollen. Das Haus ist verlassen; wie es scheint, manage ich eine Geisterfarm. Angestellte hin oder her, die Schlafzimmer müssen gemacht werden. Mopps und Eimer sind in den Toiletten, aber die sind von innen versperrt.

»He, ist da jemand?«, schreie ich und rüttle am Türgriff. Der Schlüssel dreht sich im Schloss und die Tür öffnet sich langsam. Zwei schwarze, nasebohrende Geister schauen mich von drinnen verlegen an.

»Was zum ...? Was versteckt ihr euch in den Toiletten? Es gibt eine Menge Arbeit!« Winnie und Zola, seit 20 Jahren Reinigungspersonal auf der Farm, bleiben stumm.

»Fangt mit den Fenstern an«, sage ich seufzend. »Und dann wascht das Bettzeug.« Ich habe nicht die Absicht, schon am ersten Tag die Stimmung zu verderben.

»Ja, Bwana«, sagen die schwarzen Geister. Ich gehe wieder zum Pick-up, um die anderen elf Arbeiter zu suchen. Zwei Stunden später habe ich schließlich neun von ihnen gefunden. Sie hatten über das Gelände verstreut irgendwo ihr Schläfchen gehalten. Der zehnte, ein Kerl mit dem ungewöhnlichen Namen Fish, und Victor, der elfte, fehlen immer noch, als seien sie vom Erdboden verschluckt. Ich gebe jedem eine Liste mit Arbeiten, die vor Nachtanbruch erledigt werden müssen, und schicke sie auf die Felder. Meine gute Laune ändert sich, als ich in der Mittagspause die Arbeit kontrolliere. NICHTS ist erledigt.

»Eric«, frage ich den, der den Zaun hätte reparieren sollen und der stattdessen an einen Zaunpfahl gelehnt dasteht, »warum hast du den Draht nicht gespannt?«

»Ich hab die Drahtspanner nicht gefunden, Bwana. Deswegen kann ich heut nicht arbeiten«, antwortet er.

»Hast du im Werkzeugschuppen nachgeschaut, wo sie immer sind? Und warum hast du mich nicht gefragt, statt hier zu pennen?« Ich bin seit fünf Tagen hier und weiß, wo das ganze Werkzeug liegt. Eric ist seit 1995 auf der Farm.

Im Waschraum starren Winnie und Zola auf die rotierende Wäschetrommel. Die ganze letzte Stunde haben sie darauf geschaut, statt das Abendessen vorzubereiten. »Wir waschen fleißig Bettzeug, Bwana«, erklären sie. Gerade als ich meine erste zynische Bemerkung machen will, kommt Fish dahergeschlichen.

»Fish! Wo bist du den ganzen Tag gewesen???«

»Ich hab heut morgen verpennt, bin erst um neun aufgewacht. Ich hab gemeint, es lohnt sich nicht mehr, zur Arbeit zu gehen, wenn ich so spät dran bin«, antwortet er.

Es scheint, ich muss meine Taktik als Manager ändern, wenn ich nicht am Ende 150 tote Pferde und verhungerte Gäste haben will. Für den Rest des Tages postiere ich mich auf dem »Feldherrenhügel«, einer kleinen Erhebung neben dem Hauptgebäude, von wo aus ich den besten Überblick habe. In der Hand halte ich ein Fernglas, mit dem ich nach dem Personal spähen kann. Das ist völlig lächerlich, aber notwendig. Ich kann es nicht FASSEN, was ich da sehe. Winnie und Zola lesen Zeitung, »fleißig« dabei, die Wäsche auf der Leine trocknen zu lassen. Eric steht mit den Drahtspannern am Zaun. Er merkt nicht, dass ich ihn beobachte, und hat schon seit einer halben Stunde die Hände in den Hosentaschen. Allan bohrt in der Nase, eine Beschäftigung, die die meisten Afrikaner besonders lieben, und sieht zu, wie die Fohlen ihr Heu fressen. Squam, mein Vorarbeiter, schlurft in Zeitlupe über den Feldweg, eine Hand in der Hosentasche, die andere im Nasenloch.

Es ist zehn Uhr abends, meine neuen Gäste aus Australien sind in ihren Betten. Nur ein Zehntel der für heute geplanten Arbeit ist erledigt. »Hätte ich nur EINEN deutschen Arbeiter statt 13 Afrikaner ...«, schreibe ich ins Tagebuch. »PS. Logan sagen, er soll Arbeitshosen ohne Taschen ausgeben. Und eine Gehgeschwindigkeit von mindestens fünf Stundenkilometern durchsetzen.« Logan hatte mir versichert, sein Personal sei das Beste vom Besten, was man in Afrika finden kann. »Ich möchte wissen, wie die Faulen aussehen«, murmle ich noch, bevor ich in einen traumlosen Schlaf falle.

...

Tag zwei, gleiches Prozedere wie gestern. Niemand kommt pünktlich zur Arbeit. Der Strom fällt immer wieder aus, am Nachmittag endgültig. Meine Gäste haben kein warmes Wasser und kein Licht und ich kann keine Buchungen entgegennehmen, weder telefonisch noch per Internet. Wenn zu meinen Australiern noch jemand unerwartet hinzukommt, muss ich ihm das Heu für die Pferde zu essen geben. Wir haben kaum etwas für uns selbst und ich kann nicht zum Supermarkt fahren, um einzukaufen. Mein Land Rover ist außer Betrieb, weil das Reduziergetriebe ausgebaut ist, und Fish, einer von zwei Mitarbeitern mit einem Führerschein, hat den Pick-up genommen, um die Pferde auf einer 20 Kilometer entfernten Koppel zu füttern. Das hat er freilich nicht getan. Stattdessen ist er zur Einheimischenbar gefahren. Ich komme ihm erst nach mehreren Handyanrufen bei benachbarten Farmen auf die Spur.

»Ich bin in der Kneipe mit Victor«, stottert eine undeutliche, besoffene Stimme. Victor ist derjenige, der gestern unsichtbar geblieben ist. »Was macht ihr da! Ihr hättet schon vor acht Stunden wieder hier sein sollen!!! Es ist elf Uhr abends!«, schreie ich. Bevor ich ihm untersagen kann, besoffen zu fahren, bricht die Verbindung ab. Zwei Stunden später kommt ein weiterer Anruf.

»Hier ist Fish. Hm, wir hatten einen Unfall. Der Pick-up ist hin.« Mein Handy blinkt zur Warnung und schaltet dann ab. Die Akkus sind leer und ich kann sie ohne Strom nicht laden.

...

Heute, am dritten Tag als BOSS, ist Zahltag, aber ich wäre bekloppt, wenn ich den vollen Lohn auszahlen würde. Fish und Victor möchte ich wegen Trunkenheit bei der Arbeit, Diebstahl und sich daraus ergebendem Fahrzeugschaden feuern. Winnie und Zola auch, denn sie haben gestern sechs Kugelschreiber, fünf Brotlaibe und eine Kiste Milch gestohlen. Doch obwohl ich befugt bin, Angestellte zu entlassen, ist dies nach den Gesetzen des BEE ungemein schwierig.

Für die anderen habe ich mit Rand gefüllte Umschläge vorbereitet: ihr Monatslohn. Es ist in Südafrika allgemein üblich, das eigene Gehalt vor den anderen sorgfältig geheim zu halten. Zuschläge werden unter dem Tisch gezahlt, damit die Angestellten nicht herausbekommen, dass einer für Mehrarbeit einen Bonus erhält. Afrikaner sind äußerst eifersüchtig und sofort bereit, sich gegenseitig zu denunzieren, wenn die Löhne nicht gleich sind. Das westliche Konzept von Teamarbeit und Kameradschaft gibt es in Südafrika nicht, die Norm ist Ehrabschneiderei. Wenn einer in der Hierarchie absteigt, wird er versuchen, die anderen mit sich zu reißen. Falls jemand aber durch Mehrarbeit herausragt, gilt er als Speichellecker. Glücklicherweise habe ich in dieser Hinsicht kein Problem. Von mir bekommt niemand einen Bonus. Gegen meine Art muss ich zum Diktator werden. Mein Hauptanliegen ist es, die Farm in Schuss zu halten, und wenn mir Freundlichkeit keinen Respekt verschafft, dann muss ich es mit dem Gegenteil versuchen.

Logan hatte mich gewarnt, aber ich hatte ihm nicht recht glauben wollen. »Als Boss musst du hart durchgreifen«, sagte er. »Das ist in Afrika üblich. Nicht nur zwischen den Rassen, das gleiche ungeschriebene Gesetz gilt auch unter den Schwarzen selbst. Clanchefs verlieren jede Achtung, wenn sie andere als Gleiche behandeln. Du BIST der Boss und musst das beweisen! Wenn du einen Farmarbeiter zum Abendessen einlädst, ihm nur ein bisschen zu viel Beachtung schenkst oder ihn gar lobst, was Gott verhindern möge, so wird er am nächsten Tag über das Gelände stolzieren und mit seiner Beförderung zum Kumpel des Chefs prahlen. Arbeiten wird er nie mehr. Mach selbst keine körperliche

Arbeit, die tut ein Chef niemals. Am besten sitzt du da und schaust misstrauisch herum. Sei vorsichtig mit Boni. Meine Arbeiter können von fünf Dollar am Tag leben, wenn du ihre Löhne verdoppelst, arbeiten sie nur noch halb so viel.« Nach kurzem Überlegen fügte Logan hinzu: »Noch etwas. Zahl keinen Lohn, wenn am nächsten Tag viel Arbeit ansteht.«

...

Am nächsten Tag kommt keiner zur Arbeit, am übernächsten auch nicht. Logan hat recht. Die Australier sind abgereist, und ich beschäftige mich damit, den verbeulten Pick-up zu reparieren und die Pferde mit Melasse zu füttern. Nachdem ich Kühler und Reifen geflickt habe, drehe ich den Zündschlüssel. Der Toyota springt an und ich fahre in die Stadt, um eine neue Windschutzscheibe aufzutreiben. Dort, gefährlich durch den Verkehr schwankend, sehe ich Victor, Allan, Fish und Eric mit Bierflaschen in den Händen. Ich kurble das Seitenfenster herunter.

»Warum seid ihr nicht bei der Arbeit«, frage ich sie. »Oh, Bwana, wir sind krank. Wir fühlen uns heut nicht gut«, lallt Eric. »Besoffen seid ihr, das ist es. Morgen um 7:30 Uhr seid ihr auf der Farm.« Ich fahre weiter zur Toyota-Werkstatt. Ob sie morgen kommen oder nicht, hängt davon ab, ob sie es schaffen, einen Monatslohn in zwei Tagen zu versaufen. Erst wenn sie pleite und hungrig sind, kann ich damit rechnen, dass sie zurückkommen. Ich kann nicht einmal schriftliche Abmahnungen verteilen; das Arbeitsgesetz des BEE verlangt nur bei einer Abwesenheit von mehr als zwei Tagen eine Krankschreibung durch einen Arzt. Tatsächlich kann ein Angestellter am Montag zur Arbeit kommen, Dienstag und Mittwoch zu Hause bleiben, am Donnerstag wieder erscheinen und Freitag und Samstag wieder blaumachen. Da Sonntag Feiertag ist, kann das Personal theoretisch bis in alle Ewigkeit mit einer 16-Stunden-Woche bei vollem Lohn davonkommen. Was auf der Welt habe ich mir gedacht, als ich diesen Job annahm?

...

Am sechsten Tag kommt der Strom zusammen mit meinen Arbeitern wieder. Alles ist wie gehabt, als ich meinen Posten auf dem Hügel einnehme. Manchmal erscheinen Tagesgäste auf einen kurzen Ausritt, begleitet von meinem Vorarbeiter Squam. Das ist eine Arbeit, die er und die Führer gut machen: So unbrauchbar sie für die Feldarbeit sind, so hervorragend sind einige auf den Pferden! Kleinere Probleme gibt es am Wochenende: Die Leute lassen ihre

Handys absichtlich ausgeschaltet, damit ich keine zusätzliche Arbeit verteilen kann, und Allan macht am Samstag blau. Er hatte von einem zufriedenen
Gast zwei US-Dollar Trinkgeld bekommen, während Eric leer ausging. Natürlich wurde Eric eifersüchtig und belog Allan damit, dass Samstag frei sei. Ich
fand den armen Kerl sternhagelvoll im Dorf, im festen Glauben, er müsse nicht
arbeiten. Dieses Mal konnte ich ihm nicht böse sein, auch wenn er mich hätte
fragen sollen, bevor er wegging.

Meine Hauptsorge ist der Vollmond nächste Woche. Vorsichtshalber hole und
lade ich Logans Gewehr. In Vollmondnächten kommen Leute des Basotho-
Stamms über die Grenze, um von den Farmen Vieh zu stehlen. Wenn sie die
Tiere nach Lesotho treiben können, sind diese meist auf Nimmerwiedersehen
verschwunden. Logan wurde einmal sein preisgekröntes Pferd gestohlen, eine
Geschichte, an die ich mich gut erinnere:
 »Ich kann dir sagen, ich bin durchgedreht! Ich bin, ohne anzuhalten, mit
dem Gewehr in der Hand im gestreckten Galopp bis Selathebe, dem ersten
Basothodorf hinter dem Bushman's-Neck-Pass geritten. In eine Staubwolke
gehüllt erschien ich vor dem Häuptling und drohte, ich würde zwei von seinen
Pferden für jedes auf meiner Farm gestohlene mitnehmen. Ha! Dann band ich
zwei Stuten aus Selathebe an meinen Sattel und kehrte nach Hause zurück. Ein
paar Tage später stand mein Pferd wunderbarerweise wieder auf der Koppel.
Aber es war ruiniert, kann ich dir sagen. Die Basotho behandeln Tiere grausam.
Es dauerte Monate, bis ich es wieder reiten konnte!«
 Südafrika ist ein moderner Wilder Westen.

Am zehnten Tag fegt ein Schneesturm durch die Drakensberge; der Verkehr ist
unterbrochen und der Strom wieder ausgefallen. Zur gleichen Zeit muss ich für
45 nervöse, jammernde Gäste aus Großbritannien sorgen, die gemeint hatten,
in Afrika gebe es nur Hitze und Sonne ... auf minus 10 °C waren sie nicht vorbereitet. Aber einige Gratisflaschen alten Sherrys, Schneeballschlachten und ein
nächtliches Quiz lösen die meisten Probleme.
 »Sorry, Leute, ich muss gehen«, unterbreche ich die Party. »Ich muss meine
Runden machen. Heute ist Vollmond!« Die Münder stehen offen, als ich das
Gewehr nehme und Squam pfeife, dass er seine Panga, die afrikanische Version
einer Machete, holt. »Wir schnappen uns ein paar Basotho-Pferdediebe«,
brumme ich und gehe in die mondhelle Nacht hinaus. Noch ein paar solche
Wochen und ich kann Clint Eastwood doubeln.

Das Problem ist, dass ich das Gewehr eigentlich nicht benutzen darf, nicht einmal zur Selbstverteidigung. Ich habe einfach die falsche Hautfarbe. Würde Squam einen Dieb aus Lesotho zerstückeln, käme er mit einer saftigen Geldstrafe davon. Ich würde lebenslang im Gefängnis verschwinden. Das steht in keinem südafrikanischen Gesetz, aber so funktioniert es in Wirklichkeit. Die Gerichte statuieren nur zu gern ein Exempel, wenn sie einen Weißen verurteilen. Das Beste, was ich machen könnte, wäre einen Warnschuss in Richtung auf den Mann im Mond abzugeben. Unsere Wache geht bis drei Uhr morgens, dann übergebe ich die Verantwortung an Victor und Fish, nicht aber mein Gewehr. Das nehme ich mit ins Bett. Würde ich es aus der Hand geben, könnte es sein, dass ich am Morgen 150 tote Pferde habe.

Bei Sonnenaufgang weckt mich ein Ruf draußen vor Matilda.

»Bwana, Bwana! Die Pferde sind weg!« Es ist Fish. »Komm, komm, schau, schau! Sie haben die Fohlen mitgenommen!«

Ich ziehe meine Shorts an, springe aus dem Landy in den Schnee und folge Fish auf den Hügel. Klarer Fall, das Feld der Fohlen ist leer. Der Zaun ist mit Steinen niedergedrückt und elf Pferde fehlen. Die Spuren führen in Richtung Lesotho.

»Weck Squam auf! Hol El Presidente und ein zweites Pferd, schnell!«

Ich laufe ins Büro und schalte auf Radio Community Watch. Community Watch ist eine Selbsthilfegruppe weißer Farmer, die sich im Notfall gegenseitig verständigen. Seit Ende der Apartheid wurde aus der Polizeistation ein korrupter, inkompetenter Haufen, die Feuerwehr könnte mit ihrem einzigen Fahrzeug nicht einmal ein Streichholz löschen und die Krankenhäuser sind zwar exzellent, aber das Personal ist mit Arbeit überlastet und unterbezahlt. Die Farmer nutzen die Kurzwelle unabhängig vom störungsanfälligen Stromnetz. Ich stelle den Notrufkanal ein und rufe um Hilfe. Zwischen hier und der Grenze bei Bushman's Neck liegen ein paar Dutzend Gehöfte, an denen die Diebe vorbeimüssen. Irgendwer hat sie vielleicht gesehen.

Zum Glück haben die Basotho die Fohlen genommen und nicht unsere gut trainierten Reitpferde. Junge Pferde können unberechenbar sein und im tiefen Schnee der Berge können sie nicht so schnell traben wie ein ausgewachsenes Tier. Spät am Nachmittag reitet Squam vors Hauptgebäude.

»Wir haben sie gefunden, Bwana Chris. Alle elf sind okay und zurück auf der Koppel. Die Diebe sind entwischt.« Die Pferde wurden kaum weiter als am

Nachbargelände vorbeigetrieben. Bleibt die Frage, WIE konnten die Diebe es schaffen, die Fohlen mitzunehmen, wenn zwei bewaffnete Wachen auf Kontrollgang sind. Aber an Derartiges denkt man in Südafrika nicht einmal; die Wahrheit wird immer verborgen bleiben. Fish und Victor könnten an einer anderen Stelle aufgepasst haben, sie könnten eingeschlafen sein, und sie könnten den Dieben sogar einen Wink gegeben haben, um sich für die Reduzierung ihres Lohns nach dem Autounfall zu rächen.

...

Der Schnee schmilzt, der Strom kommt wieder und es herrscht ein stetes Kommen und Gehen von etwa 50 Gästen. Meistens sind sie mehr als zufrieden. Ich kann die Schattenseiten des Farmbetriebs vor ihnen verbergen. Ich bereite Lamm und Yorkshire-Pudding für die britischen Gäste und Apfelstrudel für die Deutschen. Eines meiner kleinen Extras sind geführte Nachtspaziergänge zum Sterngucken, bei denen ich die Sternbilder des Südhimmels zeige und alle möglichen Fragen zur Astronomie beantworte.

An meinem 14. Tag als BOSS bekomme ich eine erschütternde E-Mail von einem Reitgast: »Ich möchte Sie darüber informieren, dass einer Ihrer Führer, Victor, unsere kleine Tochter während eines Reitausflugs nach Drakensburg sexuell belästigt hat.«

Ich bin erschlagen! Mir wird gesagt, es gebe Zeugen, die Victors sexuellen Übergriff gesehen hätten. Das bringt das Fass zum Überlaufen; es ist mir gleich, wie viele Verwarnungen das Arbeitsgesetz vor der Entlassung verlangt. Solange ich hier bin, wird Victor seinen Fuß nicht mehr auf das Farmgelände setzen! Ich entwerfe das Schreiben:
»An Victor. Trotz der letzten Verwarnung gab es hinsichtlich Ihres Verhaltens keine annehmbare Verbesserung. Ihr Fehlverhalten ist so schwerwiegend, dass es eine Weiterführung des Beschäftigungsverhältnisses nicht erlaubt. Sie sind folglich entlassen. Beispiele von Fehlverhalten sind: private Vergnügungsfahrten mit firmeneigenen Fahrzeugen, Gelddiebstahl, Arbeitsverweigerung, unangebrachtes Benehmen und Arroganz, Gefährdung von Gästen durch Führung von Ausritten in betrunkenem Zustand, Gefährdung von Gästen durch den Zwang, über ihre Fähigkeit hinaus zu reiten, und dadurch verursachte Verletzungen, sexuelle Handlungen an einem minderjährigen Gast (!!!). Manager: Chris Many«
Ich muss Verstärkung holen, da Victor die Entlassung nicht hinnehmen will.

Vorarbeiter Squam steht mir bei, und unter Schreien und Drohen wird Victor vom Farmgelände entfernt. In jedem anderen Land hätte ich die Polizei benachrichtigt. In Südafrika? Da wäre ich wahrscheinlich nur ausgelacht worden. Wenn überhaupt, dann hätte Victor vielleicht einen Klaps aufs Handgelenk bekommen, und dann hätte der Beamte nach der Adresse des Mädchens gefragt.

Am nächsten Morgen ist Victor wieder da und bittet mit Tränen in den Augen um Verzeihung. »Bitte, Bwana. Ich werde mich bessern!« Ich sage ihm, er soll verschwinden, und rufe nach Squam. Als Victor merkt, dass ich nicht die Absicht habe, ihn wieder einzustellen, ändert er die Taktik: »Bwana, du schuldest mir noch Geld für gestern!«

»Du hast dich gestern an einem Mädchen vergangen!!! Raus mit dir!!!« Ich bin außer mir. Hätte ich mein Gewehr zur Hand, wäre ich versucht, ihm den großen Zeh wegzuschießen oder auch etwas ganz anderes. Bei einer Tasse Kaffee diskutiere ich mit Squam, was wir nach Victors erneutem Auftauchen tun sollen. Das Dilemma ist, dass er wie alle meine Angestellten auf dem Farmgelände wohnt. Ich kann Victor vielleicht entlassen, wenn die Gewerkschaft keinen Krawall macht, aber von Logans Grund und Boden kann ich ihn niemals vertreiben. Schwarze Afrikaner haben Siedlerrechte, bei denen es kaum eine Rolle spielt, wie lange sie schon hier leben. Im Laufe der Jahre ist hinter meinem »Feldherrenhügel« ein kleines Dorf entstanden, das nicht nur von den aktuell Beschäftigten bewohnt wird, sondern auch von Ehemaligen samt Familie und Freunden.

Das »Dorf« ist ein Slum. Es gibt noch Hinweise, wie die Rundhütten einst ausgesehen haben. Logan hat sie vor langer Zeit für sein Personal gebaut, wie das vom Arbeitsgesetz gefordert wird. Früher hatten diese Häuser Fenster, Türen, Feuerstellen und hübsche Wandmalereien an den Außenwänden. Heute sind es von Müll umgebene Ruinen. Die Leute haben die Türrahmen und die Öfen herausgerissen, um sie auf dem Markt gegen Bier einzutauschen. Nackte Kinder rennen herum, und es gibt Dutzende von Menschen, die ich zuvor noch nie gesehen habe. Es ist unmöglich, sie zu zählen. Auf der nächstgelegenen Koppel erblicke ich Eric, der Reitpferde auf das Feld daneben treibt. Er wirft mit Steinen nach ihnen. Ich eile, um ihn davon abzuhalten ... wird denn dieser Horror nie enden?

Tag 17. Ich schreibe noch einige Verwarnungen, als das Farm-Watch-Radio zum Leben erwacht: »Farm Watch, Farm Watch. Wir möchten allen mitteilen, dass

Herr und Frau ... vorige Nacht im Schlaf ermordet wurden.« Das sind unsere Nachbarn, zwei Gehöfte weiter. Das ältere, weißhaarige Paar, beide über 70, ist bei einem Einbruch mit mehreren Dutzend Messerstichen getötet worden. Ich greife nach meinem Gewehr unter der Bettdecke und streichle es, bevor ich in einen unruhigen Schlaf falle.

Tag 21. Auf der oberen Koppel, wo das ganze Winterfutter für die Pferde lagert, bricht ein Feuer aus. Bis mein Team den Pick-up mit Wassereimern beladen hat, stehen alle 280 Heuballen in Flammen. Nachbarn strömen in Scharen herbei, und verspätet kommt auch die Feuerwehr mit einem Wassertank wie ein Zierfischaquarium. Wir plagen uns endlos, husten mit rußgeschwärzten Gesichtern im wogenden Rauch und versuchen, das Feuer mit Gummimatten auszuschlagen. Es nützt alles nichts; das Einzige, was wir tun können, ist, das Feuer daran zu hindern, sich bis zum Haus auszubreiten. Schweigend sehen wir zu, wie Futter für Tausende von US-Dollar in Flammen aufgeht. Die Pferde werden trotzdem überleben, dank der Freundlichkeit unserer Nachbarn. Die weißen Farmer in Südafrika helfen sich mit allem, was sie haben, gegenseitig aus, anders wäre ein Überleben nicht möglich. Jeder weiß, dass seine Farm als nächste dran sein könnte. Ich habe den Verdacht, dass Victor sich für seine Entlassung gerächt und das Feuer gelegt hat, aber ich habe keinen Beweis. Und selbst wenn ich einen hätte, wofür wäre er gut?

...

Heute soll Logan zurückkommen, sein Monat Urlaub ist um. Ich habe das Haus auf Hochglanz poliert, die Pferde sehen bestens aus und für den Abend bereite ich ein spezielles Essen vor. Auf dem Feldherrenhügel stehend, lasse ich den Blick schweifen. Hätte ich mehr tun können? Hätte ich unsere Heuballen retten können oder das Mädchen schützen, wenn ich Victor früher entlassen hätte? Wird Logan aufgebracht sein, wenn er erfährt, dass einer seiner Hunde in seiner Abwesenheit vergiftet wurde? Ich lege mich auf den Rücken ins Gras und schließe die müden Augen. Nein, ich habe mein Bestes gegeben, kein Mensch kann mehr tun, nicht einmal Clint Eastwood. Das Mädchen wird die Sache hoffentlich mit der Zeit überwinden, und unsere Nachbarn werden uns mit Futter aushelfen. Die erdolchten Nachbarn aber sind für immer von uns gegangen und der arme Hund auch. Ich setze mich auf, als ich höre, wie ein Auto knirschend in die Einfahrt rollt. Logan ist zu Hause.

Er springt heraus. »Hey ‚Chris! Schön, dich zu sehen! Wow, mir ging es gut! Und gratuliere, das Haus steht noch!«

»Willkommen, Logan«, sage ich mit einem Lächeln, werde dann aber ernst. »Es war eine Menge los, als du fort warst.«

Bei zwei Gläsern alten Sherrys sitzen wir nachts am Kamin. Er blättert meine ausführlichen Tagesberichte und meine Buchhaltung durch. Manchmal lacht er ein wenig für sich. Zum Schluss faltet Logan alles zusammen.

»Chris, du hast einen tadellosen Job gemacht. Besonders da du kein Südafrikaner bist und unsere Lebensart nicht kennst. Was du hier beschrieben hast, kenne ich schon lange. Eine Menge Hunde sind mir schon eingegangen und Freunde sind ermordet worden. Was tun? Das macht Südafrika spannend. Das Leben hier ist eine Herausforderung; da lernt man die kleinen, erfreulichen Dinge schätzen. Wie am Morgen aufzuwachen und zu merken, dass man noch lebt, dass der Hof noch steht und alle Pferde zufrieden draußen grasen.«

Er fragt mich ernsthaft, ob ich nicht ein paar Jahre bleiben möchte, um das Geschäft zu führen, aber leider ist dies nicht mein Land und wird es auch nie werden. Außerdem gefällt mir die Veränderung nicht, die hier mit mir vorgeht: Da gab es Tage, an denen hätte ich am liebsten in Angestelltenquartieren mit einem Baseballschläger herumgetobt. Die Blase, in die ich mich einschließen möchte, enthält keines der Probleme des letzten Monats. Sollte ich eines Tages ein richtiges Geschäft führen, so möchte ich nicht der BOSS in Großbuchstaben sein, sondern ein Teil der Gruppe, die jeden Tag hart arbeitet, der Leiter eines begeisterten Teams, das sich nach sechs Uhr auf ein Glas Bier zusammensetzt, einer, der mit den Kollegen Darts spielt.

In einem Punkt hat Logan recht. Das Leben in Südafrika hat eine höhere Intensität als zu Hause in Europa. Und ist es nicht Intensität, was ich zu suchen behaupte? Drei Fohlen sind in den letzten Wochen geboren worden, und ich erinnere mich daran, wie ich schweigend dasaß und das Wunder des Lebens bestaunte. Wie bald diese winzigen Bündel Pferd auf wackligen Beinen standen, um zu saugen. Welches Gefühl es war, das noch feuchte Fell durch die Finger gleiten zu lassen, wenn mir die Mutter erlaubte, ihr Neugeborenes zu streicheln. Ich rieche Pferdeschweiß in meinen Kleidern, vermischt mit Lagerfeuerrauch. Ich höre die Vögel bei Sonnenaufgang zwitschern, während ich allein auf dem Feldherrenhügel stehe und den neuen Tag mit einem Schluck heißem Kaffee begrüße. Können Menschen in Deutschland das nachempfinden? Kann ein »durchschnittlicher« Europäer solche Leidenschaften verstehen?

Aber ich bezweifle, dass viele diese Schönheit mit der gleichen Liebe empfinden wie Logan.

»Logan, kann ich mir El Presidente ausleihen? Ich möchte nach Lesotho reiten.«

»Jederzeit, Chris. Jetzt bist du dran mit dem Urlaub. Nimm dir eine Woche oder länger frei, wenn du magst. Es ist wunderbar dort!«

Mut (Lesotho und Swasiland, 28.11.2007)

Ich hole Ines, eine Freundin aus Deutschland, am Flughafen von Durban ab. Gemeinsam fahren wir zum Sani-Pass, auf fast 3000 Meter hinauf. Man denkt bei Afrika nicht an Schnee und Eis, aber das winzige Lesotho liegt hoch oben. Es hält den Weltrekord für das im Durchschnitt am höchsten gelegene Land, und kein einziger Platz findet sich unterhalb von 1400 Metern. Im Nordosten gibt es sogar so etwas wie ein Skigebiet, wenn ich auch daran zweifle, dass die Olympischen Winterspiele je hier abgehalten werden. Wir denken uns, es wäre etwas ganz Neues, in Afrika Skiurlaub zu machen, und markieren uns den Ort mit einem Kreis auf der Landkarte. Ich freue mich auf Lesotho, die Nation mit den Pferdedieben.

Den ersten der etwa 1,9 Millionen Lesother erblicken wir, als wir auf einem Aussichtspunkt campen. »Chris, schau, da drüben. Hinter dem Felsen.« Ines weist mit einer Kopfwendung unauffällig in Richtung einiger Felsblöcke. Klar, ein Büschel schwarzer Haare und die Ecke einer Decke spitzen da hervor. Wir hatten niemand gesehen, als wir zum Übernachten hier parkten, aber das ist ein Vorkommnis, das mir schon im Nahen Osten begegnet ist. Dass man nämlich an einem scheinbar einsamen Straßenabschnitt das Lager aufschlägt und plötzlich tauchen aus dem Nichts Köpfe auf. Meist sind die Leute zu scheu, um näher zu kommen; die Einheimischen sitzen einfach stundenlang unbeweglich da und starren einen an. Sie sind nie bedrohlich, aber sie können lästig sein, wenn man etwas Intimes hinterm Busch erledigen will.

»Was macht der da?«, fragt Ines.

»Nun, uns beobachten. Wahrscheinlich ist es ein Hirte. Schau mal, ob du seine Herde ausmachen kannst. Die muss hier irgendwo weiden.« Schließlich können wir sie entdecken. In der Ferne steht ein Schaf. Ich meine Schaf im Singular. Ein Schaf. Frage: Gibt es eine Herde, die aus einem Schaf besteht?

Die Sonne wandert träge über den Himmel. Ines und ich bauen Schneemänner und Schneepferde aus dem weißen Flaum, der Hirt bleibt wie angewurzelt hinter seinem Felsblock, und das Schaf scharrt unter dem Schnee nach Grün. Ein kleiner, koreanischer Lkw, der mit 40 Einheimischen überladen ist, rumpelt auf seinem Weg in ein abgelegenes Dorf vorbei, und einer der Mitfahrer wirft eine leere Coladose fort. Mit einem Mal sind wir vom Hirten vergessen; er läuft zur Dose und schneidet sie mit einem Stein auf. Wir beobachten, wie er die wenigen übrig gebliebenen süßen Tropfen aufleckt.

»Meinst du, er ist hungrig?«

»Nein, glaub ich nicht. Schwarze haben fast alle einen süßen Zahn. Du solltest sehen, wie sie Zucker in ihren Kaffee schaufeln. In seinem Dorf gibt es sicher viel Mais und Fleisch, aber wahrscheinlich keinen Cola-Automaten.«

Ich erinnere mich an meinen Aufenthalt auf der Farm und an die Zuckermengen, die unsere Putzfrauen aus dem Vorratsraum gestohlen haben. Ich sah in einem Augenblick, in dem sie sich unbeobachtet wähnten, wie sie den Zucker aus der Zuckerdose direkt in ihre Münder löffelten. Das erklärt auch die furchtbar schlechten Zähne der meisten Leute. Die Gewohnheit, eine Zahnbürste zu verwenden, ist südlich des Äquators nie wirklich angenommen worden. Der Kontinent ist der übelste Albtraum für einen Zahnarzt. Aus diesem Grund sollte man schwarzen Kindern nie, ich wiederhole, NIE Süßigkeiten geben, gleich, wie sehr sie auch betteln. Ein gut meinender, aber schlecht informierter Mensch muss vor langer Zeit die Tradition der Verteilung von Süßigkeiten begründet haben, jetzt ist daraus eine regelrechte Sucht geworden. Verzweifelter als Heroinabhängige mit Entzugserscheinungen schreien die Kinder »Sweetie, SWEETIE!!!«, wenn man durch die Townships geht, und danach machen sie mit »Money, MONEY!!!« weiter.

Man könnte glauben, dass dann die Reste von unseren üppigen Tellern das Richtige sein könnten. Einige Touristen würden ein übrig gebliebenes Sandwich lieber verschenken, als es in den Mülleimer zu werfen. Aber wie bei allem in Afrika muss bedacht werden, dass dort ein anderes Schema von Ursache und Wirkung gilt. In einem Flüchtlingslager oder einem Katastrophengebiet ist es in Ordnung, den Einheimischen Essen zu geben. Das aber in einem Land zu tun, wo quasi Manna auf den Bäumen wächst und die Hälfte der Bevölkerung Landwirtschaft betreibt, wäre lächerlich, um nicht zu sagen, erniedrigend. Nicht dass die Einheimischen wütend darüber wären, wenn man ihnen Abfälle gibt. ALLES, was umsonst ist, wird gern angenommen, gleich, ob es gebraucht wird oder nicht. Afrikaner sind Schauspieler der Spitzenklasse und einer Oscar-nominierung würdig. Man sehe sich nur die Bettelkinder in den Touristenorten an: In dem Moment, in dem der Tourist in seinen Schokoriegel beißt, greifen sie sich an den Bauch und liegen, die Augen verdrehend, elend auf dem Boden ... im nächsten springen sie munter auf, lachen und spielen mit ihren Kameraden. Oder erwachsene Männer, die um einen Dollar betteln ... plötzlich meldet sich ihr Handy in der Tasche mit »Don't worry, be happy« und sie verschwinden im Spirituosenladen. Man darf sich durch das Erscheinungsbild nicht täuschen lassen.

Die Gefahr beim Verschenken von Lebensmitteln liegt darin, dass künftige Reisende darunter zu leiden haben, führen doch ein gut gemeinter Dollar oder ein Sandwich oft zu der Erwartung, dass jeder Weiße so handeln wird. Wenn genügend Fremde eine Region besuchen, dann kommt die existierende kleinräumige Landwirtschaft zum Stillstand. Warum sollte man den fruchtbaren Boden bestellen, wenn man nur die Hand aufzuhalten braucht? Dasselbe gilt für die Straßenkinder in Ländern mit kostenlosem Bildungsangebot. Gibt man einem Kind einen Dollar, so wird es damit vielleicht sein Leben lang zu einem Berufsbettler. Afrikaner, Jung und Alt, leben in der Gegenwart, ein Cent heute ist unendlich viel wertvoller als alle Reichtümer von morgen. Die Kinder finden es lohnender, Touristen um Geschenke anzubetteln, als sich ihre Zukunft zu sichern, indem sie zur Schule gehen. Die WIRKLICHE Gefahr entsteht aber, wenn ein Tourist in einer bereits »suchtbefallenen« Gegend eine Gabe verweigert. In rachsüchtigem Zorn über versagte Freigebigkeit bombardieren dann einige der Kinder die Touristen mit Steinen. Und mit einem Mal wird so, wegen eines einfachen Stück Brots, ein einstmals friedliches Dorf zur No-go-Zone.

Ich übertreibe nicht. Das staatliche Tourismusbüro von Lesotho verlangt, dass bei der Ausreise zusätzlich zum Ausreiseformular noch ein weiterer Bogen ausgefüllt wird. Nach den Fragen »Wie hat Ihnen unser Land gefallen?«, »Wie viel haben Sie ausgegeben? und »Was kann zur Verbesserung der touristischen Infrastruktur getan werden?« folgt die Frage: »Wie oft sind Sie mit Steinen beworfen worden?« Vor zehn Jahren, als Lesotho noch abseits der Touristenrouten lag, gab es ein solches Verhalten nicht. Jetzt ist es zu spät.

Die afrikanische Gesellschaft gründet nicht auf Geschenken, das gehörte nie zu ihrer Kultur. Wenn Sie Ihr Sandwich unbedingt loswerden wollen, dann verkaufen Sie es. Das ist die afrikanische Art.

Die östliche Zufahrt zum Katse-Damm hat den Besucherstrom noch nicht so stark angezogen wie die Regionen weiter im Norden und ist zurzeit noch unverdorben durch Sandwiches. Der Lohn ist vielfältig und unserer besteht darin, dass wir einen Einblick ins Dorfleben der Basotho gewinnen und mit meinen »Pferdedieben« zusammenkommen.

Die Basotho hüllen sich in bunte Decken, wenn auch heutzutage made in China, um der Winterkälte zu trotzen. Ihre Rundhütten sind aus massivem Sandstein gebaut; sie gleichen einer Kreuzung aus schottischem Schloss und mongolischer Jurte. Die Inneneinrichtung besteht aus einem selbst gebauten bauchigen Herd, einer staubigen Matratze und einigen Töpfen und Pfannen. Gespräche mit den Einheimischen sind eine einfache Angelegenheit und drehen sich meist um Tiere und Wetter. Man lacht über einen Scherz und weint über eine traurige Geschichte. Es ist entspannend. Aber nach ein paar Tagen merke ich, wie mein Gehirn einschläft. Ob ich will oder nicht, ich muss über Philosophie, Politik, Ethik usw. sprechen. Schafe können mich nur mäßig faszinieren.

In jedem Dorf gibt es eine Schule, ein modernes Gebäude, das oft vom Deutschen Entwicklungsdienst errichtet wurde. Dies steht aber leer oder wird dazu verwendet, um Getreide zu lagern. Die Dorfbewohner brauchen keine Schulbildung und kümmern sich auch nicht darum. Wofür auch? Sie haben ihr Pferd, Getreide und Schafe. Zu wissen, wie die Hauptstadt von Frankreich heißt oder was die Wurzel aus 36 ist, würde ihr Leben nicht verbessern. Sie wissen, was sie wissen müssen, und das ist schon seit Tausenden von Jahren so.

Als Ines und ich das Skigebiet erreichen, ist der Schnee geschmolzen, und die Flüsse sind zu tosenden Wildwassern geworden. Also machen wir das Nächstbeste und fahren nach Swasiland.

...

Swasiland ist wie Lesotho ein Land, das von den Medien stiefmütterlich behandelt wird. Dennoch darf es sich in meinen Augen des »ausgeklügeltsten« postmodernen politischen Systems rühmen, das die Welt je gesehen hat. Der König von Swasiland muss nämlich, bevor er den Thron besteigen darf, einen ausgewachsenen Löwen auf traditionelle Weise erlegen. Mit einem Speer. Ich meine, wenn jemand den Job unter diesen Umständen unbedingt haben will, dann sollte er ihn auch bekommen.

»Herr Präsident, nun, da Sie die Wahl gewonnen haben, wie fühlen Sie sich bei dem Gedanken an einen wütenden, hungrigen Löwen?«

99 % der Führer dieser Welt würden zur Arbeitsvermittlung laufen, um sich eine andere Anstellung zu suchen. Ein Mann, der eine Nation zu Wohlstand und Glück führen soll, muss tapfer sein. Die Konfrontation mit einem Löwen stellt vielleicht sicher, dass der richtige Mann den Job bekommt.

Nachdem wir den ganzen Tag gefahren sind, um Swasiland zu erreichen, überkommt uns die Müdigkeit. Wir halten beim ersten Zeltplatz hinter der Grenze. Der Platz ist ungewöhnlich, denn um in den Pub der Einrichtung zu gelangen, muss man erst durch ein Löwengehege gehen. Welches Genie kam auf diese Idee? Wie die Swasipolitik ist auch dies eine perfekte Lösung, und zwar für die Alkoholprobleme einer Nation. Wer, außer dem hartgesottensten Trinker, würde sein Leben aufs Spiel setzen, um an ein Glas Bier zu kommen? Aber die Löwen, aufgezogen im Rahmen eines Programms zur Aufzucht und Auswilderung, sind noch jung und nur ungefähr doppelt so groß wie eine Hauskatze. Bis zum Alter von drei Monaten gelten sie noch als relativ harmlos. »Ja, ihr könnt mit ihnen spielen«, sagt der Eigentümer. »Aber passt auf, sie sind schon recht groß.«

Unser Schlaf ist bald vergessen, als wir auf dem Boden liegen und von einem Dutzend bewundernswert schnurrender Fellkugeln angesprungen werden. Die Kleinen beißen, kratzen und nagen an Haaren und Ohren, und sie riechen nach einer schon lange toten und verspeisten Antilope. Stunden später kommen wir mit zerrissenen Hosen und fehlenden Schuhbändern wieder aus dem Gehege heraus und sind zu müde für einen Drink. Ich frage Ines, ob wir aus Sicherheitsgründen einen kleinen Löwen mit in den Landy nehmen sollen. Private Löwenhaltung könnte der Schlüssel zur Lösung aller Kriminalitätsprobleme sein; ich kann mir kein nützlicheres Haustier vorstellen.

Diese zweitkleinste Nation auf dem afrikanischen Festland, die seit 1968 unabhängig ist, hat nie einen Bürgerkrieg oder Unruhen kennengelernt. Armut ist, obwohl weitverbreitet, wenig augenfällig. Sogar die Armen streichen ihre Häuser in schönen Farben, ziehen sich an, als wäre jeder Tag Sonntag, und das halbe Leben scheinen sie mit dem Polieren ihrer Autos zu verbringen. Ich fühle hier unter diesen polygamen Leuten einen eigenartigen Frieden. Sie sind meist Bantus, die im 15. und 16. Jahrhundert aus Zentralafrika zugewandert sind. Die mit Riedgras gedeckten Häuser in den Dörfern glänzen nach dem Regen, und durchnässte Frauen arbeiten draußen auf den Feldern, um die großen Familien zu versorgen. Ich fahre anscheinend durch ein Land, das gerade einen landesweiten Wettbewerb um das nässeste T-Shirt veranstaltet. Leider wird das Idyll stark getrübt, denn statistisch gesehen ist jede zweite Frau, der ich beim Maispflanzen zusehe, mit HIV infiziert. Bei aller Naturschönheit hält Swasiland zwei Negativrekorde: Die weltweit stärkste Verbreitung von HIV und mit 32 Jahren die niedrigste Lebenserwartung. »Sind sie glücklich?«, muss ich mich fragen. Im Großen und Ganzen scheint die Antwort Ja zu lauten. Es könnte an dem hohen Stellenwert liegen, den sie den leicht begreiflichen, traditionellen Werten geben oder ... vielleicht ... hat es mit Löwen zu tun.

Absurdität (Krüger-Nationalpark, 9.1.2008)

L and Rover gehen kaputt. Das ist, für sich genommen, nichts Besonderes. Was Land Rover so einzigartig macht, ist die Art, wie sie in den heikelsten Situationen kaputtgehen. Wenn Sie sich überlegen, durch den Krüger-Nationalpark zu fahren, wo die Schilder ständig darauf hinweisen, in jedem Fall im Fahrzeug bleiben, dann seien Sie versichert, dass die Benzinpumpe den Geist aufgeben und kleine Fontänen brennbaren Treibstoffs durch eine lecke Dichtung auf Ihre Hose spritzen werden. Das passiert nicht, wenn Sie Giraffen beobachten. Natürlich nicht. Schließlich fahren Sie einen Landy. Die Pumpe geht neben einer Löwenhöhle kaputt. Glücklicherweise habe ich Ines dabei, die standhaft zwei Stunden lang mit einer Axt in der Hand Wache steht, während ich unter Matilda liege und mit einem 13er-Schlüssel herumfummle. Wir werden nicht angegriffen. Vielleicht wird auch im Königreich der Tiere die allgemeingültige Weisheit, Frauen mit Äxten in Ruhe zu lassen, befolgt. Denn die sind zu gefährlich und stehen ganz oben in der Nahrungskette.

Wieder unterwegs, fahren wir an der 40. Elefantenherde vorbei. Es ist seltsam und ein wenig betrüblich, dass erste Begegnungen immer die spannendsten sind und dann das Einmalige so schnell gewöhnlich wird, bis der Anblick eines

Elefanten nur noch ein kleines, erkennendes Nicken wert ist. Man fährt weiter, und das Elefantenkästchen auf der Liste der Sehenswürdigkeiten läuft über von Kreuzchen. Tatsächlich bietet der Krügerpark Tausende posierender Stoßzähne. Wenn ich anhielte und jeden mit der gleichen Verwunderung wie beim ersten Mal betrachten würde, wäre ich bis ans Ende der Tage in Südafrika.

Nach fast einem Monat im Krügerpark habe ich mein Lieblingstier gefunden ... das einzige, für das ich immer noch bei jeder Gelegenheit stehen bleibe und es mir 100-mal und öfter anschaue. Es ist nicht das Nashorn oder sonst eines der sogenannten großen Fünf, auch kein Krokodil und keine Schlange, sondern der gewöhnliche Mistkäfer. Wie kann ein Tier sein Leben damit verbringen, riesige Kotkugeln zu formen, die sein Körpergewicht um das Zwanzigfache übersteigen, diese Kugeln über weite Strecken zu rollen und die Pein zu ertragen, dass der Kotball auf Anstiegen, Zentimeter vor dem Gipfel, entgleitet und Käfer und alles andere talwärts rollen? Das geht über meinen Verstand. Ein Zuschauer könnte geneigt sein, Sisyphus zu beneiden. Sollte ich jemals wieder jemand sagen hören, das Leben sei Scheiße oder Ähnliches, so sollte ich ihm vielleicht eine therapeutische Sitzung mit einem Mistkäfer empfehlen. Ich bin mir sicher, dass ihm das Leben danach vergleichsweise herrlich vorkommen wird.

Eine andere Spezies, die es sich zu beobachten lohnt, ist der südafrikanische Camper. Unter europäischen Campern kann man vor dem Aufbruch in die Wildnis die scherzhafte Bemerkung hören: »Hast du den Föhn eingepackt?« Das ist nicht ernst gemeint.

Ein Südafrikaner, auf der anderen Seite, würde antworten: »Ja, Liebling, ich habe beide eingepackt. Auch den Kühlschrank mit Gefrierfach, den Fernseher, die Satellitenschüssel, den 220-Volt-Generator, 80 Flaschen Bier, den Küchentisch und die Mikrowelle.« Wenn es Südafrikaner in die raue Natur zieht, nehmen sie das Haus mit.

Am Anfang fand ich es lächerlich, aber jetzt bin ich mir nicht mehr sicher. Versuchen Sie einmal, zwei Wochen lang nur Thunfischbrote zu essen, weil der Landy keinen Kühlschrank hat. Und dann »dürfen« Sie nebenan auf dem Zelplatz einer südafrikanischen Familie zusehen, die ein Fünf-Gänge-Menü mit Käsekuchen und Blaubeeren zum Nachtisch zubereitet. Ich wette, Ihnen läuft das Wasser im Mund zusammen. Luxuscamping hat seine Vorteile. Manchmal geht es aber zu weit: Ich beobachte, wie sich die Familie nach dem Essen vor den DVD-Player zurückzieht. Eine einheimische schwarze Frau erscheint aus dem Nichts und spült die Teller.

»Ja, wir lassen die Einheimischen das Geschirr machen. Sie waschen auch unsere Kleider«, sagt Ian, unser Campingnachbar am nächsten Morgen. Als er meine Verwirrung bemerkt, fährt er fort: »Wir nehmen unsere Dienstmädchen nicht auf Ausflüge mit, aber es gibt genug Schwarze hier auf dem Zeltplatz.«

Die meisten Südafrikaner haben zu Hause für alle untergeordneten Arbeiten Dienstmädchen, mit der Folge, dass sie noch nie ihre Socken selbst gewaschen haben. Arbeitskraft ist billig und die Arbeitslosigkeit hoch. Würden die Weißen ihren Rasen selbst mähen, würden 50 % der Schwarzen verhungern.

Nun, da Mr. Shower Jacob Zuma, der letztlich behauptet hat, eine Dusche nach dem Geschlechtsverkehr würde eine Aids-Infektion verhindern, zum Vorsitzenden des ANC gewählt wurde, erwägen viele weiße Südafrikaner, auszuwandern. Wie Ian. »Aber wohin sollen wir gehen«, sagt er. »Vielleicht nach Australien. Oder Großbritannien. Aber dort könnten wir uns nie ein Dienstmädchen leisten. Also schätze ich, dass wir hierbleiben und schauen, wie sich die Dinge entwickeln.«

Ich gehe zu Matilda zurück, um meine eigene schmutzige Wäsche zu waschen und fühle mich ein bisschen verstört, dass dieser riesige, kräftige Mann scheinbar Angst davor hat, seine Socken selber auswringen zu müssen. Ist es eine zu kühne Vorstellung, dass ein Mann von 120 Kilogramm so etwas selbst macht? Oder leidet er etwa an Ablutovestiphobie[2]?

Auf einmal kommt eine schwarze Frau auf mich zu. »Gib mir deine Wäsche«, fordert sie. Ich lehne ab. Sie geht tief beleidigt weg, und jetzt bin ich wieder verstört, wegen ihr, einer jungen Frau, die meine stinkenden T-Shirts waschen wollte, und wegen mir, der ich den örtlichen Sitten nicht folgen will.

---

2 Ablutophobie ist die Angst, sich zu waschen oder zu baden. Das lateinische *vestis* bedeutet Kleid, Kleider, Kleidung.

Irrsinn (Simbabwe, 30.3.2008)

Simbabwe ist synonym mit Mugabe. Weniger bekannt ist, dass das Wort Zimbabwe beim Scrabble richtig gelegt satte 224 Punkte bringen kann. Wäre es nicht eine interessante Welt, wenn der Reichtum eines Landes nach dem Scrabblewert beurteilt würde? Die USA brächten neun Punkte. Leider ist dies aber nicht die Welt, in der wir leben. Die Inflation hat hier 150 000 % überschritten, ein Euro kostet vier Millionen Simbabwe-Dollar, und die Währung hat ein Verfallsdatum, das fett auf eine Seite der Geldscheine gedruckt ist.

Aus den örtlichen Boulevardzeitungen entnehme ich, welch seltsame Dinge in einem Land mit Hyperinflation geschehen können. Zuallererst führen die Regierungen völlig unrealistische offizielle Wechselkurse ein: Im Falle Simbabwes gibt es 45 000 Simbabwe-Dollar für einen Euro, also nur einen Bruchteil des Schwarzmarktwertes von vier Millionen. Das Ergebnis ist, dass Dinge wie Reis entweder 125 Euro oder einen Euro pro Kilo kosten, je nachdem, wo das Geld getauscht wurde. Simbabwe ist heute das billigste UND zugleich das teuerste Land der Welt!

Dem Gerücht nach ist der Grenzübertritt bei Mutare ein Albtraum, aber wir finden ihn erstaunlich wenig schikanös. Könnte der ganze Rummel um die Gefahren Simbabwes ein Märchen sein? Ist dies wirklich ein Land, vor dem zu Recht auf den Internetseiten der westlichen Regierungen gewarnt wird? Mutare liegt inmitten laubgrüner Hügel und ist nicht das, was man von einer mit Sanktionen belegten Stadt erwartet. Die Benzinknappheit hat den Verkehr zu einem Rinnsal ausgedünnt und die Luft riecht rein. Ohne ausländische Importe liegen die Geschäfte darnieder, aber die Leute scheint das nicht zu stören. Ist Leben ohne das kapitalistische Streben weniger stressreich? Können Sanktionen unbeabsichtigt die Lebensqualität erhöhen? Leider ist in Mutare eben das Toilettenpapier ausgegangen. Vielleicht wird bald welches aus Mosambik eingeschmuggelt, vielleicht aber auch nicht. Was für Europäer und Amerikaner eine große Katastrophe wäre, wird hier so locker wie alles gesehen. Ich denke, man könnte das Toilettenpapier durch Simbabwe-Dollar ersetzen – für einen Cent bekommt man 40 000 –, aber ich bezweifle, dass dies Mugabe gefallen würde, dessen Konterfei auf jedem Schein zu sehen ist.

Die Supermärkte sind leer und die Restaurants bis auf Weiteres geschlossen. Um unsere Ankunft im neuen Land zu feiern, richtet Ines draußen vor Matilda ein exquisites Abendessen an. Es gibt gefüllten Truthahnbraten, griechischen Salat mit Fetakäse und ein frisches Knoblauchbaguette. Mit etwas küchen-künstlerischer Freiheit wandelt sie das Rezept ein wenig ab: Der Truthahn wird durch eine Dose Würstchen ersetzt, die Büchse mit den Erbsen sieht von außen grüner aus als jeder Gartensalat, und würden unsere Kekse mit Zitronencreme-füllung nicht ohne die Füllung besser als ein frisches Baguette schmecken? Man müsste nur ein wenig Vegemite draufschmieren, dann könnte nicht einmal ein Franzose einen Unterschied merken.

Wenn man sich fragt, wie ein Land, das sich einst der höchsten Alphabetisie-rungsrate und der am besten ausgestatteten Krankenhäuser im Afrika südlich der Sahara rühmte, so zerfallen kann, dass die Schulen geschlossen sind und die Ärzte Plastiktüten als Handschuhersatz verwenden, dann ist die Antwort einfach: »Mad Bob« Robert Mugabe von der ZANU-Partei. 20 000 politische Gegner umbringen zu lassen, mag dem Ausbau seiner Macht als Präsident genützt und den Abschwung der Wirtschaft eingeleitet haben, doch erst seit den Enteignungen im Zuge der Landreform im Jahre 2000 stürzte Simbabwe in den Dritte-Welt-Abgrund. Bis zu diesem Zeitpunkt sorgten 5872 Farmen im Besitz Weißer für die einzige Exporteinnahmequelle der Nation. Sie stellten sicher, dass Simbabwe weltweit zu den führenden Kaffee- und Tabakexporteu-ren gehörte und ein Hauptlieferant von Rindfleisch und landwirtschaftlichen Produkten war. Die Farmen, die teilweise über einen Privatflughafen verfüg-ten, bildeten den Brotkorb Afrikas. Die Ndebele und Shona profitierten eben-falls davon; die Arbeitslosigkeit war gering, die Schulbildung kostenlos, das Gesundheitswesen mit dem europäischen vergleichbar und der allgemeine Lebensstandard lag himmelhoch über dem der Nachbarländer. Man konnte sich glücklich schätzen, als Simbabwer geboren zu sein.

Nachdem die Mehrheit der Bevölkerung in einem Referendum die geplante Verfassungsänderung, mit der sich Mugabe zum Präsidenten auf Lebenszeit ernennen lassen wollte, ablehnte und er seine Macht schwinden sah, verkün-dete er die lange erhoffte Landreform. Dabei beschuldigte er die weiße Bevöl-kerung der Unterstützung der Opposition und rächte sich, indem er zur Beset-zung allen Ackerlands und zur Vertreibung der Eigentümer aufrief. Die Chance witternd, etwas umsonst zu bekommen, fielen Tausende von der Regierung unterstützte Räuber über die weißen Farmer her. Sie wurden vielfach von Chen-jerai Hunzvi angeführt, der sich selber gern Hitler nannte.

Vielen ließ man nicht einmal 30 Minuten, um unter Androhung von Gewalt ihren Besitz zu verlassen, und oft durften sie nicht mehr als einen einzigen Koffer mitnehmen. Wer sich wehrte oder weigerte, wurde verstümmelt oder ermordet, und Überlebende, die sich beschwerten, wurden ins Gefängnis geworfen. Viele Weiße in Simbabwe fragen sich noch heute, warum die Welt dieses Massaker so wenig zur Kenntnis nahm. Könnte das daran gelegen haben, dass sie gerade mit dem 11. September beschäftigt war? Die Nachwirkungen sieht man bis heute. Denn die Hälfte des enteigneten Landes wurde Anhängern Mugabes zugeschanzt, die von der Landwirtschaft keine Ahnung hatten, ein erheblicher Teil ging an Libyen und Muammar al-Gaddafi, der für die Bezahlung der Ölimporte keine Simbabwe-Dollar akzeptierte, und der Rest wurde in kleine Flächen für Subsistenzlandwirtschaft aufgeteilt. Das Vieh wurde getötet, Maschinen wurden verkauft und Kaffeepflanzungen verwüstet. Jetzt kostet ein Liter Benzin 88 Euro, eine Packung Rindfleischwürstchen über 600 Euro und der landwirtschaftliche Export ist zum Stillstand gekommen.

Manchmal kann einem die zenähnliche, stoische Haltung der Simbabwer, egal, ob schwarz oder weiß, auf die Nerven gehen. In einer Unterkunft höre ich das Telefongespräch, das der Manager mit einem Freund führt: »Nein, hab die Fernsehnachrichten nicht mitbekommen, wir haben schon seit einem Monat keinen Strom. Haha! ... Oh, und die Regierung hat mein Bankkonto gesperrt. Ich kann keine Rechnungen mehr bezahlen ... Was, deines haben sie auch gesperrt? Hahaha!!! ...«
Wie können die nur so ruhig bleiben? Als wäre es nicht genug, die Farmer zu enteignen, greift Mugabe jetzt nach »weißen« Bankkonten! »Geduld siegt, Geduld siegt...«, ist die Antwort des Managers. »Wenn alles nicht mehr schlechter werden kann, kann es nur noch besser werden. Also keine Sorgen, sei glücklich.«

Wir fahren ins höchste Berggebiet von Simbabwe mit der Absicht, den Mount Binga zu besteigen. Leider endet der Weg an einem Fluss. Eine Flutwelle hat vor Kurzem einen großen Teil der Furt weggespült. Da ich meinen sturen Tag habe, beschließe ich, sie zu rekonstruieren. Gerade als ich den ersten Felsbrocken hebe, kommt eine Gruppe schwarzer Einheimischer hinzu. Sie arbeiten für die Outward-Bound-Abenteuerschule etwas weiter oben auf dem Hügel. Ein paar Stunden und ein Dutzend angestoßene Zehen später ist der Fahrdamm fertig. Er ist weder hübsch noch vertrauenerweckend, aber wir hoffen, dass er hält. Alex, der Chefinstruktor tauft ihn »Brücke der letzten Hoffnung«.

Die nächsten vier Tage verbringen wir mit Alex in Outward Bound. Die Schule hatte früher 200 Besucher im Monat. Heute kommt vielleicht noch ein Dutzend Touristen pro Jahr in diese Berge.

»Ihr seht, ihr seid anders als ich«, erklärt Alex eines Abends, als wir über die Nöte Simbabwes reden. »Afrikaner können nicht gut Länder führen. Der ganze Kontinent ist ein Durcheinander.« Er pausiert und lacht dann. »Irgendetwas stimmt nicht mit unserem Denken.«

Ich versichere ihm, dass auch mit dem europäischen Denken vieles nicht stimmt, und wir lachen beide über unsere vor die Hunde gehende Welt. Wenn ein Mugabe loslegt, bilden sich eher nur Kräusel auf dem Weltmeer; wenn aber ein Bush das Gewehr spannt, können leicht Tsunamis entstehen. Unsere Verantwortung als Erste Welt ist viel größer.

»Aber sag mir«, fahre ich fort, »wenn ihr nun seht, was aus eurem Land geworden ist, warum werdet ihr dann Mugabe nicht los? Wenn ihr Tausende Farmer von ihrem Land vertreiben konntet, schafft ihr es doch sicher, euch von einem einzelnen Mann zu befreien?«

»Ah, das wird es nie geben. Wir schwarzen Simbabwer sind furchtsame Menschen, wir fürchten alle um uns und unsere Familien. Als wir die Waffen gegen unsere Dienstherren erhoben, hat uns die Regierung Maschinengewehre gegeben, um unbewaffnete Farmer anzugreifen. Uns aufzufordern, mit den Fäusten gegen eine Armee zu kämpfen, ist unmöglich.«

Nichts, was in meinem Reiseführer erwähnt wird, existiert noch; man könnte die Sehenswürdigkeiten auf einer Seite unterbringen. Mehr als 300 Jahre lang gedieh Simbabwe als eines der reichsten Länder Afrikas. Es dauerte nur sieben Jahre, um alles mit so viel Arbeit Aufgebaute zu zerstören und aus einer hoch technisierten Gesellschaft eine vorindustrielle werden zu lassen. Noch sieben Jahre, und hier beginnt die Steinzeit. »Geduld siegt« ist der Spruch, den ich unter diesen Leuten am häufigsten höre. Die Zeit des Wartens auf ein Wunder wird mit Lachen, Singen und dem Lesen von zwei Jahre alten Zeitschriften gefüllt. Vielleicht ist Geduld eine Tugend, die sich Simbabwe nicht leisten darf.

Der simbabwische Witz »Was benutzten wir, bevor wir die Kerze erfanden? Strom!« ist ein bisschen zu wahr, um lustig zu sein. Erzwungene Candle-Light-Dinner in einem Restaurant mögen romantisch anmuten, aber ein Blick auf die Speisekarte verdirbt meist die Stimmung. Manchmal gibt es nur Sudza, Maisbrei, in zwei Varianten: kalt oder warm.

175

Anders als auf den anderen Kontinenten läuft die Entwicklung in Afrika häufig rückwärts. Im Westen scheint der Glaube weitverbreitet zu sein, die dort stattfindende Entwicklung mit ihren Errungenschaften sei so etwas wie ein natürlicher Evolutionsprozess, aber hier wird »natürlich« anders definiert. Seit wann laufen die Flüsse bergauf? Nein, normal ist ein Fall in den Abgrund. Während die Afrikaner vor 40 Jahren noch ein hohes Alter erreichten, ist es das Schicksal der heutigen Jugend, vor den Eltern zu sterben. In entlegenen Gebieten des Kongo erzählen die Großväter Geschichten, wie einst Autos, Züge und Busse kreuz und quer durchs Land gefahren sind, und die Jungen sitzen da und glauben es nicht, haben sie doch noch NIE Autos oder Straßen gesehen! Neugeborene sind heute schlechter dran als 1960 und sterben an Krankheiten, die früher in gut ausgestatteten Krankenhäusern leicht zu heilen waren. Ich frage mich, wann der Tiefpunkt dieser »Devolution« erreicht sein wird. Oder wird dieser Kontinent weiter fallen, fallen, fallen bis ins soziale, politische, rechtliche und ökonomische Vergessen?

Es wird Zeit, sich von Simbabwe zu verabschieden. Schnitzel und Kuchen locken von jenseits der Grenze. Es gibt noch einen zweiten Grund, abzureisen: In Simbabwe gab es wieder einmal eine manipulierte Wahl. Mugabe wurde in diesem Monat durch Morgan Tsvangirai von der Bewegung für demokratischen Wandel herausgefordert, aber das Resultat wurde wochenlang zurückgehalten. Nun juckt es allen, inklusive Militär, in den Fingern. Es ist ein großer Unterschied zwischen Europa und Afrika, dass Ärger in Ersterem langsam vor sich hin brodelt, auf dem schwarzen Kontinent aber im Schnellkochtopf siedet. In der einen Minute trinkt man friedlich in der Küche Kaffee, in der nächsten gibt es eine Riesenexplosion und man ist mausetot.

Ich schließe mit einem zweiten Witz aus Simbabwe: »Was ist der Unterschied zwischen Simbabwe und der Titanic? Die Titanic ging mit brennenden Lichtern unter.«

Verwirrung (Botswana, 27.4.2008)

Botswana ist ein Land ohne Zugang zum Meer mit der Größe Frankreichs. Dünn besiedelt und politisch stabil, bietet es einen willkommenen Kontrast zu Simbabwe und Südafrika. Als wir am Straßenrand zwischen Kasane und Nata wild campen, zieht in der Nähe eine Herde Elefanten vorbei. Sie gehen wie wir auch lieber auf der geteerten Straße, wenn sie durch sumpfiges Gebiet ins Unbekannte wandern. Die Geräusche der Nacht, fernes Löwenbrüllen und das Jaulen der Hyänen, erinnern uns ständig daran, dass wir nicht allein sind. Sich nach Anbruch der Dunkelheit weit vom Land Rover zu entfernen, wäre tollkühn. Es kursieren in Afrika viele Geschichten von Reisenden, die zu einem kleinen Abendspaziergang aufbrachen und nie wieder gesehen wurden.

Wenn schon von Gefahren die Rede ist: Afrika hat davon seine ganz speziellen. Beispielsweise verteilte die südafrikanische Ikone Kingsley Holgate 2005/2006 in einem groß angelegten Versuch, die Malaria auszurotten, auf dem ganzen Kontinent Moskitonetze. Ähnliche Aktionen haben sich schon früher als nutzlos erwiesen, denn eher findet man das mit ausländischer Hilfe finanzierte Moskitonetz in einem Fluss treibend als über dem Bett eines Afrikaners. Aufgrund der geringen Maschenweite waren auch die jetzt verteilten Netze hervorragend für den Fischfang geeignet, denn kein Fisch, der dicker als einen Millimeter ist, schlüpft da durch! Es ist nicht erstaunlich, dass so in Seen und Flüssen bald kein Leben mehr zu finden war und in den Dörfern am Ufer Malaria und Hunger herrschten. Die internationale Gemeinschaft reagierte postwendend. Zeitgleich mit Holgates Moskitonetzen wurden den Einheimischen von verschiedenen Umweltorganisationen weitmaschige Netze zum Fischen ausgehändigt. Das Problem aber blieb bestehen. Im günstigsten Fall verursacht westliche Hilfe eine Verlagerung der Probleme, im schlimmsten Fall aber wird eine Katastrophe noch vergrößert: Die Fischernetze wurden ohne Bleigewichte verteilt. Mit unvergleichlichem Erfindungsreichtum fanden die Dörfler in Botswana eine praktische Lösung, um die Netze auf dem Grund zu halten: Sie spickten kaputte Batterien mit Nägeln und hatten den »perfekten« Anker! Malaria, Hunger und mit Säure verseuchtes Wasser, was will man mehr?

Von der grenzenlosen Wasserfläche des Okavangodeltas wenden wir uns der Kalahariwüste zu. Hier ist das Land der San, eines Stammes nomadisierender

Jäger und Sammler, dessen Geschichte Jahrtausende zurückreicht. Sie werden in den Berichten aller großen Afrikaforscher als die Buschmänner gepriesen. Wegen ihrer genauen Kenntnis der Kalahari wurden sie als Führer angeheuert; ihre Hilfe war für jede Expedition entscheidend. Klein von Statur, aber von der Ausdauer eines Klippspringers, waren die San nie ein aggressives Volk. Sie überlebten durch Schläue, und ihr Humor am abendlichen Lagerfeuer bot willkommene Gelegenheit, über die Mühen des vorangegangenen Tages zu lachen.

In meinem Bericht, über ein Jahrhundert später, müssen sie leider ganz anders dargestellt werden. Die Tage, in denen die San die Kalahari frei durchstreiften, sind lange vergangen; viel eher findet man einen von ihnen Klebstoff schnüffelnd und um Geld bettelnd auf dem Parkplatz eines Supermarkts. Nur noch auf Postkarten und in alten Fotoalben wird man von einem San, in stolzer Haltung und mit Pfeil und Bogen bewaffnet, angelächelt. Auch wenn sie sonst alles verloren haben, konnten sich die San ihren Humor und ihre Schläue bewahren. Die Bauern beschäftigen sie manchmal als Saisonarbeiter und wundern sich, wenn sie eines Tages den Hühnerstall leer finden, ohne dass es dafür eine Erklärung gäbe.

»Ich weiß nicht, wie sie es anstellen«, sagt uns ein Farmbesitzer, »es ist, als würden sie die Hühner per Osmose durch den Maschendraht hindurch stehlen!«

Ich frage ihn, was den Niedergang der San verursacht hat.

»Bohrlöcher. Als die ersten Siedler Brunnen gruben, wurden die San sesshaft, da sie nicht mehr nach Wasser suchen mussten.«

»Aber ein einfaches Bohrloch kann doch nicht aus einem stolzen Volk einen Haufen von Klebstoffschnüfflern machen? «

»Nein, die Brunnen waren nur der Anfang. In den meisten Ländern Afrikas erledigen die Frauen alle Arbeit. Die Männer sind nur dafür verantwortlich, dass das Essen auf den Herd kommt. Als die Regierung Gesetze gegen das Wildern erließ, um die Tierwelt zu schützen, wurden die Sanmänner arbeitslos. Ihre Existenz verlor ihren Sinn.«

Ich frage, warum sie sich nicht an die neue Welt anpassen konnten. Es stimmt, dass auch in Europa Arbeitslose vergebens versuchen, ihr Elend im Alkohol zu ertränken, aber nicht alle. Und was ist die richtige Antwort auf die Schwierigkeiten Botswanas? Die Hilfen für die Armen einstellen? Das Wildern wieder erlauben? Die Brunnen zuschütten und sämtlichen Klebstoff verbieten?

Diesmal bleibt er die Antwort schuldig. Es ist eine traurige Geschichte, die man überall auf der Welt hört. Einzelheiten mögen verschieden sein, wenn man über die Aborigines Australiens oder die brasilianischen Yanomami spricht, am Ende aber ist es fast immer das Gleiche.

Als ich durch Zufall die Leiterin des Sanhilfsprojekts im südlichen Botswana kennenlerne, lasse ich alle meine Fragen nach den Klebstoffschnüfflern vom Stapel. Die Dame ist eine weiße Sambierin und in den Siebzigern. Sie ist an dem Projekt von Beginn an beteiligt und für die Unterstützung der San zwischen der südafrikanischen Grenze und den Tsodilo-Hügeln verantwortlich.

»Es könnte lustig sein, wenn es nicht so traurig wäre. In den 1960er-Jahren wurde den San gutes Ackerland auf der namibischen Seite zugeteilt, aber die San erwiesen sich als schlechte Bauern. Nach einer ganzen Generation Versuch und Irrtum warf die Regierung das Handtuch. Die San würden nie in der Lage sein, Land zu bebauen! Sie sind herumziehende Sammler und Jäger, keine Siedler. Ich habe zwei Jahre lang vergeblich versucht, einige Sanmädchen als Empfangsdamen auszubilden, aber auch heute wissen sie kaum, wie man einen Computer einschaltet. Aber es kommt noch schlimmer: Als das Landwirtschaftsprojekt beendet war, wollten wir, dass die San wieder zu ihren traditionellen Lebensweisen zurückkehren, nur um festzustellen, dass es keine mehr gab, die sich daran erinnerten, wie man jagt, Spuren liest oder Pflanzen erkennt! Es mussten Experten für afrikanische Stammeskultur aus Europa eingeflogen werden, um den San ihr Erbe wieder näherzubringen!«

Ich bin erschüttert, finde aber keinen Grund, weshalb ich die Geschichte nicht glauben sollte. Wenn die Touristenbusse mit Kameras bewaffnete Horden abladen, die zusehen, wie ein San einen Stock reibt, um Feuer zu machen, dann wissen nur die wenigsten, dass er diese Fähigkeit wahrscheinlich von einem deutschen Ethnologen gelernt hat und nicht durch 20 000 Jahre alte Überlieferung!

Reinheit (Namibia, 6.7.2008)

Der Barkeeper grüßt mich in perfektem Deutsch mit stark bayerischem Akzent: »Servus. Mogst a Bier?«

Ich muss zweimal hinsehen, bis ich eine Antwort stottern und, ebenfalls auf Deutsch, ein Windhoek Lager bestellen kann. Der Barkeeper gehört zu einem ortsansässigen Stamm und seine Haut ist schwarz wie die Nacht. Wäre da nicht die Hautfarbe, könnte er ein bayerischer Bergbauer mit Lederhose und

Filzhut sein. Willkommen in Namibia, Deutschlands einstigem kolonialen Außenposten, Deutsch-Südwestafrika genannt.

Es ist über ein Jahrhundert her, dass Deutschland seine expansionistischen Absichten auf diesem Kontinent entfaltete, aber einige deutsche Neuerungen und Traditionen haben die Zeit überdauert. Die Lederhosen in manchen Lokalen von Windhoek sind nur ein Touristengag, aber die Sprache ist echt und das Bier ebenso.

Ein weißer Ortsansässiger spendiert mir etwas zum Trinken. Er versichert, ein 100 %iger Deutscher zu sein, obwohl weder er noch seine Großeltern je in Europa waren. Die Verbundenheit mit der Landesgeschichte ist in Namibia noch stark ausgeprägt; während mehr und mehr Bierbüchsen auf dem Tresen klappern, sind patriotische Sprüche zu hören, die meine Landsleute zu Hause nicht zu äußern wagten. Ich vermute, dass weiße Namibier unsere Nationalhymne besser singen können als die Freunde in München. Mein neuer Bekannter ist nur einer von 30 000 Namibiern, deren Stammbaum auf die einstigen Siedler zurückgeht.

Was ich mich oft frage, ist, ob die Kenntnis einer bestimmten Sprache das Verhalten, Denken und Fühlen eines Menschen verändert. Es heißt, die Inuit wären Experten im Beobachten von Schnee. Das ist nicht verwunderlich; wer seit Jahrtausenden bei minus 40 °C vor dem Iglu sitzt, wird sich zweifellos viele Gedanken über das weiße Zeug machen, das ihn umgibt. Er wird vermutlich unterscheiden zwischen »Schnee, der in einem gewissen Winkel fällt«, »Schnee, der unerwartet in den Jackenkragen rieselt« und »Schnee, bei dem man nicht aus dem Bett will, um zu pinkeln«. Andererseits würde es mich nicht überraschen, wenn die Inuit weder Verständnis, Vorstellung noch Ausdrücke hätten für Dinge wie Dschungel oder Lasagne. Denn das, was nicht vorhanden ist, braucht keine Bezeichnung und von dem gibt es auch keine Vorstellung. Die Umgebung prägt also die Entstehung der Sprache.

Oder man betrachte das extreme Beispiel des Stammes der Pirahã in Nordbrasilien: Er hat vermutlich eine Sprache ganz ohne Zahlen. Die rund 350 Sprecher dieser Sprache unterscheiden nur zwischen wenige und viele, aber weiter geht die Genauigkeit nicht. Worte und Zahlen werden dem Bedarf entsprechend erfunden. In der Kultur der Pirahã war es jedoch nie wichtig, zu zählen. Als eine

Gruppe von Wissenschaftlern den Stamm besuchte, ihm die Grundlagen der Arithmetik erklärte und dann einen Test durchführte, erwies es sich, dass die Pirahã nicht fähig waren, ihrem Gedächtnis Zahlen einzuprägen. Sprache ist eine kognitive Technik, die durch lebenslange Erfahrung erworben wird und uns ermöglicht, in einer bestimmten Umgebung zurechtzukommen. Glücklicherweise leben die Pirahãs im Amazonasdschungel und führen nicht unsere Finanzministerien, auch wenn man sich im Angesicht der Defizite einiger Nationen fragt, ob da nicht ein oder zwei Pirahãs entschlüpft sind.

Namibia ist eines der am höchsten entwickelten, stabilsten Länder Afrikas. Seine Nachbarländer weisen deutlich weniger Stabilität auf, obwohl ihre Geschichte ähnlich verlaufen ist. Ich frage mich, ob die Gründe für diese stetige wirtschaftliche Entwicklung etwas mit der Landessprache zu tun haben können. Im Gegensatz zu vielen anderen schwarzafrikanischen Nationen, sind in Namibia seit Generationen Sprachen wie Afrikaans, Deutsch und Englisch Lingua franca für alle und werden, neben der Stammessprache, überwiegend fließend beherrscht. Daher sind es Namibier gewohnt, sich mit Wörtern, Ideen und Konzepten auseinanderzusetzen, die in Wirtschaftsländern ihren Ursprung haben. Ein Verständnis kaufmännischer Konzepte, für die es in Bantusprachen keine äquivalenten Ausdrücke gibt, könnte die Lebensfähigkeit eines modernen Staates fördern. Denn die mit dem Erlernen einer neuen Sprache verbundenen Eindrücke haben die Kraft, Denkweisen und Verhalten zu verändern.

Ich will solche Hypothesen nicht mit meinem Trinkgefährten diskutieren. Er ist vielleicht ein netter Kerl, aber selbst die philosophisch tiefste Seele wird nach dem soundsovielten Bier ein wenig benebelt. Außerdem muss ich zum Flughafen; der Urlaub von Ines ist zu Ende. Sie fliegt nach Deutschland und ich fahre nach Angola weiter.

...

»Ich habe schon eine ganze Weile keinen Menschen mehr gesehen«, denke ich bei der Fahrt über einen holprigen Feldweg durch den Norden Namibias. »Wenn ich hier eine Panne habe ...«

Meine Gedankenfolge wird plötzlich unterbrochen, als der Pfad in ein sandiges Flussbett hinunterführt. Ich bremse und schalte den Motor ab. Sand ist der Albtraum eines Landy-Besitzers. Im Sand zu fahren, verlangt Geschwindigkeit, Leistung und gute Reifen, drei Dinge, die meinem Land Rover völlig abgehen.

Glücklicherweise habe ich Wasser- und Benzintanks bis zum Rand gefüllt. Ich könnte hier in der Wildnis einen Monat lang überleben, bevor ich zum Jäger und Sammler werden müsste. Das wäre gar nicht schlecht, denn erstaunlicherweise gibt es hier im Busch Trüffeln, die man überall ein paar Zentimeter unter der Erdoberfläche findet. Sie schmecken nicht so himmlisch wie ihre europäischen Pendants, aber gut zubereitet ergeben sie immerhin eine schmackhafte Suppe.

Ich starre auf den Haufen Rhinozerosdung neben dem Felsen, auf dem ich sitze, um auf eine Eingebung zu warten. Er sagt mir nichts. Ich könnte es ja mit dem Flussbett versuchen. Ich gehe zu Matilda zurück und lasse aus allen Reifen so viel Luft wie möglich, um die Zugkraft zu erhöhen, starte den Motor, schalte auf Allradantrieb und beschleunige kräftig. Zehn Meter weiter stecke ich fest. Das ist ärgerlich. Ich steige aus und inspiziere die Lage. Die Räder stecken bis zu den Achsen im Sand.

Zeit für Plan A: Am gegenüberliegenden Ufer des Flussbetts steht ein einsamer Baum, an dem ich das Seil meiner Winde befestige. Ich lege den Schalter um und sehe ungläubig, wie der Baum langsam entwurzelt wird und die Winde ihn durch den Sand in meine Richtung zieht. Ich entschuldige mich zutiefst beim Baum und hoffe, er wird eines Tages als kräftige Eiche wiedergeboren.

Jetzt bleibt nur noch Plan B: Zeit für die Sandbleche. Plan C ist es, mein Heim aufzugeben und einen kleinen »Spaziergang« zu machen, aber der ist für die nächsten Wochen keine Überlegung wert.

Meine Sandbleche aus Stahl, die man als temporäre Brücke unter die Räder legen kann, sind fast so lang wie das Fahrzeug. Um sie einsetzen zu können, muss man erst den tiefsten Punkt der Reifen freilegen. Nach einer halben Stunde Schaufeln habe ich die Bleche richtig positioniert, aber meine vier Meter lange Stahlpiste reicht nicht für einen Take-off. Ich stecke wieder fest und sehe die Bleche deutlich im Rückspiegel. Ich muss die Prozedur so lange wiederholen, bis ich eines Tages auf festen Grund komme.

In den nächsten drei Tagen schaffe ich 20 Kilometer und schaufle dabei etwa acht Tonnen Sand weg. Urplötzlich ändert sich der Boden und ich erreiche wieder festes Land. Eine Spur führt in die Distrikthauptstadt Opuwo, den wichtigsten Umschlagplatz der Himba.

Dieser Nomadenstamm ist fast so berühmt wie die San und bevölkert Namibias Kaokoveld ebenso wie das *National-Geographic*-Magazin. Der Grund, weshalb die Herausgeber die Himba zahllosen anderen afrikanischen Stämmen vorziehen, ist offensichtlich: Die Himbafrauen gehen oben ohne durch die Welt und bieten ihre nackten Brüste dem Wind und den Augen der männlichen Leser dar. Auch unter der Gürtellinie sind sie recht spärlich bekleidet und bedecken sich nur mit einem Lendenschurz aus Leder und Fell. Ihre Körper sind mit einer Paste aus Butter und Eisenerz eingerieben, was der Haut einen rötlichen Schimmer verleiht; eine sehr kunstreiche, aber auch notwendige Art von Make-up. Es ist Himbafrauen untersagt, sich zu waschen. Sie benutzen stattdessen ein paarmal pro Monat einen dampfenden Wasserkessel als Saunaimprovisation oder räuchern sich als eine Art Deo-Ersatz mit den Wohlgerüchen brennender Kräuter ein. Sie kümmern sich um das Dorf, den Hausbau, die schwere Arbeit und die Kindererziehung. Die Himbamänner dagegen kleiden sich heutzutage meist wie Europäer mit langen Hosen und sauberen Hemden, um ihren traditionellen Rollen als Jäger, Politiker und, kaum verwunderlich, Gesetzgeber nachzugehen. Für eine Sekunde überlege ich, einen Brief an die EU zu schreiben, um einen Gesetzentwurf vorzuschlagen, der allen Frauen Europas eine Kleidung im Himbastil vorschreibt.

Bis jetzt verstecken sich die Himba gut, aber ich bin erst am Rand ihrer Weidegründe angelangt. Da! Ich bin gerade an meiner ersten Himba vorbeigefahren. Sie und einige Freundinnen stehen brüsteschwingend am Straßenrand und laden mich zum Stehenbleiben ein. Der zurzeit gültige Preis für eine Fotoerlaubnis beträgt fünf US-Dollar. Ich fürchte, meine Filme bleiben himbalos, denn selbst wenn ich das Geld hätte, würde ich mich nie dazu überwinden können, zu einer solchen Art von Tourismus beizutragen. Es muss dazugesagt werden, dass die Himba nicht arm sind. Verglichen mit anderen Stämmen oder auch mit mir, sind einige von ihnen sogar steinreich. Als Muhonas[3] bekannt, bemisst sich ihr Vermögen daran, wie viel Vieh sie besitzen. Wenn sie dies zum Marktpreis verkaufen würden, könnten sich etliche Himba theoretisch eine Weltreise wie die meine leisten.

---

3 Muhonas bedeutet etwa so viel wie reiche Männer.

Vergnügen (Angola, 25.8.2008)

An der angolanischen Grenze steht ein altes, von einigen Kugeln durchlöchertes Schild, das mir sagt, ich dürfe 100 Stundenkilometer fahren. Ich wüsste nicht, wie. Ich schaffe im Durchschnitt nur ein Zehntel der zulässigen Höchstgeschwindigkeit und tuckere im Radlertempo dahin, momentan auf der Hauptverkehrsstraße zur Hauptstadt Luanda. Das ist ein angolanischer Highway der Kategorie A, also das Gegenstück zu einer deutschen Autobahn. Man muss schon in die hintersten Winkel abstrakter Fantasie eintauchen, um die Bezeichnung Highway passend zu finden. Pablo Picasso hätte ihn nicht besser entwerfen können: Man braucht viel Vorstellungskraft, um den beabsichtigten Zweck zu erkennen.

Angola ist für mich ein Puzzle. Nicht irgendein Puzzle, sondern das Eine-Million-Teile-Extrempuzzle für Masochisten: Es zeigt einen immer und überall grünen Wald, alle Teile sind quadratisch und die Hälfte davon fehlt in der Schachtel. Ich lade Sie ein, ein Stück auf dem Beifahrersitz mitzufahren und sich Folgendes vorzustellen:

Da ist die Schlaglochstraße, die ich schon erwähnt habe. Sie werden jedes Mal auf Ihrem Sitz hochgeschleudert, wenn ich mal wieder eines treffe. Falls Sie weiblich sind, werden Sie über einen stramm sitzenden Sport-BH froh sein. Auf der rechten Seite sehen Sie Kinder auf einem rostigen russischen Panzer, einer Hinterlassenschaft des Krieges, die nun ein Spielplatz ist. Auf der Linken überholt uns gerade ein Eselskarren.

Um die Mittagszeit entdecken wir ein Speiselokal am Straßenrand, das von Lastwagenfahrern besucht wird und vielleicht auch vom Besitzer des Esels, der Stunden vor uns angekommen ist. Aus Erfahrung wissen wir beide, dass Truck-Stops oft das beste und billigste Essen in Afrika haben. Tatsächlich ist das Lokal voll mit Leuten, die es sich bei portugiesischen Empanadas, Brathähnchen und verschiedenen Nudelgerichten gut gehen lassen. Sparsam wie wir sind, gehen wir die Speisekarte durch und rechnen rasch von der neuen Währung, dem angolanischen Kwanza, in eine gebräuchlichere um. Und wir entdecken, dass das billigste Gericht 20 Euro kostet. Nahrungsmittel sind so teuer, weil alles aus Südamerika oder Südafrika eingeführt werden muss. Angola selbst produziert nur sehr wenig. Also bestellen wir uns einen Kaffee. Das Puzzleteil daneben aber fehlt. Denn wie in der Welt können die Gäste, alle aus der angolanischen Arbeiterklasse, es sich leisten, hier zu essen UND sich noch eine Nachspeise zu bestellen?

Wir müssen ein wenig vorsichtig sein, wenn wir von der Straße abweichen oder im Busch verschwinden, um uns zu erleichtern. Das Land ist voller Minen. Graben Sie sich ein Loch gleich neben dem rechten Vorderreifen. Ich mache das Gleiche auf der anderen Seite. Es sind nicht zwei oder drei Minen, sondern zwischen 9 und 20 Millionen, die noch nicht geräumt sind. Und natürlich weiß niemand mehr, wo sie vergraben wurden. Wenn die Hirten in einer Gegend nur noch ein Bein haben und ihre Ziegen drei, dann bleibt man besser auf der Hauptstraße. Nicht wenige verstümmelte Veteranen humpeln durch Angola.

Warum handelt denn niemand? Antipersonenminen kosten nur etwa drei US-Dollar in der Herstellung, aber für die Räumung einer einzigen müssen bis zu 2000 US-Dollar ausgegeben werden. Weltweit werden jährlich 24 000 unbeteiligte Menschen durch Landminen getötet oder verstümmelt. Theoretisch wären die, die sie gelegt haben, nach Kriegsende auch verpflichtet, sie wieder zu entfernen. Eine schöne Theorie. Die meisten Minenopfer in Angola gehen im Übrigen auf das Konto der USA und Russlands.

Wir finden in einer Kiesgrube einen Lagerplatz. Die erste Nacht verläuft friedlich. Ein Ziegenhirt wünscht uns »Buenas noites!« und zieht dann weiter, um uns nicht zu stören.

...

Der Morgen graut. Wir schlendern durch die Straßen der Provinzhauptstadt Lubango und haben gerade noch genug Geld, um vor einem Café sitzend zwei Espressos zu genießen und die Leute zu beobachten. Die Angolaner sind, ähnlich wie die Portugiesen, sehr modebewusst. Wir sehen viele Lederjacken und Roleximitate herumwandeln. Davon abgesehen tragen alle, auch kleine Kinder, die dunkelsten Sonnenbrillen, die es gibt. Auch nachts. Viele halten ein Handy mit Internetverbindung in der Hand. Zwar sind die meisten dunkelhäutig, aber auch Asiaten, Araber und Abkömmlinge von Portugiesen stellen einen erheblichen Anteil. Es ist erstaunlich, dass sie sich untereinander von gleich zu gleich unterhalten, was in Südafrika nie vorkäme! Am Tisch neben uns haben sich vier Kontinente versammelt, die zusammen Empanadas essen. Da diese

Leute so gesellig sind, halten wir es nicht für unhöflich, uns in ihre Konversation einzumischen, um einige angolanische Rätsel zu lösen. Niemand findet das aufdringlich.

»Wie hoch sind hier die Löhne?«

»Das hängt davon ab. Im Schnitt aber drei- bis viermal höher als in Namibia. Ich würde sagen, ein Anfangsgehalt für eine Büroarbeit liegt bei 2000 US-Dollar im Monat. Das kann aber rasch mehr werden. In Angola gibt es viele Arbeitsplätze. Auf dem Land ist es anders. Dort gibt es immer noch Straßenkinder und viel Armut.«

»Und die Lebenshaltungskosten?«

»Hoch. Sehr hoch. Die billigste Einzimmerwohnung in Luanda kostet ungefähr 500 US-Dollar im Monat. Ich zahle 8000 monatlich Miete für mein Haus.«

»Aber wenn so viel Geld im Umlauf ist, warum sind dann die Straßen in einem so miserablen Zustand, und warum ist der internationale Flughafen von Lubango buchstäblich eine zerfallende Hütte auf einem Acker?«

»Ja, sehen Sie, niemand im Land hat das Fachwissen für größere Baumaßnahmen. Wir überlassen diese ausländischen Firmen, die sich um die Verträge streiten, die mit dem günstigsten Anbieter geschlossen werden. Das kann länger dauern als der eigentliche Wiederaufbau unseres Landes.«

»Wie aber können Sie die Vertragsnehmer bezahlen, wenn Angola nichts produziert?«

Sie wechseln Blicke. »Diamanten. Öl. Schürfrechte. In diesem Land herrschte 30 Jahre lang Krieg und alles, was Sie rund um sich sehen, ist unerforschtes Land. Niemand weiß sicher, welcher Reichtum unter unseren Füßen liegt.«

Von seiner Art her entsprach der Krieg in Angola genau anderen afrikanischen Kriegen. Das heißt, er war ein blutiges Gemetzel. Er brach nach dem gewohnten Schema aus, als die portugiesischen Kolonialherren die Angolaner 1974 ihrem eigenen Schicksal überließen. Man könnte denken, dass dies eine ideale Gelegenheit hätte sein können, eine landesweite Party zu feiern, mit Umarmungen, Küssen und dem Austrinken des Rotweins, den die Portugiesen mitzunehmen vergessen hatten. Einiges Gute hinterlässt auch der Kolonialismus. Aber in Afrika geht es selten glatt. Die drei wichtigsten politischen Parteien, frühere Rebellengruppen, »beschlossen«, einen Kampf um die Kontrolle der Diamantenfelder auszufechten. In 28 Jahren gelang es ihnen, drei Millionen Menschen zu töten. Der Krieg hätte leicht fortgesetzt werden können, aber ich schätze, die Leute entschlossen sich, die alten Weinflaschen zu öffnen, bevor aus dem Inhalt Essig wurde. 28 Jahre der Kämpfe waren genug.

Wir hätten einige Zeit ohne viel Geld in Angola überleben können, denn die Leute sind gastfreundlicher und freigebiger als in den Nachbarländern. Ein Tankstellenbetreiber schenkt uns eine Flasche Wein als Begrüßungsgeschenk, die Casper-Lodge in Lubango erlaubt uns, auf ihrem grandiosen Grundstück für nichts als ein Dankeschön zu übernachten, und was das Beste ist: Der Inhaber des Supermarkts gibt uns, als er herausfindet, dass wir Touristen sind, 15 % Angolan-Police-Force-Rabatt auf alles, was wir kaufen! In allen vorherigen afrikanischen Ländern musste ich als Ausländer immer mehr bezahlen als die Einheimischen. Zwischen den bröckeligen, aber stilvollen alten Kolonialgebäuden kann man noch einen rostigen Panzer finden, aber das steigert nur das Flair Angolas. Wir werden gegrüßt, willkommen geheißen, und es wird uns gedankt. Braucht ein Land einen Krieg, um an menschliche Werte erinnert zu werden?

Es ist an der Zeit, getrennte Wege zu gehen. Ich fahre weiter, auf die Demokratische Republik Kongo zu, hoffentlich ohne allzu viele Pannen. Sie können Ihre Reise fortsetzen, wie Sie es sich erträumen. Es würde mich freuen, wenn Ihnen die kurze Fahrt mit mir gefallen hat.

Feindseligkeit (Demokratische Republik Kongo, 10.9.2008)

Man kann herzlich wenig tun, um sich auf die Einreise in ein Land vorzubereiten, das sich in einem Zustand dauernder Unruhe befindet. Man muss seinen Verstand beisammenhaben und das Beste hoffen. Unter Umständen ist es hilfreich, sich ein paar Dutzend gefälschte, aber scheinbar authentische Visitenkarten der einflussreichsten Minister des Landes zu drucken. Sie vorzuzeigen, kann bei Verhandlungen mit korrupten Beamten helfen oder auch nicht. Man beweist damit, dass man Freunde an hoher Stelle hat, einen Versuch ist das immer wert. Die Gefahr ist, dass man die Visitenkarte irrtümlich einem Rebellenführer gibt, der die Opposition unterstützt. Es ist auch möglich, dass die Informationen, die man hat, seit ein paar Wochen veraltet sind, dass der betreffende Minister in Ungnade gefallen und gemäß eines

Präsidentenerlasses exekutiert worden ist oder dass er sich mit einem großen Teil der Staatsfinanzen ins Exil geflüchtet hat, um sie auf ein Schweizer Bankkonto einzuzahlen.

In meiner Brieftasche habe ich die Karten des kongolesischen Außenministers, des Leiters der Einwanderungs- und Zollbehörde und des Tourismusministers, alle mit korrekter Anschrift und Telefonnummer aus dem Internet. Ich kann mir vorstellen, dass der Tourismusminister etwa so viel Arbeit hat wie ein Holzfäller in der Sahara, wenn ich an die Zahl der Touristen denke, die der Kongo jährlich empfängt. An dieser Grenze und in diesem Jahr? Bisher nur einer ... und der bin ich.

...

Angenommen, der Premierminister oder besser seine Überreste werden eines sonnigen Morgens in einem Fass voll Säure gefunden und das Leben geht seinen gewohnten Gang weiter, dann befindet man sich wahrscheinlich in der Demokratischen Republik Kongo. So etwas passiert durchaus, nur hier vermutlich eher als anderswo. Vielleicht nehmen die Kongolesen aber auch Ausdrücke wie »das Parlament auflösen« etwas zu wörtlich.

Einer, dem etwas Ähnliches widerfahren ist, ist Patrice Lumumba. Er war der erste Premierminister des Kongos nach der Unabhängigkeit von Belgien im Jahre 1960. Blättert man die Annalen der vom Kolonialismus befreiten afrikanischen Staaten durch, so klingt die Geschichte allzu bekannt, auch wenn der Anfang im Kongo sich eher wie ein Roman von Stephen King liest. Die Herrschaft des belgischen Königs Leopold II. war durch eine Brutalität gekennzeichnet, die weder von den Briten, den Deutschen noch den Portugiesen je erreicht wurde. Der König hatte das Land als seinen »Privatbesitz« annektiert und die Menschen im Land zu seinen Sklaven gemacht. Er befahl Massaker an ganzen Dörfern, wenn die Erträge der Kautschukplantagen hinter den Erwartungen zurückblieben, und war für eine Vielzahl von Gräueltaten verantwortlich. Daher zwang man ihn, die Kolonie an den belgischen Staat zu verkaufen, der sich 1960 überhastet aus dem Kongo zurückzog. Leider übernahmen die mehr als 300 verschiedenen Stämme die Methoden ihrer einstigen Herren und begannen, sich gegenseitig zu versklaven und diejenigen abzuschlachten, die mit der Herrschaft des mächtigeren Stammes nicht einverstanden waren. Fünf Millionen Menschen wurden in einem zehn Jahre dauernden Krieg niedergemetzelt. An ihm waren acht Länder direkt beteiligt: Angola, Namibia,

Simbabwe, der Tschad, der Sudan, Burundi, Uganda und Ruanda. Ich meine, man könnte das beinahe einen dritten Weltkrieg nennen, aber dem Westen war der Konflikt zumeist nur kleine Nachrichten wert. Ich frage mich, ob das daran liegen könnte, dass alle Kämpfenden schwarz waren?

So stehe ich nun hier, bereit, in dieses wunderbare Land einzureisen mit einem 30-Tage-Visum und einer Tasche voll gefälschter Visitenkarten. Ich erspähe keine Säurebäder in der Einreisebehörde mit dem Schild »Touristen hier eintreten« und habe noch große Hoffnungen. Die offizielle Sprache im Kongo ist Französisch, eine Sprache, die ich gerade so weit beherrsche, dass ich mir Wein und Käse bestellen kann, was es in diesem abgelegenen Vorposten im Dschungel beides nicht gibt. Glücklicherweise spricht der Chef Portugiesisch.

»Ja, Sie haben da ein Visum, aber es fallen noch 40 Dollar Bearbeitungsgebühr an«, sagt er und lächelt blasiert. Ich ziehe meine Brieftasche heraus und lege die Visitenkarte von Deo Magera Rugwiza auf den Tisch. Das Lächeln schwindet.

»Aaah, Sie kennen den Chef der Einwanderungsbehörde in Kinshasa?«, fragt er.

»Ja, wir unterhalten uns hie und da. Deo sagte, mein Visum würde genügen, um die Grenze zu passieren. Rufen Sie ihn doch an, es wäre nett, wenn ich ihn wieder einmal sprechen könnte ...«

In 20 Minuten bin ich über der Grenze und werde eingeladen, meine erste Nacht vor dem Haus des Polizeichefs zu campen, zur Sicherheit unter militärischem Schutz. Sie verläuft friedlich.

...

Es muss Absicht sein, eine andere logische Erklärung gibt es nicht. Jemand hat diese Straße gebaut, um ihren Benutzern schweren Schmerz und arge Pein zu verursachen. Nicht eine Million Jahre Erosion und nicht einmal eine Atombombe können für einen solchen Zustand verantwortlich sein. Es gibt hier keine Schlaglöcher wie in Angola, denn damit es Schlaglöcher gibt, muss erst eine Oberfläche da sein, die durchlöchert werden kann. Diese schmale Waldschneise ist ein Durcheinander von kreuz und quer gelegten Hindernissen, die man nicht umrunden, sondern nur überqueren kann. Jedes Fahrzeug, das diese Route in Angriff nimmt, WIRD kaputtgehen, wobei die Frage nur ist, wie vollständig. Mein Chassis bricht bereits nach zehn von 600 Kilometern sauber in zwei Teile. Dieses Mal ist es kein Haarriss, sondern eine fünf Zentimeter breite

Lücke, die genau in der Mitte den vorderen vom hinteren Teil des Land Rovers trennt. Wie in einem Comic, nur nicht so lustig, hängt Matilda nun in der Mitte durch, und ich sehe vom Fahrersitz aus nur noch die grün beblätterten Baumkronen durch die Windschutzscheibe.

Um weiterzukommen, bleibt nur eine Möglichkeit: das Chassis schienen wie ein gebrochenes Bein. Die Mitte aufbocken und zwei Baumstämme an der Seite anbinden bringt Erfolg. Die Maßnahme ist eine grobe und Matilda biegt sich bei jedem Hindernis wie ein Scharnier. Aber die Schiene hält, und möglicherweise verhindert die erhöhte Biegsamkeit sogar schwereren Schaden am Rest meines geschundenen Fahrzeugs. Alle paar Kilometer kippe ich fast um, aber die Bäume am Straßenrand halten mich in halb aufrechter Lage. In kleiner Übersetzung schramme ich am Gebüsch vorbei, bis die Spur wieder ebener wird, aber nur, um sich dann nach der anderen Seite zu neigen. Ich verliere beide Außenspiegel bei Kilometer 20. Noch 580 zu fahren.

Ich habe auch andere Sorgen ... ich bin in ein Minenfeld geraten. Einmal, als die Schlaglöcher das Getriebe aus der Halterung rissen, musste ich die rote Warnlinie doch überschreiten, um ein Stück Draht von einem Panzer zu holen und eine provisorische Befestigung zu bauen. Das macht die Fahrt mit Matilda nicht zum Vergnügen. Und die Probleme hören nicht beim Fahrzeug auf. Um Wasser zu sparen, beschränke ich mich auf eine halbe Tasse Kaffee am Tag, was meine Stimmung drastisch verschlechtert. Noch weniger, und ich werde bösartig. Ich muss etwas tun, um das Kaffeeproblem zu lösen. Scheiß drauf, ich entschließe mich, den Wassertank am erstbesten Fluss zu füllen. Die späteren Folgen nehme ich gern in Kauf, wenn ich 24 glückliche Stunden genießen kann. Die Rache kommt schneller als erwartet. Magenkrämpfe begleitet von hohem Fieber begrüßen mich Schlag Mitternacht. In einem sich so lethargisch bewegenden Land sind die Bakterien erstaunlich agil.

Die wenigen Orte sind von Minengürteln umgebene Ansammlungen von Lehmhütten mit einem von Kugeln durchsiebten steinernen Verwaltungsgebäude im Zentrum. An langen hölzernen Stangen, die schräg an beiden Seiten der Straße aufgestellt sind, hängen tote Tiere von zunehmend obskurer Art. Die Besitzer schütteln die Delikatessen im Bestreben, mich beim Vorbeifahren darauf aufmerksam zu machen. Der Ozelot zu meiner Linken hüpft an seiner Schnur auf und ab, der Affe zur Rechten scheint noch einmal zum Leben zu erwachen.

Das ist die hiesige Art, dem müden Reisenden Fast Food anzupreisen. Wenn es mein Magen aushielte, hätte ich vielleicht wegen eines Stücks Katzenschnauze angehalten, aber es geht mir ohnehin schon schlecht genug.

...

Eine Woche später erreiche ich Kolwesi und falle auf dem Parkplatz hinter einem schmuddeligen Hotel ins Bett. Für ein Zimmer mit dort wohnhaften Schaben werden 100 US-Dollar pro Nacht verlangt. Wie in Angola, gleichen die Einkommen denen in Europa. Der Hotelmanager kann nicht verstehen, warum ich kein Zimmer nehme, sondern darum bitte, auf dem Parkplatz übernachten zu dürfen.

»Sie sind Tourist«, sagt er und blättert mit dem Daumen einen Packen 100-US-Dollar-Noten durch, als wäre das bloß Altpapier. Ich zähle wenigstens 40. »You are rich«, fügt er in gebrochenem Englisch hinzu.

Ich versuche, ihm klarzumachen, dass ich von dem, was er in der Hand hält, in einigen Ländern ein Jahr lang leben könnte, aber er glaubt mir nicht. Ebenfalls im Hotelfoyer ist ein schwarzer Kongolese, der in Südafrika aufgewachsen ist. Er hat mitgehört.

»Gib's auf! Die werden nie kapieren, dass du nicht reich bist. Sag, du bist ein Millionär auf der Jagd nach Diamanten, dem die deutsche Regierung die Reise zahlt. DAS können sie glauben. Alles andere ist Zeitverschwendung. Du kannst ihnen Dinge wie Camping 20 Jahre lang erklären und wirst immer noch dumm angeschaut. Glaub mir. Du musst in Afrika unaufrichtig sein, wenn du von dir redest, damit man dir glaubt. Sag die Wahrheit und man hält dich für einen Lügner.«

Der Kongo ist unvergleichlich reich. Tatsächlich könnten die meisten afrikanischen Länder, die ich besucht habe, von ihrem Potenzial her jedes westliche Land von der ökonomischen Landkarte stoßen, wenn sie nur anders regiert würden. Davon zeugen die Überbleibsel aus der Kolonialzeit, die sogar noch in Kolwesi zu sehen sind ... gewaltige Privatvillen und Wohnquartiere der früheren belgischen Minderheit, die jetzt verlassen sind und zerfallen, während die einst grandiosen Gärten brach liegen. Es ist traurig, beim Wandern durch die Straßen noch einen letzten überlebenden Rosenstock zu sehen, der inmitten eines Abfallhaufens von lecken Abwasserrohren bewässert langsam stirbt. Vor 50 Jahren war dies ein Paradies für die Weißen. Heute ist es ein Slum für alle.

Aber die Tage des Kolonialismus sind vorbei und manchmal frage ich mich, ob das nicht zu bedauern ist. Vorausgesetzt freilich, dass der Rassismus der Vergangenheit vermieden werden könnte. Jede Regierung ist sicher besser als die, unter der der Kongo jetzt leidet.

Da es wenig zu sehen und zu tun gibt, beschließe ich, die Atmosphäre des kongolesischen Lebens einzuatmen. Cafés, in denen man sitzen und das Treiben beobachten könnte, gibt es nicht. So lehne ich mich an die nächstbeste Wand und warte darauf, was geschieht. Viele kongolesische Genossen tun offensichtlich dasselbe.

Die meiste Zeit werde ich in Ruhe gelassen. Einige ältere Passanten lächeln und wünschen mir »Bonjour, Boss«, aber es gibt auch solche, die meiner Gegenwart mit versteckter Aggression begegnen ... manchmal auch mit wenig versteckter. Hin und wieder kommt ein Jugendlicher in Sicht, der mit der Hand die Bewegung des Halsabschneidens macht. Vielen Dank, bedaure sehr an Ihrer kongolesischen Mauer zu lehnen, und entschuldige mich bescheidenst für die Unterstützung, welche Ihnen der europäische Steuerzahler zukommen lässt. Ich gehe zurück zum Parkplatz. Der ist interessanter anzusehen.

Ich lerne schnell, zwischen den Generationen im Kongo zu unterscheiden. Die Älteren haben oft die entspannte Art der Saxofonspieler in einem Club in New Orleans, sind sanft, höflich und freundlich. Sie rufen Bilder von Schaukelstühlen auf Veranden am Ufer des alten Bayou hervor. Die jüngere Generation scheint zum größten Teil von unkontrollierbarem Hass erfüllt zu sein. Außerhalb des Hotelgeländes wäre mein Leben nach Anbruch der Nacht keinen Heller wert.

...

Ich komme nur langsam voran, weniger wegen des Straßenzustands, sondern wegen der Kontrollposten der Polizei. Manchmal gibt es fünf auf einem einzigen Kilometer, in Sichtweite voneinander, und alle wollen die gleichen Fahrzeugpapiere sehen. Es nützt nichts, ihnen das vor Augen zu halten, denn in Wirklichkeit sind alle Verkehrspolizisten besser angezogene Bettler ... die Papiere interessieren sie nicht. Sie wollen Geld.

Ein Polizist in Gelb pfeift wie ein Verrückter und springt vom Bankett vor meinen Landy. »Führerschein!!!«, schreit er, und ich zeige ihn vor, wie es sich gehört. Er tut, als würde er ihn prüfen. Er hält ihn dabei verkehrt herum, sodass ich annehme, dass er nicht lesen kann.

»Gib mir Geld!!!«, verlangt er.

»Nein«, antworte ich.

»Nur 30 Dollar!!!«

»Nein«, sage ich noch einmal, reiße ihm meinen Führerschein aus der Hand und trete aufs Gas. Er ist nicht bewaffnet, ich muss also keine Kugel durchs Rückfenster befürchten. Zwar kann er mich nicht länger festhalten, aber der nächste Polizist 200 Meter weiter kann es sehr wohl. Er hat mich bereits gesichtet und zieht die Trillerpfeife aus der Tasche. Es geht wieder von vorne los.

Betteln im Kongo ist anders als in den Nachbarländern. Das namibische Kind auf dem Supermarktparkplatz und der Klebstoff schnüffelnde San in Botswana verlangen nie mehr als einen Dollar und bieten manchmal noch »Ich bewache/ wasche Ihr Auto« als Gegenleistung an. Kongolesische Bettler würden eine derart beleidigende Summe auf den Boden werfen und mit der bloßen Ferse in den Staub treten. Sie verlangen 20, 50 und gelegentlich auch 100 Dollar.

Ich rolle nach Lubumbashi hinein; auf den letzten zehn Kilometern hat mich die Polizei 20-mal angehalten. Ich habe einen Stadtplan, der aus der Zeit vor der Unabhängigkeit stammt, eine echte Rarität. Der bloße Besitz einer Karte erregt den Verdacht von Militär und Polizei, sodass man sie am besten gut versteckt. Sonst wird gemutmaßt, man sei ein Spion. Aktuelle Karten sind nicht erhältlich, denn der Kongo besitzt nicht das Fachwissen, das Land zu kartografieren.

Die Grenze bei Kasumbulesa kommt in Sicht, ein menschlicher Ameisenhaufen mit Tausenden, die zwischen den zahllosen Lastwagen ausschwärmen, die Tage und manchmal Wochen auf die Zollabfertigung warten. Die ineffektive Bürokratie hat für eine ganze Township Beschäftigung gebracht, denn die Trucker brauchen während der Wartezeit Essen, Unterkunft und Prostituierte. All dies wird bereitwillig von den Einheimischen zur Verfügung gestellt, die in Blech- und Kartonhütten entlang der Zufahrtsstraße hausen.

Mein Fieber ist in den letzten Wochen kaum gesunken und mein Körper reagiert auf die Mangelernährung. Nie im Leben habe ich weniger gewogen. Ich fühle mich völlig elend und doch hoffe ich, diese letzten Meter ins rettende Sambia zu schaffen. Es wäre arg jämmerlich, jetzt aufzugeben.

Ich fahre aufs Gelände der Zollabfertigung und schlängle mich durch die Menschenmassen. Sofort habe ich 100 Schlepper an meinem Fenster, die meinen Pass haben wollen und behaupten, SIE seien hier der Chef.

»Zeit ist Geld«, schreien sie. »Schnell, schnell! Du willst doch hier nicht übernachten. Gib mir den Pass!«

Schnell? Schnell??? Das ist das erste Mal, dass ich in Afrika dieses Wort höre. Ich wusste nicht einmal, dass dieser Begriff überhaupt existiert. Ich gehe ins Einreisebüro und schlage die Hände weg, die sich an meine Schulter klammern. Die Beamtin, eine Frau in den Vierzigern, gähnt hinter der gläsernen Trennscheibe. Sie nimmt meinen Pass, hält ihn verkehrt herum und macht mit der Hand eine Geste des Trinkens.

»Heiß. Ich habe Durst«, sagt sie und wiederholt die Trinkbewegung. Ein Schlepper hinter mir meint: »Sie stempelt die Papiere schneller, wenn du ihr Geld für einen Drink gibst.«

Ich sage nichts und warte. Zwölf Mal geht ihr Arm auf und ab, um ein Trinken zu imitieren, dann seufzt sie, greift mühsam nach dem Stempelkissen und bestätigt meine Ausreise. Die Menge folgt mir zum Tor im Stacheldrahtzaun und der Schlagbaum geht auf. Nun bin ich noch einen Meter vom sambischen Ufer entfernt.

»Du zahlst nie Schmiergeld?«, fragt einer der weniger aggressiven Schlepper, ungläubig, dass ich ohne Hilfe durchgekommen bin.

»Nie«, antworte ich und fahre meinen Landy durch die Sperre. Geschafft.

Dankbarkeit (Sambia, 20.10.2008)

Die letzten Wochen wohnte ich auf einer sambischen Farm, nur einen Steinwurf von der kongolesischen Grenze entfernt, und die Erinnerung an die erlebte Not schwindet mit jedem Kilogramm, das ich zunehme. Die Waage zeigte knapp 77 Kilogramm, als ich ankam, weit entfernt von den 90 Kilogramm, die ich mich sonst zu halten bemühe.

Seit meinem ersten Tag in diesem Land hat sich das Leben wieder mit Wunderbarem gefüllt und der Glaube an die Menschlichkeit ist zurückgekehrt. In einem Gästehaus in Chingola fällt zum ersten Mal der Name Chas Taylor, ein Farmer und früherer Land-Rover-Fan, der vielleicht ein oder zwei Chassis bei sich herumliegen haben könnte. Man beschreibt mir den Weg und ich fahre die paar Kilometer, um nachzuforschen.

Meine Hoffnung ist gering, als ich den Schrotthaufen der Farm sichte, aber Chas besteht darauf, dass darunter ein Fahrgestell liegen müsse. Und es findet sich! Ich frage vorsichtig, wie viel er dafür haben will und bin aufs Schlimmste gefasst. Ein gutes Fahrgestell kann über 1000 Euro kosten.

»Nichts«, meint Chas lächelnd. »Es wird hier bloß weggeworfen. Warum baust du dein Auto nicht in der Farmwerkstatt wieder zusammen? Ich stelle dir ein paar Helfer.«

Das Fahrgestell eines Autos auszutauschen, klingt nach einer entmutigenden Aufgabe, und das ist sie auch, aber zugleich ist die Arbeit das reine Vergnügen. Ich sitze in der Werkstatt und lasse den Blick über die gut 500 Teile schweifen, die da in ordentlichen Stapeln angeordnet sind, und ich fühle die Kinderfreude am Spiel mit Legosteinen aufsteigen. Das Gehirn schaltet oft ab, wenn es mit einem großen Bild konfrontiert wird, wenn das Verständnis der Quantenphysik, der Frauen oder der Menschheitsgeschichte gefordert wird oder die Aufgabe darin besteht, die 30 Brockhaus-Bände von vorne bis hinten zu lesen. Zerlegt man das Ganze in individuelle Häppchen und konzentriert sich nur auf bestimmte Aspekte, dann füllt sich jedes Ding mit Sinn. Ich werde damit beginnen, die Radaufhängung zu montieren ...

Die Wochen vergehen. Ich habe zwei Arbeiter, die mir helfen. Sie mögen nette Kerle sein, aber in ihren Oberstübchen spielt sich nicht viel ab. Sie sind der Typ Afrikaner, wie man ihn täglich trifft, der stundenlang versuchen kann, eine Schraube anzuziehen, indem er gegen den Uhrzeigersinn dreht.

Neben der Mechanikerarbeit nutze ich die Tagesstunden, um so viel wie möglich über die Stammeskulturen in Sambia zu lernen. Die Arbeiterschaft auf der Farm besteht aus 100 Personen mit wenigstens fünf verschiedenen Stammeszugehörigkeiten: Tonga, Ndola, Lunda, Lamba und Kaonde. Zulu, der Vorarbeiter in der Werkstatt, der eine Stimme wie Morgan Freeman hat, wird mein bevorzugter Gesprächspartner. Wenn wir bei einer Schüssel Haferbrei in der Mittagspause zusammensitzen, erzählen wir uns Geschichten. Aus der Entfernung könnte man uns nicht unterscheiden. Wir sind beide von Kopf bis Fuß mit Maschinenöl und Schmiere bedeckt. Heute bin ich so schwarz wie der dunkelste Afrikaner. Zulu lacht bei meinem Anblick, wird dann aber wieder ernst.

»Bwana Chris, verstehst du, der Grund, warum die meisten schwarzen Menschen in Afrika arm sind, liegt in unseren Traditionen. Sobald wir unseren Lohn bekommen, wollen unsere Familien Unterstützung. Dann bleibt mir nur noch wenig.«

»Wie groß ist deine Familie?«, frage ich.

Zulu denkt über meine Frage nach. »Ich weiß nicht. Schau, Master Chris, meine Familie, das sind nicht nur meine Kinder und Enkel, sondern auch die Kinder der Brüder, deren Frauen und deren Schwestern. Vielleicht Hunderte? Sie alle wollen Geld.«

»Arbeiten sie nicht selbst?«

»Einige ja, Boss Chris, andere nicht. Weil ich einen guten Job habe, meinen sie, sie bräuchten nichts tun.«

»Dann gib ihnen doch nichts. Sag ihnen, sie müssten für sich selbst sorgen«, schlage ich vor.

Zulu zuckt mit den Achseln. »Nein. Ich muss ihnen etwas geben, Bwana. Es ist so Sitte.«

»Zulu, hör doch bitte auf, mich immer Bwana, Boss, Sir und Master zu nennen«, bitte ich.

»Nein, Bwana. Du bist weiß. Es ist Tradition und zeugt von Respekt, dich Bwana zu nennen.«

Später sprechen wir über das Thema Heirat.

»O ja, Bwana! Das Heiraten kommt einen Mann teuer! Um eine Frau zu heiraten, muss man dem Vater etwas zahlen!«

Natürlich will ich wissen, was das kostet.

»Das hängt davon ab, Boss. Wenn sie vom Luandastamm und über 20 ist, vielleicht drei Hühner. Wenn sie die Tochter eines Tongahäuptlings ist, sind 15 Kühe noch ein guter Preis.«

15 Kühe sind ungefähr 10 000 US-Dollar wert. »Was macht sonst noch den Preis einer Frau in eurer Kultur aus?«, frage ich.

Zulu zählt es an seinen Fingern ab: »Ihr Rang in der Gesellschaft, die Bildung und die Stammeszugehörigkeit. Eine Jungfrau ist mehr wert; wenn sie zwischen 12 und 14 Jahre alt ist und breite Hüften hat, so ist das gut.«

Die Entfernung zwischen zwei Paralleluniversen wird in Metern gemessen.

Jeden Abend nach Sonnenuntergang wechsle ich zwischen den beiden und betrete die Welt der weißen Farmer. Chas hält Wort, seine Familie sorgt für mich in einer Weise, die in Europa unvorstellbar ist. Im Haus seines Sohns werde ich wie ein Preisvieh mit reichlichen, sambischen Gerichten gemästet und soll das Abendessen als ein Fest betrachten. Manchmal nehme ich vier oder fünf Portionen. Chas ist enttäuscht, wenn ich mich nach dem Essen noch bewegen kann. Der Kongo ist nur noch ferne Erinnerung und ich fühle mich wieder fit für einen Marathonlauf.

Chas zeigt mir auf einer Luftaufnahme, was mit den Farmen in der Nachbarschaft passiert ist, nachdem die weißen Besitzer ihr Land an schwarze Einheimische verkauft haben und wegzogen sind. Luftaufnahmen von Chingola sprechen Bände. Zwei Flecken Grün stechen aus einer erdbraunen Landschaft hervor.

»Das ist meine Farm«, zeigt Chas, »und das ist die von Nick, dem anderen Weißen. Alles Übrige ... da, da und da ... gehört nun den Schwarzen. Keine Bäume und keine frei lebenden Tiere mehr. Nachdem die Weißen fort waren, hat es nur ein paar Jahre gedauert, um fruchtbare Natur in Brachland zu verwandeln.«

Es wird spät. Ich danke fürs Abendessen und verschwinde in der Nacht. Irgendwo zwischen dem Haus und der Werkstatt schlüpfe ich durch ein Wurmloch und bin wieder im anderen Universum. Sechs Wochen später ist Matilda fertig.

...

Mein Bruder kommt in Lusaka an. Die kurzen Phasen mit Familienleben oder Besuchen von Freunden sind wie die aufblitzenden Lichter in einer Diskothek zwischen langen Abschnitten der Dunkelheit. 2002 hatte sich mein Bruder Bernard gerade an der Universität eingeschrieben, heute hat er ein Diplom in Wirtschaftswissenschaften und denkt an den nächsten Karriereschritt. Vielleicht hat er bei unserem nächsten Treffen schon Frau und Kinder? Ich habe Mühe, diese kurzen Momente zu einem Ganzen zusammenzusetzen; die Zeit außerhalb der Blase des Reisenden folgt ihren eigenen Gesetzen.

Ich habe meine Zweifel, als wir in eine Lodge für Großwildjagd in einem Tierschutzgebiet eingeladen werden. Es klingt wie ein Oxymoron, die Begriffe widersprechen sich ebenso wie bewaffnete Friedensmission. Ich habe auch keine Lust, einen meiner pelzigen Löwenfreunde zu erschießen und seinen

Kopf zur Zierde auf Matildas Kühlerhaube zu nageln. Man verstehe mich recht, ich bin kein Gegner der Jagd an sich. Im Gegenteil. Ich habe in der Vergangenheit selbst gejagt und angle immer noch bei jeder sich bietenden Gelegenheit. Als überzeugter Fleischesser, der gern ein saftiges Steak genießt, ist es nur angebracht, dass ich die volle Verantwortung übernehme und selbst ein Wild erlege. Aber ich töte nur, um Essen zu haben, wenn ich hungrig bin, und nicht, um mein Wohnzimmer mit einem Elefantenstoßzahn als Trophäe zu schmücken.

Als wir auf Dansons Lodge ankommen, schwöre ich auf Zeit jedem Vorurteil ab. Als unbewaffnete Beobachter sollen wir die Jäger Jim und Aden auf die Großwildjagd begleiten. Die Nacht vor dem Aufbruch in den Busch verbringen wir Wein trinkend auf der Veranda, die über den Luangwa-Fluss hinwegblickt. Ein Giraffenpaar erscheint in der Dunkelheit am anderen Ufer, irgendwo weiter hinten erschallt der Schrei einer Hyäne. Die Kulisse ist zauberhaft. Ich verstehe, warum Danson und seine Familie ein Leben in dieser abgeschiedenen Wildnis gewählt haben.

Danson reinigt inzwischen sein Gewehr. »Der wahre Charakter einer richtigen Jagd liegt in der Kameradschaft unter den Jägern und der Schönheit der Schöpfung. Man wird eins mit der Natur, man schärft die Sinne und braucht all seine Fähigkeiten im Kampf gegen die Stärksten und Wildesten des Buschs. Das Töten ist nur der Höhepunkt.«

Unsere Gruppe nickt zustimmend. Juan, ein reicher Mexikaner auf Jagdurlaub, sitzt neben mir. Er wird bald mit 18 Trophäen mehr, aber 43 500 US-Dollar weniger heimkehren. Eins mit der Natur zu werden, hat offensichtlich seinen Preis.

»Ihr seht«, fährt Danson fort, »Geld ist der stärkste Anreiz für den Tierschutz auf Privatgrund. Die Jagd wirft mehr ab als jeder andere Sektor der Tourismusindustrie. Die Regierung ist deshalb daran interessiert, große Streifen Land für die Tierwelt zu reservieren. Wenn die Jäger nicht wären, wäre das Luangwa-Tal schon längst Farmland geworden und es gäbe überhaupt keine Wildtiere mehr!« Mein Blick schwenkt wieder zu den Giraffen zurück. Mich stört der Gedanke, dass die Menschen die Natur nur erhalten werden, wenn das finanziellen Gewinn verspricht, und nicht allein wegen ihrer Schönheit. Es ist aber leicht, die ökonomischen Argumente nachzuvollziehen. Das Nilpferd wird Aden 1600 US-Dollar kosten. Von diesem Betrag gehen 1000 an den sambischen Staat als

Anreiz, die existierenden Reservate auszuweiten. Der Rest gehört Danson, der Hüter von fast einer Million Hektar Land und beauftragt ist, für die Durchsetzung der sambischen Gesetze gegen das Wildern zu sorgen. Am Ende aber wird das arme Hippo den höchsten Preis zahlen, nämlich sein Leben für die Erhaltung seiner Art geben.

Bis nach Mitternacht werden Buschgeschichten erzählt, und wir ruhen unter dem Vollmond inmitten einer zunehmenden Anzahl leerer Flaschen. Wir hören, dass Elefantenherden in den Nationalparks, in denen die Elefantenjagd nicht mehr gestattet ist, oft mit Maschinengewehren aus Militärhubschraubern heraus erschossen werden. Dieses sogenannte Keulen ist ebenfalls Teil der Erhaltung der Tierwelt, eine traurige Sache, die vor europäischen Touristen auf Safari sorgfältig verborgen wird. Elefanten im Busch sind eine Pest; in großer Zahl ist ihre Anwesenheit für andere Arten verheerend. Sie zerstören den Mopane, einen Schatten spendenden Baum, ohne den der Boden rasch versteppt. Das Unterholz stirbt ab, die Vegetation geht zurück und die Wildtiere kommen in Gefahr, zu verhungern.

»Wenn Elefanten in jedem Fall gekeult werden müssen, wäre es da nicht sinnvoll, ein Geschäft daraus zu machen und das Abschießen zahlende Jäger erledigen zu lassen?« Ich kann den Gedanken folgen, aber doch scheint etwas daran falsch zu sein. Vielleicht verstehe ich mehr nach der morgigen Jagd.

...

Heute muss ein Nilpferd sterben. Mit einem Arsenal verschiedener Waffen fahren Aden, Jim, Bernard und ich im Landcruiser tief ins Hinterland. Dass unser Kofferraum für einen Ausflug von nur vier Tagen mit Kisten voll Whiskey, Gin und Bier beladen ist, bedeutet nichts Gutes, aber was darf ich schon sagen? Jim war viele Jahre Jäger auf einer von Sambias bekanntesten Lodges, er weiß sicher, was er tut.

Der Hippo-Pool wird leicht ausgemacht. Um die vier Dutzend suhlen sich in den kühlenden Wassern des Luangwa-Flusses. Ich weiß nicht, was passieren wird. Muss man sich an das Nilpferd anschleichen, sich hinter hohem Riedgras verbergen, gegen die Witterung und außer Sicht? Wird der Dickwanst angreifen, sobald er uns sieht? Dies ist nun also die »Jagd«, und ich bin bereit, meine Sinne und Fähigkeiten gegen ein Tier von fast zwei Tonnen Gewicht zu nutzen. Nichts dieser Art ereignet sich. Aden zielt einfach mit dem großkalibrigen

Gewehr und schießt. Ich sehe in der Ferne eine Blutfontäne und Nilpferde, die gleichzeitig untertauchen, um Deckung zu suchen. In meinen Augen ist das kein Jagen, das ist nur eine Zielübung. Das Letzte, was ich empfinde, ist das Einssein mit der Natur. Im Gegenteil, ich fühle mich weiter denn je von der Natur entfernt.

»Jetzt müssen wir warten«, erklärt Jim. »Tote Nilpferde gehen unter. Erst nach ein paar Stunden kommt der Kadaver an die Oberfläche. Dann holen ihn die Einheimischen mit einem Einbaum.«

Ich habe meine erste Lektion über die Mentalität der Jäger gelernt: Jahrelanges Schießen auf Wildtiere hat sie so weit abgestumpft, dass sie die Wunder der Natur und die Schönheit der Schöpfung nur noch durch ihre Zerstörung erfahren können. Oder irre ich mich? Wenn ich etwas oder jemand herzlich gern habe, wie kann ich da mit dem Gewehr darauf zielen und ihm/ihr eine Kugel in den Kopf jagen?

Mit einem Mal kommt ein Ruf von den Begleitern, die im Einbaum den Fluss abfahren: »Hippo! HIPPO!!!« Die deutenden Finger machen uns auf ein dahintreibendes, rosa Etwas weiter flussabwärts aufmerksam. Das Nilpferd ist an die Oberfläche gekommen. Die vier Dutzend minus ein Nilpferde beobachten, wie ihr toter Kamerad mühsam zu einer Sandbank im Fluss gezogen wird. Ein paar Krokodile, die das Blut gewittert haben, gesellen sich zu den Zuschauern. Wie leicht könnten Hippos und Krokodile den schwachen Einbaum in einer Gegenattacke umwerfen. Aber im Tierreich ist Rache unbekannt, diese ist unserer eigenen Art vorbehalten. Das Nilpferd wird an Land gebracht und an Stricken fortgezogen. Aden, unser furchtloser, großer weißer Jäger schmiert sich Streifen von Blut auf die Wangen und nimmt die Siegerpose auf dem Leichnam ein. Fotos werden gemacht, um seine Heldentat festzuhalten.

Ein oft angeführtes Argument, um den Nutzen der Jagd zu beweisen, ist der Vorteil für die Einheimischen. Es ist üblich, alles Fleisch dem ortsansässigen Stamm zu überlassen. Die Jäger nehmen nur die Trophäe und den ersten Anschnitt fürs Abendessen. Je mehr Fleisch eine Lodge für Großwildjäger an die Leute verteilen kann, umso weniger werden diese wildern. Innerhalb weniger Minuten kommen vom anderen Flussufer weitere Einbäume, in denen mit Messern und Äxten bewaffnete Einheimische bereit sind, das Nilpferd in transportierbare Stücke zu zerlegen. Wir sehen fasziniert zu, wie sie Fleisch vom toten Tier abhacken, während sich der Luangwa karminrot färbt. Vom Rückgrat an beginnend, wird die vier Zentimeter dicke Haut abgezogen, sodass es aussieht, als habe das Hippo Flügel. Dann wird ein Hohlraum geschaffen und die inneren Organe werden eines nach dem anderen herausgenommen. Allein das Herz ist doppelt so groß wie der Kopf eines Menschen. In der glühenden Hitze setzen sich Fliegen auf das in der Mittagssonne erwärmte Fleisch, um Eier zu legen. Der Gestank wird bald unerträglich. Wir haben bereits in sicherem Abstand eine Scheibe Nilpferd zum Grillen aufs Lagerfeuer gelegt.

»Und die essen das alles auf?«, fragt Bernard Jim ungläubig.

»Ja. Bis aufs letzte Stückchen. Sie sind nicht wie wir. Sie essen das Fleisch erst, wenn es sich schon grün färbt.«

...

Was soll man sagen? Ich bleibe standhaft bei meiner Meinung, dass Jagen etwas Berechtigtes ist. Ich erkenne keinen moralischen Unterschied, wenn Rind, Huhn oder ein Elefantensteak verspeist werden; ein vernichtetes Leben ist ein Leben, gleich, welcher Art. Ein vegetarisches Leben mag für den vergleichsweise verwöhnten Europäer, der jede Menge Obst und Gemüse zur Verfügung hat, begrüßenswert sein, aber auf einer Reise in die Mongolei, nach Sibirien oder Tibet hätte er schon nach einer Woche Probleme.

Ich habe gelernt, dass die kommerzielle Jagd in Afrika ein notwendiges Übel ist, wenn die Wildtierpopulation erhalten werden soll. Aber dennoch stößt mich der Trophäenjäger mit seiner Freude am Töten ab. Manche Veranstalter bieten sogar »eingedoste« Löwenjagden an. In Gefangenschaft aufgezogene Kätzchen werden in einem abgegrenzten Revier ausgesetzt. Der große weiße Jäger braucht seinen Löwen nur aus einem Katalog oder im Internet auswählen und kann das zahme Tier dann in seinem nächsten Urlaub erlegen. Von Jagdgegnern wurden Versuche unternommen, Paintball-Safaris einzuführen. Leute, die ihren Finger nicht vom Abzug lassen können, dürfen da Elefanten mit roten Farbflecken aus dem Gewehr zieren! Es braucht nicht erwähnt zu werden, dass diese Kampagne nicht sehr erfolgreich war. Die meisten Jäger wollen eine Trophäe; sie wollen ihre Lizenz zum Töten nutzen. Wie krankhaft, traurig und seltsam ist es doch, dass gerade diese Leute unbeabsichtigt am meisten für die Erhaltung der Tierwelt in Sambia tun. Aber nun, das ist Realität. Die Wahrheit ist nicht immer schön.

Mein Bruder und ich brechen nach Malawi auf. Einige Kilometer vor der Grenze findet sich eine Metzgerei unter freiem Himmel, die unbestimmbares Fleisch an die vorüberfahrenden Einheimischen verkauft. Es ist wirklich grün.

Inkompetenz (Malawi, 28.12.2008)

D ie Malawier sind ein freundliches Volk, sie lächeln und winken, und in ihren Augen und Gesten ist nicht die Spur einer Aggression zu sehen. Aber mein Versuch, ein Gespräch mit einem Mangoverkäufer aufzunehmen, endet in einer Sackgasse:

»Hallo! Wie geht's?«, sage ich.

»Gib mir Geld«, ist die lächelnde Antwort.

»Wie geht das Geschäft heute?«

»Gib mir Geld!«

»Ist es noch weit zum Nyasasee?«

»Gib mir Geld!«

Ich hätte ihm gern geraten, seine Geschäftsstrategie zu ändern, da der Verkauf von Mangos in einem Land, in dem Millionen von Mangobäumen wild wachsen, keine Früchte trägt. Man muss in Malawi nur lange genug an einem Platz stehen und kann sicher sein, dass einem eine überreife Mango auf den Kopf fällt.

»Wisst ihr, warum wir Afrikaner so jung sterben?«, fragt uns ein Töpfer mit ernster Miene. Er wartet nicht auf unsere Antwort. »Weil wir zu hart arbeiten!«

Ja. Sicher, Kamerad. Immerhin, seine Keramiktassen und -unterteller sind sehr künstlerisch gestaltet mit sorgfältig aufgemalten afrikanischen Motiven. Afrikanische Kunst hat etwas Einmaliges. Sie scheint in Europäern verborgene Sehnsüchte nach einer Rückkehr in den Busch zu wecken, vielleicht weil sie an letzte Reste des alten Instinkts der Jäger und Sammler appelliert. In unserer westlichen Welt sind wir in einer künstlichen Blase aus Konsumgütern eingeschlossen. Eine einfache Keramiktasse, eine Schnitzerei und ein farbiges Tuch bringen einen Zauber mit sich, der unserem Alltagsleben fehlt. Selbst unsere Kunst neigt zum Perfektionismus; oft bewundert man die technische Raffinesse mehr als deren innere Schönheit. Afrikaner sehen Kunst auf andere Weise. Sie können keine perfekt ausgerichtete Linie ziehen und keinen Bogen konstruieren. Sie konzentrieren sich stattdessen auf schöne Farben und einfache Pinselstriche. Nichts Mechanisches oder Mathematisches lenkt das Auge des Betrachters vom Wesentlichen ab: Afrikanische Kunst soll erfreuen.

Doch leider ist meine westliche Erziehung zu stark! Ich gebe es offen zu, dass das Opernhaus von Sydney, der Tadsch Mahal, Angkor Vat, die Chinesische Mauer, die Alhambra von Granada und die Stadt Florenz mich anziehen. Im Hinblick auf Afrika ertappe ich mich bei dem Gedanken: »Meine Damen und Herren! Darf ich Ihnen voll Stolz den Gipfel der Entwicklung präsentieren, das Endergebnis von drei Millionen Jahren Evolution des Menschen: DIE KERAMIKTASSE!«

Wir bleiben nur eine Nacht in dem Pferdesafari-Camp bei Salima. Der Manager teilt uns mit, dass Reiten zurzeit nicht möglich ist, da alle Pferde von den Einheimischen vergiftet wurden und jetzt mausetot sind. Wir fahren stattdessen zum Baden.

Es ist allgemein bekannt, dass Faulheit zu den sieben Todsünden zählt, und ich habe in den letzten zwei Wochen des Hängemattenschaukelns am See viel gesündigt. Die Rache folgt in Form von Malaria. Einige Tage vor Weihnachten wache ich schwitzend und mit 41 °C Fieber auf. Es ist mein erster Malariaanfall in Afrika. Ich leide einen Tag und eine Nacht an unregelmäßig auftretendem Schüttelfrost und hoher Temperatur. Es ist ein wenig wie Grippe, nur schlimmer. Ich bin wirklich erstaunt darüber, wie lange es gedauert hat, bis es mich erwischt hat. Der halbe Zeltplatz ist zurzeit entweder angesteckt oder erholt sich gerade von der Malaria. Das scheint zu den Dingen zu gehören, die man auf diesem Kontinent durchmachen muss. Ich meine, man hätte dieser miesen Sporozoiteninfektion einen passenderen Namen geben können, vielleicht Dschungel-Donnerschlag-Knochenbrecher-Fieber. Malaria klingt zu sehr nach dem Namen eines süßen Mädchens.

Ich schlucke ein paar Coartem-Pillen und werde eiskalt k. o. geschlagen: Am zweiten Tag schlafe ich 20 Stunden durch. Für den Rest der Woche habe ich übles Kopfweh, aber es hält meinen Bruder und mich nicht vom Reisen ab. Wir verlassen das Seeufer und fahren hinauf in das Nyika-Hochland, ein Plateau, das sich in Malawis Norden auf 2400 Meter Höhe erhebt, um Weihnachten zu feiern.

Die schlammige Straße steigt steil an und die Temperatur sinkt erheblich. Wir parken nahe bei einem großen Kiefernwald und genießen einen Blick wie im schottischen Hochland. Antilopen in der Ferne kann man für die Rentiere des Weihnachtsmanns halten und den Regen mit etwas Fantasie für Schnee. Mein Bruder sucht einen Baum aus, den wir mit Alufolie und Kerzen schmücken, während es mir gelingt, drei Regenbogenforellen in einem nahe gelegenen Stausee zu fangen. Obwohl die Temperaturen bei 10 °C liegen, muss es irgendwo in der Troposphäre kälter sein, denn in der Nacht fallen für kurze Zeit weiße Hagelkörner.

Am nächsten Morgen, am 25., besucht uns ein falscher Weihnachtsmann. Von Kopf bis Fuß mit weißem Ton bemalt, hopst ein ansonsten weitgehend nackter Einheimischer aus dem Wald auf uns zu, eine Bierflasche in der Hand. Ich darf behaupten, dass er nicht echt ist, weil er uns keine Geschenke bringt, sondern stattdessen grinsend zum Land Rover tänzelt: »Es ist Weihnachten, es ist Weihnachten! Gebt mir Geld!«

Der echte Weihnachtsmann hat mir drei Riesenschokoriegel gebracht, meine erste Schokolade seit sechs Monaten! Und meinem Bruder? Nun, er hat Malaria bekommen.

Liebe (Tansania, 15.1.2009)

»Besuchen Sie den Ngorongoro-Krater?«, werde ich von einem Einheimischen gefragt.

»Nee. Zu teuer«, ist meine ehrliche Antwort.

»Aber Sie kommen aus Deutschland«, sagt er ungläubig. »Sie haben Geld.«

»Wie viel kostet eine gute Kuh in Tansania?«, frage ich und deute auf eine große Herde, die auf der anderen Straßenseite von einem Massai gehütet wird.

»Oh, wenn er eine verkaufen würde? Ungefähr 800 Dollar? Manchmal auch 1000?«

»Gut. Dann besitze ich, mein Auto eingeschlossen, genau sechs Kühe«, erkläre ich und schiebe nach, »und eine von meinen Kühen gibt keine Milch mehr und ist recht dünn.« Damit lasse ich den etwas ratlosen Mann stehen.

...

Schlag Mitternacht beginnt mein tansanisches neues Jahr mit einem mächtigen WUMMM. Mein Bruder und ich haben über 500 Streichholzköpfe abgeschabt, in einen Behälter gefüllt und angezündet.

Wer als Erster die Idee hatte, das neue Jahr mit guten Vorsätzen zu beginnen, weiß ich nicht. Vielleicht hat es diesen Brauch schon immer gegeben. Menschen sind nie mit dem zufrieden, was sie haben, im Westen nicht und auch nicht in Afrika. Vielleicht ist es gut so. Das hält einen davon ab, zur Möhre zu werden. Nichts gegen Möhren, das ist ein schmackhaftes Gemüse, das genau das tut, was man von ihm erwartet. Wachsen, gelb und dann verspeist werden. Von einem Menschen erwarte ich etwas mehr. Und das Einzige, was mich dazu veranlasst, mehr zu wollen, ist die Unzufriedenheit mit meiner gegenwärtigen Lage. Wäre ich damit zufrieden, in die nachglimmenden Reste meiner Neujahrsbombe zu starren, bräuchte ich mich bis zu meinem Ende nicht mehr zu bewegen. Manchmal ist es wichtig, mit dem Leben nicht zufrieden zu sein. Wäre es ein Oxymoron, wenn ich sagen würde, ich bin überglücklich damit, ein unzufriedener Mensch zu sein?

Auch ohne gute Vorsätze habe ich doch Hoffnungen, und das ist nicht das Gleiche. Ich hoffe, Matilda hält für den Rest der Reise durch. Und ich hoffe, dass mich meine deutschen Freunde noch erkennen, wenn wir uns wiedersehen. Das Reisen verändert einen. Ich habe Leid gesehen und gelegentlich auch selbst erfahren, und deshalb sind die Probleme des Westens für mich in eine andere Perspektive gerückt. Zurzeit machen alle in Europa ein Riesengetue wegen des Crashs am Aktienmarkt. Meine Reaktion darauf ist ein Achselzucken und »No worries! Verkaufen. Treiben Sie Ihre letzten Kühe zusammen und verreisen Sie! Und wenn Sie hoch verschuldete, rote Kühe haben, dann erschießen Sie sie, zum Teufel, und bauen sich aus Treibholz eine Bar an einem australischen Strand!« So weit meine Tipps, aber wenige werden den Rat verstehen, und in Deutschland wird ihm wohl niemand folgen.

...

Daressalam. Landeshauptstadt bis 1996, als die meisten Regierungsstellen nach Dodoma verlegt wurden. Noch immer aber ist Daressalam die größte Stadt Tansanias und, was wichtiger ist, sie stellt das Sprungbrett für die magische Insel Sansibar dar. Ich kann beinahe den großen Entdecker Livingstone sehen, wie er vor eineinhalb Jahrhunderten am Kai steht und sich vom Sultan verabschiedet. Dies war die Insel, von der jede Karawane ins Innere Afrikas aufbrach, und der Ort, den die Sklaven am meisten fürchteten. 50 000 wurden hier jährlich ge- und verkauft. Bernard hat gerade noch genug Zeit, um mit mir dorthin zu fahren, bevor er zurückfliegt.

Hollywood lehrt uns, dass Sklaverei als ausschließlich von weißen, angelsächsischen Rassisten begangene Grausamkeit anzusehen ist, die Arbeiter für ihre Baumwollplantagen brauchten. Während meiner Schulzeit wurde mit keinem Wort erwähnt, dass Sklaverei, die im Westen schon seit einem Jahrhundert verboten ist, im 20. Jahrhundert immer noch auf jenem Kontinent in Blüte stand, dem wir für unsere Missetaten in der Vergangenheit einen massiven Ausgleich zu schulden meinen. Im Niger wurden 2009 schätzungsweise 8 % der Bevölkerung von Tuareg, Fulani und Toubou als Sklaven gehalten. Und wann hat die nigerianische Regierung die Sklaverei endgültig verboten? 2003!

Mit den Fahrkarten in der Hand, drängeln wir uns mit unzähligen anderen in einer improvisierten Schlange zum Schnellboot. Europäische Gepflogenheiten, wie im Bus den Sitz einer älteren Dame, einem einbeinigen Mann oder einer schwangeren Frau anzubieten, sind in Afrika unbekannt. Es gibt hier keine Andeutung von Höflichkeit. Afrika heißt Hyäne frisst Hyäne, nur die Stärksten haben das Recht auf einen Sitz oder darauf, das Schiff als Erste zu besteigen. Es wird gestoßen und geschoben, um in jeder Situation die Hierarchie durchzusetzen. Auf den Schiffen nach Sansibar ist es weniger schlimm, weil für jedes davon nur eine bestimmte Anzahl Fahrkarten verkauft wird. Auf der langsamen Dau nach Mafia Island im Süden Tansanias geht es anders zu. Wir treffen zwei junge Rucksacktouristinnen, die gerade von dort kommen. Sie sind aus Großbritannien und haben ein paar Monate Urlaub.

»Als wir an Bord gingen und auch während der ganzen Fahrt haben die Männer versucht, uns über Bord zu stoßen«, erzählt die eine.

»Und nicht nur uns!«, sagt die andere. »Einheimische Frauen mit Kindern auf dem Rücken sind von den Leitern geschubst worden!«

»Zum Schluss wurden alle Frauen gegen die Reling gedrückt, auf der einen Seite von den Wellen bespritzt und auf der anderen von kotzenden Männern! Ich möchte wissen, wie viele Babys jedes Jahr ertrinken?«

Sansibar ist islamisches Gebiet und die islamische Kultur verbietet offen gezeigte intime Beziehung zwischen den Geschlechtern. Aber obwohl viele Westler dieses Verbot speziell dem Islam zuordnen, finden sich diese strengen Regeln für die Geschlechterrollen auch bei anderen. Schwarzafrikaner, seien sie Christen, Muslime oder anderes, zeigen fast NIE offen Zuneigung füreinander. In zweieinhalb Jahren habe ich keinen einzigen Mann und keine Frau gesehen, die sich auf der Straße umarmt oder geküsst hätten.

Bei einer Tasse Kaffee frage ich eine aufgeschlossene Massaifrau, die in der Touristikbranche arbeitet und relativ gut Englisch spricht, warum sie sich nie von ihrem Mann einen Kuss »erschleicht«. Sie kennt mich von einem Zeltplatz, wo ich eine Weile verbracht habe, und antwortet: »Er wäre soooo verlegen! Das täte ich nie!«

»Und wenn er Sie umarmen würde, zum Beispiel in einem Restaurant?«, fahre ich fort.

»Dann würde ich ihn schlagen, weil er mich in eine solche Verlegenheit gebracht hat!«, sagt sie und lächelt.

»Aber wie könnt ihr eure Leidenschaft füreinander so kontrollieren?« Mit dieser Frage ziehe ich eine Niete.

»Was bedeutet Leidenschaft? Ich verstehe das Wort nicht.« Sie blickt irritiert, und jetzt ist es an mir, eine einfache Erklärung für etwas zu geben, von dem ich glaube, dass sich darum im Idealfall die ganze Existenz dreht, sei es mit einer Frau oder auf dem Lebensweg ganz allgemein.

»Leidenschaft ist, wenn Sie etwas so lieben, dass Sie es mit jeder Faser des Körpers und mit der ganzen Seele den ganzen Tag lang umarmen möchten«, ist das Beste, mit dem ich auf die Schnelle dienen kann. Aber sie versteht immer noch nichts.

Also fahre ich mit dem Fragen fort: »Lieben Sie Ihren Mann?«

»Freilich! Sehr sogar. Wir haben fünf Kinder.«

»Und was bedeutet lieben für Sie?«, frage ich weiter.

»Liebe heißt für mich zusammenleben, Kinder haben, und dass er mich mit Geld unterstützt«, antwortet sie sofort. Mich freut die Ehrlichkeit und Offenheit dieser Frau. Ich will noch tiefer schürfen.

»Und was bedeutet Liebe für Ihren Mann?«

Sie lacht. »Sex.«

Ich frage sie nach der schlimmen Narbe an ihrer Kehle.

»Oh, das war mein Vater. Er trieb mir einen Speer durch den Hals, als ich ihm sagte, dass ich den Mann, den er für mich ausgesucht hatte, nicht heiraten will. Ich wurde aus dem Stamm ausgeschlossen, weil ich seinem Willen nicht gehorchte. Er redet auch jetzt nicht mehr mit mir. Nun habe ich einen guten Mann, aber ich glaube, er schläft mit zu vielen Frauen.«

»Was? Sie wissen, dass er mit anderen Frauen schläft, und bleiben doch bei ihm?« Ich bin erstaunt. Keine Frau im Westen würde das hinnehmen! Ich hatte davon gehört, dass die Massai polygam sind. Früher betrachteten sie das wegen der hohen Kindersterblichkeit und dem oft frühen Tod der Krieger als notwendig. Deshalb wird neben der Vielweiberei auch Vielmännerei praktiziert. Im Stamm der Massai heiratet eine Frau nicht bloß ihren Mann, sondern die ganze Altersgruppe. Ich hatte allerdings geglaubt, dass diese modern denkende Frau dies alles längst hinter sich gelassen habe. Sie trägt Designerkleider und trinkt Cocktails.

»Ja«, antwortet sie. »Fast alle schwarzen Männer haben viele Frauen! Aber meiner hat ein paar, die ich nicht mag.«

»Und Sie? Schlafen Sie manchmal mit anderen Männern?«

»Nein. Aber etliche schwarze Frauen tun das. Sie sind nur zurückhaltender.«

Ich will etwas wagen. Wer mich gut kennt, der weiß, dass ich Fremden manchmal sehr persönliche Fragen stelle.

»Gibt es ein Vorspiel?«

»Was ist Vorspiel?« Sie sieht mich genauso verständnislos an wie bei der Frage nach der Leidenschaft. Die nächsten 30 Minuten versuche ich zu erklären, was ein Vorspiel ist. Sie ist sprachlos und weiß nicht, was sie davon halten soll. Massai scheinen nicht zu knutschen.

Bei Gelegenheit habe ich gefordert, dass Traditionen, Kultur und Religion den Menschen, die ihnen anhängen, DIENEN sollen und nicht umgekehrt. In Europa missbilligen wir einen Schreiner der alten Schule, wenn er seinen genialen Lehrling kritisiert, weil dieser etwas anders, aber besser macht. Wenn sich eine bessere Lösung findet, verwerfen wir den Anspruch des Meisters, dass die Dinge nur so gemacht werden können, wie man sie schon immer gemacht hat. Afrika missbilligt nichts. Es scheint so zu sein, dass die Leute da sind, um die Tradition am Leben zu erhalten. Ein Teil von mir möchte diese Massaifrau kritisieren, weil sie es hinnimmt, dass ihr Mann sie betrügt. Aber da gibt es einen Unterschied. Sie leidet nicht. Sie ist glücklich. Glücklich wie viele Afrikaner, Männer und Frauen, mit Beziehungen, die wir als unmöglich empfinden und ohne ein bisschen von dem, was wir Leidenschaft oder Liebe nennen.

Die meisten Afrikaner lieben einfach anders. Warum sollten sie auf Sansibar Händchen halten wollen? Warum sich auf der Straße küssen? Sie fühlen sich durch die Regeln der Geschlechterrollen nicht eingeengt. Knuddeln, Vorspiel, Händchenhalten, Romantik, Leidenschaft, tiefe Blicke in die Augen, sexuelle Treue ... das sind alles westliche Vorstellungen von dem, was zu einer liebevollen Beziehung gehört. Ein Afrikaner, der seiner Frau die schweren Einkaufstüten trägt oder ihr die Tür öffnet? Niemals. Sie wird ein Kind auf dem Rücken tragen und eines vorne, einen Korb mit Ziegeln auf dem Kopf und zwei Koffer in den Händen. Ihr Mann schlurft neben ihr her und trägt eine Bierflasche. Und sie fühlt sich wohl dabei. Es gibt Ausnahmen von der Regel und Männer, die Treue über Lust stellen, doch meist gilt das zuvor Gesagte. Westliche Vorstellungen von Liebe sind in Afrika so unangebracht wie Ananaspizza mit Senf.

...

Die Massai werden zur vorherrschenden Stammesgruppe, je weiter ich nach Norden komme. Ihr Leben dreht sich um Vieh und Kinder. In der Kultur der Massai braucht man viel von beidem, um eine Respektsperson zu sein. Eine »Herde« von 50 Kühen und sechs Kinder ist annehmbar. Für Heilungen, Regen und Prophezeiungen ist ein Schamane zuständig, aber ich muss sagen, dass die Schamanen in ihrem Beruf kläglich scheitern. Die Kindersterblichkeit ist unter den Massai so hoch, dass Kinder erst als solche gelten, wenn sie zweieinhalb Jahre alt sind. Wenn sie sterben, wirft man ihre Leichen für die Hyänen in den Busch. Die traditionellen Häuser der Massai bestehen aus einem Zweiggeflecht, das mit einem Gemisch aus Lehm, Kuhfladen, Asche und menschlichem Urin bedeckt wird. Krieger bewachen die Dörfer, während die Frauen das Essen zubereiten.

Damit ein Junge zum Krieger wird, muss er sich einer schmerzhaften Beschneidungszeremonie ohne Betäubung unterziehen. Während ein Alter seine Vorhaut abtrennt, muss der junge Massai die Prozedur schweigend und ohne sichtbare Anzeichen von Schmerz über sich ergehen lassen, wenn er sich nicht mit Schande beladen will. Das Glied wird zum Schluss mit Kuhhaut verbunden und der Junge drei Monate weggeschickt, bis die Wunde verheilt ist.

Frauen werden ähnlich behandelt, aber ihre Beschneidung ist eine ganz andere Sache. Vereinfacht gesagt gibt es drei verschiedene Varianten, die alle der Tradition gemäß ohne Betäubung durchgeführt werden. Im leichtesten Fall werden nur die äußeren Teile der Klitoris und manchmal auch die Klitorisvorhaut entfernt. Bei der zweiten Variante verliert das Mädchen neben Klitoris und Klitorisvorhaut auch die inneren und/oder äußeren Schamlippen. Im Extremfall entfernt die Operierende die Klitoris mitsamt Vorhaut und verengt dann den Scheideneingang, indem sie die inneren und/oder äußeren Schamlippen aufschneidet und aus ihnen einen Verschluss bildet. Dieser wird mit Dornen zusammengehalten oder zusammengenäht. Der Heilungsprozess kann bis zu sechs Wochen dauern, während deren der Patientin häufig die Beine zusammengebunden werden, damit sie sich nicht bewegt. Zuletzt bleibt nur ein Fleischwall vom Schamhügel bis zum After mit Ausnahme einer kleinen Öffnung, damit Urin und Menstruationsblut abfließen können.

Vor Geschlechtsverkehr muss der Ehemann das Narbengewebe seiner Braut öffnen, wozu er meist ein Messer verwendet. Vor der Geburt wird die Öffnung vergrößert, anschließend wird die Frau wieder zugenäht. Ich weiß, dass in den Beziehungen zwischen schwarzen Afrikanern nicht viel Raum für Romantik ist, aber geht das nicht ein bisschen zu weit? Es heißt, dass weltweit 100 bis 140 Millionen Frauen beschnitten sind und jährlich zwei Millionen Mädchen und Frauen, vor allem in Afrika, verstümmelt werden. Die Kritik aus dem Westen ist massiv; Religionsführer, Medien, Ärzte und die Regierungen vor Ort versuchen seit 50 Jahren, diese Praxis auszurotten, aber mit wenig vorzeigbaren Ergebnissen. Sie verwenden deutliche Worte und setzen die Genitalverstümmelung an Frauen und Mädchen, sei es aus kulturellen oder religiösen Motiven, mit Gewalt gegen Frauen, Missbrauch von Kindern und ausgesprochener Folter gleich. Ärzte warnen sehr vor Langzeitfolgen für die Betroffenen. Die Beschneidung kann Narben hinterlassen, Nerven schädigen, Unfruchtbarkeit verursachen und zu Schwierigkeiten beim Gebären führen. Die Operation kann den Tod durch Schock, Schmerz und Blutverlust zur Folge haben. Durch die Verwendung nicht sterilisierter Messer können Infektionen entstehen und es treten auch psychische Störungen auf. Wie also kann ein vernünftiger Mensch für diese Verstümmelungen sein? Viele Menschen wollen über dieses Thema lieber gar nicht reden, sondern sehen die Beschneidung grundsätzlich als falsch an.

Und ich sitze nun hier in Tansania mitten unter beschnittenen Frauen. Ich tue, was ich immer tue, wenn ich mit einer Kultur konfrontiert bin, die ich nicht verstehe: Ich stelle zunächst Fragen und höre zu. Männer und Frauen erzählen mir im vertrauten Gespräch, dass die Beschneidung der weiblichen Genitalien notwendig sei und dass sie entsetzt sind über uns kolonialistische und imperialistische Europäer, die schon wieder ihre Kultur und Tradition dämonisieren und diktieren, wie sie leben sollten.

Männer behaupten, nur eine beschnittene Frau könne man heiraten, sie sei schöner, ihre Jungfernschaft sei erwiesen, die Beschneidung hindere sie, untreu zu werden, und sie entspreche der Tradition.

Einige Frauen sagen, sie könnten so einen besseren Mann finden, sie würden sich schöner vorkommen, hätten einen höheren Rang im Stamm, seien körperlich und geistig reiner und schließlich gehöre das zur Tradition.

Wie soll man urteilen? Mein Gefühl sagt mir, dass die Massai irren und ihre Frauen ohne Notwendigkeit foltern. Wenn aber die Frauen mit der Folter einverstanden sind? Wenn sie sich nur ganz fühlen, wenn ein Teil von ihnen entfernt wird? Wenn der Brauch nach 50 Jahren Kampagne gegen ihn weiter besteht, in einigen Regionen zwar abnimmt, in anderen dafür aber zu, ist dann möglicherweise der Glaube daran zu tief in der Mentalität verwurzelt? Es klingt vielleicht absurd, aber man stelle sich vor, wie Afrikaner in Europa mit ihren Massaihäuptlingen, Priestern und Schamanen einmarschieren und uns sagen, wie schlecht wir handeln, wenn wir die Mädchen nicht beschneiden. Wie viele Jahre würde es dauern, bis wir auf sie hörten und unsere Messer wetzen würden?

Die beste Lösung, die ich anbieten kann, ist ein Austausch in Dialog und Erfahrung zwischen dem Westen und Afrika, ohne den Brauch von vorneherein zu verurteilen. Wenn wir die Afrikaner für reife, denkende Erwachsene halten und nicht für Kinder, die von Mutter Europa geführt werden müssen, sollten wir hinnehmen, dass Leute sich verstümmeln lassen. Wir können nur hoffen, dass mit der Zeit unsere Moralvorstellungen die Oberhand gewinnen.

Und ich habe noch nicht einmal damit begonnen, über den Brauch des Brustbügelns in Kamerun zu sprechen, mit dem das Brustwachstum der Mädchen gehemmt werden soll, um sie weniger attraktiv zu machen und so Vergewaltigungen und ungewollte Schwangerschaften zu verhindern. Die Mütter benutzen Mühlsteine, Stößel, Gürtel, heiße Gegenstände und Brustbänder, um damit ihre Töchter zu drangsalieren. Ich bin sehr froh, als männlicher Europäer geboren zu sein.

Ich verbringe vier Wochen in dem Massaidorf, bevor ich den Motor anwerfe, um das letzte Stück bis Arusha zu fahren.

Die Geschichte der Generationen
(Uganda, 1.5.2009)

Ich hätte merken sollen, dass da etwas nicht stimmt, als sich die jungen Gäste, die sich auf meinem Campingplatz in Nairobi aufhalten, zum dritten Mal in Folge Lara Crofts *Tomb Raider* auf DVD angucken. Was sind das für Reisende, die ein Vermögen für den Flug an einen exotischen Ort ausgeben, nur um in einem Clubsessel Wurzeln zu schlagen, ins Haus gelieferte Pizzen zu essen und sich von sexy Lara mit dem Eliminieren von Bösewichten unterhalten zu lassen? Ich weiß, wer sie sind, sie sind alle zusammengepfercht in kommerziellen Overlandtrucks angekommen. Weltweit buchen geschätzte 100 000 Menschen bei einem Overland-Unternehmen. Das ist keine obskure Form des Reisens; die organisierten Überlandtouren sind Mainstream geworden. Es ist der letzte Schrei.

Ich bin sofort dabei, als mir die Gelegenheit geboten wird, mich einem 18-tägigen Gorillatrip von Nairobi nach Uganda anzuschließen. Der Vorschlag kommt von Laura, einer australisch-italienischen Führerin, die ich zum ersten Mal vor vier Monaten in Malawi getroffen hatte. Ich hatte mich damals in sie, ich gebe es gern zu, verliebt.

»Möchtest du mit uns kommen? Nur zum Ausprobieren, um zu sehen, ob das etwas für dich wäre. Wir brauchen Personal! Wir sind insgesamt zwölf, meist australische Mädchen. Du kannst sie heute Abend sehen.«

Die Teilnehmer haben sich im Hotelfoyer versammelt. Zwei Kerle aus Großbritannien und eine Menge australischer »Sheilas«. Die Jüngste ist 24, die Älteste 32. Die meisten tragen Make-up. Das sind für die nächsten 18 Tage meine Begleiter. Laura stellt sich vor, gibt einen Überblick über die Reise und sammelt das Geld für Essen und Unterkunft ein.

»Morgen um sieben brechen wir zum Nakuru-Nationalpark auf. Gibt es Fragen?«

»Ja, haben wir Internet auf jedem Campingplatz?«, fragt eines der Mädchen.

»Können wir unsere iPods und Laptops auf dem Truck laden?«, fragt eine andere.

»Müssen wir die Zelte selbst aufstellen?«, will eine Dritte wissen und blickt bei diesem Gedanken finster drein. Sie und einige andere waren vorher noch nie beim Zelten.

»Ich koche nicht! Ich koche niemals!«, ruft die Vierte, als sie erfährt, dass sich die Teilnehmer beim Zubereiten des Essens abwechseln müssen.

»Gib ihnen eine Galgenfrist, Chris!«, fordert Laura später am Abend, nachdem ich eine zynische Bemerkung zu viel gemacht habe. »Nimm es hin, dass der Abenteuertourismus tot ist. Das sind keine weiblichen Ausgaben von Crocodile Dundee! Das sind Credit-Crunch-Overlander[4], Mädchen der Wirtschaftskrise. Und mein Job ist es, ihnen Sicherheit zu geben und dafür zu sorgen, dass sie ihre Unterhaltung haben. Wenn sie wieder heimkommen, werden sie für den Rest ihres Lebens im Beruf stehen und bis zur Rente sechsstellige Gehälter beziehen.«

»Aber eines der Mädchen ist 32, vom biologischen Alter her, und kann weder kochen noch ihre Socken ohne Mamis Waschmaschine waschen«, gebe ich zurück.

»Ja, ich weiß«, seufzt Laura. »Ich erinnere mich an eine Tussi auf einem Trip, die mit offenem Mund vor einem Laib Brot stand, als sie das Frühstück richten sollte. Das Brot war nicht vorgeschnitten und als Toastbrot verpackt, sondern ein ganzer Laib. Sie wusste nicht, was sie tun sollte. Das arme Mädchen hatte noch nie zuvor ungeschnittenes Brot gesehen.« Nach einem Moment des Nachdenkens fährt Laura fort: »Weißt du, was mir wehtut? Dass einige meiner Teilnehmer für Verträge und Staatsgeschäfte im Wert von Millionen verantwortlich sein werden, aber noch kein Brot schneiden können ...«

Ich willige ein, mich während der Reise zurückzuhalten, und verspreche, alle kritischen Kommentare für mich zu behalten. Doch schon am nächsten Morgen stehe ich in gefährlicher Versuchung ...

»Geht die Sonne in Afrika im Osten auf?«, fragt mich das um seinen iPod besorgte Mädchen. Was soll ich auf so eine Frage antworten? »Ja«, sage ich mit gekünsteltem Lächeln. Laura, die hinter mir stehend zuhört, flüstert: »Gut gemacht, Chris. Aber was ist, wenn sie morgen wieder genau das Gleiche fragt? Das machen die, weißt du.«

Ich sitze hinten mit den übrigen Passagieren; Führerin und Fahrer sind vorn in der Kabine. Der Fahrer ist ein schwarzer Sambier, den ich Tom nennen will. Es ist sein erstes Jahr als professioneller Lkw-Fahrer für Overlander, aber anders als in Südamerika und Asien tun schwarze Fahrer nichts als fahren. Von

---

4 Tourist, der nach dem Platzen der Spekulationsblase aus Geldmangel auf kostengünstige Reiseangebote ausweichen muss.

ihnen wird nicht erwartet, dass sie mit Rechnungen umgehen, die Reisemittel einteilen oder sich unter die Teilnehmer mischen; so ist zumindest die Politik von Lauras Arbeitgeber. Der Fahrer ist für das Lenkrad verantwortlich, und er bekommt dafür ein höheres Gehalt als Laura, die den größten Teil der Arbeit und der Verantwortung trägt.

»Das ist mehr als unfair«, sagt sie mir später. »Aber du bist lange genug in Afrika, um zu verstehen weshalb, stimmt's? In Südamerika bin ich die halbe Zeit den Truck gefahren und alle Arbeiten waren gleichwertig. Hier? Vergiss es.«

Hinten laden inzwischen alle fleißig ihre iPods. Die Musik schmettert aus den Lautsprechern, sodass jede Unterhaltung unmöglich ist. Einige der Mädchen holen den mangelnden Nachtschlaf nach, andere schreien in ihre Mobiltelefone, um den Lärm zu übertönen. Wieder andere beklagen sich über ihr Gewicht, Dehnungsstreifen, Cellulitis, Schenkel, Dekolleté, Pickel, Haare, Beine, Fingernägel, Wimpern, BH-Größe, Menstruation, Darmbewegungen, Alter und Falten. Nach einer halben Stunde Fahrt klopft mir jemand auf die Schulter: »Chris, wir brauchen eine Pinkelpause!«

Ich bin mit meinen 39 Jahren der Älteste an Bord, vier Jahre älter als Laura und sieben älter als das Mädchen, das nicht kochen kann. Wegen meiner Verbindung zu Laura sehen mich die Pax[5] nicht als einen der ihren. Ich bin rasch in eine Stellung zwischen Führer und Teilnehmer geschlüpft. Ich rufe Laura über Sprechfunk: »Mädchen müssen mal. Chris over.« Wir halten an einer Tankstelle und alle rennen zusammen zum Klo. Das fängt ja gut an ...

Die Erfahrung einer afrikanischen Toilette darf man nicht verpassen. Es ist nicht so schlimm wie auf einem chinesischen Klo auf dem Land, wo man knöcheltief durch Exkremente waten muss, bis man an den Plumpskloschacht kommt, aber es ist für den verwöhnten Europäer immer noch verstörend. Es gibt keine öffentlichen Bedürfnisanstalten wie in Paris, mit Musik, elektrischen Schiebetüren und automatischem Reinigungssystem. Afrikaner vom Lande benutzen nur selten Toilettenpapier, und die Methode des Mittleren Ostens, die linke Wischhand unter dem Wasserhahn zu säubern, ist unbekannt. Man nimmt, was es gerade gibt, Blätter, Gras, die Wand oder gar nichts. Einige Klos in den Tankstellen sind von der Decke bis zum Boden schöpferisch mit Kotgraffiti verziert. Das ist ein interessanter, wenn auch geruchsintensiver Anblick. Und

---

5 Truckerjargon für Passagiere, Teilnehmer

eine funktionierende Wasserspülung muss ich erst noch finden. Fäkalienhaufen werden zu Hügeln und dann zu Bergen, die denen, die so dumm sind, sich zu setzen, an den Hintern stoßen. Die Mädchen kommen angeekelt zum Truck zurück und die nächste Stunde drehen sich alle Gespräche um Toilettenartikel. Bis die, welche nicht zeltet, mir auf die Schulter klopft: »Chris, wann kommt die nächste Pinkelpause? Frag Laura, wie es auf der nächsten Toilette aussieht!« Wir sind jetzt 90 Minuten westlich von Nairobi.

Wir erreichen unseren ersten Zeltplatz, gerade an der Grenze des Nakuru-Nationalparks. Ich beschäftige mich damit, für die abendlichen Marshmallows ein Feuer zu machen, und Laura deckt den Tisch. Tom verschwindet in der Bar, bis zum nächsten Morgen wird er unsichtbar bleiben. Und die Pax fummeln herum, um die Zelte aufzubauen. »Können wir für ein Zimmer draufzahlen?«, fragt die, die nicht kocht.

Am nächsten Morgen um sechs gehen wir auf Tiersafari, die erste für unsere ganzen Pax. Aber wegen des Trinkgelages letzte Nacht ist die Stimmung am Boden. Wie Zombies besteigen sie den Truck, stecken ihre iPods ein und dämmern dahin. Die Köpfe drehen sich, wenn ich »Büffel backbord!« oder »Hyäne steuerbord!« Rufe. In Trance werden die Digitalkameras aus dem Fenster gehalten, ein Dutzend Schnappschüsse wird gemacht und dann gehen alle wieder schlafen.

»Alles in allem können wir mit dieser Gruppe zufrieden sein«, meint Laura. »Sie sind recht zurückhaltend. Wir brauchen keine Angst zu haben, dass die Reise zur Sexparty ausartet. Meist kann man das Testosteron und die Östrogene schon riechen, wie sie durch die Adern pulsieren. Auf jedem Zeltplatz gibt es eine Orgie. Die Mädchen sind schlimmer als die Jungs; manche fahren nur mit Overland-Trucks, um mit möglichst vielen Einheimischen zu schlafen. Und natürlich fühlen sich die Jungs an Bord dann abgelehnt und flüchten sich in den Alkohol.«

Wir verlassen den Park, um nach Jinja und zur Quelle des Victoria-Nils zu fahren.

Jinja liegt in Uganda, doch bekomme ich vom Grenzübertritt fast nichts mit, da Laura sich um den ganzen Papierkram kümmert. Wir fahren meist über sechs Stunden am Tag und es geht nur darum, die Kilometer so gut wie möglich hinter uns zu bringen. Wir halten nie in einem Dorf zum Mittagessen, um afrikani-

sche Gerichte zu kosten, wir halten nie wegen eines Sonnenauf- oder Sonnen-
untergangs. Es heißt nur Tempo, Tempo, Tempo und »Vorwärts Macduff!«

Blickt man aus der Perspektive des außenstehenden Beobachters auf kommerzielle Overlandabenteuer, so nimmt man eine Gruppe von bleichhäutigen
Touristen wahr, die sich wie Gymnasiasten aufführen und von einem Lkw alle
paar Hundert Kilometer für einen Adrenalinstoß ausgespien werden. Denken
die Pax daran, dass Livingstone und Stanley ihr Leben riskierten, um die Quelle
des Nil zu finden? Stellen sie sich vor, wie sich jeder Wassertropfen auf eine fast
7000 Kilometer lange Reise nach Ägypten und ins Mittelmeer macht, mitge-
führt im längsten Fluss der Welt? Riechen sie den Nil, fühlen sie, wie er den
Körper einschließt, wenn man in seine Fluten taucht? Nein. Meine Pax beschäftigen sich mit Bungee-Jumping und Bodyboarding, Aktivitäten, die sie auch in
Sydney, Australien, hätten haben können. Sie sammeln ihre Zertifikate »I have
bungeed the Nile« und streben zur Bar.

Heute sind die Gorillas am Bunyoni-See dran. Früher standen auch die Pygmäen
auf dem Programm, bis sie sich eines Tages betrunken um Trinkgelder gestrit-
ten und gekämpft haben. Seither hat das Pygmäendorf einen schlechten Ruf
und ist nicht mehr Teil der Overlandaktivitäten. Pax wollen fröhlich tanzende
Pygmäen sehen und nicht betrunkene. In den späten 1800er-Jahren beschrieb
Stanley die Pygmäen, die er im Ituri-Regenwald des Kongos angetroffen hatte,
als edel und stolz, ein Volk, das nicht einmal der berühmt-berüchtigte Sklaven-
händler Tippu-Tip versklaven konnte. Diese Völker sind denselben Weg bergab
gegangen wie die San: Sie vermarkten ihre geringe Körpergröße für die Kame-
ralinsen der Touristen. Für mich ist dieses Verhalten nicht weit von Prostitution
entfernt, in gewisser Hinsicht vielleicht sogar schlimmer, denn sie verkaufen
nicht nur den Körper, sondern geben auch ihre Kultur und ihren Stolz auf.

Manche Stämme essen Primaten oder verkaufen deren Körperteile für traditionelle Heilmittel. Sigourney Weaver, die die Hauptrolle im Film *Gorillas im Nebel*
spielte, machte sich nach den Dreharbeiten zur Anwältin der Gorillas. Der Film
beruht auf der wahren Geschichte von Dian Fossey, die Jahre auf den vulkan-
schen Hängen zwischen Uganda und der Demokratischen Republik Kongo
verbrachte und die legendären Silberrücken gegen Wilderer verteidigte. Sie
starb dort, von Einheimischen ermordet, denen mehr an Geld als an Program-
men zur Erhaltung der Gorillas gelegen war. Ihr Vermächtnis lebt, wenn auch

nicht ganz in ihrem Sinne, fort: Tierschützer aus dem Ausland konnten die Regierungen von Uganda und Ruanda vom Wert der Gorillas überzeugen, allerdings nicht als einer Art, die als solche geschützt werden sollte, was eher europäisches Denken wäre, sondern als vermarktbare Primaten. Touristen kommen in Scharen, um in Dians Fußstapfen über die Hügel zu wandern und dieses eine spezielle Foto zu schießen, das einen gefährdeten Silberrücken im Dschungelnebel zeigt. Unsere Pax haben sich vor allem zu diesem Zweck für die Reise angemeldet. Der Preis allein für den Parkeintritt beträgt pro Person 650 US-Dollar.[6] Dafür werden 60 Minuten mit einem Gorilla vor der Linse versprochen. Die geführten Wanderungen sind Monate im Voraus ausgebucht.

Auch ich hätte sie gern gesehen, aber 650 US-Dollar sind bei Weitem zu viel für mich. Ich bleibe mit Laura am Bunyoni-See zurück. So habe ich ein paar Tage stark benötigte Ruhe vor den Mädchen. Es würde mich nicht stören, wenn die Gorillas von heute einen Strichcode auf der Stirn trügen, sollte das die einzige Möglichkeit sein, sie zu retten. Ohne ist die Wahrscheinlichkeit hoch, dass sie am Ende des Monats alle im Bauch gewisser Afrikaner verschwunden sind. Die Pax können mir später von ihrem »Abenteuer« berichten.

Unsere Pax kommen zurück. »Wie war's?«, frage ich. »TOLL!«, sagen sie begeistert. »Und was machen wir morgen? Wird es auf dem Campingplatz Internet geben?«

Ich frage Laura, ob wir für einen Tag die Plätze tauschen können; ich muss einmal aus der Meute herauskommen. Sie hat Mitleid und ist einverstanden. Tom ist ein leutseliger Geselle, locker und ruhig, auch wenn ich ihm niemals Geld leihen würde. Er ist 30, hat zwei Kinder, wird bald heiraten und hat auf jedem Zeltplatz zwischen Nairobi und Kapstadt eine Freundin. Ich werfe ihm das nicht vor, das ist einfach afrikanisch.
    »Duck!!!«, schreit Tom auf einmal aus dem Fenster und bricht das Schweigen. Ich ducke mich in meinen Sitz und erwarte eine Kollision mit einem tief hängenden Ast, merke aber, dass er etwas ganz anderes gemeint hat.
    »Duck!!!«, schreit er noch einmal einem Passanten zu, der unseren Truck anstarrt.

---

6 Mittlerweile beträgt der Eintrittspreis sogar schon 1000 US-Dollar pro Person (Stand Anfang 2011).

»Duck?«, frage ich Tom, »was meinst du damit?«

»Diese Leute in Uganda sind alle so dunkel wie schwarze Enten! Sie sind blöd!«, sagt Tom.

»Und was bist du? Du bist auch schwarz!«, gebe ich zur Antwort.

»Ich bin nicht schwarz, ich bin braun!«, erklärt er beleidigt. Ich sehe da keinen Unterschied. Tom ist für mich schwarz wie die Nacht. Aber ich will seine rassistische Bemerkung nicht kommentieren, das wäre ein zweckloses Unterfangen. Denn so aufgeschlossen Tom auch sein mag, er hängt dem Glauben an, dass Afrikaner der Definition gemäß nicht rassistisch sein können.

Um das Thema zu wechseln, frage ich Tom, der viele afrikanische Sprachen beherrscht, was die Einheimischen zu den Passagieren sagen, wenn wir durch die Straßen einer Stadt gehen. Alles, was Laura und ich bisher gehört haben, wenn wir Lebensmittel auf dem Markt einkauften, ist »Muzungu! Muzungu! Muzungu! He!« und dann wird uns unter Gelächter ein Durcheinander von Wörtern und Rufen zugeworfen, das wir nicht übersetzen können.

»Oh, weißt du, das Übliche. So nach der Art ›Weißer, Weißer, gib mir deine Schwester zum Bumsen‹ und Übleres. Die verfluchen und beleidigen dich. Am besten hörst du nicht hin. Sie beleidigen mich auch, weil sie sehen, dass ich aus Sambia bin. Ich tue so, als würde ich sie nicht hören.«

Das ist der große Weckruf für Touristen auf dem schwarzen Kontinent. Unsere Pax glauben, dass alle in Afrika sehr fremdenfreundlich sind, sie sehen sich von Lächeln und Lachen umgeben. Dieser Fehler ist verständlich, denn fast alle Ausländer folgen der Herde von einem Touristenort zum anderen. Die einzigen Leute, mit denen unsere Passagiere in Berührung kommen, sind Afrikaner, die dafür bezahlt werden, freundlich zu sein. Laura will den Teilnehmern den falschen Eindruck nicht nehmen: »Sie müssen die Wahrheit selbst herausfinden. Meine Aufgabe ist, sie glücklich zu machen, und nicht, ihnen Verstörendes über die besuchten Orte zu erzählen.«

Eine andere Frage, die ich Tom stelle, ist die, warum weiße Muzungus immer noch angestarrt werden, 500 Jahre nach der Ankunft der ersten europäischen Entdecker. Wenn man die Araber hinzunimmt, sind Fremde seit über einem Jahrtausend auf diesem Kontinent unterwegs gewesen. Man könnte annehmen, die Einheimischen seien heutzutage daran gewöhnt, bleiche Gesichter zu sehen. Und doch sind wir immer noch eine Sensation. ALLE Köpfe drehen sich um, wo immer ein Weißer auch geht. Ich erzähle Tom, dass in den meisten

Ländern der Welt Neuankömmlinge ihre Einzigartigkeit nach einer Generation verlieren. In Thailand zum Beispiel verrenkt sich niemand mehr, wenn eine Langnase aus dem Westen vorbeigeht.

Tom lächelt. »Wirklich? Ich habe darauf keine Antwort. Aber ich schätze einmal, dass es der Sklave-Herr-Komplex ist. Schwarze Menschen fühlen sich den weißen unterlegen. Ich nicht, aber die meisten. Vielleicht ist es in England ähnlich? Drehen sich nicht alle Köpfe, wenn die Königin durch London fährt? Wollen nicht viele sie insgeheim imitieren?«

Im Massai-Mara-Nationalpark wartet der Massaiführer bereits, eingehüllt in ein rotes Tuch. Laura kennt ihn schon von ihrem vorigen Besuch, als er die Gruppe erfolgreich zu einer Gepardin mit Jungen geführt hatte, eine Seltenheit hier im Park.

»Ich erinnere mich, es war bei meinem ersten Mal in der Mara«, sagt sie. »Weißt du, dass die Massai als Spurenleser berühmt sind? Ich erwartete also, dass unser Führer uns auf die Spur von Raubkatzen brächte, seinen Finger in Haufen von Tierkot steckte, um festzustellen, wann er produziert worden sei. Er aber zog sein Handy heraus und rief einen Freund an. ›Da entlang‹, sagte er, ›die Gepardin ist zwei Kilometer die Straße hinunter.‹ Die Romantik war beim Teufel, aber die Pax haben ihren Kick bekommen, und deswegen stelle ich ihn wieder an.«

Viele moderne Massai sind »made in China«. Sie haben Handys made in China, iPods made in China und tragen Decken, die in China gewoben wurden. Und oft geben sie den Tieren lustige Namen, die die Safarigäste nicht in ihren Tierführern finden können.

»Schaut! Ein Rhino!«, mögen sie rufen, und es folgt ein langes »Aaaah, faszinierend!« der zufriedenen Kunden. »Was ist das für ein Vogel da drüben?« »Hm, ein breitschnäbliger, gelber Königsfalke«, kommt als Antwort. »Aaaah, hübsch«, sagen die Pax. »Muss selten sein, steht nicht einmal in unserem Buch!«

Und wir fahren dahin auf der Suche nach einem Hochkamm-Purpurkiemen-Krokodil.

Der zweite Tag im Park ist für eine Fahrt mit dem Heißluftballon reserviert. 450 US-Dollar pro Person inklusive Sekt. Wir holen die Teilnehmer am Nachmittag in der Nähe der Landestelle ab.

»Wie war's?«, frage ich.

»Fantastisch! Was machen wir jetzt?«, stottern sie alle. Die meisten sind ziemlich beschwipst. Hätte nicht fragen sollen.

Die kommerzielle Überlandtour ist fast zu Ende, und ich habe sie irgendwie überlebt. Wenn ich es überdenke, jetzt auf den letzten Kilometern nach Nairobi, möchte ich sogar sagen, dass ich eine Menge Spaß dabei hatte. Nicht wegen des Trips selbst – ich habe keinerlei Einblick in irgendeinen ugandischen Brauch oder in eine kenianische Tradition gewonnen. Aber ich habe etwas über eine Menschenrasse gelernt, von der ich bisher nicht wusste, dass es sie gibt: die »Credit-Crunch-Touristen«. Zurück auf dem Indaba-Zeltplatz, wo alles begann, holen die Pax ihre Laptops heraus und überspielen die Fotos, die sie geschossen haben. Das »Ich werde nicht kochen«-Mädchen hat 2360 Digitalaufnahmen in 18 Tagen gemacht. Sie betrachtet sie zusammen mit der übrigen Gruppe, als ob sie die Gorillas, Menschen und Landschaften zum ersten Mal sähe. Vielleicht ist es so? Während des Ausfluges gab es keinerlei Begeisterung; wenn sich jemand die Mühe machte, aus dem Fenster zu blicken, dann nur durch die Linse. Aber hier und heute sind unsere Pax quietschfidel, scharen sich stundenlang vor dem Bildschirm und sind hingerissen von den zweidimensionalen Ansichten.

Was mir noch ärgeres Kopfzerbrechen bereitet, ist die Frage, wie innerhalb eines Jahrzehnts aus den früheren, flexiblen und frei denkenden Abenteurern diese neue Generation von »*Homo ipodis*« hervorgehen konnte. Bin ich vielleicht schon so lange von Europa weg, dass ich die Welt, in der ich aufgewachsen bin, nicht mehr verstehe? Ich lachte immer, wenn mein Großvater seufzte: »Ach, die Jungen heute sind nicht mehr das, was sie früher waren.« Jetzt rede ich fast schon wie er.

»Hast du JE eine Gruppe gehabt, die auf fünf Tage in Livingstone verzichten wollte, wo all dieses Adrenalinzeugs wie Bungee-Jumping, Bridge-Swing, Microlighting und Flying Fox geboten wird, um stattdessen die gleiche Zeit in einem entlegenen Dorf oder verloren im Busch von Botswana zu verbringen?«, frage ich Laura.

»Nein, nie. Livingstone ist das Highlight jedes Afrikatrips«, antwortet sie. »Willst du für uns arbeiten?«

»Nein. Zu stressig. Ich weiß nicht, wie du das schaffst. Ich bewundere deine Ausdauer und Geduld aufs Höchste. Solche Gruppen zu führen, muss der härteste Job der Welt sein!«, sage ich und meine das ganz im Ernst.

»Ich weiß oft auch nicht, wie ich das schaffe.« Sie lächelt. Ich weiß, wir werden uns wiedersehen.

Ich brauche eine lange Rast. Falls möglich. Die Pax eines anderen Trucks sind heute morgen angekommen. Sie gucken *Mrs. Doubtfire* mit Robin Williams heute schon zum zweiten Mal.

21 Zen und die Kunst des Kokosnuss-
pflückens: eine Robinsonade in
Mosambik.

22 Wild zu kampieren ist für mich auf
Reisen die Norm: Das tänzelnde Licht
des Lagerfeuers zu beobachten, tut
meiner Seele wohl. Hier versuche ich
mich im Brotbacken im Potjie.

23 Die Victoriafälle in Simbabwe und
Sambia. Hier stand einst David
Livingstone und bewunderte die
größten Wasserfälle der Erde.

22

23

24 Auf dem Gipfel der Spitz-
koppe in Namibia. Aus dieser Höhe kann man deutli‹
die Erdkrümmung erkenne

25 Unfall in Westafrika: fast e
Todesurteil für Matilda.

26 Mit acht Jahren bereits
Kriegsveteran in Zentral-
afrika.

27 Die Wiederauferstehung
meines treuen Landys: De
Austausch des Rahmens
kostet sechs Wochen Arbe
und 60 Liter Schweiß.

Großwildjagd am Luangwa-
Fluss: Heute musste ein Nilpferd sterben, doch mit seinem Tod hilft es, seine Art
zu erhalten. Mit den Erlösen
aus der kommerziellen Jagd
werden viele Tierschutzpro-
gramme finanziert und neue
Naturreservate geschaffen.

29

30

29 Früher zogen die Kamelkaravanen hinter den Regenwolken her, heute folgen die Nomaden UN-Hilfskonvois ...

30 ... obwohl Wasser in Ostafrika reichlich zu finden ist. Hier eine typische Landschaft in Uganda.

31 Und hier eine Straße in Äthiopien ... während der Trockenzeit.

32 Eine Gasse in Harar. Hier überwiegt die islamische Kultur, und anstatt Minirock tragen die Frauen einen Hijab. Ich finde die Kleidung schön, wie die meisten Frauen im Land übrigens auch.

33

34

33 Somaliland ist nicht gleich
Somalia, ein Unterschied, der
den meisten Menschen nicht
bewusst ist. Seit 20 Jahren
kämpft dieses Land um Anerkennung durch die UN. Panzer
gehören hoffentlich bald der
Vergangenheit an.

34 Der Nil bei Assuan: eine dünne
Lebensader im Sandmeer.

35 Die Pyramiden von Meroe im
Sudan: einst die legendäre
Hauptstadt des Reiches von
Kush.

35

36 Ein Feldbettlager unter freiem Himmel. Zum gut Leben gehört nicht viel: Essen, Platz zum Schlafen, Freunde ... und vielleicht eine Tasse Morgenkaffee.

37 Nicht-geniessbare Steinpilze in Ägypten.

37

38 Wie bei Harun al-Rashid und den Märchen aus 1001 Nacht können Besucher vom Basar in Damaskus um Aladins echte Lampe samt Geist feilschen.

39 Sag mal Ahhh! Eine letzte Reparatur vor der Heimfahrt nach Deutschland. An 1400 von 3000 Tagen musste ich die Motorhaube öffnen und herumschrauben. Jede Delle, Schweißnaht und Narbe erzählt eine Geschichte. Matilda und ich, wir beide tragen die Male der Reisenden.

Brutalität (Kenia und Uganda, 10.5.2009)

M an kann auch durch stille Beobachtung lernen, vom Tisch eines Cafés am Straßenrand aus. Ich gönne mir einen Nachmittag zum Beobachten der Leute und breite eine örtliche Zeitung zwischen mir, meiner Kaffeetasse und einem Croissant aus.

Seite eins: Madagaskar hat nach einem Militärputsch einen neuen Präsidenten bekommen. Den DJ und Bürgermeister der Hauptstadt Andry Rajoelina. Gut, das ist nicht ganz so ungewöhnlich. Hauptmann Valentine Strasser, ebenfalls DJ, wurde einmal Staatsoberhaupt von Sierra Leone. Seine Qualifikation für das Amt bestand scheinbar darin, dass er der einzige Beamte mit höherem Schulabschluss war, besser Englisch sprach als seine Kameraden und aufgrund seines Sieges bei einem nationalen Discotanzwettbewerb landesweit bekannt war.

Wenigstens endet das arme Madagaskar nicht mit einem Mugabe, Jacob Zuma oder, was Gott verhüten möge, einem neuen Idi Amin. Dieser herrschte von 1971 bis 1979 als Diktator in Uganda und ist für die Ermordung von schätzungsweise bis zu 500 000 seiner eigenen Staatsbürger verantwortlich, von denen einige ihm möglicherweise sogar zum Abendessen serviert worden sind. Die Zahl der Toten war so hoch, dass man nicht mit dem Schaufeln der Gräber nachkam und die Leichen in den Nil warf. Die dahintreibenden Leichen sollen sogar das Owen-Falls-Wasserkraftwerk in Jinja lahmgelegt haben, dessen Arbeiter den Zulauf ständig frei räumen mussten. Amin erklärte sich zum Präsidenten auf Lebenszeit, heftete sich das Victoria-Kreuz und andere militärische Orden an die Brust und regierte von da an unter dem Titel »Seine Exzellenz, Präsident auf Lebenszeit, Feldmarschall Al Hadji Doktor Idi Amin Dada, VC, DSO, MC, Herr aller Kreaturen der Erde und aller Fische der Meere und Eroberer des Britischen Empires in Afrika im Allgemeinen und Ugandas im Speziellen«. Beeindruckend, nicht wahr?

Ich sehe kurz von der *Daily Nation* auf, nehme einen Schluck Kaffee und schaue auf die Straße. Ja, man gewöhnt sich an vieles auf diesem Kontinent. Die Leute reagieren mit anderen Gefühlen als in Europa. Ein Beispiel liefert die junge Frau auf der anderen Straßenseite, die viele Einkaufstüten in den Händen hält und einen Korb auf dem Kopf trägt. Sie rutscht im Schlamm aus und fällt der Länge nach aufs Pflaster. Sofort wird sie von einem Dutzend feixender Einheimischer umringt, die über ihr Missgeschick lachen, während sie mühsam wieder auf die Beine kommt.

Ich kehre zur Zeitung zurück. Auf Seite zwei steht ein Artikel über Präsident Obama. Er ist eine sehr populäre Berühmtheit in Afrika! Mit seinen kenianischen Wurzeln beansprucht ihn ganz Ostafrika als den seinen; auf Autos sieht man Obama-Aufkleber und viele Hauswände tragen sein grob gemaltes Porträt. Ich bitte, bei all dieser Begeisterung für Obama und die Art, wie er das Ende der Bush-Ära herbeiführte, anderer Meinung sein zu dürfen. Was hat er getan, seit er sein Büro im Weißen Haus bezog? Was unterscheidet ihn so deutlich von seinen Vorgängern? Man lese:

»Kabul, Afghanistan. 130 afghanische Zivilisten wurden bei amerikanischen Luftangriffen in Westafghanistan getötet, wie das Internationale Komitee vom Roten Kreuz am Mittwoch berichtete. Präsident Barack Obama befahl 17 000 weitere Soldaten nach Afghanistan, um den zunehmenden Aufständen zu begegnen, wie das Weiße Haus am 17. Februar mitteilte. US- und afghanische Einheiten haben seit der Amtsübernahme von Obama 829 Zivilisten getötet. Ein vertraulicher Bericht der Internationalen Sicherheitsunterstützungsgruppe (ISAF) der NATO stellt fest, dass die Zahl der zivilen Opfer in Afghanistan dieses Jahr um 46 % zugenommen hat.«

Wenn ich in der Sache etwas zu sagen hätte, würde ich den Oberkommandierenden der amerikanischen Streitkräfte, Barack Obama, vor das Kriegsverbrechertribunal bringen und alle Familien der Opfer gegen ihn aussagen lassen. Das ist alles viel zu deprimierend. Ich könnte mich mit einem weiteren Croissant trösten.

Da auf der Straße nichts los ist, wandert mein Blick auf der Suche nach unterhaltsamer Erkenntnis zu den Marktständen. Jetzt kommt ein Muzungu, wahrscheinlich ein Deutscher oder Holländer, vom Markt auf mein Café zu. Die Einheimischen zeigen auf ihn und lachen, als er in derselben Schlammpfütze ausrutscht, in die die junge Frau mit dem Gesicht gefallen ist. Er wünscht sich sicherlich einen Zufluchtsort, eine sichere Blase der Normalität, weit weg von dem dauernden Muzungu-Spott.

Es gibt etwas Spezielles an Afrikatouristen, was sie von Touristen aller anderen Kontinente unterscheidet. Die meisten werden heimfliegen und Hunderte Fotos von Afrika mitnehmen. Aber halt, wir sollten meine nähere Umgebung unter die Lupe nehmen. Die Kaffeetasse. Ist sie afrikanisch? Nein, sie ist ein billiger Importartikel aus dem Westen. Der Plastiktisch, der Holzstuhl, der Löffel, der Lack? Nein, auch mein Croissant nicht. Sowohl das Rezept als auch das Mehl kommen aus dem Ausland. Was ist mit den Fenstern im Gebäude gegenüber? Mit dem Teer auf der Straße, dem Radio, dem metallenen Aschenbecher, den Elektrokabeln, der Coca-Cola ... sowohl Inhalt als auch Flasche? Nichts. Verdammt, ich kann hier nichts Afrikanisches finden außer den Afrikanern selbst! Und selbst die tarnen sich mit Jeans und T-Shirts aus dem Westen. Nichts ist wirklich echt afrikanisch in Schwarzafrika, wo seit jeher herzlich wenig erfunden wurde. Ich sitze in einer billigen Kopie des Westens, in einem halbherzigen Versuch der Nachahmung, der nicht einmal hübsch ausfällt.

Ein Besucher Nepals begeistert sich für die Gebräuche und Kultur des Landes und ist bald Teil der Gesellschaft. Man taucht in die fernöstliche Esskultur ein, übernachtet in traditionellen Häusern und schätzt die Religion der Einheimischen. Vielleicht studiert man auch Buddhismus im Kloster von Tushita oder übt sich in Thangka-Malerei. Wenn der Tourist wieder nach Hause kommt, bereichert er möglicherweise sein tägliches Leben mit dem, was er gelernt hat, kocht manchmal für die Freunde asiatische Gerichte oder setzt seine Meditationsübungen fort. In Lateinamerika beobachtet man dasselbe Verhalten. Man lernt Spanisch, liest Gabriel García Márquez, Isabel Allende und Pablo Neruda, trägt einen Poncho aus Alpakawolle, nimmt Tangokurse und genießt die örtliche Ess- und Trinkkultur mit argentinischem Wein und Asados. Dann spannt der Heimkehrer eine Hängematte in seinem Garten auf und hält seine Mittagssiesta auf südamerikanische Art. Doch hier in Afrika flüchten sie vor dem Land, das sie besuchen. Einmal ganz ehrlich, wie viele Westler kennen Sie, die, von einer Safari nach Europa zurückgekehrt, begonnen haben, Ahnenkult zu betreiben und weibliche Genitalverstümmelung, die ab sofort nur noch den Hexer besuchen, wenn sie krank sind, splitternackt durch London wandern, für den Rest ihres Lebens nur noch Ugali essen, Klopapier abschaffen und eine Lehmhütte bauen, um darin ohne alle sanitären Einrichtungen zu leben? Wir müssen zugeben, dass die traditionelle afrikanische Lebensart mit ihrer Kultur und Religion Menschen aus dem Westen nicht in gleicher Weise anzieht, wie das asiatische oder amerikanische Bräuche oft tun. Aber es ist schwierig, einen Afrikareisenden zu finden, der realistisch und ehrlich genug ist, dies zuzugeben.

Wenn es nicht die faszinierende und einmalige afrikanische Tierwelt gäbe, den schönen afrikanischen Himmel und die Sonnenuntergänge ... Damit habe ich mir gerade eine Frage beantwortet, die ich mir in den letzten Jahren gestellt habe: »Was in aller Welt mache ich hier?«

Vielleicht sollte ich die Humorseite mit Snoopy und Garfield aufschlagen oder das tägliche Kreuzworträtsel lösen. Aber es gibt nichts Witziges in dieser afrikanischen Zeitung, bis ich auf den Artikel auf Seite drei stoße:

»Kenianische Frauen haben gestern eine neue Waffe auf dem politischen Schlachtfeld aufgefahren: Sex. Die Frauenorganisationen haben zu einem siebentägigen Sexboykott aufgerufen, um Präsident Kibaki und Premierminister Raila Odinga von Kenia unter Druck zu setzen, endlich entscheidende Schritte zur Beendigung des Koalitionskrachs zu unternehmen. Auch Lucy Kibaki und Ida Odinga sollten ihren Männern die ehelichen Pflichten versagen. Der Vorsitzende der Männerorganisation *Maendeleo Ya Wanaume*, Nderitu Njoka, wies den Aufruf der Frauen, Sex als Waffe gegen ihre Männer einzusetzen, zurück: ›Das widerspricht der Bibel, die die Frauen zum Gehorsam gegenüber den Männern aufruft. Wir werden das nicht zulassen.‹«

Hier kommt noch eine Nachricht von Seite acht:

»Eine Albinotanzgruppe aus Tansania unterhielt gestern während eines UN-HABITAT-Treffens im Hauptquartier der UN in Gigiri, Nairobi, die Gäste. Sie baten um Schutz vor Menschen, die ihre Körperteile an Medizinmänner verkaufen.«

Nicht gerade witzig ...

Von meinem Beobachtungsposten aus kann ich die grünen Hügel sehen, die sich über die Dächer der Marktstände erheben. Im Norden liegt der Sudan, im Süden Tansania und im Südwesten Ruanda.

Ruanda. Fast hätte ich dieses Land zu erwähnen vergessen. Die Folgen des Krieges werden immer noch, Jahre nach Ende der Feindseligkeiten, in den Zeitungen diskutiert. In nur 100 Tagen wurden schätzungsweise eine Million Tutsis sowie moderate Hutus von ihren Hutu-Landsleuten ermordet. Der Konflikt war weniger ein Krieg zwischen zwei konventionellen Armeen, er war eher ein Genozid, der überwiegend von gewöhnlichen Hutuzivilisten verübt wurde. Frauen und Mädchen fielen Massenvergewaltigungen durch ihre Dorfnachbarn zum Opfer. Tutsifrauen wurden bei lebendigem Leib Brüste und Pobacken abgehackt, Männern die Genitalien. Diese »Trophäen« wurden dann triumphierend durch die Straßen getragen. Die offen gezeigte Brutalität in

Schulen, Krankenhäusern, Kirchen und Verwaltungsgebäuden war unerhört. 10 000 wurden täglich ermordet, 400 jede Stunde, sieben jede Minute. »Vergewaltigung durch Nachbarn war die Regel, ihr Ausbleiben die Ausnahme«, berichteten Zeitzeugen.

Es ist erschreckend, sich klarmachen zu müssen, dass ein großer Teil der »friedfertigen, freundlichen und warmherzigen« Leute, die man heute bei einem Besuch Ruandas antrifft, bei einer Gorilla-Wanderung vielleicht, Vergewaltiger und Mörder sind. Der Bäcker, der einen immer mit einem Lächeln begrüßt, der alte Flickschuster neben dem Hotel, der Kellner, der das Abendessen serviert.

Solche Gräuel hat es schon vorher gegeben und es wird sie wieder geben. Man sehe auf die Republik Kongo, wo vor nicht allzu langer Zeit Milizionäre durch Brazzaville streiften und, im Verlangen Souvenirs zu sammeln, die abgeschnittenen Köpfe ihrer Opfer auf ihre Autoantennen spießten. Oder die Wahlschlacht in Kenia gleich nach Weihnachten 2007. Allein 1333 kenianische Bürger wurden in den Straßen Nairobis von wütenden Protestierenden mit Macheten zerstückelt. »Gerechtigkeit« wird in diesen Ländern nicht vor internationalen Kriegsverbrechertribunalen gefunden (der Internationale Strafgerichtshof für Ruanda hat in zehn Jahren gerade mal 20 Leute verurteilt), sondern eher vor traditionellen Gerichten. Die übliche Strafe der Massai für einen Mord an einem Mann ist die Zahlung von 49 Kühen. Eine Frau oder ein Mädchen zu ermorden, wird mit 25 Kühen bestraft. Würde Ähnliches für Ruanda gelten, müssten die Hutu um die 35 Millionen Kühe abliefern, bevor das Leben wie gewohnt weitergehen könnte.

Und unsere Verantwortung? Haben wir eine? Ich weiß, dass es viel Kritik in unseren Medien gab, als der Völkermord in Ruanda geschah und der Westen sich einzugreifen weigerte. Die amerikanische Regierung wusste, was sich in den Wochen nach Kriegsbeginn abspielte, beschloss aber, von einem lokalen Konflikt und nicht von einem Völkermord zu sprechen. Hätte sie gewagt, den zweiten Ausdruck zu gebrauchen, wäre die Weltgemeinschaft gemäß der UN-Konvention über die Verhütung und Bestrafung des Völkermordes zum Eingreifen gezwungen gewesen. Doch was sollten die UN wirklich tun? Die Afrikaner vor sich selbst schützen? 5000 Soldaten nach Ruanda schicken, um einen Aufruhr von 85 % der ruandischen Bevölkerung zu unterdrücken? Das ist nicht möglich. Sicher, man kann Gewalt bremsen und ihren Ausbruch verzögern, aber um viele Hunderttausend blutrünstige Hutus zu stoppen, hätte

Ruanda auf unbestimmte Zeit besetzt werden müssen. Und sobald die Soldaten abgezogen wären, begänne der Völkermord von Neuem. Manchmal gibt es keine ethisch »korrekte« Lösung.

Ich habe genug und falte die Zeitung zusammen. Ich hätte wissen können, dass sie mir Kopfschmerzen verursacht. Es gibt für mich eine Moral der ganzen Geschichte: Während die Bewohner der westlichen Welt vielfach lernen sollten, das zu schätzen, was sie haben, lernt man in Afrika schnell, das zu schätzen, was man nicht hat oder was einem nicht passiert.

...

Nun bin ich wieder mit meinem treuen Land Rover Matilda in Nairobi vereint, und wir beginnen mit den Vorbereitungen für die Weiterreise nach Norden, auf Äthiopien zu. Ich sage wir, da Laura vom Truck gesprungen ist und stattdessen im Landy mitfahren will. Aus Verliebtheit ist Liebe geworden.

Nairobi ist die letzte Bastion der »Halbzivilisation«, bis wir Addis Abeba in Äthiopien erreichen. Dazwischen liegt die entsetzliche »Nutellalücke[7]«, wie der Name dieser zurückgebliebenen, feindlichen Region lauten könnte. Nur 100 Kilometer nördlich beginnt das Land, anzusteigen. Der dichte Dschungel und die städtischen Siedlungen sind verschwunden. Wir haben endlich wieder ein Gelände erreicht, das ein Campen im Busch erlaubt. Ein trockenes Flussbett mit dürrem Gebüsch wird unser Heim, das wir mit einem einsamen Nashorn teilen, das im Morgendämmer bei uns vorbeischaut. Unser dickhäutiger Besucher könnte gut der nördlichste seiner Art sein; ab hier wird das afrikanische Großwild zunehmend seltener. Meine lieben Elefanten, Löwen und Geparden sind nur noch Erinnerung.

---

7 Unter Overlandern ein geflügeltes Wort für diese Gegend, da man hier kein Nutella kaufen kann, das einem hilft, den täglichen Maisbrei zu ertragen.

Raserei (Äthiopien 20.7.2009)

Äthiopien ist ein wunderbares Land ... aber die Leute.« Das haben Laura und ich schon oft von Reisenden in Richtung Süden gehört. Offensichtlich leidet unser nächstes Ziel an einer »Faranji-Raserei«, die den kenianischen, malawischen und sambischen Muzungu-Irrsinn bei Weitem übertrifft.

»Es ist seltsam«, hören wir von anderen Reisenden mit Windschutzscheiben voller Steinschlagschäden, »die Reiseführer für Äthiopien erwähnen, dass man so wichtige Dinge wie Sonnencreme, Batterien und Insektenschutzmittel mitbringen soll, aber das, was zum Überleben am Wichtigsten ist, erwähnen sie nicht: scharfkantige Steine, um sich gegen die Einheimischen zu verteidigen! Wenn ihr glaubt, die bettelnden Kenianer seien lästig, dann habt ihr noch gar nichts erlebt!«

Vielleicht wirklich nicht. Von allem gibt es einen Superlativ. Wenn man sich in einem kanadischen Winter den Hintern abgefroren hat, so ist das im Vergleich zu Sibirien eine Tropenerfahrung. Und wer glaubt, die Schweiz sei teuer, der sollte einmal nach Angola reisen.

Wir nähern uns dem Stacheldraht an der Grenze und werden um acht Jahre zurückgeworfen. In Äthiopien schreibt man das Jahr 2001. Man glaubt hier, Mariä Empfängnis sei am 1. September des Jahres 9 ... das Jahr 0 des äthiopischen Kalenders. Die koptischen Christen Äthiopiens glauben auch, das genaue Datum der Erschaffung der Welt zu kennen, nämlich den 29. August 5493 vor Christus.

Laura ist entzückt: »Juchhe!!! Heißt das, dass ich dieses Jahr meinen 28. Geburtstag statt des 36. feiern kann? Ich LIEBE Äthiopien!!!«

Ich liebe den äthiopischen Kalender aus einem anderen Grund. Er hat 150 Feiertage, an denen bei Androhung ewiger Höllenpein nicht gearbeitet werden darf. Wow. Sollte man diese Feiertage nicht auch in Europa einführen? Neben den Feiertagen gibt es 180 Fastentage im äthiopischen Kirchenjahr, was mir freilich weniger gefällt.

Jeden zweiten Tag freizuhaben, wenn man strenggläubiger koptischer Christ wird, klingt wie ein Traum, aber es ruiniert mit Sicherheit die Wirtschaft eines Landes. Und die äthiopische Wirtschaft ist nicht in einem Zustand, in dem man es sich erlauben dürfte, im Schatten zu faulenzen, Höllenfeuer hin oder her. Außerdem, wie kann man ein Volk, das von ein paar US-Dollar am Tag leben muss, dazu drängen, sechs von zwölf Monaten aufs Essen zu verzichten? Das ergibt keinen Sinn. Vielleicht könnte man alle Hilfe für Äthiopien einstellen, wenn dort ein westlicher Kalender eingeführt würde?

Unsere Laune kippt, nachdem wir den Grenzposten passiert haben. Ein Begrüßungskomitee von einem Dutzend Kinder versammelt sich vor unseren Fenstern. »You you you! You you YOU!!! YOU YOU YOU!!!!«, schreien sie wie wahnsinnig, strecken die Hände bettelnd aus und werfen sich auf die Kühlerhaube, zum Glück aber keine Steine. Wir schließen die Scheiben, um den Lärm auszusperren, und klemmen dabei ein, zwei kleine Finger ein.
»Zu einem Zeltplatz?«, frage ich stirnrunzelnd. Laura nickt zustimmend. Die Horde rennt bergauf hinter uns her, bis ich den zweiten Gang einlegen kann. Und dennoch sehe ich weit hinten im Rückspiegel, wie das erste Dutzend von weiteren verstärkt mit vollem Tempo versucht, unser beschleunigendes Auto einzuholen. Die sind verdammt schnell! Kein Wunder, dass Äthiopien 31 olympische Medaillen im Langstreckenlauf gewonnen hat. Vielleicht haben sie so mit dem Training begonnen ...

Der Frieden kehrt hinter dem sicheren Tor eines kleinen Hotels zurück. Der Manager ist ein älterer Mann mit einem einladenden Lächeln. »Ja, Faranjis haben schon früher in unserem Garten gecampt. Ihr dürft das gern auch. Habt ihr Hunger? Wir haben ein Restaurant.«
Äthiopien ist mein erstes afrikanisches Land, das beansprucht, eine Landesküche zu haben. Die wichtigste Speise hier ist Injera, ein dünner, bitterer Pfannkuchen, der aus dem hiesigen Getreide Teff hergestellt wird. Mit reichlich würzigem Belag ist er eine Delikatesse, die einem den Mund wässrig macht. Wir bestellen in willkürlicher Reihenfolge Kifto, Misto, Kai Wat, Gomen Besenga ... die Namen sagen uns nichts. Keines der Gerichte ist eine Enttäuschung. Wir sind im kulinarischen Himmel, so hoch oben, dass ich gern die vielen westlichen Speisen auf der Karte vergesse, die mich seit Monaten in meinen Träumen verfolgt hatten, weil sie nicht zu haben waren.

Über die Preise kann ich mich auch nicht beklagen. Das sättigende Essen kostet weniger als einen US-Dollar! Als wir die Rechnung für die Übernachtung bekommen, sind wir nicht weniger erfreut: 40 äthiopische Birr oder 1,25 Euro pro Person. Natürlich bekommt man, was man bezahlt, und ein äthiopischer Zeltplatz ist nichts, was man in den höchsten Tönen lobt.

»Nein, wir haben kein Wasser«, bedauert der Manager während eines Platzregens. »Wir haben Duschen, aber sie funktionieren nicht. Es gibt kein Wasser in Moyale.«

Ich blicke himmelwärts. »Hm. Es schüttet wie aus Eimern. Wenn Sie den Regen in einer Dachrinne auffangen, können Sie das ganze Dorf mit Wasser versorgen«, schlage ich vor. Aber einige Dinge werden sich in Schwarzafrika nie ändern. Unser freundlicher Hotelmanager folgt meinem Blick auf das vom Wellblechdach herabfließende Wasser, aber er kann keine Verbindung zwischen Regen und Wasser herstellen.

In Bayern gibt es einen Witz über die Ostfriesen, die für etwas weniger helle als andere Deutsche gehalten werden. Natürlich erzählen die Ostfriesen den gleichen Witz über die Bayern: »Wie viele Ostfriesen braucht man, um eine Glühbirne einzuschrauben? Fünf. Einer steht auf einem Stuhl und hält die Birne, vier heben den Stuhl an den Beinen an und drehen ihn.« Das ist natürlich nur ein Witz, der nicht die Wirklichkeit beschreibt.

Jetzt aber das afrikanische Pendant: »Wie viele Äthiopier braucht man, um ein leeres Schwimmbecken zu streichen? Drei. Einer hält die Malerbürste, zwei fassen den Maler an den Fußknöcheln, halten ihn mit dem Kopf nach unten und ziehen ihn hoch und runter.« Leider ist das kein Witz, sondern ein wahres Erlebnis. Im Hinterhof ist ein Pool.

Wir lassen Moyale hinter uns und beginnen die langsame Reise nach Addis Abeba, der Hauptstadt Äthiopiens. Das Erste, was uns auffällt, ist die Schönheit der Landschaft: ein smaragdgrüner Edelstein von Acker- und Weideland. Überall sind Menschen, Bauern, die ihre Felder für den Eigenbedarf bestellen. Es gibt so viele, dass ich das Gefühl habe, Äthiopien sei ein Stadtstaat ähnlich wie Singapur. Von einer Erhebung grüßt uns die Ruine eines Klosters, endlich ein erhabenes Bauwerk statt der allgegenwärtigen Do-it-yourself-Hütten aus Blech und Lehm. Äthiopien hat nicht wenige archäologische Sensationen, mehr als 400 aus dem Fels gehauene Kirchen und Gräber der Aksumiten in den nördlichen Provinzen, dazu das berühmte Lalibela, das bis ins 12. Jahrhundert zurückreicht. Seltsam, dass die alten Bautechniken verschwunden sind. Heutige Baukunst heißt, zwei Stangen aneinanderzulehnen und sie Haus zu nennen.

»Chris, hast du das gerade gesehen?«, ruft Laura plötzlich, »diese Frauen haben Maiskolben nach uns geworfen! Und pass auf, das Kind da hat einen Stein in der Hand.«

Muss das Begrüßungskomitee sein. Die Straße ist ein Zirkus. Hunderte von Kühen und Eseln werden nicht von Hirten am Straßenrand gehalten, sondern offensichtlich direkt auf den entgegenkommenden Verkehr zugetrieben. Ich kann nur zwei Gründe für das Tun der Hirten erkennen: Entweder sie wollen, dass ihr Vieh getötet wird, oder sie sind unfähig in dem Beruf, den sie seit Jahrtausenden ausüben.

Wir haben da auch noch die Zirkusclowns: Gruppen von Kindern, die sich alle paar Hundert Meter versammeln und ihre Tanzschritte zeigen ... linkes Bein hoch, Armschwung rechts, stampfen, hüpfen, beide Hände für Geld aufhalten. Jede Gruppe hat ihren eigenen Tanz, nur die letzte Bewegung ist immer dieselbe. Wenn wir an ihnen vorüberfahren, ohne die Maut zu bezahlen, sehen wir im Rückspiegel, wie Steine an unsere hintere Stoßstange fliegen.

Dann gibt es noch die Zirkusbesucher, Männer, die bequeme Ruhe- oder Schlafpositionen auf dem Teer einnehmen. Die ganze Fahrt ist ein einziges Hin- und Hermanövrieren zwischen den beweglichen und unbeweglichen Hindernissen.

Die Schilder längs der Straße lenken den Blick von den sanften Hügeln und den Bergen des Great Rift Valley ab: Care Österreich, USAID, EU humanitäre Hilfe bei Katastrophen und Notlagen, UN-Friedenskorps, SOS, FARM-Africa, WWF, Deutsche Landbauaktion, UN-Welternährungsprogramm, Arat Kilo Kinderhilfe, ZOA-Flüchtlingshilfe, NGO soundso und NGO soundso. Mehr als 300 Hilfsorganisationen sollen allein in Addis Abeba tätig sein. Es ist ein großes Geschäft, und ich verstehe, warum der Westen kein Interesse an einer Einstellung der Hilfe hat. All diese Organisationen, die Arbeit für Zehntausende von Menschen vor allem aus dem Westen bieten, wären sonst überflüssig. Und solange westliche Entwicklungsprogramme zur sozialen Sicherung und Lebensmittelversorgung die Defizite des Landes ausgleichen, warum sollten da äthiopische Regierung oder Bevölkerung eine Notwendigkeit sehen, die Initiative zu ergreifen und die Situation zu ändern? Geld wäre dank zahlreicher Staatsschuldenerlasse da. Jedoch gibt Premierminister Meles Zenawi jedes Jahr 500 Millionen US-Dollar für das Militär aus, anstatt es für die Entwicklung des Landes zu verwenden. So kommt es, dass Äthiopien als eines der ärmsten Länder der Welt die größte Armee aller afrikanischen Länder südlich der Sahara hat.

Dürre, Hunger und Krieg haben Äthiopien wiederholt heimgesucht, traten aber nie gleichzeitig in allen Provinzen auf. 200 000 Bauern starben während der Hungersnot von 1972 bis 1974 und fast eine Million bei der in den 1980er-Jahren, während der größte Teil der beinahe 90 Millionen Einwohner Äthiopiens danebensaß und sich nicht um die Landsleute kümmerte. Die Einzigen, die stattdessen Mitleid zeigten, waren die westlichen Nationen. Man könnte meinen, ein nicht betroffenes äthiopisches Dorf hätte eine Lkw-Ladung Wasser organisieren können, um einem notleidenden Stamm in wenigen Hundert Kilometer Entfernung zu helfen. In Europa geht das: Während der schweren Überschwemmungen in Norddeutschland und der verheerenden Erdbeben in Italien kamen, von privater oder staatlicher Seite organisiert, Tausende freiwilliger Helfer zusammen. In Afrika? Niemals. Alles, was dieses Land braucht, wäre, sich zusammenzuraufen und die Stammesinteressen einem gemeinsamen, nationalen Ziel unterzuordnen. Es würde einen Tigray nicht umbringen, wenn er einem Omoro einen Eimer Wasser brächte, doch es gibt nicht einmal ein Konzept für schwarzafrikanische Freiwilligenarbeit. Nur wenige Wohltätigkeitsorganisationen können, wenn überhaupt, einheimische Freiwillige finden. Wenn ein halbes Jahrhundert Geld und Hilfe gewährt werden und sich dann niemand aufraffen und in der eigenen Umgebung tätig werden kann, frage ich mich, ob es das alles wert ist.

Es ist lächerlich, Nahrungsmittel von weiß Gott woher zu importieren, während Äthiopien Kaffee und Ölsamen sowie in kleinerem Umfang auch Getreide, Kartoffeln, Zuckerrohr und Hülsenfrüchte in viele Länder der Welt exportiert. Der Nutztierbestand in Äthiopien ist der größte in Afrika und der zehntgrößte der Welt, sodass sogar Vieh exportiert wird! Äthiopien hat große ungenutzte Vorkommen an Kohle, Edelsteinen, Gold, Erdgas, Eisenerz, Öl, Kupfer, Platin und Uran. Der Blaue Nil bewässert das fruchtbare Niltal und wird so erfolgreich für die Stromgewinnung aus Wasserkraft genutzt, dass Äthiopien Strom in den Sudan exportiert. Im Great Rift Valley liegen mehrere große Seen, und es finden sich dort 14 Flüsse, sodass Äthiopien früher »Wasserturm Ostafrikas« genannt wurde. Wie sind da solche humanitären Katastrophen überhaupt möglich, frage ich mich?

Und das Ergebnis unserer Großzügigkeit? Ein einfaches Danke wäre nett gewesen. Stattdessen greifen uns eine Million Bettler an, die behaupten, dass die Milliardenhilfen zu wenig seien. Der allgemeine Konsens ist, dass sie Anspruch auf ausländische Hilfe haben, und alle glauben, wir sollten, könnten und müssten mehr geben. Wenn nicht, werfen sie einen Stein nach uns, ähnlich wie reiche Kinder im Westen einen Wutanfall bekommen, wenn ihnen die neuste Playstation vorenthalten wird. Ich denke, man kann den Äthiopiern das nur zum Teil vorwerfen. Denn wir sind es, die westlichen Nationen, die Hilfe leisten. In meinen Augen haben wir sie verdorben, und wie bei einem verzogenen Kind ist den Eltern die Schuld zu geben, wenn das Kind zum Ekel wird. Jetzt ist die Bevölkerung abhängig von der Hilfe, ihr Mangel ist gelindert, und sie hat verlernt, für sich selbst zu sorgen. Und wie alle Abhängigen, erkennen auch die Äthiopier nicht, dass sie ein Problem haben.

Wie viel haben uns diese »Dankeschön-Steine« gekostet? 2001 summierten sich die Zahlungen und gewährten Anleihen der USA, der europäischen Nationen, Japans und der Weltbank zu 1,6 Milliarden US-Dollar. 2008 gab allein die US-Regierung Hilfe in Höhe von fast einer Milliarde US-Dollar. Und das Welternährungsprogramm der UN will über die nächsten zehn Jahre 122 Milliarden US-Dollar mehr für Äthiopien bewilligen. Ich bezweifle nicht, dass sie die Summe noch weiter erhöhen werden. Wir sind wirklich dumm.

Es gibt noch eine mögliche Ursache, die mir, wenn auch vielleicht äußerst politisch unkorrekt, durch den Kopf geht: Äthiopien wurde nie richtig kolonisiert. Sicher war die Kolonisierung ein Unrecht, aber alle afrikanischen Nachbarn ernten jetzt etwas Gutes aus Europas Vorstoß auf den schwarzen Kontinent. Kenia hat eine funktionierende Eisenbahn, Sambia Stromleitungen und fließendes Wasser, Südafrika eine funktionierende Industrie. Was aber hat Äthiopien von den sechs Jahren zwischen 1936 und 1941 gehabt, als die Italiener in seiner Hauptstadt saßen? Lasagne. Juchhe. Äthiopien ist für mich der Beweis, dass Kolonialismus sich nicht durchweg nachteilig auf den gegenwärtigen Stand der Dinge in Afrika ausgewirkt hat. An den fernen afrikanischen Rändern der einstigen Kolonialreiche funktionieren zumindest einige Dinge, während hier nicht einmal die Hauptstadt 24 Stunden am Tag Wasser und Strom hat. Äthiopien ist heute eines der am wenigsten entwickelten, am wenigsten stolzen, am wenigsten funktionierenden und am meisten bettelnden Länder der Erde!

Man sollte nicht vergessen, dass die europäischen Kolonisatoren Afrika nicht »teilten«, wie oft behauptet wird, sondern es im Endeffekt vereinigten. Während Afrika im 18. Jahrhundert in 10 000 rivalisierende Königreiche zersplittert war, reduzierte sich die Zahl der Länder bis Mitte des 20. Jahrhunderts auf 50. Heute, rund 40 Jahre nach dem Ende der Kolonialzeit, kehrt Afrika wieder zu seinen Ursprüngen zurück und zerfällt in zahlreiche Einzelstaaten.

Wir übernachten vor einem Hotel am Langano-See, einem der seltenen Gewässer, in denen man ohne Gefahr für die Gesundheit schwimmen kann. Natürlich hat das Hotel kein Wasser, obwohl der Regen seit zwei Tagen nicht nachgelassen hat und es direkt am Seeufer liegt. Der Notfalltanklastzug wird irgendwann eintreffen und den Ort versorgen. Gespendet von einem Steuerzahler Smith oder Müller aus Europa. Es heißt, einige wenige Fische würden sich noch im Wasser verstecken. Ich fange keinen mit meiner Angel, aber die örtlichen Fischer mit ihren Netzen haben mehr Erfolg. Sie verkaufen uns einige für einen US-Dollar.

»Gib einem Menschen einen Fisch, und du ernährst ihn für einen Tag, zeig einem Menschen, wie man Fische fängt, und er kann sich sein Leben lang ernähren«, ist ein Ausspruch, den Wohltätigkeitsorganisationen gern verwenden. Nur lässt sich dieser Gedankengang nicht immer auf die realen Gegebenheiten übertragen. Man nehme zum Beispiel die Getreideart Triticale, die den dreifachen Ertrag des äthiopischen, für die Injera verwendeten Teffs liefert, weniger frostempfindlich und widerstandsfähiger gegenüber zahlreichen Krankheiten ist. Skandinavische Landwirtschaftsexperten glauben, dass Äthiopien seinen Hunger fast sofort beseitigen könnte, wenn die Bauern dieses Getreide statt des heimischen verwendeten. Freilich werden sie das nicht tun und sagen, es schmecke nicht so gut. Es scheint beinahe so, als sei der Hungertod der Änderung eingefleischter Essgewohnheiten vorzuziehen.

Gerade habe ich ein kleines Verbrechen begangen, indem ich Fisch gekauft habe. Der Langano-See ist wie die meisten afrikanischen Seen fast leer gefischt. Warum? Gib einem Afrikaner Fisch, und er wird ihn verhökern, um sich Bier zu kaufen, zeig einem Afrikaner, wie man Fische fängt, und er leert den ganzen See, sodass kommende Generationen verhungern. Das ist die Wohltätigkeitsrealität.

...

So kommen wir schließlich in der Hauptstadt an, einer sich weit ausdehnenden, chaotischen, von Slums durchzogenen Stadt. Müde von der Reise, lehnen wir uns zurück und hören den Wettstreit der Melodien aus den Moscheen und den koptischen Kirchen hinter dem Lokal. Dann bestellen wir uns einen Latte macchiato, die hier bevorzugte Zubereitungsart des Kaffees. Wie das Essen ist er vorzüglich. Äthiopien ist das Heimatland der Kaffeebohne, Äthiopien gehört aber auch zur Wiege der Menschheit. Entgegen dem traditionellen koptischen Glauben, nach dem Adam und Eva im August 5493 vor Christus durchs Paradies geschritten seien, behaupten die Anthropologen, das Nudistenpärchen habe Vorfahren gehabt. Die Geschichte von Lucy ging um die Welt, als die Überreste ihres Skeletts im Awash Valley gefunden wurden. Ihre Art erhielt den wissenschaftlichen Namen *Australopithecus afarensis*, was etwa »Südaffe von Afar« bedeutet. Unsere entfernte Verwandte Lucy ist vermutlich 3,2 Millionen Jahre alt. Auch ihr Nachfahre, der *Homo sapiens*, stammt aus dieser Gegend, wie 400 000 Jahre alte Funde belegen. Er besiedelte Europa erst im Laufe der ersten großen Völkerwanderung vor etwa 40 000 Jahren. Trotz des zeitlichen Vorsprungs haben die Äthiopier wirtschaftlich noch einiges aufzuholen.

Wenn es Nacht wird, beginne ich mich über den Stromausfall zu freuen. Diese Metropole mit ihren vier Millionen Einwohnern liegt in völliger Dunkelheit, und wenn Laura und ich mit einer warmen Flasche Bier im Garten vor dem Landy sitzen, dann sehen wir die ersten Sterne über uns funkeln. Mag auch eine Menge Abfall auf den Straßen verstreut liegen, eine Lichtverschmutzung gibt es nicht. Um acht Uhr abends leuchtet der Himmel in all seiner Pracht, ein Anblick, den man in Europa fast nicht mehr genießen kann.

Wir sind einigen sehr netten alten Äthiopiern begegnet, die uns mit Freundlichkeiten überhäuft haben. Leider waren es zu wenige, als dass sie ins Gewicht fielen. Im Allgemeinen wird den Fremden zu verstehen gegeben, dass sie unerwünscht sind, sofern sie nicht Geld zu verteilen haben. Und was macht man, wenn man nicht willkommen ist? Normalerweise abreisen. Laura und ich beschließen, Äthiopien zu verlassen und nach Somaliland zu fahren.

Optimismus (Somaliland, 1.9.2009)

›› **W**o wollt ihr hin???«
»Somaliland.«
»Euch haben sie wohl ins Hirn gesch...!!!«
Dies und anderes allzu Weltliche hören wir von sonst friedfertigen Reisenden, wenn wir verraten, dass wir nach Somaliland fahren wollen. Meine Familie reagiert nicht minder heftig, auch wenn sie sich nicht so grob ausdrückt: »Habt ihr nicht von den Piraten gehört? Vor der Küste werden täglich Schiffe gekapert. In den Nachrichten hört man ständig von Mogadischu und dem Krieg. Die bringen euch um!«

Freilich wäre es unverantwortlich, im Golf von Aden Yachtkapitän zu spielen oder in die zerbombte Hauptstadt Somalias zu fahren. Reisen birgt Risiken, die zwar minimiert, aber nie ganz ausgeschaltet werden können. Aber bei aller Recherche gibt es immer noch die verirrte Kugel, die aus dem Nichts kommt. Ob sie aus dem afrikanischen Busch kommt oder aus einer Seitenstraße der 5th Avenue in New York, ist kein großer Unterschied, falls sie einen in den Kopf trifft.

Mein Bruder schickt mir einen Zeitungsartikel, in dem berichtet wird, man könne jetzt Urlaub auf einem russischen Kreuzer buchen, der zurzeit durchs Rote Meer fährt. Getarnt als leichtes Ziel für lauernde Piraten, erwartet man einen Angriff, um sich dann als waffenstarrendes Kriegsschiff zu erweisen, das jedes Piratenboot versenken kann. Für ein paar Tausend US-Dollar beinhaltet das touristische Angebot drei Mahlzeiten am Tag, luxuriöse Kabinen und Handgranaten, so viele man werfen will. Mein Bruder kennt meine Art von Humor gut; ich kann mit dem Lachen nicht mehr aufhören, als ich den Bericht lese. Es ist schon eine bizarre Welt, in der wir leben!

Wie dem auch sei, ich habe nie von Somalia gesprochen, sondern von Somaliland, und das ist ein Unterschied, der den meisten Menschen nicht bewusst ist. Die Situation ist absurd. Somalia ist eine Nation, die von einem nie endenden Krieg aufgefressen wird. Laura und ich wollen in eine friedliche Region dieses Landes fahren, die sich 1991 aus gutem Grund für unabhängig erklärt hat, seither die Kontrolle über ihr Gebiet ausübt, aber immer noch auf internationale Anerkennung wartet. Heute erfreut sich Somaliland des Friedens und eines relativen Wohlstands, Somalia aber kann man nur im Panzer bereisen.

Ich würde sagen, dass die UN die Lage ins Gegenteil verkehren und Somalia zur Provinz von Somaliland ernennen sollten; die Verwaltung in Hargeysa ist zumindest arbeitsfähig. Hingegen erinnert in Mogadischu nichts an eine irgendwie zu definierende Regierung.

Wenn es darauf ankommt, wird nur ein Punkt darüber entscheiden, ob das Streben nach Unabhängigkeit Erfolg hat oder scheitert: die finanziellen Mittel, um die Grenzen zu verteidigen. Deshalb kann man sein Familienheim nicht zum eigenen Staat erklären, wenn der Briefkasten von Steuerbescheiden überquillt. Sie möchten wohl gern sagen »Nichts da, ich zahle nicht!«, die Bescheide und den Pass schreddern und eine Familienflagge im Garten hissen, doch wenn Sie im Keller kein Waffenarsenal haben und nicht entschlossen sind, Steuereintreiber zu erschießen, wird Ihre Revolution nicht lange dauern.

Somaliland hat zum Besichtigen herzlich wenig zu bieten. Selbst die besten Afrikareiseführer widmen ihm nur wenige Seiten und empfehlen zum Beispiel, in Hargeysa das MIG-Jet-Kriegsdenkmal und den Freedom Arch zu besichtigen. Wir sind aber nicht hierhergekommen, um Museen zu besichtigen. Wir wollen einfach den Menschenmassen Äthiopiens und dem unaufhörlichen Youyou entkommen.

Auf der anderen Seite des Grenzzauns scharen sich schnatternde Somalier um Matilda und begutachten sie von allen Seiten. Irgendetwas scheint sie zu verwirren. Der Tapferste fragt uns: »UN??? UNICEF???«
Worauf Laura antwortet: »Nein, Touristen!«
Nach einer kurzen Stille folgt wildes Händeklatschen: »Willkommen! Danke, dass ihr nach Somaliland gekommen seid!!!«
Ich bin gerührt. Nur vier Mal in all meinen Reisejahren hat mich ein Land mit Lächeln und offenen Armen empfangen: Russland, die Mongolei, Kanada und Angola. Der Rest zeigte entweder völliges Desinteresse oder ausgesprochene Feindseligkeit, am schlimmsten war es in den USA. Die Grenzformalitäten dauern nur ein paar Minuten, dann sind wir über beide Ohren grinsend auf dem Weg nach Hargeysa. Ein Abstecher in die Hauptstadt ist zwingend, denn man braucht eine offizielle Genehmigung, um bestimmte Teile des Landes erforschen zu dürfen.

Die Fahrspur wird zu einem Chaos von Schlaglöchern, und Matilda bekommt ihren 62. Plattfuß seit Schottland. Die Verzögerung hat keinen Einfluss auf unsere Reisepläne, wir haben keine Termine, die wir einhalten müssen, und sind von leerer Wüste umgeben, die uns zum Campen einlädt. Kleinere Unannehmlichkeiten stellen möglicherweise vom Unabhängigkeitskrieg mit Somalia übrig gebliebene, versteckte Landminen dar. Offensichtlich wurden die meisten in dieser Gegend beseitigt, denn ein Schild an der Straße verkündet stolz »Landminen geräumt durch British American Tobacco«. Wenn Sie militanter Nichtraucher sind, so haben Sie hier den eindeutigen Beweis, dass Zigaretten Leben retten können! Ich zünde mir eine an, um dabei zu helfen, die Glieder der Nation vor Schaden zu bewahren, und biege in das windgepeitschte Ödland ab. Die ganze Nacht stört nicht das mindeste Geräusch unseren Schlaf.

...

Unser Ankunftsdatum in Hargeysa ist ein wenig unglücklich, da es mit dem Beginn des Ramadan zusammenfällt. Somaliland ist ein rein sunnitisch-muslimisches Land, das allen Regeln folgt, welche die Religion vorschreibt. Laura hat die Hauptlast der Veränderungen zu erleiden ... sie muss das Hijab genannte Kopftuch tragen und wird im täglichen Leben fast unsichtbar. Kein Mann wird ihr die Hand geben, und nur wenige sprechen mit ihr auf der Straße. An den sporadischen Straßenkontrollen interessiert sich die Verkehrspolizei allein für MEINEN Pass. Sie könnte illegal eingereist sein, ohne dass jemand davon Notiz nähme. Ich frage sie besorgt, wie sie sich fühlt. »Chris, das ist fantastisch!!! Erinnerst du dich an die ganzen Belästigungen in Äthiopien? Endlich, endlich werde ich in Ruhe gelassen!«, sagt sie lachend. »Ich habe meinen Frieden, und du hast die ganze Arbeit mit den Beamten und den einheimischen Kerlen. Wie fühlst du dich als Mann hier? Ich hoffe, okay?« Uff. Das gibt mir zu denken. »Ja, es ist in Ordnung. Ich meine, manchmal hätte ich auch gern meinen Frieden, aber andererseits freut es mich auch, dein ›Beschützer‹ zu sein.«

Das sind die Regeln des Ramadan: Zwischen Sonnenaufgang und Sonnenuntergang dürfen wir in der Öffentlichkeit weder essen noch trinken, und eine Zigarette dürfen wir auch nicht anzünden, wenn uns jemand sehen könnte. Die Läden, Behörden und Restaurants sind meist bis nach dem Abendgebet geschlossen und alle Arbeit ruht. Das erlaubt dem Gläubigen, sich mehr Stunden am Tag auf Gott auszurichten. Als ich vor zehn Jahren meinen ersten Ramadan in der Türkei erlebte, spendete ich der Frömmigkeit Beifall, da ich glaubte, fasten hieße, völlig auf Nahrung zu verzichten. Das ist aber nicht der

Fall. Muslime fasten nur während der Tagesstunden, in der Nacht greifen sie umso beherzter zu. Der Brauch kann unbequem genannt werden, aber er stellt nicht zwangsläufig die Last dar, die von vielen Muslimen daraus gemacht wird. Ich vergaß, zu erwähnen, dass auch Sex zwischen der Morgen- und der Abenddämmerung verboten ist, die Regeln eventuell also doch zu einer persönlichen Bürde werden können.

Das Ambassador-Hotel in Hargeysa ist genau so, wie im Reiseführer beschrieben: ein riesiger Luxusbau für Mitarbeiter der UN und von Hilfsprojekten. Allein auf dem Parkplatz zählen wir drei Dutzend nagelneue, weiße Toyota Landcruiser mit blauem UN-Schriftzug auf dem Kühler. Geschätzter Gesamtwert eine Million Euro. Weitere zwei Millionen im Jahr werden für Hotelrechnungen ausgegeben. Verdammt, lasst mich den Haushalt der UN zusammenstellen. Ich würde deren Mitarbeitern alte Land Rover geben und sie im Busch campieren lassen, dann würden sich die Ausgaben auf 3000 Euro pro Jahr reduzieren! Warum brauchen die immer blitzblanke neue Fahrzeuge? Mein braver Landy ist fast 40 Jahre alt und funktioniert immer noch. Zwei oder drei Autos pro Jahrhundert genügen locker.

Wir machen kehrt. Die Hotelleitung erlaubt uns nicht, auf dem Hotelgelände zu campen. Stattdessen fahren wir zum nahen Chad's Inn, das einem Somalier gehört, der vor Kurzem nach 20 Jahren aus Kanada zurückgekehrt ist. Chad ist ein warmherziger Mensch, der sich sofort von unserem Land Rover begeistern lässt.
»Seht, ich möchte, dass ihr hierbleibt. Ihr seid die ersten Touristen, die jemals in mein Hotel gekommen sind. Macht euch keine Sorgen wegen des Preises, wir lassen uns etwas einfallen. Ihr müsst nicht im Garten campen.«
Chad hält Wort; wir bekommen kostenlos ein Zimmer mit heißer Dusche, 24 Stunden Strom am Tag, Fernseher und Frühstück. Die Dusche ist herrlich und sehr nötig. Wegen der Wasserknappheit während der Regenzeit in Äthiopien haben wir uns seit einer Woche nicht mehr gewaschen. Es ist schon seltsam, dass es in diesem viel trockeneren Land gelingt, die Wasserversorgung zu gewährleisten. Ich weiß nicht, warum. Ich vermute aber, weil die Leute hier noch nicht gelernt haben, von fremder Hilfe zu leben. Ohne Anerkennung als eigenständige Nation bleiben die staatlichen Wohltäter der Weltgemeinschaft aus; nur wenige humanitäre Hilfsprojekte werden von freiwilligen Helfern betrieben. Ein anderer Grund, weshalb das Leben in Somaliland vergleichs-

weise angenehm ist, ist die Rückkehr vieler Somalis aus Europa und Nordamerika. Einige Hunderttausend sind zu Beginn des Bürgerkriegs aus Somaliland geflohen und kommen nun zurück. Zusammen mit US-Dollars bringen sie westliches Wirtschafts-Know-how mit.

Chad ist zwar Muslim, aber nicht so streng wie seine Mitbrüder. Nach einem halben Leben in Kanada wäre es auch ungewöhnlich, wenn er nicht ein, zwei »schlechte« Gewohnheiten angenommen hätte. Er bietet uns sogar einen Drink der berauschenden Sorte an.

»Ja, ich habe ein bisschen Kamelmilch im Vorrat«, sagt er.

»Kamelmilch???«, frage ich, da ich meine, mich verhört zu haben.

»Das ist der Deckname für Bier in Somaliland. Es ist nicht erlaubt, und deswegen muss man vorsichtig sein. Aber ihr werdet gelegentlich gefragt werden, ob ihr Kamelmilch trinkt. Nicht alle folgen dem orthodoxen Islam.«

Laura und ich machen einen Spaziergang in die Stadt, sie mit Hijab, ich in meinem letzten anständigen Hemd. Wir grinsen immer noch. »Chris, hast du es bemerkt? Niemand rennt hinter uns her und schreit you-you-YOU!!! Ist das nicht wunderbar?«

»Habe ich, und niemand schlägt uns Fäuste ins Gesicht, um Geld von uns zu erbetteln!«

»Und keine Steine mehr!«

Vielleicht wird Laura noch einen schönen Aufenthalt in der arabischen Welt haben? Das Leben der Frauen unter dem Banner des Islam ist nicht zwangsläufig so schlecht, wie viele Menschen aus dem Westen denken und es die Medien häufig darstellen. Die meisten Touristinnen im Nahen Osten und in Nordafrika sind entsetzt über die offensichtliche Ungleichbehandlung der Geschlechter. Es wäre jedoch passender, von verschiedenen Rollen zu sprechen. Ich als Mann darf in Somaliland und vergleichbaren Nationen keinen Kontakt zu Frauen außer zu Laura haben. Sie als Frau darf keinen Kontakt zu Männern außer mir haben. Meine Rolle ist es, Geschäfte in der Öffentlichkeit abzuwickeln, das Einkommen zu sichern und meine Ehefrau zu beschützen. Ihre Rolle ist die häusliche, also die Familienangelegenheiten zu regeln und mich zu versorgen. Im Wesentlichen ist die Lage nicht allzu verschieden von der im Westen vor 1970, vor der Frauenbewegung. Wenn, dann hat Laura als Touristin mir gegenüber sogar einen kleinen Vorteil: Während mir nie gestattet sein wird, in den privaten Frauenbereich einzudringen, und während ich mich ausschließlich mit Männern unterhalten darf, kann Laura bei Gelegenheit ein Männerstatus ehrenhalber verliehen werden, wenn sie unter gebildeten Muslimen ist. Sie kann zu beiden Welten Zutritt finden, darf also auch in den inneren Kreis der Männer, um über Politik, Wirtschaft und Sport zu diskutieren.

Unter männlichem Schutz bekommt sie die besten Sitze im Bus und darf jeden Mann in der Schlange vor der Bank, den Geschäften und Märkten überholen. Der Preis, der dafür gezahlt werden muss, ist das Tragen einer mehr oder weniger starken Verschleierung und Bescheidenheit in der Öffentlichkeit. Dieser Preis scheint allerdings die meisten Frauen zum Beispiel in Saudi-Arabien nicht sonderlich zu stören. In diesem Land, in dem derzeit die größten Unterschiede zwischen den Geschlechterrollen bestehen, sind laut einer 2006 durchgeführten Gallupstudie über 80 % der Frauen dagegen, dass sie Autofahren oder mit Männern zusammenarbeiten dürften! Sie scheinen tatsächlich überwiegend die Meinung zu vertreten, dass Frauen nicht politisch aktiv sein und auch kein Wahlrecht haben sollten. Zahlreiche saudische Frauen unterstützen die Geschlechtertrennung und glauben laut dieser Studie, sie genössen genügend Freiheit im Leben. Eine Änderung der traditionellen islamischen Werte sei daher unnötig.

Für mich als westlich denkender Mann ist diese Einstellung zur Rollenverteilung und Geschlechtertrennung schwer nachvollziehbar. Egal, ob es sich um Berufswahl, Scheidungsrecht, Kleiderordnung, Einkommen, Grundbesitzrecht oder Erbrecht handelt: Ich hätte in der arabischen Welt überwiegend Vorteile. In einigen arabischen Ländern dürfen Frauen zum Beispiel das Haus nie verlassen und werden an Männer verheiratet, die ihre Großväter sein könnten. Sie dürfen auch nur in Begleitung der Familienmitglieder verreisen. Ich hätte nichts dagegen, als Tourist das Geschlecht zu wechseln, aber wenn ich meine Sucht, zu reisen, bedenke, so wäre ich übel dran, wenn ich als Einheimische hier leben müsste. Was der Westen nicht erkennt, ist die Tatsache, dass die »liberal denkende, politisch interessierte, feministische Reisesüchtige« in der muslimischen Welt äußerst selten ist. Die meisten Frauen in Somaliland haben nie Alternativen gekannt und können sich nicht vorstellen, dass eine anständige Frau auch nur daran denkt, aus ihrer gottgewollten Rolle auszubrechen. Letztendlich ist nur der unterdrückt, der sich unterdrückt fühlt.

Wir dürfen nicht alles in der islamisch-arabischen Kultur verdammen. Einige

Aspekte sind so herausragend, dass wir Westler dringend davon lernen sollten. In der traditionellen somalischen Gesellschaft verlangt das Gesetz:

»Ein Mensch, der das Land bereist, braucht keine Vorräte mitnehmen, da er sicher sein kann, dass er sein Essen als Geschenk der Gastfreundschaft von den Familien auf seinem Weg bekommen wird. Das Gesetz bestraft einen Mann, der einem Reisenden freies Essen und freie Beherbergung verweigert, mit der Marado-Buße, der Zahlung eines Kamels zum Ausgleich.«

Glücklicherweise ist Chad ein guter Gastgeber; ich wüsste nicht, wohin mit einem Kamel in Matilda.

Oder man nehme das Gesetz des Schutzes: »Eine Person, die um ihr Leben oder um ihren Besitz fürchtet, kann Schutz bei einem Mann suchen, dem sie die Macht zutraut, ihr Sicherheit zu geben. Das Gesetz bestraft jene hart, welche Leben oder Besitz von Leuten unter Schutz (genannt Gacan-ku-jire) angreifen.« Ich stelle mir tagträumend vor, wie herrlich es wäre, wenn deutsche Hotels und Restaurants sich weigerten, von Touristen Geld anzunehmen.

Der Westen empfindet Gesellschaften ohne niedergeschriebene Gesetze, ohne Parlament und staatliche Exekutive häufig als gesetzlos und dazu verdammt, in ewiger Anarchie zu leben. Das entspricht oft nicht der Wahrheit. Die traditionell lebenden Nomadengesellschaften von Somaliland mögen keine Zentralregierung kennen, aber sie können sehr gut ohne staatliche Kontrolle funktionieren. Die zwei Grundpfeiler, religiöses Dogma und organisch herangewachsene, traditionelle Gesetze, sind ebenso tragfähig wie die Statuten jeder Demokratie. Wären sie das nicht, wie hätten diese Völker anscheinend unverändert Hunderte Generationen überleben können? Freilich geht es nicht immer gut, wie wir in Mogadischu sehen, wo beide, Regierung und Tradition, dabei versagt haben, das Volk zu einen. Aber wir sollten unsere Köpfe nicht nur in Abscheu über das Morden in Somalia schütteln ... unsere eigene »weit fortgeschrittene Kultur, Rechtsstaatlichkeit und Demokratie« war die Ursache, dass mehr Blut vergossen wurde, als diese Nomaden in einer Million Jahren vergießen werden.

...

Nach zwei Wochen beschließen wir, weiterzufahren. Es gibt einige Beschränkungen bezüglich der Orte, die wir besuchen dürfen. Das örtliche Außenministerium fürchtet um unsere Sicherheit, denn ein Ausländer ist vor ein paar Jahren ermordet worden. Aus unserer Sicht ist die Situation absurd; man stelle sich vor, Amerika erließe ein landesweites Reiseverbot, weil jemand in der Bronx erschossen wurde. Auf der anderen Seite haben wir Verständnis dafür, dass dieses aufblühende Land Rückschläge auf der internationalen Bühne fürchtet, nachdem es der Anerkennung als Nation schon nahegekommen ist. Ein einziger toter Tourist könnte Somaliland möglicherweise wieder im Schreibtisch der UN verschwinden lassen und den Fortschritt von zwei Jahrzehnten zunichtemachen. Wir werden uns den Wünschen fügen, sehen, was uns erlaubt wird und dann das Beste daraus machen.

Sie haben Lust, vor der Goldküste Australiens zu schwimmen? Dann packen Sie Sonnencreme, Badetuch, Klappstühle und Picknickkorb ein, springen ins Auto, und los geht's. Hier in Somaliland bedarf es einer umfangreichen Planung, wenn man für einen Tag ans Meer will. Zwischen Sandeimer und Klappstühle legen Sie eine oder zwei Pistolen, am besten russischer Herstellung, da am Horn von Afrika die dafür benötigte Munition leichter zu erhalten ist. Dann müssen Sie das Militär rufen, um schwer bewaffneten Geleitschutz zu haben. Das kommt mit einem Allradfahrzeug und allen automatischen Maschinengewehren, die zurzeit im Angebot sind. Die Soldaten, vier oder fünf sind ausreichend, begleiten Sie als private Bodyguards vom Stadtzentrum bis zu den Wassern des Ozeans. Doch wenn Sie schließlich den Strand unverletzt und ganz erreicht haben, belohnt Sie zumindest das Gefühl, dass Sie sich ein Bad wahrlich verdient haben.

Unser Konvoi fährt vom Bergland über dem Golf von Aden hinunter in die wasserarme Ebene. Die Fenster sind weit geöffnet, um jeden Lufthauch einzufangen. Das Atmen fühlt sich so an, als stecke einem ein voll aufgedrehter Föhn in der Kehle. Berberas Durchschnittstemperatur von 31 °C mit Spitzenwerten über 50 °C im Sommer verleiht dem Ort den Titel heißeste Stadt der Welt.

Früher war Berbera ein wichtiger Hafenort, doch heute ist es kaum mehr als eine Geisterstadt. Die einzigen Geschäfte, die wir entdecken können, sind ein aufgegebenes Hotel, eine Fischverkäuferin und ein paar Dutzend Einheimische, die Khat verkaufen. In der Mittagshitze werden selbst Bemühungen um Tagträume körperlich zu anstrengend; alles, was ich jetzt möchte, ist ein kühles Bad im Meer und Eiswürfel, die ich ins Hemd stopfen könnte.

Wir schälen uns aus den durchnässten Kleidern, die am Rücken haften, als hätte sie jemand mit Superkleber fixiert; das Gefühl ist fast so, als würden mir Hautstreifen vom Körper gerissen. Die Sandalen müssen wir angezogen lassen, denn der Sand wäre heiß genug, um Spiegeleier darauf zu braten, würden die Körner nicht das Frühstück verderben. Laura und ich eilen den Wellen zu, welche uns die ersehnte Kühlung versprechen ... und merken, dass das Wasser nur ein kleines bisschen weniger heiß ist als die Luft.

Ich sehe mich um, wie die Somalier reagieren. Die Soldaten haben die Gewehre abgelegt, um die Uniformen auszuziehen, und etwa 20 Einheimische aus Berbera stehen unbeweglich bis zum Bauch im Wasser. Laura und ich schwimmen ins Tiefe hinaus, wo das Nass ein wenig erfrischender wird. Auf einmal beginnen die Einheimischen hinter uns, wild zu gestikulieren und Worte zu schreien, die vom Geräusch der Brandung verschluckt werden. Wir ignorieren das, denn es ist schon eine Weile her, dass wir, Laura und ich, ein paar Minuten für uns hatten, und ich möchte diesen seltenen Augenblick der Ungestörtheit auskosten. Als wir zum Ufer zurückkehren, klärt man uns auf:

»Die Leute wussten nicht, was ihr vorhabt! Niemand in Berbera hat jemals jemanden so weit ins Meer hinausschwimmen sehen. Habt ihr denn keine Angst gehabt?«

»Aber es waren doch nur ungefähr 100 Meter.«

»Macht nichts, ihr habt den somalischen Rekord gebrochen. Die Einheimischen sagen, du seist ein Held.«

Es gibt den Spruch, dass im Land der Blinden der Einäugige König ist. Ich hatte vergessen, dass die allermeisten Afrikaner nicht schwimmen können. Mein kleines Bad hat mich zum Olympioniken gemacht.

...

Weiterreisen dürfen wir zum Glück ohne Konvoi. Drei Tage lang fahren wir nordwärts in Richtung Zeila und kommen an etlichen rostenden russischen Panzern vorbei, die nun zu Wegmarkierungen degradiert worden sind. Angekommen, fragen wir auf der Polizeistation nach einem Hotel.

»Kein Hotel. Kein Restaurant. Kein Benzin. Chinamann, geh Chinamann!« Der Beamte deutet auf das am wenigsten heruntergekommen aussehende Gebäude der Stadt.

Bald sitzen wir bei Peter, dem einzigen Ausländer in Zeila, der uns fröhlich Nudeln in Sojasoße und Fisch auf die Teller häuft. Ich weiß nicht, wer mehr überrascht ist: Peter, der den Gastgeber für seine ersten reisenden Gäste in diesem Jahr spielt, oder wir, dass wir ein hausgemachtes chinesisches Gratisessen in Somaliland bekommen. Die Frage, was, um Gottes willen, ihn in diese verlassene Gegend verschlagen hat, steht uns allen ins Gesicht geschrieben.

»Ich expoltiele Seegulken nach China«, erklärt Peter und zieht ein schrumpeliges Etwas aus einem Krug am Fensterbrett. »Siehst du? Seegulke! Gut zu essen! Velkaufe in China fül 70 Dollal pel Kilo!«

»Wie kommst du mit dem Leben hier zurecht? Bist du nicht einsam, so weit von zu Hause fort?«

»Ah so-so. Es gibt nicht viel chinesisches Essen. Und Zeila ist zu heiß. Ich schlafe nicht im Haus«, sagt er und seufzt. Ich weiß nicht, ob wegen alter Erinnerungen an Beijing oder wegen der Mühe, drei aufeinanderfolgende Sätze ohne r zu bilden.

»Kommt, ich zeige euch, wo ihl schlafen könnt.«

Da, in Hörweite des Meeres, stehen einige verchromte Krankenhausbetten am Strand. Laura und ich nehmen die Einladung gern an, denn im Landy ist es wegen der sibirischen Kälteisolation unerträglich. Peter überlässt uns die Betten und zieht das seine in ein Dutzend Meter Entfernung. Der Vollmond geht rot am Horizont auf. Wir haben zu guter Letzt Frieden gefunden.

Elend (Dschibuti, 23.9.2009)

In Dschibuti werden wir Opfer einer unmenschlichen Folter. Zeitweise Erleichterung bringt nur der Aufenthalt in unserer Arrestzelle, einem sterilen, weißen, fensterlosen Raum, der von einer Neonröhre beleuchtet ist. Die täglichen Akte der uns angetanen Grausamkeit gehen über die Todesangst vor der Inquisition und die Brutalität von Guantanamo Bay hinaus. Spannt mich aufs Folterbett, gebt mir die Eiserne Jungfrau und den elektrischen Stuhl, stecht mir Bambussplitter unter die Fingernägel, hängt mich am kleinen Zehen mit dem Kopf nach unten auf und zwingt mich, an meinen eigenen Schuhen zu riechen. Ihr könnt mich sogar auf dem Scheiterhaufen verbrennen, ein schneller Feuertod ist dem langsamen Rösten unter Dschibutis gnadenloser Sonne vorzuziehen. Doch das Verkohlen ist nur die geringste Tortur unserer Verfolger, sie kennen weit schrecklichere Methoden, um einem Leiden aufzuerlegen. Sie zeigen uns Pizza, Eiscreme und kühles Schankbier.

»ZAHLT! ZAHLT!!!«, schreien uns die Unterdrücker in die sonnenverbrannten Ohren.

»Habt Mitleid! Wir … wir können uns keine Pizza Margherita für 40 Dollar leisten und auch kein Bier für zehn!!! Wir sind arme Reisende. BITTE haltet ein!«

»Schaut auf die Nachtischkarte! Hättet ihr gern ein Tiramisu? Ein Banana Split? Eiskalten SCHOKOLADEKUCHEN?! Nur jeweils 15 Dollar, ein Sonderangebot für unsere willkommenen Gäste, ha ha ha HA!!!«

Ich würde Bäche von Tränen vergießen, wären meine Tränenkanäle nicht in der Hitze ausgetrocknet, und ich sterbe, als unsere herzlosen Gesellen den Briekäse bringen. Er kostet 50 US-Dollar das Kilo.

Dschibuti ist der Wahnsinn. Die Pubs und Restaurants verfügen über klimatisierte, stilvoll dekorierte Terrassen mit rustikalem Mauerwerk und gemütlichem Kerzenlicht auf den Tischen. Das Problem sind die Preise. Falls man nicht Bill Gates heißt oder ein Inder ist, der bei einer der Goldminen von Dschibuti beschäftigt ist, ein Saudi, der vor der Küste Ölbohrungen macht, ein französischer Banker in der Stadt oder ein amerikanischer Investor für den Seehandel, kann man es sich nicht leisten, irgendetwas zu kaufen. Ausländische Unternehmer mit hohen Einkommen, die in Dschibuti wohnen, haben die Lebenshaltungskosten explodieren lassen, ein einfacher Tourist kann hier nicht lange durchhalten, ohne pleitezugehen. Wir können das alles nur bewundernd anstarren, unfähig, auch nur einen Donut zu kaufen. Ich übertreibe nicht, wenn ich uns mit dem Nomaden in der Sahara vergleiche, der nahe am Verdursten einen See am Horizont erspäht, der leider nur eine Luftspiegelung ist.

Auf der Jagd nach einem frischen Lufthauch streifen wir durch die Straßen. Aber die Luft in der Innenstadt ist auch nicht besser, zum Schneiden dick und so unbeweglich wie ein Ziegelstein.

O du mein Gott. Wisst ihr, wie viele Reisende unterwegs ABSICHTLICH Strapazen auf sich nehmen? Anfänger im Rucksacktourismus setzen freiwillige Entbehrungen und den Verzicht auch auf geringen Luxus mit Heldentum gleich. Wenn sich Gruppen junger Backpacker in einem abgelegenen Winkel Asiens versammeln, um die Erfahrungen des Tages auszutauschen, dann werden diejenigen, die in ein Sternehotel gehen, scheel angesehen.

»Nee, das ist kein Reisen!«, höre ich den Möchtegern-Hippie mit den Rastalocken und dem eintätowierten Che Guevara rufen, während er fade chinesische Nudeln mit dreistelligen E-Nummern für 10 Cent schlürft. »Das kann ich zu Hause haben! Das WAHRE Reisen ist da, wo du mit den Einheimischen in der Eisenbahnabsteige übernachtest und auf der Straße isst. Reisen heißt, sich ein Busticket vierter Klasse von Delhi nach Mumbai zu kaufen. Mach etwas anderes, und du bist kein Reisender mehr, sondern ein Scheißtourist!«

Die meisten im Kreise werden zustimmend nicken. »Ja, Mann. In meinem Bett sind Läuse und Wanzen! Schaut euch die Stiche an meinen Beinen an. SCHAUT!«

Und alle rufen: »Aaah. Oooh. Cool, Mann. Du bist hardcore!!!«

Ich habe inzwischen gelernt, dass die Strapazen von ganz allein kommen und dass ich sie nicht aktiv suchen muss. Das von Läusen wimmelnde Bett, der Delhi-Durchfall, Malaria, Hunger, Durst, Hitze, sibirische Kälte, Milliarden lästiger Einheimischer, Gestank, Verkehrsunfälle, gewehrfuchtelnde Soldaten, die mit Kalaschnikows auf einen zielen, Korruption, bürokratische Albträume an den Grenzen, Diebstahl, Verletzungen, kartenverschlingende Geldautomaten, Stumpfsinn, Inkompetenz, Unfreundlichkeit, Krieg, Minenfelder, Massaker bei Wahlen, Nächte auf Müllhalden, Autopannen in abgelegenen Wüsten, Verlust der Lieben, kanadische Moskitos, Schlangenbisse, Krankheiten, Verzögerungen, Depressionen, Einsamkeit, Heimweh usw. usw. All das und Schlimmeres wird jedem Reisenden unabhängig von seiner Art des Reisens und seiner Brieftasche begegnen, wenn er nur lange genug im Ausland ist. Man muss sich nicht extra bemühen, um alles Obige zu erfahren.

Als ich auf dem Rückweg an einer schicken Pizzeria vorbeikomme, bleibe ich wie angewurzelt stehen, als ich die Hinterlassenschaften auf den Tischen sehe. Der Gedanke schießt mir durch den Kopf, ich könnte in das Lokal schleichen und die Essensreste in meinen Beutel stopfen. Schlimmer noch, als einem Einheimischen ein Schokoladenkeks aufs Pflaster fällt, überlege ich, mich zu bücken und ihn zu essen. Das machen zwei Wochen Tomatenbaguette in Dschibuti aus einem, ganz gleich, aus welcher sozialen Schicht man kommt.

Wir brauchen nicht lange bis zur Grenze, denn Dschibuti hat nur eine Fläche von 23 000 Quadratkilometern, und es besitzt eine Teerstraße, die in gerader Linie die unfruchtbare Wüste durchschneidet. Ich hätte nie geglaubt, dass ich so etwas je sagen könnte, aber diesmal ist der Gedanke, ins Land des You-you zurückzukehren, geradezu verführerisch. Die Straße in den Sudan geht über mehrere Pässe von 3600 Meter Höhe mit der Aussicht auf Nachtfrost. Ich trete kräftig aufs Gaspedal, und die Stadt entschwindet unseren Blicken.

...

Höher und höher windet sich die Straße aus der Hitze der Danakilsenke hinauf zum kühleren Dessie in Äthiopien. Seit gestern haben wir 2500 Höhenmeter gewonnen und die Temperatur ist um mehr als 20 °C gefallen. Laura und ich mieten uns in der ersten vernünftig aussehenden Unterkunft ein und eilen zum Restaurant, aus dem wir den Rest der Woche kaum mehr herauskommen. Die ersten drei Portionen Schnitzel verschwinden in meiner Speiseröhre schneller als ein Äthiopier »You you you« sagen kann.

Die Fernsehnachrichten im Restaurant berichten von Äthiopiens kürzlich an die westliche Welt gerichteten Forderung nach massiver Finanzhilfe. Diesmal wollen die Politiker Entschädigungen für die Emission von Treibhausgasen, welche das Klima Afrikas beeinträchtigen. Um fair zu sein, muss ich sagen, dass die Industrienationen die ersten Umweltverschmutzer waren. Aber wer wird Europa Entschädigungen zahlen, wenn wir unsere Hausaufgaben gemacht haben, uns um Wiederverwertung kümmern, Solaranlagen installieren und Zweiliterautos kaufen, während die afrikanischen Busse weiterhin große Mengen Ruß und Abgase in die Atmosphäre pusten? Glaubt irgendjemand, dass Äthiopien im Jahre 2050 den Forderungen nach Kompensation der von ihm verursachten Umweltschäden in den USA oder sonst wo nachkommen wird? Äthiopier, Afrikaner ganz allgemein, spielen beim Klimawandel keine große Rolle, einfach deshalb, weil sie (noch) nicht die Mittel und Kapazitäten haben. Wenn sie auch nur eine halbe Gelegenheit hätten, würden die Afrikaner den Planeten ohne ein Wimpernzucken ruinieren. Ich muss dem Äthiopier erst begegnen, der keine Plastikflaschen aus dem Autofenster wirft. Viele machen in denselben Fluss, aus dem sie stromabwärts Wasser holen und in dem sie sich waschen, und das nicht aus Mangel an anderen Wasserquellen, sondern weil sie sich um nichts sorgen und den Zusammenhang zwischen Verschmutzung und Krankheiten nicht begreifen können. Wird Afrika in den nächsten Jahrhunderten grün werden? Kaum. Bevor man Afrika Achtsamkeit für die gesamte Welt beibringen kann, müsste man zunächst fast den ganzen Kontinent unterrichten und bei der grundlegenden persönlichen Hygiene beginnen.

Als Laura in Uganda arbeitete, versuchte sie vergebens, den Kindern beizubringen, dass man sich vor dem Essen die Hände wäscht. Drei Monate später gab sie es auf. Es ging nicht. Die Leute weigerten sich, an Bakterien zu glauben. Eine immer wieder erlebte Eigenheit zahlreicher Afrikaner ist die Unfähigkeit, etwas außerhalb der persönlichen Erfahrung Liegendes als wahr zu akzeptieren. Dokumentationen im Fernsehen, die Armut in Europa zeigen, werden als Hollywoodmärchen abgetan. Diejenigen, die Gelegenheit hatten, Europa zu besuchen und persönlich die Slums unserer großen Städte zu sehen, werden als Lügner angesehen, wenn sie zu Hause davon berichten.

Ich zeige einem Einheimischen eine Karte von Äthiopien, um ihn nach dem Weg zu fragen, und ich erkläre ihm: »Schau, das ist Äthiopien. Hier ist Woldia.« Er lacht zur Antwort: »Was sagst du.??? Bist du blöd? Das ist ein Stück Papier!« Er stampft mit dem Fuß auf die Erde und sagt mit voller Überzeugung: »DAS ist Äthiopien!« Es ist nicht das erste Mal seit Kapstadt, dass ich mich selbst orientieren muss, da Einheimische die abstrakte Darstellung im Straßenatlas nicht verstehen können.

Oder man betrachte die Schwierigkeiten, die europäische Aids-Helfer haben, wenn sie afrikanischen Gemeinden geschützten Sex lehren sollen: Sie nehmen oft einen Besenstiel oder eine Banane, um den Gebrauch von Kondomen zu demonstrieren, und vergessen, dass die Einheimischen zumeist alles genau so nehmen, wie sie es sehen. Das Einzige, was diese Freiwilligen bewirken, ist, dass die Dorfhaushalte jetzt Besen mit Kondom am Stiel und gummiertes Obst neben dem Bett haben. Wenn junge europäische Aids-Helfer geschützten Sex mit etwas Aussicht auf Erfolg lehren wollten, dann müssten sie in den Klassenzimmern kopulieren. Ich habe als Andenken 50 Packungen afrikanische Verhüterlis mitgenommen. Die Gebrauchsanweisungen sind allesamt mit Heftklammern an den Kondomen befestigt.

Kein Beispiel, und mag es noch so absurd wirken, ist übertrieben. Der Grund, warum die Schulen auf diesem Kontinent vielfach unfähig sind, nach einem westlich orientierten Lehrplan zu unterrichten, ist der, dass sich unser Wortschatz und Denken stark an Dingen ausrichtet, die nicht direkt erfahrbar sind. Molekularbiologie, Chemie, Astronomie, Geografie, Philosophie ... mit solchen Themen kann niemand umgehen, der ausschließlich daran gewöhnt ist, sinnlich erfahrene Realität zu akzeptieren. Das Ergebnis ist faszinierend. Reisende müssen sich nicht ins tiefe Weltall begeben, um einen Planeten zu finden, der seltsamer ist als alles, was der Science-Fiction-Autor Arthur C. Clarke je geschrieben hat. Man braucht nur nach Afrika kommen.

1000 Kilometer und 1000 Steine weiter erreichen wir die Grenze. Ich hoffe, der Sudan ist anders.

Die Geschichte des Was-wenn? (20.10.2009)

E s gibt Gründe dafür, dass das Afrika südlich der Sahara stets am schlimmsten an den Folgen von Naturkatastrophen leidet, und diese Gründe haben herzlich wenig mit dem afrikanischen Klima zu tun. Die Bauern pflanzen allgemein nur genau das an, was sie unter der Vorannahme einer sehr guten Ernte für die engere Familie brauchen. Sie rechnen keine Sicherheiten ein, keine Reserven für eventuelle Ausfälle. Man könnte denken, dass die Bauern lernen würden, für schlechte Erntejahre vorzusorgen, denn Trockenheit und Überschwemmungen treffen Afrika seit Jahrtausenden regelmäßig. Aber das tun sie nicht, was für mich ähnlich unverständlich ist wie jemand, der sich seine Finger am heißen Herd verbrannt hat und ihn dennoch immer wieder berührt.

Warum? Ist es Sorglosigkeit? Ist es Faulheit? Ist es das Wissen, dass die Hilfspakete aus dem Westen eintreffen, wenn der Hunger eine Region betrifft? Ich glaube, dass die Antwort an anderer Stelle gesucht werden muss: Die meisten schwarzen Afrikaner können keine Hypothesen aufstellen. Jede Frage, die ein »Was, wenn?« enthält, wird einfach nicht verstanden. Das Leben spielt sich in der Gegenwart ohne ein Morgen ab.

Ein Afrikareisender kann bizarre Szenen erleben, die dem europäisch Denkenden ein Rätsel sind. Um das afrikanische Denken zu verstehen, müssen wir akzeptieren, dass das Bilden von Hypothesen, das abstrakte Denken, die Entwicklung von Theorien und die Frage »Was, wenn?« erst erlernt werden müssen. In Europa beruht das Leben häufig auf diesen zwei Wörtern. Vieles, was wir tun, ist durch Vorsichtsmaßnahmen abgesichert: Gurte für Unfälle, Sicherungen gegen Überspannung, Versicherungen gegen alles bis hin zur Entführung durch Außerirdische. Schon Kinder fragen uns unablässig »was, wenn« und »warum«. Wir halten das für ein normales menschliches Verhalten. Das ist es aber nicht. Viele Afrikaner stellen sich die möglichen Folgen einer Missernte nicht nur nicht vor, sie können es gar nicht.

Man könnte glauben, dass es eine mögliche Lösung für die Probleme Afrikas wäre, abstraktes Denken schon in der Grundschule zu lehren, wenn es in höherem Alter schwer zu vermitteln ist. Dies ist in den letzten 55 Jahren ohne großen Erfolg versucht worden. Afrikanische Schüler sind stets hervorragend bei Themen, die Tatsachen betreffen, etwa das Auswendiglernen von Geschichtsdaten, doch sie versagen häufig in abstrakteren Fächern wie Mathematik. Ist die Fähigkeit, Hypothesen zu bilden, etwas, das von der ganzen Gesellschaft gelernt (und kontinuierlich gefördert) werden muss?

Das Abstrakte ist in der traditionellen afrikanischen Kultur ohne Bedeutung. In der Serengeti gibt es keine Laboratorien, in denen sich die Wissenschaftler in die Geheimnisse der Quantenphysik vertiefen, es gibt keine Versicherungsunternehmen, welche San gegen gebrochene Pfeilspitzen versichern, und der Pensionsfonds für Zuluhirten ist ein Märchen. So geraten wir in einen typisch afrikanischen Teufelskreis: Wenn man eine Gesellschaft nur verändern kann, indem man zuerst jeden Einzelnen in ihr ändert, und wenn die Einzelnen nur durch die Gesellschaft zu ändern sind ... dann bleibt Afrika das Katastrophengebiet von heute, ohne dass wir in irgendeiner Weise helfen könnten. Es wird immer Dritte Welt bleiben und hinter den kreativeren Nationen zurückbleiben.

Bitte, dies ist nicht mit Dummheit zu verwechseln. Dumm sind viele europäischen Nationen. Denn wenn man die negativen Folgen seiner Handlungen erkennt und sich trotzdem entschließt, in jedem Fall am falschen Weg festzuhalten, dann ist das einfach dumm. Im Westen versteht man aus Erfahrung vollkommen, dass Geld nicht die wichtigste Quelle des Glücklichseins ist, und doch hat das Anhäufen von Reichtum für viele höchste Priorität. Es heißt, da gebe es sogar Leute, die immer noch Land Rover kauften, obwohl das die reparaturanfälligsten Fahrzeuge sind, die je gebaut wurden. Solche Leute haben offensichtlich nicht mehr alle Tassen im Schrank.

Die Unfähigkeit zum abstrakten Denken wird sich aber auf jeden Versuch einer Messung der Intelligenz auswirken, die durch die Fähigkeit, logische Probleme lösen und rationale Urteile fällen zu können sowie durch die kognitive Auffassungsgabe definiert wird. 2006 veröffentliche Richard Lynn die Ergebnisse einer weltweiten IQ-Untersuchung an 813 778 Teilnehmern. Es war die größte Erhebung ihrer Art in der Geschichte, bei der sich die Forscher die Mühe machten, die Probanden nicht nur nach Nationalität, sondern auch nach Stämmen und Stammesuntergruppen auszuwählen. Man teilte ein nach Rasse, sozialer und ethnischer Herkunft sowie nach Einkommen. Um die Testfragen beantworten zu können, bedurfte es keines Allgemeinwissens und keiner Schulbildung. Nötig war aber die Fähigkeit zum logischen Verknüpfen und zum Abstrahieren. Die Resultate überraschten, wenn man sie mit der ethnischen Herkunft verknüpfte. Man kann die Studie gern als wertlos betrachten, wenn man die

Aussagekraft von IQ-Tests generell bezweifelt. Man kann den Test auch selbst machen. Und dann für ein paar Jahre nach Afrika gehen.

Bei einer als durchschnittlich angesetzten Punktzahl von 100 erreichten die verschiedenen Ethnien in Nord- und Südamerika, Europa, Asien, im Nahen und Mittleren Osten sowie in Polynesien Durchschnittswerte zwischen 85 und 115, gleich, ob die Probanden in London lebten oder im tiefsten indischen Dschungel, Hunderte Kilometer von der nächsten Steckdose entfernt, analphabetisch und bettelarm. Schwarzafrikaner südlich der Sahara kamen im Durchschnitt auf 67 Punkte, San auf 54. In Deutschland gilt man mit einem IQ von 70 bis 85 als lernbehindert. Bei einem IQ kleiner 70 wird man als geistig behindert eingestuft und hat Anspruch auf staatliche Unterstützung.

Ich persönlich bin mit den Schlüssen, die aus der Erhebung gezogen wurden, nicht einverstanden. Das menschliche Denken ist ein komplizierter Mechanismus, der nicht leicht etikettiert und kategorisiert werden kann. Die Fähigkeit eines Menschen, mit den Anforderungen des Lebens zurechtzukommen, hängt nicht allein vom Gebrauch der Logik ab. Ich nehme die Testergebnisse dennoch als einen Hinweis darauf, dass zwischen den ethnischen Gruppen Unterschiede bestehen könnten und dass die Schwarzafrikaner im Süden des Kontinents, allgemein gesprochen, weniger gut entwickelte Fähigkeiten haben, was den Umgang mit dem Abstrakten betrifft.

Eine intensive Erforschung der weltweiten Verteilung der Intelligenz ist vielleicht die einzige Möglichkeit, der Dritten Welt zu helfen. Der Hauptgrund, warum niemand Studien über dieses Thema anstellt, ist in meinen Augen der, dass unser westliches Wertesystem seit Langem in einem Korsett steckt. Häufig geben wir der Intelligenz die oberste Priorität, gefolgt von der äußeren Erscheinung (oder ist es umgekehrt?), vom Geschlecht, dem Einkommen und der Sozialkompetenz. Ob eine Person ein guter Vater oder eine gute Mutter ist, ob sie fähig ist, die innersten Sorgen eines anderen rein intuitiv zu erfassen, ob sie mitfühlend und liebend ist … das alles spielt leider kaum eine Rolle. BBC kann in den Nachrichten von einem ruandischen Machetenmassaker an Kindern berichten, ohne Hassbriefe und Bombendrohungen zu erhalten, aber das Thema der Intelligenz schwarzer Afrikaner darf nicht angesprochen werden.

Was wäre, wenn alle Menschen wirklich gleich, aber nicht vergleichbar sind? Nun können Sie mich erschießen.

Die Arabische Liga

Die Erforschung der vierten Dimension

Die Reise beginnt, dich zu verändern. Mögen auch die Zeit und die Mühen dein Äußeres verändert haben, es ist die psychische Transformation, die es deinen alten Freunden unmöglich macht, dich weiterhin zu verstehen. Das Gefühl herrscht auf beiden Seiten; du findest oft, dass ihre Weltsicht als »Außenstehende« engstirnig oder unvollständig ist. Kein Wunder, sind doch die meisten deiner Freunde auf einen Lehnsessel, Bücher und einen Flachbildfernseher angewiesen, um Informationen über Gegenden zu bekommen, die du als Insider kennenlernst. Du stellst alles, woran du je glaubtest, infrage: Schulbildung, Gesellschaftsnormen, Gerechtigkeit, Humanität, die Medien ... und auch dich selbst.

...

Ziehst du einen dreidimensionalen Würfel in eine senkrechte Richtung, ist ein vierdimensionaler Tesserakt (oder Hyperwürfel der Dimension Vier) das Ergebnis. Tesserakte haben 16 Knoten, 32 Kanten, 24 Flächen, 8 Würfel und eine vierdimensionale Zelle. Sie haben Länge, Breite und Höhe sowie eine vierte Raumkoordinate im euklidischen Raum bzw. eine Zeitkoordinate im Minkowski-Raum. Der Minkowski-Raum ist geeignet, um physikalische Veränderungen in unserem Universum zu messen, die den einsteinschen Gesetzen der speziellen und allgemeinen Relativitätstheorie gehorchen, und er ist unentbehrlich für GPS und Flugnavigation. Bei unendlicher Ausdehnung füllt der Tesserakt den vierdimensionalen Raum. Eine vereinfachte Definition der vierten Dimension wäre:
Es ist der ganze Raum, in den man bei einer Reise senkrecht zum dreidimensionalen Raum gelangen kann.
Der Standardtesserakt im euklidischen Raum enthält die Punkte
$$\{(x_1, x_2, x_3, x_4) \in R^4 : -1 \leq x_i \leq 1\},$$
wobei R^n die euklidische Natur andeutet.

...

Einen Tesserakt darzustellen, ist schwierig, selbst für erfahrene Mathematiker. Eine Möglichkeit ist die »innere Projektion«. Das Ergebnis ist ein extrem verzerrtes Bild des eigentlichen Objekts. In Wirklichkeit sollten alle Kanten gleich lang sein und alle Winkel 90° betragen. Um die

Sache noch komplizierter zu machen, erhält man beim Auffalten eines Tesserakts acht Würfel, so wie man beim Auffalten eines Würfels sechs Quadrate erhält. Eine Alternative zur Projektion wäre ein Schattenwurf. Wenn Licht auf einen dreidimensionalen Würfel fällt, entsteht ein zweidimensionaler Schatten. Ein mit einer Taschenlampe beleuchteter Tesserakt würde einen dreidimensionalen Schatten werfen.

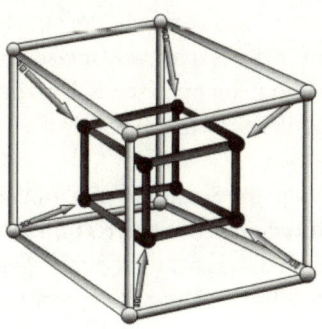

Transzendenz (Sudan, 9.11.2009)

Schon einen einzigen Schritt hinter dem äthiopisch-sudanesischen Grenzzaun kommt die Änderung so abrupt, dass sie den Reisenden wie die Frontalkollision mit einer Boeing 747 trifft. Noch vor ein paar Sekunden wurden Laura und ich von Millionen bettelnder, steinewerfender Personen belagert, die für den Land Rover die höchste Sicherheitsstufe bedeuteten, und jetzt sitzen wir mit dem sudanesischen Leiter der Zollstation zusammen, trinken Kaffee und kauen fröhlich Kekse.

»Willkommen im Sudan! Ich hoffe, Ihr Aufenthalt gefällt Ihnen. Nehmen Sie doch Kekse. Möchten Sie noch einen Kaffee?«, fragt Herr Achmed höflich. »Es tut mir leid, dass mein Kollege so lange für den Papierkram braucht, aber es ist Gebetszeit.«

Mir macht das Warten nichts aus. Das Büro hat einen Ventilator so groß wie die Rotorblätter eines Chinook-Hubschraubers, der mir kräftigen Wind ins Gesicht bläst. Zum Glück sitzt niemand hinter mir, denn die Wand wird von den Schweißtropfen bespritzt, die von meinem Gesicht wegfliegen. 30 Minuten später, unter mehrfachem Händedruck, Verbeugungen und Lächeln, werden Laura und ich zu Matilda begleitet und auf die Reise nach Khartoum geschickt.

»Wo sind die ganzen Leute hingekommen?«, fragt Laura und mustert den Straßenrand, um Einheimische zu entdecken, die sich hinter Bäumen verstecken. Wir suchen einen Platz für die Nacht, was meist ein mühseliges Unterfangen ist. An manchen Tagen braucht man sechs Umzüge, bis man endlich Ruhe findet. Im Sudan scheint dieses Problem nicht zu existieren.

Unsere Liegestühle stehen im Schatten, das Abendessen blubbert auf dem Kocher, und wir beschäftigen uns mit einer Sammlung von Ausschussbüchern, mit Romanen, die kein halbwegs intelligenter Mensch in Europa über die erste Seite hinaus lesen könnte, ohne überzuschnappen. Wir sind jedoch in argen Nöten: Bücher sind selten in Afrika, und alles, was gut war, haben wir schon längst gelesen und wieder gelesen. Während die übrige Welt schon vor Jahrtausenden die Schrift erfand, im Fall des Sudan und von Ägypten wurden die Hieroglyphen schon um 3500 vor Christus verwendet, hat der schwarze Kontinent südlich der Sahara nie eine eigene Schrift entwickelt. Ich frage mich, ob die Fähigkeit, zu schreiben, die Voraussetzung für die Entwicklung einer Kultur ist, die es einem Volk ermöglicht, von der Stufe der Sammler und Jäger aus so weit zu reifen, dass es das Philosophieren erlernen kann? Wenn die Geschichte über Generationen nur mündlich überliefert wird, wie präzise ist dann das Übermittelte nach Jahrhunderten noch? Können Menschen wirklich Geisteswissenschaften weiterentwickeln, wenn ihnen eine genaue Sammlung von Vergangenem fehlt, anhand derer sie ihre gegenwärtigen Handlungen beurteilen können? Ich glaube nicht. Bleibt die Frage, warum Asiaten, Araber und Europäer Schriften entwickelt haben, die Schwarzafrikaner aber nicht.

Ein Kamel trottet vorbei, geführt von einem arabischen Dorfbewohner und seiner umfangreichen Familie. Der Nomade legt die Hand aufs Herz, lächelt, ruft »Salam alaikum« und setzt dann seinen Weg fort.

In dieser Nacht, unserer ersten im Sudan, schlafen wir gut.

Ein paar Tage später weicht die Wüste den fruchtbaren Tälern des Blauen Nil. Unbesiedelte Strecken zwischen den Dörfern werden seltener, bis etwa 40 Kilometer vor Khartoum die Straße auf einmal von endlosen Häuserreihen gesäumt wird. Wir streben dem Zeltplatz des örtlichen Segelklubs zu, der für Reisende schon seit Langem der gewöhnliche Aufenthaltsort ist.

Die Meinungen über einen Besuch Khartoums gehen weit auseinander. Die meisten jüngeren westlichen Touristen meiden die Stadt aus dem einfachen Grund, dass nach dem muslimischen Gesetz der Scharia Alkohol verboten und züchtige Kleidung für Frauen vorgeschrieben ist. Wer hierherkommen möchte, um sich nachts im Pub zu betrinken oder nackt im Nil zu baden, der sollte es sich ein zweites Mal überlegen. Der Sudan hat erst kürzlich Schlagzeilen gemacht, als die einheimische Journalistin Lubna Hussein wegen des Tragens unschicklicher Kleidung nach Artikel 152 vom Gericht zu einer Geldstrafe von 100 US-Dollar und zu 40 Hieben mit einer Plastikpeitsche verurteilt wurde. Sie hatte zusammen mit zwölf Freundinnen in einem Café von Khartoum Hosen getragen. Lubna hatte Glück. Sie hatte gute Verbindungen zur Presse und war bei den UN angestellt. Darüber hinaus protestierten einige Hundert Hosen tragende Frauen vor dem Gerichtsgebäude und eine sudanesische Journalistengruppe bezahlte ohne ihr Wissen ihre Strafe. Schließlich wurde Lubna vom Friedensrichter die Auspeitschung erlassen.

Nicht nur Bier und Bikinis können im Sudan Ärger bescheren. Den Namen Allahs zu beschmutzen, zieht noch härtere Strafen nach sich: Eine britische Lehrerin wäre 2007 beinahe zu sechs Monaten Haft verurteilt worden, weil sie ihren Schülern erlaubt hatte, den Teddybären der Klasse Muhammad zu nennen! Mit Rücksicht auf ihre Staatsangehörigkeit wurde sie nach ein paar schlaflosen Nächten in ihrer Zelle jedoch begnadigt und kehrte nach Großbritannien zurück.

Nach all dem hört es sich nicht so an, als sei der Sudan ein besonders angenehmer Aufenthaltsort, sogar Laura und ich dachten daran, weiterzufahren, sobald wir unsere ägyptischen Visa hätten. Wir wären vielleicht wirklich bei diesem Entschluss geblieben, gäbe es da nicht den Käsekuchen im Acropole-Hotel, das Sudoku-Rätsel in der *Citizen*-Zeitung und die tägliche Folge der Autoshow *Top Gear* im Satellitenfernsehen.

Die Sehnsüchte, Meinungen und Freuden des Langzeitreisenden werden von

Personen, die Erholungsurlaub machen, nur selten verstanden. Gestern kam eine Gruppe deutscher Motorradfahrer in Begleitung eines gewaltigen Unimog-Caravans an. Sie sind von Frankfurt aus in 13 Tagen in den Sudan gefahren und wollen Südafrika so zeitig erreichen, dass sie zu Weihnachten wieder zu Hause sind. Heute ist der 1. November.

»Also, was kann man hier in Khartoum machen? Was sind die Höhepunkte? Ist es eine hübsche Stadt?«, fragt Günther, der Unimogfahrer.

»Es ist eine großartige Stadt«, antworte ich. »Es gibt Eiskaffee bei Papa Costa, auf dem Markt kann man für zwei Dollar ein Kilo Baklava kaufen und man kann im Fernsehen zuschauen, wenn Jeremy verrückte Autos testet!«

Günther runzelt die Stirn. Offenbar war das nicht die Auskunft, nach der er suchte. Ich hatte vergessen, dass die Gruppe Europa erst vor weniger als zwei Wochen verlassen hat; Essbares und Fernsehen sind da noch nicht sehr attraktiv.

»Hm, nein, wir haben genug Essen für den ganzen Trip durch Afrika. Müssen nichts kaufen bis Kapstadt. Der Kühlschrank ist gerammelt voll.«

Beinahe hätte ich vorgeschlagen, dass sie 14 Tage damit verbringen könnten, vom Zeltplatz aus das sachte Dahinziehen des Nil zu betrachten und ein gutes Buch zu lesen. Aber dann erinnere ich mich daran, dass er und seine Biker dann schon in Sambia sein wollen.

Mit einem letzten verzweifelten Versuch, doch noch hilfreich zu sein, biete ich an: »Vielleicht möchtet ihr den Kamelmarkt in Omdurman besuchen?«

Daraufhin zieht Günther sein GPS heraus, drückt ein paar Knöpfe und sagt: »Nee, kann die Kamele nicht auf dem GPS finden. Gut, dann werden wir morgen abhauen. Wie lang bleibt ihr noch da?«

»Einen Monat oder so.«

Da ruft Osama, der Direktor des Segelklubs und Campingplatzes, unsere Namen. Wir werden dort allmählich so etwas wie eine feste Einrichtung; wie es scheint, ist noch kein Reisender so lange geblieben.

»Hier, für euch. Tragt das aber nicht in der Stadt herum.« Osama lächelt und reicht uns eine Flasche besten südafrikanischen Weines.

»Aber, aber, aber ... Alkohol ist doch im Sudan verboten???«, flüstern wir leise, damit es niemand hört. Ich sorge mich sehr um das Wohlergehen unserer Rückseiten.

»Ja, und nach der Scharia auch Kartenspielen. Meint ihr, da würde sich jemand drum kümmern? Seht ihr die Wasserflaschen neben den Shishas? Nun sagt, glaubt ihr wirklich, dass da Wasser drin ist? Das ist reiner Whiskey, zumindest die sudanesische Art. Ihr könnt auch etwas davon haben, aber ich dachte, das hier wäre eher nach eurem Geschmack.«

Man kann es mit der Entspannung übertreiben. Am nächsten Tag kommen zwei Overlandtrucks voll mit Zwanzigjährigen auf dem Weg nach Südafrika an. Ein paar Dutzend bleichhäutige europäische, amerikanische und australische Mädels hängen aus den Fenstern und wackeln mit knapp bedeckten Brüsten. Die Kerle an Bord, der Fahrer eingeschlossen, tragen kaum mehr als ein Adamskostüm. Ich sehe, wie Osama den Kopf schüttelt.

»Okay. Ich weiß, gestern habe ich gesagt, dass die Sudanesen weltoffen und liberal sind. Aber das geht zu weit, sogar in Khartoum.«

Ich muss zustimmen. So wenig Respekt vor den Gesetzen und der Religion eines Landes, in dem sogar Barbiepuppen nur mit einem züchtigen Kopftuch verkauft werden, bedeutet einen Schlag ins Gesicht eines jeden Bürgers. Die Pax werden nur deswegen davonkommen, weil sie Ausländer sind.

»Sollen wir sie öffentlich auspeitschen lassen?«, frage ich und hoffe so halb, dass die Antwort Ja sein wird.

Ganz ehrlich gesagt, ist Karthoum meine liebste Hauptstadt in Afrika. Die Leute lassen einen auf der Straße wirklich in Ruhe. Indem wir allmählich als dazugehörig betrachtet werden, sinken auch die Preise umgekehrt proportional zur Dauer des Aufenthalts. Unser Burger zum Mittagessen kostete zunächst 1,50 US-Dollar. Jetzt ist er gratis. Der Leiter des Restaurants schaufelt dazu noch ein Dutzend Falafeln auf unsere Teller, damit wir genug haben. Aber wichtiger als all dies: Khartoum ist sicher! Man muss sich keine Sorgen machen, wenn man die Türen unversperrt gelassen hat oder die Handtasche zwanglos schultert; Diebstahl ist in Khartoum so gut wie unbekannt. Es gilt als eine der sichersten Großstädte der Welt.

Das Gesetz der Scharia scheint, gemessen am europäischen Begriff der persönlichen Freiheit, einschränkend zu sein, doch es hat Nebenwirkungen, aus denen die von Kriminalität geplagten westlichen Länder einiges lernen könnten. Sein Hauptzweck ist nicht die direkte Kontrolle eines Volkes, wie die westlichen Medien oft zu Unrecht herausstreichen, sondern der Schutz des Volkes vor einem für die gesamte Gesellschaft schädlichen Verhalten. Alkohol, Drogen, Spielsucht und Sex SIND, auch wenn sie in Maßen Genuss verschaffen, die Geißeln der heutigen Welt. Man kann nicht beides haben, den Menschen zum einen völlige Freiheit lassen und zum anderen erwarten, dass niemand diese missbrauchen wird. In einem so armen Land wie dem Sudan ist die Gefahr, dass Menschen zu Verbrechern werden, um vieles größer als in reichen Nationen, und deshalb müssen in meinen Augen dort andere Gesetze gelten.

»Im Süden unseres Landes ist alles anders«, seufzt Omar. »Da möchtet ihr zurzeit eher nicht hinreisen. Wären nur die Wahlen schon gestern gewesen, dann hätten wir den Südsudan und Darfur loswerden können.«

Der Sudan macht gegenwärtig einen Teilungsprozess durch. Während die nördlichen zwei Drittel des Landes von sunnitisch-muslimischen Arabern bewohnt werden, die durch eine gemeinsame Kultur, Sprache und Religion geeint sind, kann der Süden nur als Stammesland bezeichnet werden. Verschiedene schwarze Rebellengruppen haben seit 1955 gegen die Regierung in Khartoum gekämpft, vor allem aber untereinander. Auf allen Seiten zusammen gab es bisher mindestens 2 000 000 Opfer. Die schwärende Wunde Nordafrikas wird von westlichen Nationen als ein von der al-Bashir-Regierung angeordneter Völkermord betrachtet, der nach Sanktionen gegen den Nordsudan und Kriegsverbrecherprozessen gegen den Präsidenten verlangt. Al-Bashir ist wohl, wie die USA meinen, ein vieler Verbrechen schuldiger Diktator, doch hege ich den Verdacht, dass seine schwersten Vergehen diese waren: das untätige Zusehen bei der Ermordung von Zivilisten durch sich streitende Rebellengruppen, die wirtschaftliche Vernachlässigung des Südens sowie die Weigerung, ausländische Organisationen in Gebiete zu lassen, die von humanitären Katastrophen betroffen waren.

»Und du? Was denkst du von al-Bashir?«, frage ich Omar.

»Ich mag ihn persönlich nicht, aber ich muss zugeben, dass er trotz der Sanktionen eine verdammt gute Arbeit leistet. Die sudanesische Wirtschaft ist eine der am schnellsten wachsenden in der Welt. Wie dem auch sei, der Westen hilft niemandem, wenn er versucht, ihn zu stürzen. Bashir hat genügend Öl, um 50 Jahre Sanktionen durchzuhalten. Nur die Sudanesen können und sollten die Probleme des Sudan lösen.«

Aber der Sudan ist groß und Khartoum weiter vom problematischen Süden entfernt als Berlin von Rom. Wäre da nicht die Presse, wir Reisenden würden nie erfahren, dass dies hier eine Nation im Krieg ist.

Eine Abstimmung über die Unabhängigkeit des Südens wird 2011 stattfinden. Das Ergebnis scheint sicher zu sein: Kürzlich durchgeführte Umfragen besagen, dass 75 % der Araber über die Teilung froh wären. Alle Leute, die wir in Khartoum trafen, hatten davon genug, täglich in den Zeitungen Berichte über im Sudan begangene Gräueltaten lesen zu müssen.

»Lebewohl und Allah sei Dank, dass wir euch los sind. Die sollen ihre Probleme unter sich ausmachen«, wie Omar sagt.

Es gibt nichts anderes, als getrennte Wege zu gehen, wie es schon vor einem halben Jahrhundert gleich nach der Unabhängigkeit richtig gewesen wäre. Hier ist nicht Europa, wo auf den Tag vor 20 Jahren Millionen Menschen den Fall der Berliner Mauer feierten und Deutschland wiedervereinigt wurde. In Afrika ist es so, dass eine Teilung oft die einzig gangbare Lösung ist.

...

Obwohl der Sudan in vieler Hinsicht modern ist, haben die Sudanesen die Bürokratie zu einer Kunstform entwickelt, die des Hades würdig wäre. Wir brauchen Genehmigungen, und zwar viele. Aufenthaltsgenehmigungen, Fotoerlaubnisse, Genehmigungen für das Verlassen von Khartoum ... da fehlte nur noch eine Besuchserlaubnis für die Toilette. Jeder einzelne Antrag erfordert stundenlanges Schlangestehen vor einem Schalterfenster, bis man dem Mann dahinter den Pass geben kann, der einem dann wortlos ein Formular in unlesbarem Arabisch aushändigt. Eine kleine Ewigkeit später erhält man schließlich die Information, dass das Formular dreimal zu kopieren ist, und zwar am Schalter Nummer drei, wo 3000 Leute auf den Toner für das Fotokopiergerät warten, den die seit gestern in der Mittagspause befindliche Sekretärin besorgen soll. Der Typ an Schalter Nummer vier meint, dass morgen zwei Passfotos abzuliefern seien, denn das Büro schließe jetzt für das Mittagsgebet und bleibe bis zum nächsten Tag geschlossen. Der nächste Tag konfrontiert einen wieder mit Schalter Nummer eins, wo alle Anträge zusammen mit dem Pass in einen blauen Ordner gelegt werden, der einem an Schalter Nummer zwei in einem grünen Ordner zurückgegeben wird, der bei der Kassiererin an Schalter Nummer drei abzugeben ist. Nach Zahlung der Registrierungsgebühr geht man an Schalter Nummer vier und erhält den lang ersehnten Stempel und eine Quittung. Alle Papiere müssen aber schließlich noch vom grünen in den blauen Ordner zurückgelegt und zusammengeheftet werden, bevor der Chef den Stempel abzeichnet, doch da der leere Tacker nur von der hauptamtlichen Sekretärin mit Heftklammern gefüllt werden kann und diese seit 1997 in der Mittagspause ist, wird man gebeten, morgen wiederzukommen.

Wir warten. Warten ist der bevorzugte Zeitvertreib im Sudan. Anders als Europäer, die zumeist alles penibel im Voraus planen müssen, bedeutet Zeit in der arabischen Welt nichts. Wenn in München der Bus nicht genau um 9:15 Uhr abfährt, werden die Fahrgäste nervös. Und möge Gott verhüten, dass es je eine Verspätung von mehr als ein paar Minuten gibt! In Nordafrika sind Fragen wie »Wann fährt der Bus ab?« oder »Wann öffnet die Bank wieder?« blanker Unsinn. Nicht, weil niemand eine Uhr hat, keiner den Fahrplan kennt oder vielleicht, weil die öffentlichen Verkehrsmittel allgemein unzuverlässig wären, nein, die Frage SELBST hat keinen Sinn. Neu angekommene Touristen, die meinen, die Uhren müssten nach westlicher Art ticken, sieht man oft wütend in den Straßen afrikanischer Städte.

»Was meinen Sie mit ›Der Manager wird bald zurückkommen, Inshallah‹? Schauen Sie mich doch nicht so verständnislos an! Was ist da so schwer zu verstehen? Ich will auf die Sekunde genau wissen, wann er wieder da ist!«

Es ist aber der Tourist, der nichts versteht. Busse fahren ab, wenn sie voll sind, Banken öffnen, wenn ihre Türen aufgesperrt werden, und Flugzeuge landen, wenn sie auf der Rollbahn aufsetzen, nie vorher. Auf diesem Kontinent existiert die Zeit nicht unabhängig von den Menschen, läuft nicht in einer abstrakten vierten Dimension ab. Zeit wird durch das Handeln der Menschen und durch historische Ereignisse definiert. Araber und Afrikaner sagen erst dann, dass es Zeit zu essen ist, wenn das Essen auf dem Tisch steht. Ob und wann dies allerdings geschieht, bestimmt Gott allein. Meine Genehmigungen werden da sein, wenn der Chef sie stempelt, genau dann, auf die Millisekunde genau. Das muss für mich genau genug sein.

...

Mazar ist an der sudanesischen Grenze eine Institution. Seit fast einem Jahrzehnt hilft er den Reisenden, den Nasser-Stausee zu überqueren. Sowohl die Passagierfähre als auch die Autofähre fahren am Mittwoch von Wadi Halfa nach Assuan. Gibt es eine Verzögerung, weil ägyptische Beamte ihr Schmiergeld wollen, dann versäumt man vielleicht das Schiff und sitzt eine Woche lang fest. Mazar hat die richtigen Verbindungen; selbst wenn die Fähre voll ist, findet er einen Weg, dich rechtzeitig an Bord zu bringen.

Mazar ist kein Araber, sondern Nubier, Angehöriger eines Stammes, der in den nördlichen Regionen des Sudans die Bevölkerungsmehrheit darstellt. Er begrüßt uns in seinem Haus.

»Salam alaikum! Keef halek? Tamam? Hamdulillah!«, grüße ich mit 50 % meines arabischen Wortschatzes.

»Alaikum salam! Ich habe schlechte Nachrichten für euch. Diese Woche geht keine Fähre. Kommende Woche auch nicht. Das nächste Schiff geht am 9. Dezember! Die Nilschifffahrt und alle Beamten an der Grenze haben ihre Eid-al-Adha-Ferien!«

Alle, die glauben, ein Monat in Khartoum sei grenzenlos langweilig, sollten einmal drei Wochen in Wadi Halfa ausprobieren. Einige Reisende haben gesagt, dass ein einziger TAG in dieser Ortschaft schlimmer sei als ein Jahr Einzelhaft in Santa Fu. Was tun? Alles, was ich tun kann, ist, »Mafimushkula!« zu seufzen, das arabische Gegenstück zu »No worries!«, und warten. Und warten. Habe ich schon erwähnt, dass das Warten der bevorzugte Zeitvertreib im Sudan ist?

Genau betrachtet kann ich meinen Reisekollegen nicht zustimmen. Nubier übertreffen die Araber noch in Sachen Gastfreundschaft, und das Eid-al-Adha-Fest wird die Stimmung aufhellen. Das ist, besonders vom Trubel her gesehen, das islamische Äquivalent zu unserer Weihnacht und das wichtigste Fest des Jahres. Statt der Geburt Christi zu gedenken, zur Messe zu gehen, Geschenke auszutauschen und Tannenbäume zu schmücken, ehren die Muslime Abrahams Bereitschaft, seinen Sohn Ismael zu opfern, indem sie nach Möglichkeit Mekka besuchen, Wohltaten tun und den Teufel steinigen. Jeder Muslim ist dazu verpflichtet, wenigstens einmal im Leben am Hadsch, der traditionellen Pilgerfahrt nach Mekka, teilzunehmen. Das Ritual wird immer durch ein Tieropfer gekrönt, das daran erinnert, dass Gott Abrahams versuchte Opferung des Sohnes vereitelte, indem er Ismael durch eine Ziege ersetzte. Christen mag der Brauch, an einem Tag 3 000 000 Tiere zu töten, barbarisch erscheinen, doch wird nichts von all dem Fleisch weggeworfen. Alle getöteten Tiere werden sauber verpackt und dann an Bedürftige in aller Welt geschickt. »Fröhliche Weihnacht, stille Nacht und da hast du deine Krawatte ...« Verdammt, manchmal glaube ich, dass Muslime die besseren Christen sind.

Der letztgenannte Brauch hat für uns seine Vorteile. Mazar und seine Familie schlachten dieses Jahr drei Schafe. Das Eid-al-Adha-Opfer ist nicht auf Mekka beschränkt, sondern sollte auch zu Hause dargebracht werden. Die ganze Nachbarschaft wird sich versammeln und ein drei Tage währendes gemeinsames Mahl zubereiten. Laura und ich sind eingeladen.

Während all der Ereignisse ist meine Aufgabe als Mann eine eher müßige und beschränkt sich auf die vorgespielte Leitung der Organisation. Natürlich ist das eine Farce; Laura und die einheimischen Frauen haben die Dinge voll im Griff und können es nicht brauchen, dass wir Männer uns einmischen. Wir wissen das, aber wir müssen unsere Rolle spielen, um das Gesicht zu wahren. Ich trinke im Hof ungezählte Tassen Tee mit den Männern und höre Gequassel, Flüstern, Glucksen und Lachen aus der Küche, das jedes Mal komplett verstummt, wenn wir es wagen, aufzustehen und einen Blick ins offene Fenster zu werfen. Ich fürchte, das Weibervolk redet heimlich über uns. Wenn wir uns beleidigt auf unsere Stühle im Schatten eines Baumes zurückziehen, beginnt das unterbrochene Gelächter sofort erneut. Den Männern in der arabischen Welt ist wohl bewusst, dass das Mannsein hier weniger Arbeit bedeutet, zugleich verpassen sie aber viel Spaß. In Wirklichkeit leisten die Frauen alles. Den ganzen interessanten Klatsch über die Ereignisse des Tages kann ich nur von Laura erfahren, wenn ich sie darum bitte, mir die Geschichten »aus dem Hintergrund« anzuvertrauen. Sie kann sich als Christin und Touristin frei zwischen der Welt der Männer und der der Frauen bewegen. Ich frage sie, welche von beiden ihr lieber ist. »Natürlich die der Frauen! Die Diskussionen sind viel anregender!«

Die Mahlzeiten werden, sofern nicht nur die nächsten Verwandten versammelt sind, nach Geschlechtern getrennt eingenommen. Ich sitze mit den Männern aus elf Familien auf einem Platz eines Vororts von Wadi Halfa und sehe zu, wie jeder Haushalt eine Platte mit Essen zu unseren Füßen auf die Erde stellt. Der Anblick ist grandios; jeder Clan gibt für das Fest im Schnitt 100 US-Dollar aus und alle versuchen, sich gegenseitig mit raffinierten Rezepten, ausgewählten Zutaten und prächtiger Präsentation zu übertreffen. Berücksichtigt man die niedrigen Lebensmittelpreise im Sudan, so kann man sich vorstellen, was da an kulinarischer Extravaganz zusammenkommt. Unter »Oh!« und »Ah!« nehmen die stolzen Spender die Deckel von den Platten. Und ohne große Umstände greifen wir wie hungrige Hyänen zu.

Der Tag der Abreise aus dem Sudan rückt näher. Unsere größte Sorge ist, ob die alte Fähre unser Gewicht noch trägt, nachdem wir uns tagelang die Bäuche vollgeschlagen haben.

Weisheit (Ägypten, 31.12.2009)

Die Schiffsmotoren stampfen monoton und bringen uns dem nördlichen Horizont entgegen, während wir uns unter die aufgehängten, zuletzt in den 1980er-Jahren gewarteten Rettungsboote kauern. Auf Backbord geht die Sonne über einer öden, leblosen Küste unter. Ein Stern um den anderen zündet sein Licht an, als sei der Himmel eine große Stadt mit der Milchstraße als dicht besiedeltem Zentrum. Wir rücken näher zusammen, um uns zu wärmen. Einmal in der Nacht bekommen wir einen ersten Eindruck von Ägypten: Die Pharaonenstatuen von Abu Simbel grüßen uns, durch starke Scheinwerfer beleuchtet, vom Ufer. Ein paar Stunden später laufen wir in den Hafen von Assuan ein.

Die Verzögerung von einem Monat zwingt uns zur Änderung unseres ursprünglichen Vorhabens, gemächlich dem Nil zu folgen. Denn wir haben einen Termin einzuhalten: Lauras Mutter kommt zusammen mit zwei Freundinnen an Weihnachten nach Kairo. Uns bleiben nur vier Tage, um bis zur Hauptstadt zu fahren, ein Hotel zu finden, verschiedene Besichtigungstouren zu buchen und die Damen am Flughafen abzuholen.

Als wir uns den Vororten von Kairo nähern, hüpft Laura auf einmal aufgeregt auf ihrem Sitz herum: »Chris ... SCHAU! Die Pyramiden!«
    Und wirklich, aus dem Smog von Afrikas größter Stadt erheben sich die Spitzen der Cheops-, Chephren- und Mykerinospyramide. Die Nekropole von Gizeh liegt heute innerhalb der Stadtgrenzen und ist von hässlichen, grauen Wolkenkratzern umgeben. Von einem bequemen Plastikstuhl aus kann man die nächtliche Sound-and-Light-Lasershow ansehen, die die Sphinx in tanzende Regenbogenfarben taucht. Die Mumien werden in ihren Särgen rotieren ...

Man muss die Umgebung ausblenden, sich an den Souvenirverkäufern vorbeizwängen, an den vorgeblichen Touristenführern und den postmodernen, Kamelritte anbietenden Beduinen und könnte dann immer noch die Größe der antiken ägyptischen Baumeister bewundern ... wäre da nicht das Gedrängel der übergewichtigen Weißen, die sich in die zahlreichen schmalen Gänge quetschen, die zu den unterirdischen Grabkammern führen. Wenn die stecken bleiben, kommt man selbst auch nicht mehr weiter. Die Pharaonen versuchten, die Gräber unter anderem mit zahlreichen Granitkeilen zu sichern, um Diebe abzuhalten, jedoch vergebens: Die Grabkammern wurden geplündert. Sie hätten vielleicht besser adipöse Touristen zum Verbarrikadieren verwenden sollen.

...

Morgen ist Weihnachten und die Heiligen Drei Könige kommen auf dem internationalen Flughafen von Kairo an. Dieses Jahr erscheinen sie jedoch als drei farbenprächtig gekleidete Damen aus Italien und Argentinien, die dem Stern im Flugzeug statt auf Kamelen gefolgt sind. Sie bringen Geschenke zum Fest ... für mich nicht Myrrhe, Gold und Weihrauch, sondern ein orange gestreiftes T-Shirt, Gesichtspeeling und Feuchtigkeitscreme. Ich ziehe das T-Shirt an, um Lauras Mutter eine Freude zu machen, und verwandle mich damit in ein Geschöpf, das auffallende Ähnlichkeit mit dem Trickfilmfisch Nemo aufweist. »Vielen Dank! Und euch auch fröhliche Weihnachten!«, stottere ich und wende Peeling und Creme ratlos in den Händen. Was zum Teufel ist ein Gesichtspeeling? Ich muss Laura um Rat fragen. Als Frau hat sie sicher Insiderwissen, was solche Dinge angeht. Sie lacht nur. »Willkommen im Duft meiner Welt!«, ist alles, was sie antwortet.

Leicht war es nicht, einen Urlaub für Besucher zu organisieren, die modische Cafés, feine Restaurants und luxuriöse Einkaufszentren gewohnt sind. Lauras Mutter Teresa hat neben ihrer Heimat Italien nie ein anderes Land als Australien besucht. Oft werde ich als tapfer bezeichnet, da ich die Welt auf meine Art bereise, aber im Vergleich zu dieser Frau, die sich mit einem Mal im fortgeschrittenen Alter von 66 entschließt, für einen Besuch ihrer Tochter ins Unbekannte aufzubrechen, bin ich der größte Feigling.

Wir gehen auf Besichtigungstour. Fein herausgeputzt spazieren unsere »Heiligen Drei Königinnen« durch die belebtesten Straßen im Zentrum Kairos. 5000 Busse, Taxis, Motorräder und Pferdefuhrwerke, die scheinbar von blinden Formel-1-Fahrern gelenkt werden, halten auf unseren Besuch zu, als sie gemeinsam mitten auf der Straße stehen, um 300 Fotos von Werbeschildern in schnörkeliger arabischer Schrift aufzunehmen. Die Fußgänger in den belebten Basargassen werden fast k. o. geschlagen, wenn unsere Damen in typisch mediterraner Art, wild mit den Armen gestikulierend, mit ihren Handys telefonieren. Sie bleiben wie angewurzelt stehen, um eine SMS zu tippen, während wir versuchen, sie inmitten der Stoßzeit über die gefährlichen, mehrspurigen Straßen zu bugsieren. Da sie mehr Schmuck tragen als die Königin von England, werden wir von potenziellen Taschendieben aufmerksam beäugt. In ihren offenen Handtaschen locken Videokameras und dicke Brieftaschen, die selbst ein einarmiger Dieb mit Arthritis leicht stehlen könnte. So gut ich kann, versuche ich, ein Unglück von unserem Trio abzuhalten.

Das romantische Jahresende 2009 klappt nicht ganz so, wie es geplant war. Das Taxi findet unser Hotel nicht und kommt eine Stunde zu spät. Der beduinische Kamelführer, der die Gäste als »klassische Einführung ins Nomadenleben« auf dem letzten Kilometer begleitet, führt uns durch müllbedeckte Straßen zu einem Zelt, das von der Sahara weiter entfernt ist als Berlin. Teresa, die noch nie auf irgendeinem Tier gesessen hat, fällt aus dem Sattel auf den Boden, glücklicherweise ohne sich zu verletzen. Unser reservierter Tisch steht in einer Nische, umgeben von Lautsprechern, aus denen dermaßen laute Musik dringt, dass eine Concorde unbemerkt daneben landen könnte. Unser Essen, das 50 US-Dollar pro Person kostet, besteht jeweils aus einer Scheibe so lange gegrilltem Fleisch, dass man damit Stiefel besohlen könnte. Die Pferdeshow ist eher ein Beispiel von Tiermisshandlung: Der Dresseur wirft dem armen Ross Stäbe, Stöcke und Spieße zwischen die Hufe, damit es herumtänzelt. Und, was das Schlimmste ist, wir werden davon unterrichtet, dass Alkohol auf dem Gelände verboten ist. Die Flasche Champagner, die wir für die Gelegenheit gekauft hatten, darf nur außer Sichtweite hinter dem Lokal konsumiert werden. Statt einer Neujahrsfeier, die in angenehmer Erinnerung bleibt, haben wir ein Desaster organisiert.

Haben wir wirklich? Auf meinem Plastikstuhl sitzend, sehe ich Teresa und ihre argentinischen Freundinnen pausenlos wie Schulmädchen kichern. Was ist denn hier so lustig? Alles ist schiefgegangen, was nur irgendwie schieflaufen konnte. Dennoch, eine Riesengaudi. Sie tanzen Walzer zusammen mit einer einheimischen Bauchtänzerin, die – ich könnte drauf schwören – künstliche Hüftgelenke hat.

»Chris, vielen Dank für den wunderbaren Abend!«, sagt Teresa auf der Taxifahrt zurück zum Hotel. »Das war etwas ganz Besonderes! Das vergess ich nie! Ich hätte nicht gedacht, dass ich einmal im Leben nach Kairo käme oder in meinem Alter auf einem Kamel reiten würde. Und vor allem bin ich so froh, dass ich diese Woche mit meiner Tochter zusammen sein konnte. Oh, schnell, schau aus dem Fenster. Siehst du die Pyramiden?«

Langsam dämmert es mir, dass Teresa recht hat ... zu meiner Linken ist das letzte überdauernde Weltwunder, zu meiner Rechten Laura, die ihren Kopf an meine Schulter lehnt. Warum schmolle ich in der Mitte? Als Reisender, der täglich mit allzu Gewöhnlichem befasst ist, platten Reifen, Visaverlängerungen, Einkauf von Lebensmitteln und lästigen Einheimischen, vergesse ich oft, wo ich eigentlich bin und was im Leben wichtig ist. Ich bin verdammt noch mal in Ägypten und fahre durch Afrika. Und Laura ist an meiner Seite. Ich erfülle mir nicht nur meinen Traum, sondern die Träume eines jeden armen Kerls, der in einem zwei mal drei Meter kleinen Büro hockt. Warum, zum Teufel, regen mich komische Bauchtänzerinnen auf? Ich muss mich neu ausrichten. Wenn wahre Weisheit darin besteht, mit allem Missgeschick, das das Leben mit sich bringt, fertigzuwerden und dennoch jeden Augenblick zu genießen, dann sind unsere Besucherinnen wirklich die weisen »Heiligen Drei Königinnen« und ich muss noch viel von ihnen lernen.

Ich wende mich wieder dem Fenster zu, betrachte die jahrtausendealte Sphinx und bemerke erstmals die Schönheit ihrer Erscheinung. Mit positiven Gedanken gehe ich ins Jahr 2010. Eine Sekunde lang meine ich ein leichtes Zucken auf den alten Lippen der Sphinx zu sehen ... sie lächelt mich an.

...

Wir lenken Matilda in nordöstliche Richtung, auf den Sueskanal und die Halbinsel Sinai zu. Kurz vor dem Kanal halten wir für eine extragroße Pizza als Abschiedsessen vom afrikanischen Kontinent. Auf der anderen Seite, die man durch eine Unterführung erreicht, liegt der Sinai, wohl noch zu Ägypten gehörig, aber geografisch in Asien gelegen. Als wir die sanft bergab führende Straße zum Tunneleingang hinunterrollen, öffnen sich die Schleusen des Himmels, und zum ersten Mal seit Monaten prasseln Regentropfen gegen die Windschutzscheibe. Afrika beweint meine Abreise. Ich aber lächle; drei Jahre vom Kap nach Kairo waren genug. Ich schalte den Scheibenwischer ein und verschwinde im gähnenden Maul des Tunnels.

Die Geschichte vom brennenden Busch (15.2.2010)

Als Mose die Küste des Roten Meeres erreichte, gab es noch keinen Tunnel. Dennoch bin ich mir sicher, dass die meisten, auch ohne Bibel auf dem Nachttisch, von der Judenschar gehört haben, die vor langer Zeit der Sklaverei in Ägypten entfloh, um ihr gelobtes Land zu suchen. Diese Geschichte aus dem Buch Exodus, auch 2. Buch Mose genannt, ist für das Verständnis der heutigen Konflikte zwischen Israel und dem Nahen Osten von wesentlicher Bedeutung. Der Gedanke hinter der 1948 erfolgten Gründung eines jüdischen Staates im Jordantal geht auf Mose und das Versprechen, das ihm sein Gott irgendwann um 1250 vor Christus gegeben haben soll, zurück. Sollte die biblische Erzählung nicht stimmen, fielen viele proisraelische Argumente in sich zusammen, und das Land müsste als ein künstliches Gebilde auf muslimischem Boden betrachtet werden. Dann wäre es vermutlich besser gewesen, den Juden andernorts eine Heimat zu geben, zum Beispiel in Kanada, den USA oder Australien. Vielleicht hätte so eine Entscheidung viele Kriege in der arabischen Welt und zahllose Tote auf allen Seiten verhindert.

Um die jüdischen Argumente besser zu verstehen, besorge ich mir eine Bibel als Reiseführer (die Geschichte, die die Thora berichtet, ist im Wesentlichen die Gleiche) und folge der Spur Mose. Das ist auf dem Sinai nicht schwierig: Jedes im Exodus erwähnte Vorkommnis ist heute eine Touristenattraktion. Ich schlage die Bibel auf:

> 2. Mose 2,11 Zu der Zeit, als Mose groß geworden war, ging er hinaus zu seinen Brüdern und sah ihren Frondienst und nahm wahr, dass ein Ägypter einen seiner hebräischen Brüder schlug. 2,12 Da schaute er sich nach allen Seiten um, und als er sah, dass kein Mensch da war, erschlug er den Ägypter und verscharrte ihn im Sande.

Um den juristischen Folgen seines Verbrechens zu entgehen, flieht er auf den Sinai, wo er bei Jethro, einem nahe Horeb ansässigen Priester, Unterschlupf findet. Bei einem Ausflug in die Wüste begegnet Mose einem sprechenden Busch.

> 2. Mose 3,2 Und der Engel des HERRN erschien ihm in einer feurigen Flamme aus dem Dornbusch. Und er sah, dass der Busch im Feuer brannte und doch nicht verzehrt wurde.

Es ist überraschend, wenn ein Busch plötzlich zu sprechen anfängt, vor allem wenn aus ihm die Stimme Gottes ertönt. Mose, seiner Missetaten eingedenk, ist daher recht erschrocken. Aber Gott lässt die Vergangenheit ruhen und befiehlt Mose stattdessen, zu einer Rettungstat aufzubrechen:

2. Mose 3,10 so geh nun hin, ich will dich zum Pharao senden, damit du mein Volk, die Kinder Israel, aus Ägypten führst.

Dieser Busch ist das Erste, was Laura und ich besuchen. Zu unserem Glück wächst er immer noch gesund und kräftig im Katharinenkloster, das eingekeilt zwischen kahlen, rötlichen Bergen auf über 1500 Metern Höhe liegt. Laura und ich quetschen uns mit Hunderten von Besuchern durch den schmalen Eingang in der Außenmauer. Wir wenden uns nach links in einen kleinen Hof ... und siehe da! Ein *Rubus sanctus*, wie ihn die Botaniker nennen, der mehr als 3250 Jahre alt sein soll! Leider brennt er nicht, und bald schon überlege ich, ob ich nicht mit einem Zündholz nachhelfen könnte. »Laura«, frage ich, »hörst du etwas?« Sie hört nichts, und so bleiben wir noch eine Weile vor dem »brennenden Busch« stehen und lauschen gespannt auf ein Wort himmlischer Erleuchtung. Nichts. Nicht einmal ein Flüstern.

Nahe der israelischen Grenze und den Palästinensergebieten ist die Sinaihalbinsel in einer prekären geografischen Lage. Seit 1948 haben die israelischen Streitkräfte bei mehr als einer Gelegenheit Annexionsversuche unternommen. Das erste Mal war das 1956, als der ägyptische Präsident Oberst Abdel Nasser beschloss, den Sueskanal zu verstaatlichen und für israelische Schiffe zu sperren. Nasser hatte von der westlichen Einmischung auf arabischem Boden genug und wollte die Profite selbst einstreichen. Israel antwortete militärisch und eroberte mit französischer und britischer Unterstützung die gesamte Halbinsel samt Kanal. Nur auf Druck der USA und Russlands zogen sich alle nicht ägyptischen Truppen wieder zurück. Kaum elf Jahre später marschierte Israel erneut ein, um einem befürchteten arabischen Angriff auf das jüdische Heimatland zuvorzukommen. Israel startete einen Präventivschlag gegen Ägypten, griff auch Syrien und Jordanien an und eroberte schlussendlich den ägyptischen Sinai, die syrischen Golanhöhen, Ostjerusalem und das Westjordanland. Mit einem Mal war Israel fünfmal so groß wie zuvor! Allein die Sinaihalbinsel wurde im Zuge eines Friedensabkommens mit dem ägyptischen Präsidenten Sadat wieder zurückgegeben. Wann, wie und ob die anderen besetzten Gebiete ihren früheren Besitzern wieder abgetreten werden, ist der kritische Punkt, welcher jedes Friedensabkommen im Nahen Osten blockiert. Derzeit zeigt Israel keine Neigung, nachzugeben.

Mit einem Seufzer öffne ich erneut meinen heiligen Reiseführer, um zu sehen, wie die Geschichte weitergeht und was wir als Nächstes tun sollten:

Nachdem er den Befehl aus dem Busch gehört hat, ist Mose fassungslos. Nach Ägypten zurückkehren? Nach allem, was er getan hat? Und dann dem Pharao sagen, er soll seine Sklaven freilassen? Gott aber ist unnachgiebig, will die Glaubwürdigkeit Mose jedoch durch das Vollbringen einiger Wunder untermauern. Widerwillig folgt Mose Gottes Gebot. Wieder in Ägypten, erscheint er vor dem Pharao, um Gottes Weisungen auszuführen. Dieser demonstriert seine Macht anhand der sogenannten zehn Plagen, zu denen auch Umweltverschmutzung, Seuchen und Kindesmord gehören:

2. Mose 7,21 Und die Fische im Strom starben, und der Strom wurde stinkend, so daß die Ägypter das Wasser aus dem Nil nicht trinken konnten; und es war Blut in ganz Ägyptenland.

2. Mose 8,2 Und Aaron reckte seine Hand aus über die Wasser in Ägypten, und es kamen die Frösche herauf, so daß Ägyptenland bedeckt wurde. 8,9 Und der HERR tat, wie Mose gesagt hatte, und die Frösche starben in den Häusern, in den Höfen und auf dem Felde. 8,10 Und man häufte sie zusammen, hier einen Haufen und da einen Haufen, und das Land stank davon. 9,6 Und der HERR tat es am andern Morgen; da starb alles Vieh der Ägypter, aber von dem Vieh der Kinder Israel starb nicht eins.

2. Mose 12,29 Und zur Mitternacht schlug der HERR alle Erstgeburt in Ägyptenland vom ersten Sohn des Pharao an, der auf seinem Thron saß, bis zum ersten Sohn des Gefangenen im Gefängnis und alle Erstgeburt des Viehs. 12,30 Da stand der Pharao auf in derselben Nacht und alle seine Großen und alle Ägypter, und es ward ein großes Geschrei in Ägypten, denn es war kein Haus, in dem nicht ein Toter war.

Wenn es daran geht, Grausamkeit zu zeigen, können Götter bloße Sterbliche jederzeit übertreffen.

Umweltverschmutzung ist in Ägypten leicht zu entdecken. Gleich hinter dem Kloster befindet sich eine große Müllgrube, die randvoll mit allen Sorten Abfall ist, von Plastiktüten bis hin zu einem leeren Ölfass. Es ist fast so, als würden Gottes Plagen bis in unsere Zeit weiterwirken. Traurig starren wir auf einen kleinen Wasserfall, der durch die Spalten eines großen Felsens tröpfelt. Er ist wegen der tiefen Temperatur mit Eis überzogen, und in den hübschen Eisformationen sehen wir Plastikflaschen und Toilettenpapier. Wir steigen den Hügel hinunter zu Matilda, um unsere Nachforschungen fortzusetzen.

Am Ende erlaubt der Pharao Moses Leuten, Ägypten zu verlassen. 600 000 Juden machen sich auf den Weg gen Osten. Als sie das Rote Meer erreichen, will Gott noch einmal seine Macht demonstrieren und beschließt, noch mehr Ägypter mit dem Tod zu bestrafen:

> 2. Mose 14,4 *Und ich will sein Herz verstocken, daß er ihnen nachjage, und will meine Herrlichkeit erweisen an dem Pharao und aller seiner Macht, und die Ägypter sollen innewerden, daß ich der HERR bin. – Und sie taten so.*

Unfähig, sich dem Willen Gottes zu widersetzen, bricht der Pharao mit all seinen Kriegswagen und Heerführern auf, um seine früheren Sklaven zu verfolgen. Gerade, als sie die Schar der Juden erreichen, spricht Gott zu Mose:

> 2. Mose 14,16 *Du aber hebe deinen Stab auf und recke deine Hand über das Meer und teile es mitten durch, so daß die Kinder Israel auf dem Trockenen mitten durch das Meer gehen. 14,23 Und die Ägypter folgten und zogen hinein ihnen nach, alle Rosse des Pharao, seine Wagen und Männer, mitten ins Meer. 14,26 Aber der HERR sprach zu Mose: Recke deine Hand aus über das Meer, dass das Wasser wiederkomme und herfalle über die Ägypter, über ihre Wagen und Männer. 14,28 Und das Wasser kam wieder und bedeckte Wagen und Männer, das ganze Heer des Pharao, das ihnen nachgefolgt war ins Meer, so daß nicht einer von ihnen übrig blieb.*

Nachts darauf wird gefeiert und ein Lied zum Lob Gottes gesungen. Darin heißt es unter anderem:

> 2. Mose 15,3 *Der HERR ist der rechte Kriegsmann, HERR ist sein Name. 15,14 Als das die Völker hörten, erbebten sie; Angst kam die Philister an.*

Hoppla. Wer ist das? Philister? Ja, in deren Land führt der Herr alle 600 000 Israeliten! Es spielt keine Rolle, dass das Gelobte Land bereits von vielen Stämmen bewohnt wird, Kanaaniter, Hethiter, Amoriter, Perisiter, Hewiter und Jebusiter. Nein, die Israeliten sind Gottes auserwähltes Volk und können sich niederlassen, wo er will. Leider führt die Meinung, auserwählt zu sein, oft zu Diskriminierungen und Kriegen.

Ich stehe am Ufer des Roten Meeres, etwa an der Stelle, an der Mose seinen Fuß auf die Sinaihalbinsel gesetzt haben soll, und es überkommt mich ein Déjà-vu-Gefühl: Die Geschichte hat sich wiederholt. Entgegen dem weitverbreiteten Glauben war Palästina, das frühere Kanaan, kein menschenleeres Ödland, als die Juden nach dem Zweiten Weltkrieg und dem Holocaust einwanderten. Palästina hatte wohl keine blühende Wirtschaft aufzuweisen, aber die Menschen dort hatten eine ausgeprägte Kultur, und ihre Identität reicht bis in die Antike zurück.

Angenommen, die biblische Geschichte wäre wahr, dann wanderten die Israeliten zu einer Zeit ein, als rund eine Million Menschen, auf fünf Staaten verteilt, Palästina bewohnten. Nachdem sie eine Region erobert hatten, die das moderne Israel und die besetzten Palästinensergebiete umfasste, etablierten sie ein Königreich, das laut biblischer Erzählung von etwa 1250 bis 1000 vor Christus unter den Königen Saul, David und Salomon Bestand hatte. Die Grenzen dieses Reichs, von dem sich die Historiker nicht sicher sind, ob es überhaupt je wirklich existiert hat, sind genau diejenigen, die die Zionistische Organisation auf der Pariser Friedenskonferenz von 1919 vorschlug, als über ein künftiges jüdisches Heimatland debattiert wurde. Die dort beheimateten Palästinenser waren nicht eingeladen, ihren Standpunkt vorzubringen, obwohl für sie die gesamte Region ihr Zuhause war und seit 634 nach Christus Teil des arabischen und osmanischen Großreichs. Die einzige Ära, in welcher die Juden zweifelsfrei unabhängig waren, stellte ein nur 103 Jahre währendes Intervall um 140 vor Christus dar!

Seit 13 Jahrhunderten lebten die Palästinenser überwiegend im Frieden, unterbrochen nur durch gelegentliche Invasionen christlicher Kreuzritter. Unter islamischer Herrschaft durften die wenigen hier ansässigen Hebräer ihrem Glauben frei nachgehen, solange sie eine Zakat-Steuer an die Regierung zahlten, eine Summe, die nie höher war als die, die jeder Muslim gemäß der Forderung des Korans an die Bedürftigen geben muss. All dies änderte sich 1917,

271

als das Osmanische Reich im Ersten Weltkrieg besiegt wurde. Die Westmächte kamen überein, das türkische Königreich zu zerschlagen und in Mandatsgebiete aufzuteilen. Das Gebiet des heutigen Israels und Jordaniens wurde Großbritannien übertragen, das sich mit der Schaffung einer »jüdischen Heimstatt« in Palästina einverstanden erklärte. Dabei sollten allerdings ausdrücklich die Rechte dort bestehender nicht jüdischer Gemeinschaften gewahrt werden, denn zur damaligen Zeit lebten im betreffenden Gebiet 657 000 Muslime, aber nur etwa 12 000 Juden! Aus diesem Grund sollten auch möglichst viele Juden zum Einwandern in diese Region ermuntert werden. Denn nur, wenn dort mehr Juden als Muslime leben würden, könnte ein zukünftiger Staat Israel auch eine demokratisch gewählte jüdische Regierung haben.

Der Holocaust in Deutschland besiegelte 1947 das Geschick Palästinas. Geschätzte 100 000 Überlebende verlangten einen sicheren Ort, an dem sie leben konnten, und die UN hielten nun die Schaffung einer Heimat für die Juden für so dringend, dass sie in die Praxis umgesetzt werden musste, gleich, ob die Juden in der Minderzahl waren oder nicht. Die Vollversammlung stimmte für eine Aufteilung des Gebiets in ein arabisches Transjordanien und ein jüdisches Israel. Um Platz für die neuen Siedler zu schaffen, wurden schätzungsweise 700 000 bis 750 000 Palästinenser aus ihren Häusern vertrieben und flohen nach Transjordanien, Syrien und in den Libanon. Es verwundert nicht, dass so mit den benachbarten arabischen Ländern vom ersten Tag an Kriege entstanden und dass seither in Israel und Palästina Blut vergossen wird!

2006 gingen fast 4000 Raketen der Hisbollah im Norden Israels nieder. Tel Aviv antwortete mit 4,6 Millionen Bomblets in 962 einzelnen Angriffen, welche die zivile Infrastruktur des Libanon schwer beschädigten. Aus jedem Konflikt geht Israel gestärkt hervor, während die Zahl der Opfer auf arabischer Seite stets wesentlich höher ist als auf israelischer. Leider machen sich die westlichen Medien oft nicht die Mühe, die genaue Anzahl der getöteten Araber zu ermitteln, während die getöteten Juden oft namentlich bekannt sind. Auffällig ist auch, wer in diesen Konflikten als Terrorist bezeichnet wird.

Was ist unterdessen aus den Palästinensern geworden? Die Nachkommen der Vertriebenen wollen heimkehren, nur sind das jetzt 3,6 Millionen, von denen viele unter elenden Bedingungen in Flüchtlingslagern leben. Die Regierenden der Likud-Partei schlugen der jordanischen Regierung einst vor, Jordanien zur

Heimat der Palästinenser zu machen. Das Problem dabei ist, dass in Jordanien schon drei Millionen Palästinenser leben, für die 7 % des Bruttosozialprodukts aufgewendet werden müssen.

Ich nehme meine Bibel und blättere, bis ich dahin komme, wo ich stehen geblieben war:

Schließlich erreicht die Schar den Berg Sinai und schlägt das Lager an seinem Fuß auf. Gott wartet bereits auf sie und befiehlt Mose, allein den Gipfel zu besteigen; jeder andere, der einen Fuß auf den Berg setzt, wird mit dem Tod bestraft werden. Auf dem Gipfel angelangt, verkündet Gott Mose eine Liste von Geboten: die berühmten Zehn Gebote, von denen jeder schon gehört hat, dazu aber noch viele andere. Mein Lieblingsgebot lautet:

> 5. Mose 25,11–12 *Wenn zwei Männer gegeneinander handgreiflich werden und des einen Frau läuft hinzu, um ihren Mann zu erretten von der Hand dessen, der ihn schlägt, und sie streckt ihre Hand aus und ergreift ihn bei seiner Scham, so sollst du ihr die Hand abhauen.*

Der reale Berg Sinai, von den Beduinen Jabal Musa genannt, der möglicherweise der in der Bibel erwähnte ist, erhebt sich hinter dem Katharinenkloster. Der Gipfel kann in 90 Minuten strammen Marsches über viele Treppenstufen erreicht werden. Ein Beduine als Führer ist Vorschrift, und Polizisten sorgen dafür, dass kein Wanderer auf eigene Faust loszieht. Wir spazieren bergauf durch die prächtige Landschaft, nur manchmal abgelenkt durch das Klingeln des Mobiltelefons des Führers und durch Imbissbuden, die alle 250 Meter Schokoriegel und Kartoffelchips verkaufen. Zwischen zwei Telefonanrufen frage ich unseren Führer, warum er von den Leuten bündelweise Geld verlangt, damit sie einen Hügel hinauflaufen, auf dem sich auch ein Blinder zurechtfinden würde.

»Schauen Sie sich um«, sagt der junge Beduine. »Wie sonst sollten wir hier Geld verdienen? Hier wächst nichts!«

»Aber wie konntet ihr dann die letzten 5000 Jahre vor der Ankunft der Touristen überleben?« Er gibt keine Antwort. Es wäre unhöflich, weiter zu insistieren; er weiß, wie sehr seine Lebensart durch materielle Wünsche wie dem nach einem Handy für 300 US-Dollar beherrscht wird. 2010 ist Geld scheinbar der einzige Gott, den es sich anzubeten lohnt. Ich frage nach seinem Namen. »Moses.«

273

Als wir uns dem Gipfel nähern, hören wir Popmusik, die aus einem Dutzend Souvenirständen dröhnt. Ein beißender Gestank dringt in unsere Nasen, als wir an den Toilettenhäuschen für Tausende von Besuchern vorbeikommen. Sie laufen dermaßen über, dass sie nur der allermasochistischste Märtyrer benutzen würde. Geringere Sterbliche erleichtern sich einfach draußen, wo immer es sie ankommt. Laura und ich lassen den Abstand zwischen uns und den anderen etwas größer werden, um einen seltenen Moment von Stille zu genießen.

»Meinst du, Gott würde heute seine Gebote per SMS vom Berg herabsenden?«, frage ich. Laura nimmt ihr Handy und schaltet es ein. »Nee. Kein Empfang auf dem Gipfel.« Wir lachen und lehnen uns mit dem Rücken an einen der wenigen Felsen, die nicht von Klopapier bedeckt sind.

Gott will Mose die Gebote in Stein gehauen übergeben. Das Einmeißeln dauert 40 Tage und Nächte, während deren Mose durchgehend auf dem Gipfel bleibt. Im Lager werden die Menschen langsam nervös, nachdem ihr Führer schon mehr als einen Monat verschwunden ist. Jede Himalajaexpedition hätte einen Sherpa ausgesandt, um Mose zu retten, aber den Juden ist es verboten, den Berg zu betreten. Unter Aaron, dem Bruder und Stellvertreter Moses, fertigen die Juden aus eingeschmolzenem Schmuck ein goldenes Kalb an, das sie anstelle Gottes anbeten, da sie befürchten, Gott hätte sie verlassen. Das sieht der Herr vom Gipfel aus und wird wütend. Am liebsten würde er alle 600 000 auslöschen, denn er weiß, wie stur die Israeliten sein können:

> 2. Mose 32,9 Und der HERR sprach zu Moses: Ich sehe, daß es ein halsstarriges Volk ist.

Aber Mose gelingt es, Gottes Zorn ein wenig zu mildern.

> 2. Mose 32,14 Da gereute den HERRN das Unheil, das er seinem Volk zugedacht hatte.

Daraufhin steigt Mose mit den beiden steinernen Gesetzestafeln vom Berg herab. Unten angekommen, trifft er auf seine Gefolgsleute, die nackt um das Goldene Kalb herumtanzen und es anbeten. Er zermahlt das Götzenbild zu Pulver, mischt den Goldstaub mit Wasser und zwingt die Kinder Israels, das Ganze zu trinken. Auch zerbricht Mose in seinem Zorn die Steintafeln, die er mit so viel Mühe vom Gipfel heruntergetragen hat, und macht so 40 Tage Arbeit zunichte. Gott aber genügt diese Bestrafung nicht. Er will Blut fließen sehen:

2. Mose 32,27 [...] So spricht der HERR, der Gott Israels: Ein jeder gürte sein Schwert um die Lenden und gehe durch das Lager hin und her von einem Tor zum andern und erschlage seinen Bruder, Freund und Nächsten.

So fangen die Juden an, die ihnen Nahestehenden umzubringen, und hören erst auf, als 3000 Leichname den Boden bedecken. Am nächsten Morgen steigt Mose wieder auf den Gipfel, um sich zu versichern, dass Gott sich nicht von seinem Volk abgewandt hat. Dieser wird den Vorfall nicht vergessen, bestätigt aber gleichzeitig, dass sein Versprechen, die Juden in das Gelobte Land zu bringen und die dort ansässigen Völker zu töten, noch gilt. Am Tag der Abreise vom Sinai hat Mose noch zwei letzte Wünsche an Gott: Er braucht zwei neue Gesetzestafeln, um die von ihm zerbrochenen zu ersetzen, und er möchte Gott selbst sehen, nicht nur als brennenden Busch. Dem ersten Wunsch wird gern entsprochen; was den zweiten Wunsch betrifft, so ist die Sache etwas kompliziert. Gott erklärt:

2. Mose 33,20 Und er sprach weiter: Mein Angesicht kannst du nicht sehen; denn kein Mensch wird leben, der mich sieht.

Wo aber ein Wille ist, ist auch ein Weg, denn auch wenn man Gottes Angesicht nicht erblicken darf, ohne zu sterben, so gilt dies nicht für seine Rückseite. Und so findet der Herr eine Lösung.

2. Mose 33,22 Wenn dann meine Herrlichkeit vorübergeht, will ich dich in die Felskluft stellen und meine Hand über dir halten, bis ich vorübergegangen bin. 33,23 Dann will ich meine Hand von dir tun, und du darfst hinter mir her sehen; aber mein Angesicht kann man nicht sehen.

Mose und seine Schar brechen nach Palästina auf, um alle dort lebenden Völker zu vernichten (2. Buch Mose 23,27), auch im Falle einer Kapitulation auf keinen Fall ein Bündnis mit ihnen zu schließen (2. Buch Mose 23,32) und sicherzustellen, dass kein Andersgläubiger dortbleibt (2. Buch Mose 23,33). Die Regeln für ein Gefecht sind einfach:

4. Mose 31,17 So tötet nun alles, was männlich ist unter den Kindern, und alle Frauen, die nicht mehr Jungfrauen sind; 31,18 aber alle Mädchen, die unberührt sind, die laßt für euch leben.

Mose stirbt, bevor er das Heilige Land erreicht, im hohen Alter auf dem Berg Nebo in Jordanien, aber dem Volk gelingt der Plan, nach Palästina zu gelangen und dieses für sich einzunehmen, auch ohne ihn.

Der Ort, an dem einst das Goldene Kalb stand, wird von einer großen Tafel markiert. Außer einigen erodierten Felsklippen und Müllsäcken ist eigentlich nichts zu sehen. Kein Goldstaub, keine verlorenen Schekel oder 3000 jüdische Skelette. Nackte Juden und Gottes Rückseite? Von Ersteren habe ich auf meinen Reisen eine Menge gesehen. Es ist fast ein Volkssport bei jungen israelischen Rucksacktouristen, vor Touristenattraktionen die Hosen herunterzulassen. Auch hier in Ägypten trifft man auf viele Besucher aus Israel, vor allem an der Küste des Roten Meeres zwischen Nuweiba und Sharm-el-Sheikh. Nach Bombenanschlägen auf dem Sinai haben die Touristenzahlen stark abgenommen und die Existenz der Strandhotels hängt nun an einem seidenen Faden. Allerdings erfreuen sich die Israelis bei den Hotelbesitzern nicht gerade großer Beliebtheit: »Die haben dauernd Drogenpartys, beleidigen uns ständig und zahlen ihre Rechnungen nicht. Inshallah, wenn die Europäer jemals wieder auf den Sinai zurückkehren, dann hänge ich als Erstes ein Schild in hebräischen Buchstaben vor dem Hotel auf, das verkündet ›Sie sind hier nicht willkommen!‹«, sagt uns ein Hotelbesitzer.

Ich sitze am Strand bei Nuweiba und blicke die Küste entlang, nach Norden, in Richtung Israel. Nachts glaube ich, die Hafenstadt Eilat ausmachen zu können und große Containerschiffe, die in den lichtdurchfluteten Hafen einfahren. Und ich stelle mir vor, jemand käme auf mich zu und verlangte, ich solle ihm Matilda, mein Heim, übergeben, weil er in einem Buch gelesen habe, dass der Bruder der Schwiegermutter seines Ur-ur-ur-ur-ur-ur-ur-Großvaters sich vor 3250 Jahren mit einem Gott unterhalten hätte und der gesagt hätte, er sei der rechtmäßige Eigentümer meines Land Rovers ... in diesem Fall wüsste ich genau, was ich ihm antworten würde. Und wenn ein Fremder zu meinen Eltern in Deutschland käme und sie mit Waffengewalt zwänge, ihr Haus zu verlassen, weil er ein Nachfahre Cäsars sei und Bayern einst vor ein paar Jahrtausenden zum Römischen Reich gehört habe ... ich wüsste, dass ich sie verteidigen würde. Und wenn ein afrikanischer Einwanderer an die Tür meines Großvaters klopfen und sich beklagen würde: »Ich bin im Kongo schlecht behandelt worden, und man hat mir elementare Menschenrechte versagt! Deswegen ist es recht, wenn ich deinen Job, dein Geld und dein Eigentum kassiere!«, ich würde seine Lage bedauern, dann aber dem Afrikaner höflich zu verstehen geben, er solle gehen. Was aber, wenn er das nicht tut? Wie weit würden Sie gehen, um Familie und Freunde zu verteidigen? Ich jedenfalls sehr weit.

So auch die Palästinenser mit ihren Unterstützern bei der Hamas, dem Islamischen Dschihad und der Hisbollah. Sie gehen so weit, ihr eigenes Leben bei einem Selbstmordanschlag zu opfern, um der »großen muslimischen Gemeinde« willen. Denn es gibt im Islam eines, das westliche Länder regelmäßig übersehen. Im Gegensatz zum Christentum, das für die meisten nur eine persönliche Religion ist, geht der Islam über einen individuellen Glauben hinaus: Der Islam ist eine Nation mit mehr als einer Milliarde Einwohner und einer Hauptstadt Mekka. Wenn, zum Beispiel, die USA Bagdad bombardieren, dann haben sie nicht nur eine einzelne Stadt im Irak angegriffen. Nach dem Verständnis vieler Muslime hat Washington mit seiner isolierten Aktion zugleich alle muslimischen Länder attackiert und muss von jedem dieser Länder Vergeltung erwarten. Die Juden verstehen das, weil sie einen ähnlichen Gemeinsinn in ihrer Kultur haben und jederzeit meilenweite Umwege machen, um einem Mitjuden zu helfen, gleich, wo auf der Erde er sich auch aufhält.

Der Koran erwähnt in der Sure An-Nisa 75: »Und warum solltest du nicht für die Sache Allahs kämpfen und für die, welche schwach sind und misshandelt und unterdrückt? Männer, Frauen und Kinder, die schreien ›Herr! Rette uns aus dieser Stadt, deren Bürger Unterdrücker sind, sende uns von Dir einen, der uns schützt, sende uns von Dir einen, der uns hilft!‹«

Dschihad bedeutet im religiösen Sinne übersetzt »für die Sache Allahs kämpfen«. Ich empfinde diese Definition als etwas vage und deshalb frage ich den Eigentümer unseres Zeltplatzes bei Nuweiba bei einer Tasse Kaffee, was Dschihad und Kampf für ihn bedeuten.

»Das ist für Nichtmuslime vielleicht schwer zu verstehen«, seufzt er.
Ich bestehe darauf: »Versuch es mit mir.«
»Manchmal fühlt ein Muslim einen Aufruhr in seinem Inneren, der sich aus dem Widerspruch zwischen seinem Glauben und dem tatsächlichen Stand der Dinge in der Welt ergibt. Dieser Aufruhr beinhaltet eventuell die Pflicht, muslimische Brüder, die unter einer nicht muslimischen Führung leiden, durch Geld, Waffen und Männer zu unterstützen. Das ist der Dschihad: die Freiheit

der muslimischen Völker zu bewahren und unserer Religion Ausdruck zu verleihen. Wir glauben, das Recht zu haben, unsere Länder unserem Glauben gemäß zu regieren, denn schließlich sind die Muslime in der arabischen Welt in der Mehrzahl. Ist dies nicht durch demokratische Prinzipien geboten?«

»Und wie weit dürft ihr gehen, um eure muslimischen Brüder zu schützen?«, frage ich. »Erlaubt es der Koran, Selbstmordattentäter in ein israelisches Einkaufszentrum zu schicken oder das World Trade Center in New York zu zerstören?«

»Der Koran sagt in Sure At-Taubah 20: ›Die, welche glauben und Exil und Kampf für die Sache Allahs unter Einsatz ihrer Habe und ihrer Person durchleiden, haben in den Augen Allahs den höchsten Rang.‹ Und in Sure As-Saff 4: ›Allah liebt die, welche für seine Sache in Schlachtordnung kämpfen, als seien sie fest zusammengemauert.‹ Der Koran spricht aber auch von Vergebung und davon, dass es lobenswerter sei, dem Feind zu vergeben als auf Auge um Auge zu bestehen.«

Ganz hat er meine Frage nicht beantwortet, und so dränge ich ihn, das noch weiter auszuführen.

»Schau, die Vergebung hat ihre Zeit ebenso wie die Tat«, so erklärt er. »Du vergibst jemandem nicht, wenn er mit dem Finger am Abzug ein Gewehr auf dich richtet. Tätest du das, wärst du nicht nur dumm, sondern auch mausetot, und Vergebung wäre dann wirkungslos. Was machst du, wenn dein Feind Hightech-Atomraketen auf dein Heim gerichtet hat und bereit ist, sie zu benutzen, während du nur altmodische Gewehre hast?«

Ich interpretiere das als manchmal Ja.

Es ist immer schwierig, keine kulturelle Heimstatt zu haben. Aber das gilt nicht nur für Juden, die unbestritten sehr schwere Zeiten durchgemacht haben; sie haben nicht das »Monopol auf Leiden«. Sinti, Roma, Armenier, Kurden und zahllose andere Völker sind wegen ihres Status als Minderheiten Opfer von Verfolgungen geworden. Dennoch gibt es kein Argument für eine Kolonisierung und Besetzung Palästinas; weder religiöse Überzeugungen, jahrtausendealte historische Zusammenhänge oder humanitäre Gedanken. Ungerecht behandelt worden zu sein, gibt niemandem das Recht, deswegen andere unschuldige Menschen unrecht zu behandeln.

Die Geschichte vom Zug ins Gelobte Land? Man kann darüber denken, was man will, ich glaube aber nicht, dass sie vor Gericht als »Beweis« für die Eigentumsrechte von Bestand sein könnte. Die traurige Realität ist: Die Israelis haben Gebiete besetzt, und sie verfügen über die Unterstützung, das Geld und die Feuerkraft, um dort zu bleiben. Wenn Macht Recht ist, wird es dabei bleiben, bis ein Stärkerer kommt. Was die Palästinenser betrifft, so fürchte ich, dass auch der größte Optimismus ihre Situation nicht verbessern wird. Im Hinblick auf den Westen, meine Heimat, hoffe ich, dass die Regierungen das Vertrauen, die Freundschaft und den Respekt von Tausend Millionen Muslimen gewinnen können, indem sie Israel als das erkennen, was es ist, und in einen unvoreingenommenen Dialog mit realen Menschen und nicht mit brennenden Büschen eintreten.

Ritterlichkeit (Jordanien, 31.3.2010)

Auf Steuerbord blinken die Lichtreflexe von Jordaniens einziger Hafenstadt Aqaba auf dem Wasser. Wir werden in ein paar Minuten anlegen und an Land gehen.

Die Rampe wird herabgelassen und gesichert. Wir fahren Matilda durch den Zoll. Das ist keine afrikanische Blechhütte mit einer Batterie Schnapsflaschen davor, sondern ein befahrbarer Hangar von einer Größe, dass darin ein Airbus parken könnte.

»Bitte steigen Sie aus und warten Sie«, tönt eine Stimme aus dem Lautsprecher an der Decke, »wir müssen Ihr Fahrzeug röntgen.« Ungläubig staunend sehe ich, wie eine rollende Brücke meinen Land Rover scannt. Okay, meine Meinung von der Rückständigkeit des Nahen Ostens war falsch. Zumindest in Jordanien ist das dritte Jahrtausend angebrochen. »Wir danken für Ihre Geduld. Sie können weiterfahren«, höre ich bald darauf zu meiner Erleichterung.

Während wir nach einem geeigneten Lagerplatz suchen, begegnen uns weitere Unterschiede zu Ägypten und dem Sudan. Ein blitzblankes Straßenreinigungsfahrzeug räumt den Abfall der wenigen Umweltverschmutzer weg, den diese in den Rinnstein geworfen haben. Rinnstein? Den letzten funktionsfähigen habe ich vor drei Jahren in Namibia gesehen. Und die letzte beleuchtete Autobahn, bei der alle Lampen brannten, in der Nähe von Buenos Aires, auch wenn ich glaube, dass Südafrika eine oder zwei besaß, einst, bevor die verbreiteten

Stromausfälle das Land in Dunkelheit hüllten. Auf den ersten Blick, zumindest für Aqababesucher wie mich, scheint Jordanien seinen Reichtum zur Schau zu stellen, um keine Zweifel aufkommen zu lassen, wer in Arabien der Größte ist.

Jordanien ist ein westlich geprägtes Land, in dem gleichgeschlechtliche Beziehungen erlaubt sind, das zurzeit einen der Richter des Internationalen Gerichtshofs stellt und in dem die Stellung der Frau eine andere als in zahlreichen anderen muslimisch geprägten Ländern ist. So können Frauen hier ebenso wie Männer die Scheidung einreichen, und ihre beruflichen Karrieren werden gefördert. Eine Frauenquote von 50 % zu erreichen, ist selbst im Westen ein langwieriger Prozess; dennoch finden sich zurzeit unter fünf Rechtsanwälten und unter 17 Richtern jeweils eine Frau. Der Islam spielt in Jordanien zwar eine wichtige Rolle, aber der Mullah bleibt oben auf dem Minarett und ruft von da sein Tahlil, Takbir und Tabish »La ilaha illa allah! Allahu akbar«, im Parlament aber hat er nichts zu sagen.

...

Die Sonne erhebt träge ihr Haupt über dem Golf von Aqaba. Ich erhebe meines vom Kopfkissen. Morgens brauche ich, um auf Touren zu kommen, mittlerweile ein wenig länger als zu Beginn meiner Reisen; morgen ist mein 40. Geburtstag, und obwohl ich immer noch viel Schwung habe, mag ich es doch nicht gern mit einem Kaltstart versuchen. Wie Matilda an einem Wintermorgen, muss ich mich erst etwas aufwärmen. Wir stellen unsere Liegestühle in den Sand des öffentlichen Strandes, trinken unseren Kaffee und beobachten die Frühaufsteher unter den Badenden. Einheimische Frauen planschen im seichten Wasser, in speziellen, hochgeschlossenen Badeanzügen für sportliche, muslimische Frauen. Der Einteiler besteht aus Strumpfhosen, einem langärmligen Kleid und einem Hijab ... alles grau und aus irgendeinem elastischen, synthetischen Gewebe.

Laura schüttelt den Kopf und seufzt: »In den Städten trage ich ein Kopftuch, wenn es sein muss, aber in so etwas wirst du mich nicht am Strand sehen!« Ich bin einverstanden. Ich sehe meine Freundin auch lieber im Bikini. Wir packen unsere Sachen, um an einen privaten Hotelstrand zu fahren, wo sich spärlich bekleidete Touristen in Ruhe sonnen können.

Unsere Hoffnung, eine erschwingliche Unterkunft zu finden, schwindet, je näher wir der saudi-arabischen Grenze kommen. Die ganze jordanische Küste ist gerade mal 27 Kilometer lang. Über dem Schild »Fünf Kilometer bis zur Grenze« steht endlich »Königlicher jordanischer Tauchklub 300 Meter«. Wir biegen von der Straße ab, passieren zwei militärische Kontrollpunkte, an denen Soldaten mit Maschinengewehren stehen, fahren hinter der Marinebasis durch, wo gerade ein spanischer Zerstörer anlegt, und schließlich zu einem Dreisternehotel, das mit Stacheldraht umzäunt ist. Die Kulisse ist ungewöhnlich. An der Strandbar können die Touristen entweder über den Rand ihrer Cocktailgläser auf das friedliche Rote Meer blicken oder über die Rückenlehnen hinweg auf Panzer. Die Hochglanzbroschüren für die Touristen versuchen, die Aufmerksamkeit der Urlauber von der Gewalt brütenden Realität der Gegend abzulenken, indem sie Abbildungen von bunten Korallenriffen und strahlenden Sonnenuntergängen zeigen statt Seeminen und leere Patronenhülsen zwischen den Muscheln. Selbst unter Wasser finden sich Anzeichen für das verlorene Paradies; die PADI-Tauchschule vor Ort bietet Exkursionen zu versenkten Panzern an. Ich buche für den nächsten Tag. Laura hat mir ein Taucharrangement zum Geburtstag geschenkt, weil sie weiß, wie sehr ich diesen Sport mag.

An der Bar belegen Laura und ich die beiden besten Liegestühle und blicken über das Rote Meer, das überhaupt nicht rot ist, sondern von einem kristallklaren Türkisblau. Hinter dem Riff durchpflügen oft Walhaie das Wasser. Ich bezweifle, ob ich sie in Aqaba sichten werde, nachdem wir hier von Kriegsüberresten umgeben sind. Denn vor meinem inneren Auge sehe ich, wie sie zu Sushi werden, wenn sie eine Seemine für Beute halten. Ich vergrabe die Zehen im Sand und spiele mit Muscheln. Doch halt, was war das? Habe ich da nicht gerade eine Krabbe gesehen, die eine Patronenhülse auf dem Rücken trug? Nein, ich muss mich getäuscht haben …

Manche Eigenarten der arabischen Welt können bei einem ersten Besuch erstaunen. Zum Beispiel, wenn man einen Einheimischen fragt: »Sind Sie Vegetarier?«, und er unweigerlich antwortet: »Nein, ich bin Jordanier.«

Oder wenn man im Hotel um ein Nichtraucherzimmer bittet. Der Manager wird einen recht verblüfft ansehen, mit den Schultern zucken, den Aschenbecher aus dem Zimmer nehmen und sagen: »Hier ist Ihr Schlüssel, ein Nichtraucherzimmer!« Oder aber, er wird den einfachen Vorschlag machen: »Aber sicher, Sir. Wenn Sie in Ihrem Zimmer nicht rauchen, dann ist es ein Nichtraucherzimmer!«

…

Eine kurze Fahrt bringt uns zum Berg Nebo, dem Hügel, von dem aus Mose angeblich das Gelobte Land erblickte, bevor er starb, und dann nach »Bethanien jenseits des Jordan« (Johannes 1,28), wo Johannes der Täufer Jesus von Nazareth getauft haben soll. Der Jordan ist nicht gerade ein rauschender Fluss, eher ein verseuchtes, schlammiges Rinnsal, das die Grenze zwischen Jordanien und Israel bildet. Auch Laura und ich steigen zum Fluss hinab, um einen Blick auf die israelische Flagge am anderen Ufer zu werfen. Israel hat hier ebenfalls eine Taufstelle am Jordan, von der viele behaupten, sie sei die richtige. Trotz des aufwendigeren Baus ist das israelische Bethanien menschenleer, abgesehen von ein, zwei Soldaten, die bereit sind, jeden zu erschießen, der so verrückt ist, sich in den Jordan zu stürzen. Wobei vermutlich jeder, der versuchen würde, die acht Meter hinüberzuschwimmen, sich schon nach dem ersten Zug in der graubraunen Brühe aufzulösen beginnen würde. Laura und ich zählen unsere Zehen, als wir zurück sind.

Wir halten für eine Frühstückspause neben den mächtigen Mauern der Burgruine Kerak. Die Festung der mittelalterlichen Kreuzritter gehörte einst unter anderem Renaud de Châtillon, der selbst in der damaligen finsteren Zeit als übler Mensch galt. Gerade da drüben, hinter meinem Teller mit traditionellem jordanischem Mansaf, warf er seine Gefangenen von den Türmen in die Schlucht, und zwar nur zum Spaß. Saladin, die Nemesis der fränkischen Kreuzritter, hatte einen besseren Ruf als Renaud. Er war Sultan von Ägypten und Syrien und erlangte Ruhm nicht nur durch seinen bemerkenswerten Sieg über die christlichen Invasoren, sondern auch durch die ritterliche Art, in der er zumeist Krieg führte. Als Englands König Richard I. Löwenherz auf dem Schlachtfeld erkrankte, soll ihm Saladin die Hilfe seines Leibarztes angeboten haben. Als Richard dann sein Pferd verlor, schenkte ihm der Sultan angeblich zwei andere als Ersatz. Laut Saladin sind die schlechtesten Herrscher die mit den dicken Geldbeuteln und den dünnen Untertanen. Wen wundert es da, dass berichtet wird, er hätte vor seinem Tod sein ganzes Geld für wohltätige Zwecke gespendet, sodass in seiner privaten Schatztruhe nicht mehr genügend blieb, um für ihn einen schönen Sarg zu erstehen.

Vielleicht haben die Chronisten Saladins Bild etwas zu sehr ins Romantische übersteigert. Wenn aber nur ein Zehntel von dem wahr ist, was über ihn erzählt wurde, dann könnten, glaube ich, die heutigen Führer dieser Welt das eine oder andere von ihm lernen, was Rechtschaffenheit betrifft. Wie wäre es, wenn Geheimdienste wie der CIA oder der Mossad ihren Feinden Schachteln mit Kinderschokolade zuschickten und dazu einen Blumenstrauß? Kann man sich einen Staatsmann vorstellen, der ganz auf sein Gehalt verzichtet und es dem Steuerzahler schenkt? Wo sind die Saladins auf den Wahlzetteln?

Scharfsicht (Syrien, 1.5.2010)

Syriens wunderbare Hauptstadt zieht uns sofort in ihren Bann. Die Wohnviertel in den Außenbezirken von Damaskus sind voller hässlicher Mauern aus ungestrichenen, rohen Betonsteinen, wie in so vielen Städten des Nahen Ostens. Das alte Stadtzentrum aber ist zauberhaft.

Innerhalb der Mauern der alten Zitadelle winden sich schmale Kopfsteinpflastersträßchen zwischen gefährlich geneigten Gebäuden, hinter denen sich Höfe und abgeschiedene Cafés verbergen. Überall sind unzählige Moscheen und christliche Kirchen, Verkaufsstände für Kuriositäten und riesige, überdachte Basare, in denen sich Zehntausende Fußgänger aus aller Herren Länder tummeln: Schwarz verschleierte muslimische Frauen schlendern neben ihren unverhüllten griechisch-orthodoxen Freundinnen dahin, Hand in Hand und Eis essend. Sufis rezitieren im Chor religiöse Lehrtexte, während Straßenhändler schreiend Karren voll orientalischer Gewürze vorbeischieben. Touristen in Shorts handeln mit den Ladeninhabern um Aladins echte Lampe samt Geist. Man kann sich aber auch aus dem Gewühl in eine gemütliche Ecke in einem Shishacafé zurückziehen, um für einen Augenblick Atem zu schöpfen. Das hier ist wie Harun al-Rashid und die Märchen aus 1001 Nacht! Vor mehr als 6000 Jahren gegründet, ist Damaskus vielleicht die älteste ständig bewohnte Stadt der Welt.

Wir halten vor dem Mausoleum Saladins mit seinem Holzsarkophag, um ihm Respekt zu zollen. Es liegt im Garten neben der Umayyaden-Moschee, in der die Gräber Johannes des Täufers und Husseins, des Enkels des Propheten Muhammad, zu finden sind. Im Innenhof der Moschee schlittern Kinder auf Socken über die polierten Marmorplatten, als wäre das eine Eislaufarena. In allen islamischen Ländern sind die Moscheen öffentliche Versammlungsorte für Familientreffen und nicht nur Hallen für das feierliche Gebet. Mir wird klar, warum der Islam von vielen als Volksreligion angesehen wird, die eher erdverbunden ist als die von Dogmen beherrschten, auf den Geist und das Himmlische fokussierten Glaubenssysteme der Christen und Juden.

Teile Syriens sind immer noch im Zustand des Dar al-Harb, das ist ein Kriegszustand, in dem kein Frieden zwischen Muslimen und Ungläubigen ausgerufen ist. Touristen sind von dem Streit unberührt, solange sie sich nicht in den besetzten Golan wagen. Urlauber bekommen ebenso wenig vom Krieg mit wie ein Besucher des Yosemite-Nationalparks vom endlosen Konflikt zwischen den USA und dem Irak. Syrien ist ein sicheres Reiseland. Selbst hier, kaum 100 Kilometer von der irakischen Grenze entfernt, ist das Einzige, was auf Spannungen in der Region hinweist, die Existenz einzelner Armeebaracken zwischen den Sanddünen.

Was Petra für Jordanien ist, das ist Palmyra für Syrien: die berühmteste Touristenattraktion, die Millionen von Besuchern anzieht. Einst war diese Stadt der bedeutendste Rastplatz auf dem Weg vom östlichen Mittelmeer nach Indien. Der Ort wurde nach einem großen Erdbeben im 10. Jahrhundert nach Christus aufgegeben, doch wenn auch die Bewohner fortzogen, blieben die Ruinen. Die wollen wir besuchen, und so parken wir auf einem Zeltplatz hinter dem schlecht rekonstruierten Baaltempel.

Mohammad, der beduinische Inhaber des Zeltplatzes, ist ein ekelhafter Schleimer. Wenn er über sein Gelände schleicht, hinterlässt er, so wette ich, eine klebrige Kriechspur. Schon allein bei seinem Anblick wird mir ganz anders.
»Good morning, Lauuuura«, flötet Mohammed meiner Freundin zu, als ich gerade in der Stadt beim Einkaufen bin. Seine schweißige linke Hand, die, mit welcher sich die Araber den Hintern säubern, tatscht auf ihren Unterarm, in der Rechten hält er zwei Teile von Lauras Unterwäsche. Wir hatten sie über Nacht auf die Leine gehängt. »These are youuuurs, eh? They fell off the line!«
Das ist nicht das erste Mal, dass Mohammad seinen widerwärtigen Charakter zeigt. Sobald ich den Landy verlasse oder Laura zum Duschen geht, späht er versteckt hinter den Büschen nach ihr. Europäer denken oft, dass jede verschleierte Muslima unterdrückt wird. Im Gegenzug meinen zahlreiche Araber, westliche Singlefrauen machten nur deshalb in ihrem Land Urlaub, weil sie einen geeigneten Sexualpartner finden möchten. Ich könnte die Polizei rufen, aber das sind möglicherweise Vettern von Mohammad. Ich könnte ihm eine harte Rechte verpassen, an die Nase oder auch unterhalb der Gürtellinie, oder wir könnten zusammenpacken und wegfahren. Wir wählen die Abreise.

»Chris, weißt du, was ich vermisse? Weniger Menschen und mehr Natur. Gut, im Allgemeinen waren sie großartig, besonders in Somaliland und im Sudan, aber ein etwas zivilisierteres Verhalten wäre mir schon recht. Dieser Saukerl hat das Fass zum Überlaufen gebracht.«

So viel zum Spruch »Bist du in Rom, so mach es wie die Römer«. Das ist ein Rat, dem sich ein Reisender unter keinen Umständen verpflichtet fühlen sollte. Vielmehr darf man im Urlaub auch ein bisschen wählerisch sein und muss dort anzutreffende Verhaltensweisen nicht kritiklos übernehmen. Denn täte man dies, dann müsste man auch Abfall an brasilianischen Stränden abladen, seine Tochter in Kenia beschneiden lassen, in Peru Hunde foltern und in Syrien schleimen.

Meine Einstellung gegenüber einzelnen Menschen, Ländern und Ereignissen hat sich über die Jahre von Toleranz aus Unwissenheit zu Intoleranz aus Kenntnis entwickelt. Die Wirkung dieser Wandlung auf mein tägliches Leben war enorm. Einst zahlte ich gern das Dreifache des üblichen Preises für einen Burger oder ein Hotelzimmer, weil ich keine Ahnung vom wahren Marktwert hatte. Jetzt weiß ich es besser. Vor Jahren hätte ich Mohammeds Verhalten als harmloses Beispiel eines kulturellen Unterschieds entschuldigt, heute wäre ich jederzeit bereit, ihn Baal zu opfern. Der alte Spruch, dass Reisen lehrt, andere Sitten zu respektieren, ist in meinen Augen falsch, eher ist das Gegenteil wahr. Es sollte eher heißen, dass Reisen lehrt, die Vorurteile gegenüber anderen Sitten, Verhaltensweisen und Ansichten abzulegen, und das ist eine völlig andere Botschaft.

Wir verlassen Palmyra und fahren an der Grenze zum Libanon entlang. Die Visakosten sind für uns leider nicht erschwinglich, und deshalb müssen wir damit zufrieden sein, die von Zedern bewachsenen und oben mit Schnee bedeckten libanesischen Berge aus der Ferne zu betrachten. Das wäre ein interessantes Reiseland gewesen, das mir erlaubt hätte, ganz einzigartige politische Verhältnisse zu erforschen. Viele Menschen aus dem Westen sind der Meinung, die Welt sei ausschließlich in Demokratien, Diktaturen und Monarchien eingeteilt. Einem verbreiteten Vorurteil zufolge gelten Länder mit einer freiheitlich demokratischen Grundordnung als moralisch höherwertig. Dabei existieren viele weitere Formen der politischen Führung, und nicht alle sind schlecht. Im Libanon gibt es einen Konfessionalismus mit einem speziellen Mechanismus der

Machtverteilung, nach dem der Präsident ein maronitischer Christ sein muss, der Parlamentssprecher schiitischer Muslim, der Premierminister sunnitischer Muslim und der stellvertretende Parlamentssprecher griechisch-orthodoxer Christ. Dadurch sollen ein sektiererischer Streit vermieden werden und alle wichtigen Konfessionen des Landes sollen angemessen vertreten sein.

Ich hätte mir das gern vor Ort angesehen. Vielleicht habe ich eines Tages noch die Gelegenheit, auf einen Skiurlaub herzufliegen. Der Libanon hat sechs Skigebiete und war einst als die Schweiz des Ostens bekannt. Nach dem verheerenden Bürgerkrieg von 1975 bis 1990 war er 2006 endlich wieder wirtschaftlich sehr stabil, Beirut war fast vollständig wieder aufgebaut. Dann aber griff die Hisbollah im Juli 2006 zwei israelische Militärjeeps an, worauf Israel mit schweren Angriffen antwortete, dabei die Infrastruktur schwer beschädigte und Scharen von Zivilisten tötete. Daraufhin musste der Aufbau noch einmal neu beginnen.

Die türkische Grenze ist nicht weit entfernt. Wir haben Glück gehabt, dass wir einen ganzen Monat in Syrien bleiben durften. Normalerweise gelten Visa nur für einen zweiwöchigen Aufenthalt. Weil aber gerade ein isländischer Vulkan ausgebrochen war, wurden alle Flüge von und nach Europa gestrichen. Die Touristen in Syrien konnten nicht heimfliegen, und deshalb ordnete Präsident Bashar an, dass alle 14-Tage-Visa automatisch auf 30 Tage verlängert werden. Auch unsere! Ist das nicht erstaunlich, dass ein Vulkanausbruch auf einem anderen Kontinent Einfluss auf unsere Reise hat?

Immerhin haben wir noch einen Grund, um abzureisen: Die syrischen Gerichte haben ein Rauchverbot in Innenräumen erlassen. Heute tritt das neue Gesetz in Kraft. Zeit, um Richtung Heimat zu fahren.

Nach Hause

Die Erforschung der n-ten Dimension

Mit jedem Tag und jedem gefahrenen Kilometer nimmt die Entropie zu. Die Myriaden regellos einströmender Erfahrungen zwingen das Denken, auf der Suche nach klaren Antworten immer neue Tangenten zu ziehen, bis du zuletzt aufgibst. Es geht nicht; du stellst fest, dass es keine allgemeingültigen Antworten auf alle Fragen der beobachteten Realität gibt. Nicht wegen menschlicher Beschränktheit oder der Unlust, es zu versuchen, sondern weil alles im Leben nur eine Sache der Perspektive ist. Jeder lebt in seiner persönlichen Realität; du hast die deine im Lauf der Reise erforscht und gelernt, dich als dich selbst zu akzeptieren. Deine Schlüsse und Meinungen sind vielleicht nicht die volle Wahrheit, aber wohl sind sie einzigartig und etwas, das man schätzen sollte. Und außerdem ... die Reise machte unglaublich viel Spaß.

Mit einem Lächeln und einem Seufzer drehst du am Lenkrad ... und fährst »heim«.

...

Zieht man einen n-dimensionalen Hyperwürfel in eine neue Richtung, erhält man einen $(n+1)$-dimensionalen Hyperwürfel. Welchen »Raum« man benutzen will, hängt von den jeweiligen Absichten ab: Der dreidimensionale euklidische Raum eignet sich zum Beispiel gut für Schreiner, der Minkowski-Raum für Teile der Astronomie, aber man kann jede andere pseudo-riemannsche Mannigfaltigkeit wählen, um über die Schwerkraft zu diskutieren oder das Alter des Universums abzuschätzen. String- und M-Theorien benötigen zehn bzw. elf Dimensionen, und die Quantenmechanik benötigt sogar einen unendlichdimensionalen Funktionsraum. Ein Vektor in R^n kann geschrieben werden als

$$x = \sum_{i=1}^{n} x_i e_i$$

...

Unten ist ein 10-n-Dekerakt-Hyperwürfel mit 1024 Knoten,
5120 Kanten, 11 520 Flächen, 15 360 Zellen, 13 440 4-D-Zellen,
8046 5-D-Zellen, 3360 6-D-Zellen, 960 7-D-Zellen, 180 8-D-Zellen,
20 9-D-Zellen und einer 10-D-Zelle in orthogonaler Projektion gezeigt:

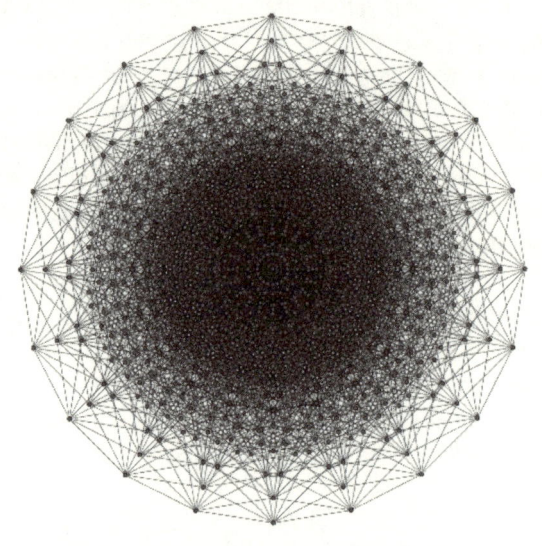

Die Einfahrt (Türkei, 1.7.2010)

Wenn das Benzin mit einem Mal drei US-Dollar pro Liter kostet, dann weiß man, dass Europa gleich hinter der nächsten Ecke liegt. Außer dem massiven Preisanstieg für alles nur Denkbare gibt es weitere Anzeichen für einen bevorstehenden Wandel meiner Umgebung. Laura kommt aufgeregt und mit großen Augen aus der Toilette einer türkischen Tankstelle: »Chris! Komm, das musst du dir ansehen!«

Ich folge ihr für ein bisschen Sightseeing am frühen Morgen ins Klo. Es gibt Leute, die wegen der Strände in die Türkei reisen, und andere, die hethitische Ruinen bestaunen, uns aber faszinieren die Toiletten am meisten. Denn vor uns befindet sich eine Reihe Toilettenkabinen, bei denen die Klobrillen auf Knopfdruck gereinigt werden!

»Da ist noch mehr, schau«, zeigt mir Laura und zieht an einem Hebel. Es gurgelt, und dann schießt ein Wasserstrahl hervor, der in der Schüssel einen Strudel von 30 Zentimeter Durchmesser bildet. Von einer in einem ägyptischen McDonald's abgesehen, ist mir seit fast zwei Jahren keine funktionierende Toilette mehr begegnet. Es ist umwerfend!

»Last but not least zeige ich dir noch ...«, Laura hebt einen kleinen Deckel an der rechten Kabinenwand, »Klopapier!«

Unsere Tage sind voll mit Wunderbarem, während wir die Mittelmeerküste von der syrischen Grenze zum Touristenort Antalya entlangfahren. Wir entdecken Behindertenparkplätze, Supermärkte, in denen es 30 verschiedene Sorten Schokolade gibt und Plastiktüten, die nicht schon bei einem Apfel reißen. Da sind Strohhalme an den 100-Milliliter-Safttüten, und an den Eisbechern kleben Löffelchen. Warum klauen die Einheimischen die nicht? Was ist hier los?! Ist das etwa normal, hat da während meines ganzen Aufenthalts in Afrika etwas nicht gestimmt? Ich hatte fast schon geglaubt, dass auf der ganzen Welt der Sinn für Recht und Ordnung ins Reich der Märchen, der Fantasie gehöre. Es haut uns fast vom Hocker, als wir vor der Cafeteria einer Tankstelle den Gratistee trinken und ein Türke einen Jugendlichen tadelt, weil er das Papier seines Schokoriegels in den Rinnstein wirft.

»Heb das auf! Sofort! Da drüben ist der Abfalleimer!«, ruft er. Der Bub wird rot, folgt brav und entschuldigt sich für sein Fehlverhalten. Wo, zum Teufel, bin ich denn?

Sogar die Geldscheine wirken exotisch. Ich drehe eine 10-Lira-Note wieder und wieder in der Hand um, weil ich nicht glauben kann, was ich da auf der Rückseite sehe. Statt afrikanischer Kuhhirten, Bananen und nochmals Bananen ist hier eine komplexe mathematische Gleichung zu sehen, die Arf-Invarianz, die von Cahit Arf, einem berühmten einheimischen Mathematiker, aufgestellt wurde. Nachdem wir gerade aus Afrika kommen, wo viele Leute Schwierigkeiten mit der Addition einstelliger Zahlen haben, ist es verblüffend, auf einem Alltagsartikel eine nichtsinguläre, quadratische Gleichung zu sehen, die zur Definition von Invarianten in vieldimensionalen Mannigfaltigkeiten benutzt wird.

Wir bekommen einen ersten Vorgeschmack auf das, was uns vielleicht bald in Deutschland erwarten wird. Ein BMW-Geländewagen, der einen glänzenden weißen Wohnwagen für 100 000 Euro zieht, stellt sich auf den Campingplatz neben uns. Das Ding sieht aus wie ein Joghurtbecher mit Satellitenschüssel. Zwei ältere Rentner steigen aus, kuppeln den Anhänger ab und drücken einige Knöpfe auf einer Fernbedienung. Langsam und geräuschlos stößt der riesige Wohnwagen ganz von allein unter den Schatten eines Baums zurück. So etwas habe ich bisher noch nie gesehen. Wir winken dem Paar zur Begrüßung, was aber nicht erwidert wird.

Am nächsten Morgen stutzen die Deutschen hinter Matildas Rückseite. Sie haben unsere umfangreiche Liste der besuchten Länder und das britische Nummernschild bemerkt. Wir wünschen ihnen einen guten Morgen.

»Seid ihr Engländer?«, fragen sie.

»Nein, ich bin Deutscher und Laura hat australisch-italienische Wurzeln.«

»Aber dann müssen Sie doch ein deutsches Nummerschild haben und dürfen nicht mit diesem da rumfahren!«, meckert die Frau. O du meine Güte ...

»Wie könnt ihr nur alle diese Länder besuchen!«, fährt sie fort, und deutet auf unsere Liste. Ich will ihr beinahe schon antworten, als es mir dämmert, dass ihre Worte nicht als Frage, sondern als Tadel gemeint sind. Mit unserem verbeulten Landy, meinen langen Haaren und dem langen Bart gelten wir als suspekte Subjekte. Wir passen nicht in ihr Schema der Welt, in ein Europa, wo man teilweise bis 67 arbeitet, dann einen teuren, fernbedienten Wohnwagen kauft und drei Monate im Jahr am Mittelmeer verbringt. Wir sind die »Störenfriede« ihres Urlaubs.

Sicher, ich weiß, dass nicht alle Deutschen so bissig sind. Diese Rentner gehören zu einer speziellen Sorte und dürfen nicht mit den freundlichen deutschen Reisenden verglichen werden, die ich schon in Afrika, Asien und Amerika angetroffen habe. Irgendwo an der östlichen Grenze der Türkei scheint es eine unsichtbare, semipermeable Membran zu geben, die nur liberal gesinnte Fernreisende durchlässt. Alle anderen bleiben im Filter hängen.

Heutzutage gibt es überall in der Türkei kostenloses Wi-Fi-Internet, wiederum ein Unterschied zu den computerlosen Zeiten, in denen ich das letzte Mal hier zu Besuch war.

»Ach du meine Güte, das hat gerade noch gefehlt.« Ich habe eben die Nachrichtenseite geöffnet. »Pass auf: ›Israel attackiert türkisches Hilfsschiff in internationalen Gewässern auf dem Weg nach Gaza‹.« Ich rücke meinen Stuhl neben Lauras und lese den Artikel durch. Neun Menschen wurden getötet, nachdem ein israelisches Kommando das Feuer auf die Passagiere eröffnet hatte. Israel gestattet seit der Verhängung einer Seeblockade wöchentlich nur den Transport von 15 000 Tonnen Hilfsgütern nach Gaza.

Türkische Politiker beschuldigen Israel, auf »unschuldige Zivilisten« zu schießen, ein »blutiges Massaker« zu begehen und »staatlich angeordneten Mord« zu unterstützen. Die Türkei zieht ihren Botschafter aus Tel Aviv zurück, verbietet den Flugverkehr zwischen ihr und Israel und warnt, dass niemand ihre Geduld auf die Probe stellen sollte. Der israelische Premierminister Netanyahu bekräftigt seine volle Rückendeckung für den Angriff und führt an: »Es gibt keine Engpässe bei Nahrungsmitteln oder Medikamenten in Gaza. Hilfskonvois haben nichts mit humanitärer Hilfe zu tun.«

Wird der UN-Sicherheitsrat eine klare Verurteilung aussprechen und Sanktionen gegen Tel Aviv verhängen? Wird Washington auf ein Veto verzichten, sollte der Sicherheitsrat auf schuldig entscheiden? Nein, freilich nicht. Die USA blockieren zunächst eine internationale Untersuchung und gestatten vorerst keine offizielle Verurteilung durch die UN. Laura und ich sind vor den Kopf geschlagen, als die Hilfsschiffaffäre schon eine Woche später mehr oder weniger aus den Medien verschwindet. Die Nachricht ist Geschichte, und niemand interessiert sich mehr dafür. Währenddessen geht Israels Gaza-Blockade weiter. Solange sie besteht, dürfen auch viele Nahrungsmittel nicht nach Gaza importiert werden.[8] Dazu zählen Marmelade, Kartoffelchips und Schokolade. Keine Schokolade? Wie grausam kann man sein!

Erfrischt nach drei Monaten Sonne, Strand und Wellen besteigen wir die Fähre zwischen Canakkale und Kilitbahir. Genau auf der Hälfte der zehnminütigen Fahrt gelangen wir von einem Kontinent zum anderen. Das Marmarameer, der Bosporus und die Dardanellen markieren die geografische Grenze zwischen Europa und Asien. Ich habe die »Einfahrt« erreicht.

---

8 Inzwischen wurde die Blockade gelockert, und es gibt statt der Positiv- eine Negativliste mit den Dingen, die auch weiterhin nicht eingeführt werden dürfen.

Die Rückkehr nach Europa (10.8.2010)

Ich wusste schon, dass das Heimkommen nicht einfach sein würde. Zu Beginn meiner Reise hatte ich erwähnt, dass für eine Weltumrundung wenig bis keine Vorbereitungen benötigt werden. Ich habe aber versäumt, darauf hinzuweisen, dass es bei der Rückkehr nach Europa ganz anders aussieht. Ich bin nun schon so lange Zeit aus dem System heraus, dass mich mein Kontinent nicht mehr freudig begrüßen wird. Mit meinem alternativen Lebensstil habe ich nicht unbedingt den üblichen gesellschaftlichen Konventionen entsprochen. Die gesetzlich vorgeschriebenen »Verrenkungen«, die mir auferlegt werden, um wieder aufgenommen zu werden, würden jeden Yogameister vor Schmerz heulen lassen.

In Abschnitt 3 des Bayerischen Meldegesetzes ist festgeschrieben, dass man sich abmelden muss, sobald man für mehr als 182 Tage ins Ausland geht. Wer absichtlich falsche Angaben macht, kann mit bis zu 25 000 Euro Strafe belegt werden. Also meldete ich mich ab und hörte für die Behörden mehr oder weniger zu existieren auf, vielleicht mit Ausnahme einer schwachen Erinnerungsspur auf einer Computerfestplatte. Damit musste ich meine Krankenversicherung aufgeben, ich kann kein Unternehmen gründen, keine Arbeit annehmen, kein Bankkonto eröffnen, kein Fahrzeug anmelden und keine Versicherung abschließen. In all meinen Jahren auf der Straße hat mich von diesen Einschränkungen keine betroffen. Aber die Polizei in München wird sich die Haare raufen, wenn sie feststellt, dass der Inhaber eines deutschen Passes ein nicht zugelassenes Auto ohne TÜV-Plakette, aber mit ungültigen, englischen Nummernschildern fährt. Ich kann als Reisender ganz legal die Welt eine Milliarde Mal umrunden, aber nicht nach Europa zurückkehren, ohne zahlreiche Gesetze zu brechen!

Was also tun? Nun, am einfachsten wäre es, eine Wohnung zu mieten und mich mit dieser Adresse anzumelden, sobald ich ankomme. Das will ich aber nicht, denn ich kann mir keine Wohnungsmiete leisten. Wenn ich einmal einen Job habe, will ich jeden Cent für die nächste Reise sparen. Und warum eine Wohnung mieten? Ich habe ein Haus, was macht es schon, dass es vier Räder und knappe fünf Kubikmeter Wohnraum hat? Wenn es ein demokratisches Bürgerrecht auf Freiheit gibt, dann erlaubt es mir Matilda, meine Freiheit zum Ausdruck zu bringen!

Ich studiere also die Abschnitte des Bayerischen Meldegesetzes im Hinblick auf Regelungen, die es erlauben, in Deutschland in einem Camper zu leben. Das Ergebnis ist niederschmetternd. Wohnmobile können nur als Wohnsitz angemeldet werden, wenn sie auf Dauer auf einem amtlichen Zeltplatz abgestellt sind. Wer die Absicht hat, permanent herumzufahren und irgendwo zwischen Flensburg und Garmisch wild zu campen, der ist ein Vagabund und muss sich als OFW (ohne festen Wohnsitz) registrieren lassen. Wenn ich aber das Etikett wohnsitzlos akzeptiere, dann sind meine Chancen auf Arbeit gleich null. Warum gibt es kein Kästchen, das freiheitsliebende, allein auf sich gestellte Weltenbummler ankreuzen können? Die einfachste Lösung scheint es zu sein, die Adresse meiner Eltern oder die eines guten Freundes anzugeben, aber das ist nicht gestattet. Die Verwaltung erlaubt Sozialrebellen keine Einrichtung von fiktiven Adressen.

Es kommt noch schlimmer. Vor ein paar Jahren hatten die Regierenden den Einfall, Wohnmobile und Wohnwagen als Luxusgüter einzustufen und extra zu besteuern. Ob man es glaubt oder nicht, mein alter, 1000 US-Dollar werter Schrott-Landy wird also als Luxus klassifiziert, sollte ich ihn zusätzlich zu einem gemeldeten Wohnsitz besitzen. Was für ein Schwachsinn! Meine Lebensweise kann mit vielen Adjektiven beschrieben werden, abenteuerlich, minimalistisch, exzentrisch, aber sie als luxuriös einzuschätzen, wäre blanker Hohn. Ich möchte wissen, ob es irgendein Politiker oder Finanzbeamter eine Woche ohne Dusche und Toilette in Matilda aushalten würde und danach noch von einer besteuerungspflichtigen Extravaganz sprechen könnte!

...

Man befindet sich in einem Big-Brother-Staat, wenn die Regierung ihre Macht dazu nutzt, die Freiheiten der Bürger durch eine flächendeckende Überwachung einzuschränken. Sich den Augen des Staats zu entziehen, ist schwieriger, als man denkt. Führerscheine, Grundbucheinträge, Versicherungspolicen, Einkommensteuererklärungen, Pässe mit biometrischen Daten, bald vielleicht sogar Irisscanner wie in den USA ... es gibt keinen Zweifel: Irgendjemand hat irgendwo mehr Informationen über Sie als Ihre Schwiegermutter. Zugegeben, manche Maßnahmen sind vielleicht notwendig, damit Kriminelle nicht die Oberhand gewinnen und die soziale Ausgewogenheit zerstören, aber der staatliche Schutz kann zu weit gehen und auf gesetzestreue Bürger zurückschlagen, die nicht mehr wollen als ihr Recht auf Privatsphäre und bürgerliche Freiheiten.

Entferne ich mich zu weit von der Realität, wenn ich glaube, dass es bald Techniken geben wird, falls sie nicht schon existieren, die es ermöglichen, im Namen des Anti-Terror-Kriegs den gesamten Datenaustausch im Internet nach Anzeichen von individuellem Abweichlertum zu durchsuchen? Sollen uns nicht gerade Gesetze und Vorschriften davor schützen, dass unsere persönlichen Daten vom Staat missbraucht werden können? Liest man aber die Gesetze sorgfältig, findet man meist Klauseln wie »Artikel sowieso kann eingeschränkt werden, wenn es die Regierung für notwendig erachtet«. Das Recht eines jeden, in Ruhe gelassen zu werden, wie es der Erste Senat des Bundesverfassungsgerichts formuliert, ist in unserer demokratischen Gesellschaft bestenfalls sehr verschwommen.

Warum sorge ich mich so um meine Privatsphäre? Habe ich verbrecherische Absichten zu verbergen? Absolut nicht! Doch würden Sie freiwillig die Einzelheiten Ihrer Bankkonten auf Facebook veröffentlichen? Würden Sie es dulden, wenn die Nachbarn durchs Badezimmerfenster spähen, während Sie duschen? Wollen Sie, dass jedermann weiß, was Sie am Wochenende unternehmen? Ich mag es nicht einmal, wenn mir die Leute in einem Café auf die Pelle rücken. Und bei allem Respekt für den Schutz der Privatsphäre, kann man denn wirklich davon ausgehen, dass staatliche Stellen frei von Menschen sind, die trotz bestehender Datenschutzgesetze meine Daten unabsichtlich weitergeben?

Es gibt keine weltweite Übereinkunft, was den Grad der notwendiger »Bemutterung« durch den Staat betrifft. Amerikaner verklagen McDonald's, wenn ihnen ein zu heißer Kaffee serviert wird, und erstreiten sich 640 000 US-Dollar, wenn sie sich den Mund verbrannt haben. In Australien ist es Vorschrift, dass auf Mikrowellengeräten ein Schild mit der Warnung »Legen Sie Ihr Baby nicht in dieses Gerät« klebt, und auf Felsklippen stehen Schilder mit der Aufschrift »Vorsicht! Nicht hinunterspringen«. Außerhalb des Westens ist unsere Sucht nach amtlicher Überwachung und Beschütztheit zur Lachnummer geworden. In der Serengeti hingegen werden Löwen nicht dazu verpflichtet, eine Tätowierung »Ich könnte beißen« zu tragen.

Meine größte Sorge ist, wohin die Vorschriften und Kontrollen bei uns noch führen könnten. Man täuscht sich gewaltig, wenn man glaubt, dass Fahrradhelme das Letzte sein werden, womit der Staat zukünftig für das Wohlergehen der Radfahrer sorgen möchte. Ich kann mir denken, dass wir demnächst Fahrradfahrschulen besuchen müssen. Und wer kann vorhersagen, ob in einigen zehn Jahren noch Skateboarder, Inlineskater oder auch Fußgänger von solchen Regeln ausgenommen sein werden? Nicht zu vergessen sind auch die rigiden Bauvorschriften und Planungsvorgaben. Mein Traum, ein rustikales Blockhaus für mein Rentnerdasein in den europäischen Alpen zu bauen, könnte scheitern, leben wir doch auf einem Kontinent, wo alles, vom Baumaterial über Sanitär- und Elektroinstallationen bis hin zur Wärmedämmung und der Art der Beheizung, streng geregelt ist. Ich habe starke Zweifel, ob ich in Deutschland mit einer Axt in den Wald gehen und Trapper spielen darf.

Vielleicht kann ich bei Bernard Moitessier, dem berühmten französischen Segler, in die Schule gehen. Er hat 1968/69 am Sunday Times Golden Globe Race teilgenommen, bei dem es darum ging, wer als Erster bzw. Schnellster einhand nonstop die Welt umsegelt. Bernard schockierte die Medien, als er, seit Wochen in Führung liegend, kurz vor der Ziellinie mit einem Mal das Rennen abbrach und, statt zurück nach England, weiter nach Tahiti segelte. Was war geschehen? Was veranlasste Bernard, die goldene Trophäe, ein Preisgeld von heute umgerechnet rund 95 000 Euro und den Orden der Ehrenlegion sausen zu lassen? Wäre er im Rennen geblieben, wäre Bernard vermutlich für einige Zeit der berühmteste Mann auf dem Globus gewesen, und sein Name wäre zur Liste der unsterblichen Abenteurer wie Edmund Hillary, Shackleton, Stanley und Scott hinzugefügt worden. War er verrückt?

Ich glaube nicht. Irgendwo, in der Gegend von Kap Hoorn, hatte sich Bernard die simplen Fragen gestellt: »Warum tue ich mir das an? Warum sollte ich heimkehren? Bin ich nicht mit meinem Leben zufrieden und könnte meinem Gefühl nach noch viele Jahre weitersegeln?« Er wollte dahin gehen, wo »man ein Boot anleinen kann, wo es einem gefällt, und wo die Sonne nichts kostet und auch die Luft, die man atmet, und das Meer, in dem man schwimmt. Mein Land ist eines, in dem die Gesetze streng, aber einfach sind, ein Land, in dem man nicht betrogen wird, ein riesiges Land ohne Grenzen, wo sich das Leben in der Gegenwart abspielt. In diesem grenzenlosen Land von Wind, Licht und Frieden gibt es keinen Herrscher außer dem Meer.«

Europa betrachtete er für sich als einen Fluch, als bevölkert von falschen Göttern, die ihm die Kraft aussaugen, als respektlos gegenüber dem Individuum und als Kontinent, in dem Träumen Gewalt angetan wird.

Sollte ich nun, auf der letzten Etappe meiner Reise, kehrtmachen und gen Osten vor den Ängsten fliehen, die ich vor zu Hause habe? Oder soll ich mich den Problemen stellen, die auf mich wartenden Herausforderungen Europas annehmen?

Die Geschichte vom Zuhause (1.9.2010)

Jeweils eine Woche in Bulgarien, Rumänien, Ungarn und Österreich. Und jetzt bin ich wieder hier in Deutschland, nachdem ich 3000 Tage mit Matilda unterwegs war. Es existiert noch, mein Land, und auch die Berge an Deutschlands südlicher Grenze, die ich in meiner Jugend bestiegen habe. Ich zeige Laura, die noch nie in Bayern gewesen ist, meine Lieblingsgipfel, während wir die letzten verbleibenden Kilometer von Rosenheim nach München fahren. 3000 Tage sind ein Nichts im Vergleich zum Alter der Alpen oder gar zu den Äonen, über welche sich die Erde von einer wirbelnden Gaswolke in einen Planeten verwandelte. In der Menschenwelt aber sind 3000 Tage eine lange Zeit, eine Spanne, die den Unterschied zwischen Leben und Tod ausmachen kann.

Michael Jackson, George Harrison, Walter Matthau und Jack Lemmon, die Ex-Präsidenten Ronald Reagan und Boris Jelzin, die »African Queen« Katherine Hepburn, der zehnmal für den Oscar nominierte Paul Newman, Marlon Brando, Heath Ledger, Richard Pryor, Gregory Peck, »Dirty Dancer« Patrick Swayze, Johnny Cash, Dennis Hopper, Snoopys Zeichner Charles Schulz, Queen Mum und Papst Johannes Paul II., Barry White, Ray Charles, »Superman« Christopher Reeve, der mit dem Friedensnobelpreis ausgezeichnete Jassir Arafat, »Mr. Miyagi« Pat Morita, der »Godfather of Soul« James Brown, Luciano Pavarotti, die erste weibliche Führerin eines muslimischen Staates Benazir Bhutto, der Schauspieler Charlton Heston und »Charlies Engel« Farrah Fawcett ... sie alle starben, während ich unbeirrbar meinen Landy durch verlassene, frostige Ödnisse steuerte oder mich in einem afrikanischen Sumpf festfuhr.

Nie wieder werden wir den »Crocodile Hunter« Steve Irwin »Crickey!« sagen hören. Er wurde 2006 von einem Stachelrochen in die Brust gestochen und verstarb, gerade als ich die Hälfte meiner Reise hinter mir hatte. Rosa Parks, die die Bürgerrechtsbewegung der schwarzen Amerikaner ausgelöst hatte, wird nie mehr ihren Sitz im Bus für einen Weißen räumen müssen. David Carradine, der Star der Fernsehserie *Kung Fu* und Co-Star in *Kill Bill*, kämpft jetzt Karate mit den Engelchen. Er starb 2009 bei einer missglückten autoerotischen Strangulation in Bangkok. Und wer lehrt die Kinder jetzt, vorsichtiger zu sein, nachdem es »Pippi Langstrumpf« Astrid Lindgren nicht mehr gibt?

In den vergangenen 3000 Tagen sind weltweit etwa 476 500 000 Menschen gestorben. Das macht rund 58 Millionen pro Jahr, 159 000 am Tag oder 107 pro Minute. In der Zeit, die es braucht, um diesen Satz zu lesen, werden zehn Menschen ihr Leben ausgehaucht haben. Mich gibt es noch, und darüber bin ich sehr glücklich. Es gab Zeiten, in denen ich mir nicht sicher war, ob ich es lebend nach Hause schaffen würde, aber irgendwie hatte ich immer Glück.

Im Unterschied zu anderen Kreaturen gestalten Menschen die Welt, in der sie leben, auf aktive Weise. Wenn eine Ikone wie Paul Newman abtritt, erschüttert das die Kinowelt von Hollywood. Und wenn schon wenige Schauspieler das Kino verändern, welchen Einfluss auf die weltweite Gesellschaft müssen dann eine halben Milliarde verstorbener Menschen gehabt haben? Oder, anders herum betrachtet, wie werden Milliarden von Neugeborenen die Zukunft unserer Spezies verändern? Jede Generation versucht, die Welt nach ihren Vorstellungen zu gestalten. Ich bin gespannt darauf, zu sehen, was sich während meiner langen Abwesenheit getan hat.

»Da bin ich jeden Tag nach der Schule geschwommen«, rufe ich eher mir selbst als Laura zu, als wir den Starnberger See erreichen. In meiner Jugend war ich ständig in der Natur, gab es doch nur wenige Gründe, zu Hause zu bleiben. Wir hatten keine Handys, E-Mail, Laptops oder BlackBerrys. Das Deutsche Fernsehen sendete auf zwei lausigen Kanälen zwischen vier Uhr nachmittags und Mitternacht und der Sony Walkman war gerade erst erfunden.

Wo es einst den Commodore 64 (64 KB RAM, Grafikkarte mit 16 Farben) mit Pong und Pac-Man gab, gibt es heutzutage PCs mit zehn Millionen Mal größerem Arbeitsspeicher, auf denen Second Life gespielt wird. Dies ist eine animierte, dreidimensionale Online-Welt mit gegenwärtig rund 21 Millionen registrierten Einwohnern. Auf einer virtuellen Ebene von 280 Millionen Quadratkilometern können die Spieler mithilfe von Avataren miteinander in Verbindung treten. Man kann reisen, sich zueinander gesellen, Eigentum erwerben, einen Job finden, virtuelles Geld verdienen, Cybersex haben ... mit anderen

Worten: all das tun, wozu man in der Realität vielleicht nicht den Mut findet. Die »Bewohner« dieser Welt verbrachten 2010 30 Millionen Stunden im virtuellen statt im wirklichen Leben. Es gibt übrigens auch ein Teen Second Life für Jugendliche zwischen 13 und 17.

Einige Innovationen der letzten Dekade habe ich genutzt, davon gehört oder sie gesehen. Manches wie iPods, Digitalkameras, Facebook, YouTube, Myspace und Twitter hat sich seinen Weg sogar bis ins tiefste Afrika gebahnt. Anderes wie Bluetooth, Nanotechkleidung, virtuelle Tastaturen, Hybridautos, Brennstoffzellenfahrräder, Retinaimplantate, durchscheinender Beton, bionische Kontakte und denkende Schuhe geht über meinen Verstand. Wie soll das funktionieren? Manchmal frage ich mich auch, wozu wir das brauchen. So wurde Max, eine Roboterkatze, erfunden, um unsere pflegeintensiven Bellos und Miezis zu ersetzen, sowie eine elektronische Vase kreiert, in der Blumensträuße als Lautsprecher für Musik dienen. Heutzutage ist eine Rose nicht unbedingt eine Rose.

Selbst diejenigen, die jetzt Anfang 30 sind, können sich kaum an eine Zeit vor der Digitaltechnik erinnern. Für sie sind E-Mails, SMS und Onlinespiele so selbstverständlich wie das Atmen. Das Duracell-Kaninchen hoppelt und hoppelt und hoppelt ... Ich habe große Sorgen, dass ein Deutschland, in dem die wenigsten ohne Steckdose zu leben wissen, nicht mehr das Meine ist.

»Weißt du, was mir Sorgen macht, Chris?«, fragt Laura als Antwort auf meine Gedanken. »Die übernächste Generation! Ich habe einen vierjährigen Neffen, der noch an seinem Schnuller saugt, aber Windows beherrscht und schneller als ich mit der Maus navigiert. Diese Generation scheint mit einem Software-Gen auf die Welt gekommen zu sein!«

»Ja, und ihr erstes Wort ist nicht Wauwau oder Mama, sondern Xirrus XS4 Wi-Fi Array. Die werden demnächst schon mit einem USB-Anschluss zwischen ihren Pobacken geboren werden, und in den Kinderwagen werden Laptops eingebaut sein, damit sie bei Second Life für Kleinkinder mitmachen können. Hm, ich möchte wissen, ob irgendetwas auf unserer Reise für einen von denen von Interesse sein könnte, nachdem es doch nicht zum Cyberspace gehört. Pyramiden? Aber ein Zehn-Terabyte-Chip, damit kann man ihm vermutlich imponieren.«

Vor 3000 Tagen hätten die meisten Leute gesagt, dass fliegende Autos ins Reich der Science-Fiction gehören. Das gilt nun nicht mehr: Die Firma Terrafugia produziert mittlerweile das erste straßentaugliche Flugzeug. Es nennt sich Transition, nutzt unverbleites Superbenzin, passt mit seinen auf Knopfdruck ein- und ausfaltbaren Flügeln in eine normale Garage, darf in den USA auf jeder Straße fahren und erreicht in der Luft 185 Stundenkilometer.[9] Und ich fahre in dieser Welt mit einem Land Rover herum, den man noch mit einer Kurbel anlassen kann …

Das ist also die Welt, in die ich zurückgekehrt bin. Da gibt es Zigarettenautomaten, in die man zur Überprüfung des Alters erst einen Führerschein oder eine Kreditkarte mit Chip stecken muss, bevor man sich ein Päckchen ziehen kann. Mein Führerschein ist noch aus Papier und ich habe nur eine normale EC-Karte. Sch...!

Hoppla. Beinahe die Ausfahrt nach Tutzing verpasst. Nur noch ein Dutzend Kilometer bis dahin …

Ich verfahre mich ein paarmal auf meinem Weg durch Südbayern, weil ich alte Wegmarken und Gebäude nicht mehr erkenne, die mittlerweile durch Einkaufszentren und Fast-Food-Restaurants ersetzt wurden. Ringstraßen führen nun um die meisten Städte herum, und Durchgangsstraßen wurden neu gebaut bzw. verbreitert, um einer neuen Generation schneller Autos Platz zu machen. Wir zockeln mit 70 Stundenkilometern über Bundesstraßen, während BMWs und Porsches doppelt so schnell an uns vorbeirauschen. Mein Rückspiegel leuchtet von der Lichthuperei nervöser Fahrer, für die ich ein großes Verkehrshindernis darstelle. Viele bedeuten mir im Vorbeifahren: »Hau ab, Idiot! Straße frei!!!« Was haben die für ein Problem? Ich trete das Gaspedal bis zum Anschlag durch und bin nur wenig unter der Höchstgeschwindigkeit von 80 Stundenkilometern. Schneller kann ich nicht, selbst wenn ich möchte!

»Wir sind da, Laura!« Eigentlich hätte es dem klassischen Land-Rover-Drehbuch entsprochen, wenn Matilda genau in dem Moment, in dem wir das Ortsschild der Stadt Tutzing erblicken, den Dienst verweigert hätte, wie um zu sagen: »Okay. Das war's. Ich habe das Meine getan, mir reicht es mit der Reiserei. Ich habe dich um die Welt kutschiert, die letzten paar Hundert Meter kannst

---

9 Mittlerweile (2011) kann man es für 160 000 Euro kaufen.

du zu Fuß gehen!!!« Aber Matildas Zylinderkopfdichtung hält; sie macht weiter, am Ortsschild vorbei und ins Zentrum. Nur noch ein paar Minuten, und wir fahren die Einfahrt meiner Eltern hoch.

Später wird Laura erzählen, dass ich bei der Ankunft in meinem Heimatdorf über beide Ohren gestrahlt hätte, als sei ich high. Ich bekomme davon nichts mit, wie in einem Nebel sitze ich vor mich hin träumend hinter dem Lenkrad. Homer erzählt in seiner Geschichte von Odysseus, dass die Göttin Athene die Zeit angehalten habe, um die überwältigende Freude zu verlängern, die Odysseus ergriff, als er nach 20 Jahren in der Fremde zurückkehrte. Könnte es sein, dass mir Athene ein gleiches Geschenk macht, um mich für meine Reise zu belohnen? Zügelt sie die Rosse des Sonnenwagens, sodass sie die Morgensonne nicht über den Himmel ziehen können? In meinem Gefühl dehnen sich diese wenigen Minuten wie ein Ballon. Ich bin wie gefangen in dem inflationären Modelluniversum des Alan Guth, 10^{-35} Sekunden nach dem Urknall, zu der Zeit, als die Symmetrie brach und die Fehlstellen in der Raumzeit erschienen. Ich sehe förmlich einen Land Rover gleicher Farbe, aber in einem sehr viel besseren Zustand, die Straße, in der meine Eltern wohnen, hinunter direkt auf mich zu fahren! Am Steuer sitzt mein weit jüngerer Zwilling, ein bartloser Mann von 32 Jahren, blasser und ohne all meine Falten, doch mit einem verwandtschaftlichen Lächeln. Ich möchte ihm zuwinken und ihm »Gute Reise!« wünschen, aber da fließen unsere Fahrzeuge ineinander, und die Vision ist verschwunden. An ihrer Stelle stehen Mutter und Vater. Sie haben beide Tränen in den Augen. Ich auch. Ich bin zu Hause.

...

Ich glaube nicht, dass sich Odysseus große Gedanken über seine Leistung machte, als er nach zwei Jahrzehnten Abwesenheit seine Frau Penelope in die Arme schloss. Auch ist es unwahrscheinlich, dass er sogleich mit Erzählungen seiner gefahrvollen Abenteuer in fürchterlichen, fremden Ländern herausplatzte. Nein. Homer berichtet, dass es die größte Sorge des Odysseus war, »ob mich mein Vater wiedererkennt, wenn er mich sieht, oder ob ich dafür zu lange fort war«. Er hätte keine Angst haben müssen. Wohl war er in Lumpen gehüllt und offenkundig ein anderer Mann als der, den man von früher her kannte, doch »... da löste sich dem das liebe Herz und die Knie, / Als er die Zeichen erkannte, die sicher ihm nannte Odysseus; / Und er warf um den lieben Sohn die Arme, es hielt ihn, / Als er den Atem verlor, der göttliche Dulder Odysseus; /

Als er wieder zu Atem kam und zum Leben erwachte, / Fand er die Worte wieder und sprach zu dem Sohne und sagte: / Vater Zeus, noch gibt es euch Götter im hohen Olympos ...«

Die wahre Freude bei der Rückkehr an den heimatlichen Herd ist die, überlebt zu haben, um mit den Lieben wieder vereinigt zu sein; mit einer sogenannten Leistung hat sie nichts zu tun.

Denn was habe ich schon geleistet? Ist es bemerkenswert, 200 000 Kilometer mit dem Auto gefahren zu sein? Wohl kaum, jeder Taxifahrer sammelt mehr Kilometer pro Jahr. Sollte ich triumphieren, weil ich ziemlich lange Ferien gemacht habe? Zugegeben, mein Urlaub dauerte ein wenig länger als der von anderen, aber einen Grund für Stolz sehe ich darin nicht. Was ich geschafft habe, war die sorgfältige Verwaltung meiner Finanzen. Als Leistung bezeichne ich etwas, das getan wurde, obwohl es einem gegen den Strich ging. Wenn man aber etwas gern tut, dann folgt man einem natürlichen Gespür und sonst nichts. Und ich bin gern unterwegs ... Reisen ist nicht meine zweite Natur, es ist meine erste und eigentliche. Ist es erwähnenswert, wenn jemand ein umfangreiches Buch schreibt? Nicht in dem Fall, dass man davon überzeugt ist, dass jedermann auf dieser Erde eine einzigartige Geschichte zu erzählen hat; ich habe lediglich meine zu Papier gebracht. Zu guter Letzt hat sie nicht mehr oder weniger Wert als die von irgendeinem anderen Menschen.

Wenn jemand stolz sein darf, dann ist es Matilda. Ich sehe, wie sie hinten in der Einfahrt steht; Öl tropft aus ihrem lädierten Getriebe. Ihr Motor schweigt jetzt. Dieser Haufen Schrott war mehr als acht Jahre lang mein Zuhause. Als ich sie einst hinter jenem alten schottischen Bauernhof fand, wusste sie noch nicht, dass sie dazu auserkoren war, mich in einem weiten Bogen um die Welt zu tragen. Fragte ich sie nach ihren Gefühlen, würde sie wahrscheinlich die Stoßstange runzeln und mich finster anstarren: »Was, im Namen von Solihull, soll das alles gewesen sein?!?! Diese ganzen Strapazen, und jetzt sind wir wieder genau da, von wo wir aufgebrochen sind!!!«

Ich glaube, sie hat einen angenehmen Ruhestand verdient. In der Nähe ist ein Bauernhof mit einer Scheune voll »pensionierter« Fahrzeuge. Da kann sie mit ihren Rentnerkameraden ein Schwätzchen halten und die Mercedes und BMWs mit Geschichten von Löwen auf der Kühlerhaube und dem eingefrorenen Kühler in Sibirien unterhalten. Man wird sich gut um sie kümmern. Das werde ich sicherstellen. Und vielleicht, wenn das Wetter schön ist und weder zu heiß noch zu kalt, kann ich sie dazu überreden, eine Fahrt zu einem nahe gelegenen Biergarten zu unternehmen.

...

Eine Woche ist jetzt seit meiner Ankunft vergangen, und wir beide, Laura und ich, haben uns eingewöhnt. Wir füllen unsere Bäuche mit dem Inhalt von Mutters Kühlschrank und versuchen, ein wenig Ordnung in unser Leben zu bringen. Laura sucht nach einem Job, während ich mein Manuskript für den Verlag zusammenstelle. Am Ende werden wir beide unseren Verdienst haben, daran zweifle ich nicht. Das Leben geht weiter, im Kongo ebenso wie in Deutschland. »Chris«, ruft Mutter von oben auf der Treppe, »wie wär's, wenn du in der Garage ein wenig aufräumen würdest? Alle Souvenirs von deiner Reise liegen wild verstreut herum!«

Natürlich hat sie recht. Mütter irren nie. Diese Regel ist in den letzten zehn Jahren nicht veraltet! Also hole ich den Schlüssel zur Garage und bewaffne mich mit einigen Umzugskartons. Ich kann meine gesammelten Andenken in Matilda verstauen, bis der Tag kommt, an dem Laura und ich unsere eigenen vier Wände haben.

Da sind sie also: Fossilien, mongolische Dells, Bücher, Reitsättel, Fotoalben ... und was ist das? Ein Stück Chrom ragt aus dem Haufen meiner Sammlung. Ich wühle tiefer in dem Chaos, und ein fast vergessenes Relikt kommt an die Oberfläche. Es ist meine Yamaha, halb zerlegt und von Staub und Spinnweben bedeckt.

»Puck, alter Knabe!!!«, rufe ich und gebe dem verbeulten Tank einen Klaps, wobei etliche Spinnen die Flucht ergreifen. Eifrig schiebe ich die Maschine nach draußen. Das Morgenlicht kann ihr Aussehen nicht groß verbessern. Die Reifen sind platt, Schrauben fehlen, und der Rahmen zeigt Rostspuren. Kaum zu glauben, dass mich dieses Wunder der japanischen Ingenieurskunst einst durch Asien bis Singapur und nach Australien getragen hat!

Ich gehe ein paarmal um Puck herum, greife an den Lenker und schwinge mich rauf. Die Stoßdämpfer tun es nicht mehr, aber der Sitz ist bequem. Drei Jahre darauf haben einen individuellen Hinterbackenabdruck hinterlassen. Ich schließe die Augen und stelle mir vor, wie mir der Fahrtwind durchs Haar weht, während ich eine Wüstenspur im Outback dahinfahre. »Hörte ich dich nicht gerade etwas sagen, Puck? Puck?«

Ich beuge mich nach vorn, dem Motorblock zu, so weit es die Sitzbank erlaubt.

Leise, hinter den kaputten Zündkerzen hervor, dringt eine bittende Stimme: »Nimm mich mit!«

Anhang

Die Geschichte von Utopia

Eine Erzählung, eine Geschichte, ein Flug der Fantasie:
Der Wecker Gottes klingelt. Er dreht sich auf Seiner Wolke um und schmettert Seine heilige Faust auf das verdammte Ding, was ein Erdbeben der Stärke 7,6 entlang des mesoamerikanischen Grabens auslöst. Die Zeit war zweifellos eine Seiner weniger genialen Erfindungen, und gleich dahinter kommt die Erschaffung der Menschen. Diese Geschöpfe machen mehr Ärger als ihnen zusteht und damit Seine geplante Frühpensionierung unmöglich. Wäre Er weniger fürsorglich, hätte Er sich schon vor Äonen in den Kreis um das schwarze Loch MC223-B zurückgezogen und dort, im Altersheim für Gottheiten, Zeus, Poseidon, Baal und die ganze Bande getroffen.

Gott öffnet Seine allsehenden Augen, gähnt und streckt die unendlich weit reichenden Arme, wobei Er versehentlich eine ferne Galaxie aus dem kosmischen Regal wirft. Als Folge vergehen ein paar Milliarden Sonnen in Supernovä.

Die siebenbrüstigen Frauen von Brothelica IV glauben, dass der meiste Mist im Universum während der Minuten passiert, in denen Gott erwacht, irgendwann zwischen dem Weckerklingeln und Seiner ersten Tasse heißem Manna. Vielleicht ist da einiges Wahre dran. Brothelica IV kreist zufällig ganz nahe um MC223-B.

Gabriel bringt die Morgenzeitung zu Gottes Frühstückswolke. In diesen Tagen gibt es nur selten gute Nachrichten, mit der Folge, dass der Allmächtige entweder gleich zur Humorseite übergeht oder das Sudoku-Rätsel für Unsterbliche ausfüllt … ein magisches Quadrat, in das alle Zahlen von eins bis eine Million ohne Wiederholung waagrecht und senkrecht eingesetzt werden müssen. Heute aber fällt Ihm die Schlagzeile ins müde Auge: »Wall-Street-Crash erschüttert Pensionskasse der Engel!«

»Heilix nei!!!«, entfährt es Gott. Das würde Ihm gerade noch fehlen, dass Ihm ein Schwarm jammernder Engel ums heilige Haupt kreist. Es gibt gute Gründe, warum Er nie geheiratet hat. Jetzt muss schnell etwas getan werden. Das ist die letzte Gelegenheit. Menschen können ihren kleinen Planeten durcheinanderbringen, aber Gott verhüte, dass die himmlische Börse in Mitleidenschaft gezogen wird. Er legt Seine weiße Robe an, verlässt Seine Wolke und erscheint eine Sekunde später im Gebäude der UN. Die versammelten Ländervertreter halten gerade den 723. Gipfel zum Klimawandel ab.

Gott achtet nicht auf den Saaldiener, der Ihn zur saudischen Delegation führen will, weil er glaubt, Kleid und Bart des Allmächtigen wiesen Ihn als islamischen Führer aus, sondern strebt gleich dem Rednerpult zu.

»Leute, ich bin sauer. Und wenn ich sauer bin, dann ist was los ... erinnert sich einer von euch an die Sintflut? Außer Noah und Familie habe ich sie alle ausgelöscht, oder? Nun, ich sag das nicht gern, aber ich werde das wieder machen.«

»Und hier ist mein Plan«, sagt Gott und beugt sich am Pult vor. »Ich lasse euch alle nach Armageddon auf genau diesem Planeten wiedergeboren werden.« Die Andeutung eines Lächelns erscheint auf Gottes Lippen. »Aber ihr werdet zuvor sorgfältig durcheinandergeschüttelt. Israelische Seelen erscheinen vielleicht im Körper von Palästinensern, Amerikaner werden zu Afghanen, Chinesen zu kongolesischen Pygmäen und Bayern zu Schwaben.«
Panisches Japsen aus der deutschen Ecke, doch Gott ist in Fahrt und fährt unbeirrt fort: »Männer können als Frauen wiedergeboren werden, Weiße als Schwarze, Heteros als Homos, Reiche als Arme. Ich garantiere euch nicht einmal, dass ihr menschlich bleibt! Einige werden im Körper eines Hundes hausen, andere kommen als Fische, Hühner oder ... Ratten wieder.«

Der Allmächtige wirft einen Blick in die Runde, lehnt sich dann zurück und seufzt: »Aber ich bin ein gnädiger und gerechter Gott. Auf diese Tafeln könnt ihr nun eine Weltverfassung für die neue, nachapokalyptische Erde schreiben, die ihr bald bewohnen werdet. Trefft eine kluge Wahl! Wenn ich aus dem Pub zurückkomme, beginnt der Tausch.«

...

Was wurde da wohl geschrieben?

Rechnet man damit, als Behinderter wiederzukommen, würde man da nicht einen Wohlfahrtsstaat aufbauen und einen barrierefreien Zugang zu allen öffentlichen Gebäuden durchsetzen? Findet man sich vielleicht als Homosexueller wieder, würde man da nicht mehr Liberalität bezüglich des akzeptablen Sozialverhaltens fordern und gleichgeschlechtliche Ehen erlauben? Als chinesischer Kinderarbeiter in einer Kleiderfabrik, würde man da nicht das Recht der Arbeiter auf fairen Lohn durchsetzen? Und findet man seine Seele in einem Truthahn wieder, würde man da nicht Thanksgiving verbieten? Und schließlich, was ist, wenn einer auf einmal in der Nachtschicht die Münchner Bahnhofstoiletten putzen muss ... welche Gesetze würde der für sich machen?

Gibt es ein System, das alle Bedürfnisse und Sehnsüchte des Lebens befriedigt? Wie würden Sie Ihre Mitmenschen behandeln, wenn der Jüngste Tag morgen wäre, und Sie vielleicht gezwungen sind, die Rollen zu tauschen, sei es mit einem illegalen Einwanderer, einem obdachlosen Trinker, einem Zivilisten in Bagdad oder einer Kurdenfrau, die die Bahnhofstoiletten putzt?

Nachdem ich seit über 13 Jahren in fast 100 Ländern in engem Kontakt mit fremden Kulturen lebe, weiß ich, dass eine Münze mehr als nur zwei Seiten hat. Wie aber vereint man die Moral und die ethischen Überzeugungen von fast sieben Milliarden Menschen? Keiner der 194 Staaten der Welt entspricht meiner Vorstellung vom Paradies, nachdem alle hartnäckig auf Sonderrechte für ihr Land pochen. Mein Paradies muss erst aus den Nebeln Utopias auftauchen ... als die 195. Nation unserer Erde.

Quellen

Quellen? Sie suchen Quellen? Tut mir leid, aber ich fürchte, Sie fragen vergebens. Warum? Weil jeder sogenannte Quellennachweis für Ihre persönlichen Nachforschungen so nutzlos wäre wie ein Aschenbecher auf einem Motorrad. Wir alle haben die wunderbare Fähigkeit zu sprechen, was bedeutet, dass jeder in seinem Leben den einen oder anderen Satz von sich gibt. Manchmal, wenn auch nicht immer, wird sogar ein intelligentes Wort gesagt, und zwar nicht ausschließlich von denen mit den mehrfachen Titeln vor dem Namen, sondern durchaus auch vom »Durchschnittsbürger«. Nur weil wir zum Beispiel keinen Friedensnobelpreis haben, heißt das noch lange nicht, dass unser Begriff von Frieden weniger berechtigt wäre. Aber Ihre Meinungen und Forschungsergebnisse werden vermutlich nie in einem Quellennachweis auftauchen, oder? Ich denke, sie sollten es. So zitiere ich ein oder zwei anonyme Zeitgenossen, die ich unterwegs getroffen habe. Es muss mich nicht kümmern, ob sie Kernphysiker waren oder ungebildete Gauchos auf einem Pferd. Wenn ihre Geschichten von Ereignissen meiner persönlichen Erfahrung der Wirklichkeit entsprachen, dann benutzte ich sie als Quelle.

Der zweite Grund, weshalb ich meine Quellen nicht publik mache, ist der, dass ich möchte, dass Sie die Tatsachen selbst herausfinden und nicht »Wahrheiten« zitieren, die auf dem bloßen Hörensagen beruhen. Mag es auch für mich als Autor riskant sein: Ich gestehe Ihnen zu, empfehle es sogar, das in meinem Buch Gesagte nicht kritiklos hinzunehmen. Das sind meine Wahrheiten, die auf meinen persönlichen Beobachtungen und auf ihrer Interpretation durch mein eigenes Hirn beruhen. Es gibt Autoren, die völligen Bockmist schreiben und dennoch Wege finden, um ihre Tatsachen durch zahlreiche Quellen zu stützen. Wenn Sie über Entführungen durch Außerirdische schreiben wollen, werden Sie genügend »Beweise« in den Bibliotheken und im Internet finden, auf die Sie sich beziehen können. Wenn Sie den Holocaust anzweifeln wollen, kann ich Ihnen Internetseiten nennen, auf denen mit Mitteln der Statistik »gezeigt« wird, dass der Mord an den Juden ein Märchen ist. Vielleicht eine »Studie über den Nutzen der Hilfe für Afrika«? Ich liefere jeden »Beweis«, den Sie haben möchten, als Quelle, gleich, ob Sie die Hilfe für die Gesellschaften der Dritten Welt nun für nützlich oder für schädlich halten. Statistiken können so verbogen und konstruiert werden, dass sie allen Anforderungen gerecht werden, indem man die gestellten Fragen leicht abändert. XY-Grafiken machen sich gut auf dem Papier und verleihen Vorträgen und Büchern ein professionelles Aussehen, aber letztlich sind sie häufig so wertlos wie der oben erwähnte Aschenbecher.

Was also tat ich, als ich dieses Buch schrieb? Ich erzählte nach meinem besten Vermögen von meinen persönlichen Erfahrungen in 100 Ländern. Zugegeben, die Größe und Einwohnerzahl von Argentinien habe ich aus *The CIA Factbook* entnommen, wie ich das auch für alle anderen besuchten Länder gemacht habe. Man kann nicht von mir erwarten, dass ich mit dem Maßband um ein Land herumlaufe oder eine Volkszählung durchführe. Ich habe die angegebenen Zahlen benutzt, weil sie glaubwürdig scheinen; die Forscher hätten keinen Vorteil von einer absichtlichen Verzerrung der Statistik. Es ist mir bewusst, dass sie dennoch fehlerhaft sein könnten.

Einige Bush-Aussagen und andere bekannte Aussprüche habe ich live gehört, andere habe ich der Literatur entnommen, wenn diese mir glaubwürdig erschien. Wiederum aber ist mir bewusst, dass alles, was ich nicht durch Erfahrung aus erster Hand gewonnen habe, ungenau sein kann. Was die Geschichte früherer Kriege betrifft, so war ich gezwungen, in den Enzyklopädien verschiedener Länder nachzuforschen, da ich an diesen Kämpfen nicht teilgenommen habe. Nur die beteiligten Soldaten könnten wissen, was wirklich geschehen ist. Man darf nicht vergessen, dass russische, amerikanische, chinesische und iranische Bücher unterschiedlich über die Geschichte berichten, je nachdem, ob sie Sieger oder Verlierer waren und/oder einer bestimmten Ideologie anhingen. Europäer neigen teilweise dazu, nur westliche Quellen gelten zu lassen. Ich ziehe ein breiteres Spektrum vor. Zu oft habe ich beispielsweise in der legendären *Encyclopedia Britannica* Artikel gefunden, die nicht durch falsche Daten, sondern durch das Weglassen von Tatsachen ein falsches Bild vermittelten.

Ich habe regelmäßig Dutzende von Nachrichtensendern auf Kurzwelle gehört und konnte zum Beispiel für die Anzahl getöteter Zivilisten im Irak im April 2003 zwischen »keine« (American Forces Network) und »über 5000« (englische Ausgabe von Radio China International) wählen. Andere Stationen berichteten alle möglichen Zahlen dazwischen. Ich musste in diesen Fällen eine begründete Schätzung anstellen und anhand der internationalen Berichterstattung die Mittelwerte aus den führenden Meinungen bilden. Manchmal betrat ich frühere Kriegsgebiete, die mit Landminen eindeutig amerikanischer Bauart gespickt waren. Dort konnte ich mit den beinlosen Zeugen der Verbrechen gegen die

Menschlichkeit sprechen. Ich entschuldige mich nicht dafür, dass ich ihre Angaben denen von CNN vorziehe.

Wir alle sind von den Medien manipuliert, und keine Quelle ist vollkommen unparteiisch. Homöopathen werden kaum einmal Entdeckungen publizieren, welche die klassische Medizin stützen, Wissenschaftler werden ihre eigenen Theorien über das Universum vehement gegen andere Ansichten verteidigen, und religiöse Fundamentalisten werden sich auf Gott berufen, obwohl sie ihm nie begegnet sind. Mit so vielen Informationen und Meinungen, die vorhanden sind, ist es fast unmöglich, Binsenwahrheiten von Unwahrheiten zu trennen. Wenn Sie nach 1969 geboren sind, können Sie dann mit Sicherheit sagen, dass Apollo 11 auf dem Mond gelandet ist? Ich persönlich nehme an, dass Armstrong seinen Fußabdruck auf dem Boden unseres Trabanten hinterlassen hat, aber offensichtlich hatte die NASA auch einen Reserveplan, um den Bericht über die Landung zu fälschen, falls die Apollo-Mission scheitern sollte. Wir können nicht alles nachprüfen, das uns als glaubwürdig serviert wird. Wir müssten sonst in jeder Generation das Rad neu erfinden. Wenn sich hinreichend viele Menschen auf dieser Welt auf eine Wahrheit einigen, dann kann es aus Gründen der Bequemlichkeit vernünftig sein, ihnen zuzustimmen.

Viele von Ihnen werden immer noch an meinen Urteilen zweifeln, nachdem verlässliche Hinweise auf berühmte, prominente und anerkannte Forscher fehlen. Ich fordere Sie also auf, den Planeten, auf dem wir leben, zu verkosten, indem Sie sich in Nachforschungen zu Hause und unterwegs vertiefen, mit dem Zweck, die eigene Wahrheit zu finden. Ich wünsche eine wunderbare, intensive und sichere Reise.

Danksagung

Ach ja, die Danksagungen. Im Grunde habe ich da zwei Möglichkeiten: Entweder ich gestalte sie so einfach, dass ihre Unvollständigkeit nicht auffällt, oder so umfassend, dass keine auffallende Unvollständigkeit verbleibt.

Heute ist der Tag, an dem ich mein Manuskript fertigstellen muss. Überarbeitet wird *Hinter dem Horizont links* demnächst gedruckt werden. Ich gestehe, dass meine Stimmung eine melancholische ist, schließlich sind in die Entstehung dieses Buches die Erfahrungen und Bemühungen fast eines ganzen Jahrzehnts eingeflossen. Das war Schwerstarbeit. Erinnerungen tauchen wieder auf, nachdem sich die Leinwand verdunkelt und der Abspann eingeblendet wird. Ich stehe in Versuchung, wie Gwyneth Paltrow bei der Oscarverleihung in Tränen auszubrechen. Ehrlich gesagt sollte ich unter all denen, die zu meiner langen, an Gefühlen reichen Reise beigetragen haben, sogar die Mutter jenes Menschen aus Solihull erwähnen, der die versagenden Land-Rover-Bremsen konstruiert hat. Ohne diese wäre meine Fahrt weit weniger spannend gewesen. Eine allumfassende Liste derer, denen ich Dank schulde, würde am Ende fast alle »Darsteller« dieser Erde aufführen müssen. Ich liebe diese Welt mit all ihren Freuden und Herausforderungen von Herzen, diese Bühne, auf der wir alle unsere Rolle spielen. Für diese faszinierende Welt, meine Leser, danke ich euch.

Ich will aber dem Drang, meine Danksagung aufzublähen, nicht nachgeben, sondern sie aufs Äußerste beschränken. Die wichtigsten Helfer für das vorliegende Manuskript waren:
Übersetzer: Dr. Karl Darée, der, »zum Teufel«, eine Herkulesarbeit geleistet hat.
Lektorin: Dr. Sigrun Künkele – leben Sie lange und in Frieden, oh mein Captain. Sie sind wahrlich der Sternenflottenadmiral unter den Lektoren.
Unterstützerteam: Meine Familie und Laura Pattara – ohne sie gäbe es dieses Buch nicht.

Ich werde auch der Versuchung widerstehen, eine Seite mit den Namen derer zu füllen, denen ich keinen Dank schulde, die mir die erwartete Hilfe versagten. Sie wissen selbst, wer gemeint ist.

Laura Pattara
Pocketguide für Globetrotter
ISBN 978-3-7688-3888-7
Auch als eBook erhältlich

Am Anfang steht der Aufbruch, die Entscheidung, ein anderes Leben zu führen. Aufbruch heißt aber nicht: einfach drauflos fahren. Vorbereitung ist wichtig, innere und äußere. Es geht um Vorstellungen. Um Einstellungen. Und um höchst praktische Dinge: Was sollte man unterwegs grundsätzlich vermeiden? Woran sollte man unbedingt denken? Was erwartet mich?
Ein erfahrungssattes Ratgeberbuch, das Laura Pattara Reisenden mit auf den Weg gibt. Die Italienerin ist selbst eine Weltenbummlerin, die gemeinsam mit ihrem Lebensgefährten Christopher Many seit mehr als 10 Jahren ununterbrochen auf Weltreise ist und alles erfahren hat, was einem unterwegs zustoßen kann.

Erhältlich im Buch- und Fachhandel oder unter www.delius-klasing.de

DELIUS KLASING